Zwerge

Ahnengeister und Schwarzalfen
Helfer und Handwerker

Band 32 der Reihe „Die Götter der Germanen"

Bücher von Harry Eilenstein:

- Astrologie (496 S.)
- Photo-Astrologie (428 S.)
- Horoskop und Seele (120 S.)
- Tarot (104 S.)
- Handbuch für Zauberlehrlinge (408 S.)
- Physik und Magie (184 S.)
- Der Lebenskraftkörper (230 S.)
- Die Chakren (100 S.)
- Meditation (140 S.)
- Reinkarnation (156 S.)
- Drachenfeuer (124 S.)
- Krafttiere – Tiergöttinnen – Tiertänze (112 S.)
- Schwitzhütten (524 S.)
- Totempfähle (440 S.)
- Muttergöttin und Schamanen (168 S.)
- Göbekli Tepe (472 S.)
- Hathor und Re 1: Götter und Mythen im Alten Ägypten (432 S.)
- Hathor und Re 2: Die altägyptische Religion – Ursprünge, Kult und Magie (396 S.)
- Isis (508 S.)
- Die Entwicklung der indogermanischen Religionen (700 S.)
- Wurzeln und Zweige der indogermanischen Religion (224 S.)
- Der Kessel von Gundestrup (220 S.)
- Der Chiemsee-Kessel (76 S.)
- Cernunnos (690 S.)
- Christus (60 S.)
- Odin (300 S.)
- Die Götter der Germanen (Band 1 – 80)
- Dakini (80 S.)
- Kursus der praktischen Kabbala (150 S.)
- Eltern der Erde (450 S.)
- Blüten des Lebensbaumes 1: Die Struktur des kabbalistischen Lebensbaumes (370 S.)
- Blüten des Lebensbaumes 2: Der kabbalistische Lebensbaum als Forschungshilfsmittel (580 S.)
- Blüten des Lebensbaumes 3: Der kabbalistische Lebensbaum als spirituelle Landkarte (520 S.)
- Über die Freude (100 S.)
- Das Geheimnis des inneren Friedens (252 S.)
- Von innerer Fülle zu äußerem Gedeihen (52 S.)
- Das Beziehungsmandala (52 S.)
- Die Symbolik der Krankheiten (76 S.)

- König Athelstan (104 S.)

Kontakt: www.HarryEilenstein.de / Harry.Eilenstein@web.de

Herstellung und Verlag: BoD - Books on Demand, Norderstedt   **ISBN:** 9783744895491

Die Themen der einzelnen Bände der Reihe „Die Götter der Germanen"

1. Die Entwicklung der germanischen Religion
2. Lexikon der germanischen Religion

3. Der ursprüngliche Göttervater Tyr
4. Tyr in der Unterwelt: der Schmied Wieland
5. Tyr in der Unterwelt: der Riesenkönig Teil 1
6. Tyr in der Unterwelt: der Riesenkönig Teil 2
7. Tyr in der Unterwelt: der Zwergenkönig
8. Der Himmelswächter Heimdall
9. Der Sommergott Baldur
10. Der Meeresgott: Ägir, Hler und Njörd
11. Der Eibengott Ullr
12. Die Zwillingsgötter Alcis
13. Der neue Göttervater Odin Teil 1
14. Der neue Göttervater Odin Teil 2
15. Der Fruchtbarkeitsgott Freyr
16. Der Chaos-Gott Loki
17. Der Donnergott Thor
18. Der Priestergott Hönir
19. Die Göttersöhne
20. Die unbekannteren Götter
21. Die Göttermutter Frigg
22. Die Liebesgöttin: Freya und Menglöd
23. Die Erdgöttinnen
24. Die Korngöttin Sif
25. Die Apfel-Göttin Idun
26. Die Hügelgrab-Jenseitsgöttin Hel
27. Die Meeres-Jenseitsgöttin Ran
28. Die unbekannteren Jenseitsgöttinnen
29. Die unbekannteren Göttinnen
30. Die Nornen
31. Die Walküren
32. Die Zwerge
33. Der Urriese Ymir
34. Die Riesen
35. Die Riesinnen
36. Mythologische Wesen
37. Mythologische Priester und Priesterinnen
38. Sigurd/Siegfried
39. Helden und Göttersöhne

40. Die Symbolik der Vögel und Insekten
41. Die Symbolik der Schlangen, Drachen und
    Ungeheuer
42. Die Symbolik der Herdentiere

43. Die Symbolik der Raubtiere
44. Die Symbolik der Wassertiere und sonstigen
    Tiere
45. Die Symbolik der Pflanzen
46. Die Symbolik der Farben
47. Die Symbolik der Zahlen
48. Die Symbolik von Sonne, Mond und Sternen
49. Das Jenseits
50. Seelenvogel, Utiseta und Einweihung
51. Wiederzeugung und Wiedergeburt
52. Elemente der Kosmologie
53. Der Weltenbaum
54. Die Symbolik der Himmelsrichtungen und der
    Jahreszeiten
55. Mythologische Motive

56. Der Tempel
57. Die Einrichtung des Tempels
58. Priesterin – Seherin – Zauberin – Hexe
59. Priester – Seher – Zauberer
60. Rituelle Kleidung und Schmuck
61. Skalden und Skaldinnen
62. Kriegerinnen und Ekstase-Krieger

63. Die Symbolik der Körperteile
64. Magie und Ritual
65. Gestaltwandlungen
66. Magische Waffen
67. Magische Werkzeuge und Gegenstände
68. Zaubersprüche
69. Göttermet
70. Zaubertränke
71. Träume, Omen und Orakel
72. Runen
73. Sozial-religiöse Rituale

74. Weisheiten und Sprichworte
75. Kenningar
76. Rätsel

77. Die vollständige Edda des Snorri Sturluson
78. Frühe Skaldenlieder
79. Mythologische Sagas

80. Hymnen an die germanischen Götter

Inhaltsverzeichnis

I Zwerge bei den Germanen – allgemein   **17**

1. Das Wort „Zwerg"   17

2. Die Herkunft der Zwerge   19
    a) Die Vision der Seherin b) Gylfis Vision

3. Zwerge: Ahnen im Hügelgrab   22
    a) Die Vision der Seherin b) Odins Rabenzauber c) Alwis-Lied
    d) Gudruns Sterbe-Lied e) Heimskringla f) Heimskringla g) Die Saga
    über Asmund Berserker-Töter h) Kenningar i) Bandaman-Saga

4. Zwerge sind Schmiede   30
    a) Skaldskaparmal b) Gisli-Saga c) Die ältere Version der Huldar-Saga d) Die
    ältere Version der Huldar-Saga e) Die Saga über Asmund Berserker-Töter

5. Zwerge sind Handwerker   32
    a) Gylfis Vision b) Hyndla-Lied c) Grimnir-Lied

6. Zwerge sind Runen-kundig   33
    a) Runenlied b) Faröische Heldenlieder – Brünhild-Lied

7. Zwerge sind böse Geister   35
    a) Der Schädel von Ribe b) angelsächsischer Zauberspruch
    gegen einen Zwerg c) Die Kirchengeschichte des Ordericus Vitalis

8. Sonstiges   40
    a) Gylfis Vision b) Personennamen c) Heimskringla

9. Zusammenfassung   41

II Der Zwergenkönig (Zusammenfassung)   **42**

1. Die Eigenschaften des Zwergenkönigs   42

2. Der „Stammbaum" des Zwergenkönigs   45

III Die Alcis-Zwerge   **47**

1. **Sindri** und **Brokk**   47
    a) Die Namen „Sindri" und „Brokk" b) Skaldskaparmal
    c) Skaldskaparmal d) Gylfis Vision e) Zusammenfassung

2. **Sindri**   54
    a) Die Vision der Seherin b) Gylfis Vision c) Skaldatal d) Die Saga
    über Thorstein Vikingsson e) Sörli-Thattr f) Zusammenfassung

3. **Brokk**   65

4. **Fialar** und **Galar**   66
   a) Die namen „Fialar" und „Galar b) Skaldskaparmal
   c) Kenningar d) Zusammenfassung

5. **Fialar**   73
   a) Skaldskaparmal b) Gylfis Vision c) Die Vision der Seherin d) Havamal
   e) Harbard-Lied f) Nafna-Thulur g) Die Vision der Seherin h) Die Saga
   über Pfeile-Oddr i) Zusammenfassung

6. **Galar**   77
   a) Nafna-Thulur b) Zusammenfassung

7. **Dain** und **Nabbi**   78
   a) Der Name „Nabbi" b) Hyndla-Lied c) Zusammenfassung

8. **Nabbi**   79
   a) Zusammenfassung

9. **Olius** und **Alius**   80
   a) Die Namen „Olius" und „Alius" b) Die Saga über Asmund
   Berserker-Töter c) Zusammenfassung

10. Die beiden Zwerge aus der Huldar-Saga   85
   a) Huldar-Saga a) Zusammenfassung

11. **Dulin**   86
   a) Der Name „Dulin" b) Zwergen-Heitis c) Die Saga über Hervor
   und König Heidrek den Weisen d) Zusammenfassung

12. **Durin**   88
   a) Der Name „Durin" b) Die Vision der Seherin c) Tolkien
   d) Zusammenfassung

13. **Thrain**   90
   a) Der Name „Thrain" b) Der Seherin Vision c) Gylfis Vision
   d) Odins Rabenzauber e) Die Saga über Hromund Greipsson
   f) Die Saga über Pfeile-Oddr g) Tolkien h) Zusammenfassung

14. **Finnar**   98
   a) Der Name „Finnar" a) Die Vision der Seherin c) Zusammenfassung

15. **Ginnar**   99
   a) Der Name „Ginnar" b) Die Vision der Seherin c) Gylfis Vision
   d) Zusammenfassung

16. **Nyi**   101
   a) Der Name „Nyi" b) Gylfis Vision c) Zusammenfassung

17. **Nidi** 102
   a) Der Name „Nidi" b) Die Vision der Seherin c) Gylfis Vision
   d) „Nid" als Ort e) Zusammenfassung

17. **Gloi(n)** 105
   a) Der Name „Gloi(n)" b) Die Vision der Seherin c) Gylfis Vision
   d) Tolkien e) Zusammenfassung

19. **Möndul** 107
   a) Der Name „Möndul" b) Die Saga über Hrolf den Wanderer
   a) Zusammenfassung

20. **Nari** und **Narfi** 108
   a) Die Namen „Nari" und „Narfi" b) Gylfis Vision c) Gylfis Vision
   d) Lokasenna e) Skaldskaparmal f) Ynglingatal g) Hymir-Lied
   h) Heimskringla i) Zusammenfassung

21. zwei „Wieland-Schmiede" 112
   a) Hrolf Kraki und seine Berserker b) Zusammenfassung

22. **Alfarin** und **Alfar** 113
   a) Die Namen „Alfarin" und „Alfar" b) Bruchstück einer Saga über einige
   frühe Könige in Dänemark und Schweden c) Zusammenfassung

23. **Rögnir** und **Regin** 115
   a) Die Namen „Rögnir" und „Regin" b) Odins Rabenzauber c) Zusammenfassung

24. **Goin** und **Moin** 117
   a) Die Namen „Goin" und „Moin" b) Die Vision der Seherin
   c) Grimnir-Lied d) Zusammenfassung

25. mögliche weitere Alcis-Zwerge 120

26. Zusammenfassung 121

IV Die vier Himmelsträger-Zwerge 122

1. Austri, Sudri, Westri und Nordri 121
   a) Die Namen „Austri", „Sudri", „Westri" und „Nordri" b) Gylfis Vision
   c) Skaldskaparmal d) Die Vision der Seherin e) Gylfis Vision f) Odins
   Rabenzauber g) Gylfis Vision h) Heimskringla i) Ragnarsdrapa j) Gylfis
   Vision k) Der Rosengarten l) Orendel m) Hedin-Saga n) Huldar-Saga
   o) Ynglinga-Saga p) Felsritzung von Alta q) Gylfis Vision

2. **Austri** 134
   a) Thorfinnsdrapa b) Zwergen-Namen c) Zusammenfassung

3. **Sudri** 136
   a) Thorsdrapa b) Sonnenlied c) Zusammenfassung

6

4. **Westri** 138
   a) Zusammenfassung

5. **Nordri** 139
   a) König Hrolf Kraki und seine Berserker   b) Erfidrapa über König Olaf Tryggva-Sohn   c) Zusammenfassung

6. **Dain** 142
   a) Der Name „Dain"   b) Odins Rabenzauber   c) Hyndla-Lied   d) Havamal e) Gylfis Vision   f) Das Grimnir-Lied   g) Die Vision der Seherin   h) Gylfis Vision i) Skaldskaparmal   j) Kenningar   k) Zusammenfassung

7. **Dunneir** 150
   a) Der Name „Dunneir"   b) Gylfis Vision   c) Sonnenlied   d) Zuordnungen e) Zusammenfassung

8. **Durathror** 152
   a) Gylfis Vision   b) Zuordnungen   c) Zusammenfassung

9. **Dwalin** 154
   a) Der Name „Dwalin"   b) Die Saga über Hervor und König Heidrek den Weisen c) Saga über Hervor und König Heidrek den Weisen   d) Havamal   e) Völsungen-Saga   f) Fafnir-Lied   g) Skaldskaparmal   h) Nafna-Thulur   i) Skaldskaparmal j) Odins Rabenzauber   k) Kalfsvisa   l) Sörli-Thattr   m) Die Vision der Seherin n) Gylfis Vision   o) Gylfis Vision   p) Grimnir-Lied   q) Sonnenlied   r) Snäfridar-drapa   s) Skaldskaparmal   t) Kenningar   u) Zuordnungen   v) Tolkien w) Zusammenfassung

10. **Alfrigg** 175
    a) Der Name „Alfrigg"   b) Hedin-Saga   c) Zuordnungen   d) Zusammenfassung

11. **Berling** 176
    a) Der Name „Berling"   b) Hedin-Saga   c) Zuordnungen   d) Zusammenfassung

12. **Grer** 177
    a) Der Name „Grer"   b) Hedin-Saga   c) Zuordnungen   d) Zusammenfassung

13. Die vier Himmelsträger-Zwerge bei den Germanen 178

14. Die vier Himmelsträger bei den Indogermanen 180
    a) Griechen   b) Etrusker   c) Hethiter   d) Inder   e) Zusammenfassung

15. Die vier Himmelsträger in der Jungsteinzeit 183
    a) Ägypter   b) Sumer   c) Göbekli Tepe   d) Nevali Cori   e) Jericho f) Zusammenfassung

16. Die vier Himmelsträger in der späten Altsteinzeit 186
    a) China   b) Vietnam   c) Azteken   d) Mayas   e) Die Tierhelfer des Urriesen

f) Zusammenfassung

   17. Zusammenfassung: Himmelsträger-Zwerge   191

V Die Alfen-Zwerge   **192**

   1. **Alf**   192
       a) Der Name „Alf" b) Die Vision der Seherin c) Gylfis Vision
       d) Zwergen-Namen e) Zusammenfassung

   2. **Alban**   194
       a) Der Name „Alban" b) Orendel-Lied c) Zusammenfassung

   3. **Windalf**   197
       a) Der Name „Windalf" a) Die Vision der Seherin c) Gylfis Vision
       d) Zusammenfassung

   4. **Gandalf**   198

   5. **Dagfinnr**   199
       a) Der Name „Dagfinnr" b) Dwerga-Heiti c) Zusammenfassung

   6. Zusammenfassung: Die Alf-Zwerge   200

VI Gottesnamen-Zwerge   **201**

   1. Der Zwerg **Yngvi**   201
       a) Der Name „Yngvi" b) Die Vision der Seherin c) Gylfis Vision
       d) Zusammenfassung

   2. Der Zwerg **Wali**   203
       a) Der Name „Wali" b) Gylfis Vision c) Zusammenfassung

   3. Der Zwerg **Wili**   204
       a) Der Name „Wili" b) Die Vision der Seherin b) Zusammenfassung

   4. Der Zwerg **Har / Hör**   206
       a) Der Name „Har/Hör" b) Die Vision der Seherin c) Gylfis Vision
       d) Zusammenfassung

   5. Der Zwerg **Frosti**   207
       a) Der Name „Frosti" b) Die Vision der Seherin c) Gylfis Vision
       d) Zusammenfassung

   6. Der Zwerg **Eikinskjaldi**   209
       a) Der Name „Eikinskjaldi" b) Die Vision der Seherin c) Gylfis Vision
       d) Tolkien e) Zusammenfassung

   7. Der Zwerg **Dellingr**   212
       a) Der Name „Dellingr" b) Dwerga-Heiti c) Zusammenfassung

8. Mit dem Namen eines Gottes gebildete Zwergennamen   213
   a) Die Jenseitsreisen der Götter   b) Zusammenfassung

VII   weise Zwerge   **214**

1. **Nyrad**   214
   a) Der Name „Nyrad"   b) Die Vision der Seherin   c) Gylfis Vision
   d) Zusammenfassung

2. **Witr**   217
   a) Der Name „Witr"   b) Die Vision der Seherin   c) Gylfis Vision
   d) Zusammenfassung

3. **Theck**   218
   a) Der Name „Theck"   b) Die Vision der Seherin   c) Gylfis Vision
   d) Zusammenfassung

4. **Swior**   220
   a) Der Name „Swior"   b) Die Vision der Seherin   c) Zusammenfassung

5. Die Zwerge von Nürnberg   221
   a) „Beschwörung der Bergmännlein"   b) Zusammenfassung

6. Zusammenfassung: weise Zwerge   222

VIII   Die Zwerge als hilfreiche Ahnen   **223**

1. **Ai**   223
   a) Der Name „Ai"   b) Die Vision der Seherin   c) Gylfis Vision
   d) Zwergen-Namen   e) Zusammenfassung

2. **Bruni**   226
   a) Der Name „Bruni"   b) Die Vision der Seherin   c) Zusammenfassung

3. **Duf**   228
   a) Der Name „Duf"   b) Die Vision der Seherin   c) Zwergen-Namen
   d) Zusammenfassung

4. **Durnir**   229
   a) Der Name „Durnir"   b) Zwergen-Namen   c) Laufas-Edda
   d) Ynglingatal (Heimskringla)   e) Zusammenfassung

5. Der Zwerg **Fafnir**   231

6. **Fid**   232
   a) Der Name „Fid"   b) Gylfis Vision   c) Zusammenfassung

7. **Frägr**   233
   a) Der Name „Frägr"   b) Die Vision der Seherin   c) Zusammenfassung

8. **Fundin**   234
    a) Der Name „Fundin" b) Die Vision der Seherin c) Gylfis Vision d) Frauen-Lied e) Tolkien f) Zusammenfassung

9. **Haugspori**   237
    a) Der Name „Haugspori" b) Die Vision der Seherin c) Zusammenfassung

10. **Hepti**   238
    a) Der Name „Hepti" b) Die Vision der Seherin c) Gylfis Vision d) Zusammenfassung

11. **Hornbori**   240
    a) Der Name „Hornbori" b) Die Vision der Seherin c) Zusammenfassung

12. **Loni**   241
    a) Der Name „Loni" b) Die Vision der Seherin c) Zusammenfassung

13. **Naïn**   242
    a) Der Name „Naïn" b) Die Vision der Seherin c) Gylfis Vision d) Zusammenfassung

14. **Nali**   244
    a) Der Name „Nali" b) Die Vision der Seherin c) Zusammenfassung

15. **Nar**   245
    a) Der Name „Nar" b) Die Vision der Seherin c) Gylfis Vision d) Zusammenfassung

16. **Niping**   247
    a) Der Name „Niping" b) Die Vision der Seherin c) Gylfis Vision d) Zusammenfassung

17. **Nori**   249
    a) Der Name „Nori" b) Die Vision der Seherin c) Gylfis Vision d) Tolkien e) Zusammenfassung

18. **Nyi**   251
    a) Der Name „Nyi" b) Die Vision der Seherin c) Gylfis Vision d) Zusammenfassung

19. **Nyr**   253
    a) Der Name „Nyr" b) Die Vision der Seherin c) Zusammenfassung

20. **Reck**   254
    a) Der Name „Reck" b) Gylfis Vision c) Zusammenfassung

21. Die Zwerge von Amtschgereute   255
    a) „Der wilde Jäger jagt die Moosleute" b) Zusammenfassung

22. Der Zwerg vom Berg   256
    a) „Die Füße der Zwerge"   *b) Zusammenfassung*

23. Die Zwerge von den Bergen   257
    a) „Die Zwerge auf dem Baum"   *b) Zusammenfassung*

24. Die Zwerge von Bonikau   258
    a) „Frau von Bonikau"   *b) Zusammenfassung*

25. Die Zwerge von Dardesheim   259
    a) „Die Zwerge bei Dardesheim"   *b) Zusammenfassung*

26. Die Zwerge von Eilenburg   260
    a) „Des kleinen Volks Hochzeitfest"   *b) Zusammenfassung*

27. Die Zwerge von Elbogen   261
    a) „Steinverwandelte Zwerge"   *b) Zusammenfassung*

28. Die Zwerge auf dem Felsen   262
    a) „Die Zwerge auf dem Felsstein"   *b) Zusammenfassung*

29. Der Zwerg aus dem Gebirge   263
    a) „Der Gemsjäger"   *b) Zusammenfassung*

30. Die Zwerge im Gebirge   264
    a) „Das Bergmännchen"   *b) Zusammenfassung*

31. Der Zwergenkönig **Heiling**   265
    a) Der Name „Heiling"   *b) „Heilingszwerge"*   *c) Zusammenfassung*

32. Der Zwerg von Lützen   267
    a) „Das Kellermännlein"   *b) Zusammenfassung*

33. Die Zwerge von Osenberg   268
    a) „Die Osenberger Zwerge"   *b) Zusammenfassung*

34. Die Zwerge von Plesse   269
    a) „Das stille Volk zu Plesse"   *b) Zusammenfassung*

35. Der Zwerg von Rallingen   270
    a) „Der einkehrende Zwerg"   *b) Zusammenfassung*

36. Die Zwerge von Rantzau   271
    a) „Die Ahnfrau von Rantzau"   *b) Zusammenfassung*

37. Die Zwergenfrau von Saalfeld   273
    a) „Das Moosweibchen"   *b) Zusammenfassung*

38. Die Zwerge von Selbitz   274
    a) „Zwerge leihen Brot"   *b) Zusammenfassung*

39. Der Zwerg von Thorgau 275
   a) „Das Männlein auf dem Rücken"   b) Zusammenfassung

40. Der Zwerge von Köln 276
   *a) Der Name „Heinzelmännchen"   b) Ernst Weyden: „Die Heinzelmännchen
   zu Köln"   c) Zusammenfassung*

41. Zwerge: hilfreiche Ahnen 280

IX   Handwerker-Zwerge **282**

1. **Ann / Onn** 282
   *a) Der Name „Ann/Onn"   b) Die Vision der Seherin   c) Zwergen-Heitis
   d) Zusammenfassung*

2. **Hannar** 284
   a) Der Name „Hannar"   b) Die Vision der Seherin   c) Zusammenfassung

3. **Siar** 285
   a) Der Name „Siar"   b) Gylfis Vision   c) Zusammenfassung

4. **Skafid** 286
   *a) Der Name „Skafid"   b) Die Vision der Seherin   c) Gylfis Vision
   d) Zusammenfassung*

5. Die Zwerge vom Kuttenberg 288
   a) „Die Wichtlein"   b) Zusammenfassung

6. Zwergen-Handwerker 289

X   Krieger-Zwerge **290**

1. **Dolgthrasir / Dolgthwari** 290
   *a) Der Name „Dolgthrasir/Dolgthwari" b) Die Vision der Seherin   c) Gylfis Vision
   d) Zusammenfassung*

2. **Dori** 292
   *a) Der Name „Dori"   b) Gylfis Vision   c) Zwergen-Namen   d) Fiölswin-Lied
   e) Tolkien   f) Zusammenfassung*

3. **Heri** 294
   a) Der Name „Heri"   b) Die Vision der Seherin   c) Zusammenfassung

4. **Hliodolf / Hlediolfr** 295
   *a) Der Name „Hliodolf/Hlediolfr"   b) Die Vision der Seherin   b) Gylfis Vision
   c) Zusammenfassung*

5. **Höggstari /Hugstari** 297
   a) Der Name „Höggstari/Hugstari"   b) Die Vision der Seherin   c) Gylfis Vision

d) Zusammenfassung

6. **Jari** 299
    a) Der Name „Jari" b) Die Vision der Seherin c) Zusammenfassung

7. **Ra(d)swid** 300
    a) Der Name „Ra(d)swid" b) Die Vision der Seherin c) Gylfis Vision
    d) Zusammenfassung

8. **Thror** 302
    a) Der Name „Thror" b) Die Vision der Seherin c) Ynglingatal d) Tolkien
    e) Zusammenfassung

9. **Weig** 304
    a) Der Name „Weig" b) Die Vision der Seherin c) Zusammenfassung

10. **Wig** 305
    a) Der Name „Wig" b) Gylfis Vision c) Zusammenfassung

11. **Wirwir / Wirfir** 306
    a) Der Name „Wirwir/Wirfir" b) Die Vision der Seherin c) Gylfis Vision
    d) Zusammenfassung

12. Krieger-Zwerge 308

XI Opfertier-Zwerge **309**

1. **Dalarr** 309
    a) Der Name „Dalarr" b) Skaldskaparmal c) Zusammenfassung

2. **Dalr** 310
    a) Der Name „Dalr" b) Skaldskaparmal c) Zusammenfassung

3. **Kili** 311
    a) Der Name „Kili" b) Die Vision der Seherin c) Gylfis Vision d) Tolkien
    e) Zusammenfassung

4. **Modrödnir** 313
    a) Der Name „Modrödnir" b) Skaldskaparmal c) Zusammenfassung

5. Nach den Opfertieren benannte Zwerge 314

XII Priester-Zwerge **315**

1. **Bifur / Bivör** 315
    a) Der Name „Bifur/Bivör" b) Die Vision der Seherin c) Gylfis Vision
    d) Tolkien e) Zusammenfassung

2. **Bafur / Bavör** 317
    a) Der Name „Bafur/Bavör" b) Die Vision der Seherin c) Gylfis Vision

d) Tolkien   e) Zusammenfassung

3. **Draupnir** 319
   a) Der Name „Draupnir"   b) Die Vision der Seherin   c) Gylfis Vision
   d) Zwergen-Namen   e) Zusammenfassung

4. **Frar** 321
   a) Der Name „Frar"   b) Die Vision der Seherin   c) Zusammenfassung

5. **Litr** 322
   a) Der Name „Litr"   b) Die Vision der Seherin   c) Gylfis Vision   d) Gylfis Vision
   e) Die Saga über An Bogenbieger   f) Der Riese Litr   g) Zusammenfassung

6. **Ori** 325
   a) Der Name „Ori"   b) Die Vision der Seherin   c) Fiölswin-Lied   d) Tolkien
   e) Zusammenfassung

7. **Otr** 327
   a) Der Name „Otr"   b) Skaldskaparmal   c) Das andere Lied über Sigurd
   Fafnir-Töter   d) Völsungen-Saga   e) Das Kreuz von Maughold   f) Hyndla-Lied
   g) Zusammenfassung

8. **Skirwir / Skirfir** 337
   a) Der Name „Skirwir/Skirfrir"   b) Die Vision der Seherin   c) Gylfis Vision
   d) Zusammenfassung

9. **Gandalf** 338
   a) Der Name „Gandalf"   b) Die Vision der Seherin   c) Gylfis Vision   d) Alte
   Nordland-Sagen   e) Saga über einige frühe Könige in Dänemark und Schweden
   f) Heimskringla   g) Norna-Gest   h) Fornjotr und seine Verwandten   i) Tolkien
   j) Zusammenfassung

10. Priester-Zwerge 343

XIII   Met-Zwerge **344**

1. **Miödwitnir** 344
   a) Der Name „Miödwitnir"   b) Die Vision der Seherin   c) Gylfis Vision
   d) Zusammenfassung

2. Met-Zwerge 346

XIV   Wiederzeugungs-Zwerge **347**

1. Der Zwerg von Aachen 347
   a) „Zwergberge"   b) Zusammenfassung

2. Die Zwerge zu Glaß 348
   a) „Das Bergmännlein beim Tanz"   b) Zusammenfassung

14

3. Der Zwerg von Hohenstein 349
    a) „Die Zwerglöcher" b) Zusammenfassung

4. Die Zwerge von Rosenberg 350
    a) „Herrmann von Rosenberg" b) Zusammenfassung

5. Die Zwerge von Sion 351
    a) „Zwerge ausgetrieben" b) Zusammenfassung

6. Wiedergeburts-Zwerge 351

XV Ring-Zwerge **352**

1. Der Zwerg von Hoia 352
    a) „Der Graf von Hoia" b) Zusammenfassung

2. Der Zwergenkönig von Scherfenberg 354
    a) „Der Scherfenberger und der Zwerg" b) Zusammenfassung

3. Ring-Zwerge 357

XVI Tarnkappen-Zwerge **358**

1. **Thernück / Tarnunc** 358
    a) Der Name „Ternück/Tarnunc" b) Wolfdietrich-Lied c) Zusammenfassung

2. Die Zwerge von Blankenburg 359
    a) „Der Zug der Zwerge über den Berg" b) Zusammenfassung

2. Die Zwerge von Hohenstein 361
    a) „Der Abzug des Zwergvolks über die Brücke" b) Zusammenfassung

3. Tarnkappen-Zwerge 362

XVII Hügelgrab-Zwerge **363**

1. **Fili** 363
    a) Der Name „Fili" b) Die Vision der Seherin c) Gylfis Vision d) Tolkien
    e) Zusammenfassung

2. **Hläwang** 365
    a) Der Name „Hläwang" b) Die Vision der Seherin c) Zusammenfassung

3. Der Zwerg von Dresden 366
    a) „Das Erdmännlein und der Schäferjunge" b) Zusammenfassung

4. Der Zwerg aus dem Kyffhäuser 367
    a) „Der Zwerg und die Wunderblume" b) Zusammenfassung

5. Die Zwerge vom Untersberg 368

a) „Der Untersberg"   b) Zusammenfassung

6. Zwerge in Hügelgräbern   369

XVIII   sonstige Zwerge   **370**

1 **Bömbur / Bömbör**   370
    a) Der Name „Bömbur/Bömbör"   b) Die Vision der Seherin   c) Gylfis Vision
    d) Tolkien   e) Zusammenfassung

2. **Dufr**   372
    a) Der Name „Dufr"   b) Dwerga-Heiti   c) Zusammenfassung

3. **Buri**   373
    a) Der Name „Buri"   b) Der Seherin Vision   c) Zusammenfassung

XIX   Zwergen-Frauen   **374**

XX   Zusammenfassung: Zwerge bei den Germanen   **376**

XXI   Zwerge bei den Indogermanen   **383**
1. Kelten   383
2. Narten   383
3. Finnen   384

XXII   Zwerge bei anderen Völkern   **396**
1. Sibirien   396
2. Hawaii   396
3. Zusammenfassung   396

XXIII   Biographie der Zwerge   **397**

XXIV   Das Aussehen der Zwerge   **398**

XXV   Hymnen an die Zwerge   **399**
1. An die Zwerge   399

XXVI   Traumreise zu den Zwergen   **401**

XXVII   Die heutige Bedeutung der Zwerge   **414**

Themenverzeichnis   415

I Zwerge bei den Germanen – allgemein

Die meisten Zwerge, über die in den Mythen und Sagen der Nordgermanen berichtet wird, sind recht individuell und tragen auch einen Namen. Bei den Südgermanen sind sie hingegen meistens namenlos, aber dafür an einen bestimmten konkreten Ort gebunden.

In einigen nordgermanischen Texten wird jedoch auch etwas generelles über die Zwerge berichtet. Diese Texte werden in dem folgenden Kapitel aufgeführt und betrachtet.

1. Das Wort „Zwerg"

Im Altnordischen wurden die Zwerge „dvergr" genannt.

Sie waren eng mit den Felsen assoziiert: Das Echo wurde „Zwergen-Sprache" („dverg-mali") genannt, d.h. es gab die Vorstellung, daß die Zwerge in den Felsen das zurückriefen, was man ihnen zurief.

Die germanische Wurzel von „dvergr" lautet „dverga, dvergaz" und bedeutet ebenfalls „Zwerg".

Das germanische „dvergaz" stammt von dem indogermanischen Substantiv „dhreughos, dhroughos" für „Geist" ab.

In der dem Germanischen nah verwandten keltischen Sprache findet sich dasselbe Wort, das z.B. im Altirischen „airdrech" („Geist") lautet.

Das indogermanische Substantiv „dhroughos" ist eine Bildung zu dem Verb „dhreugh" für „täuschen, trügen, betrügen".

Diese Bedeutung findet sich auch im Sanskrit als „drogha" für „betrügen" und als „druhyati" für „verletzen, gegenüber jemandem feindlich sein", im Avestischen (Altpersisch) als „draoga" für „lügen" im Mittelirischen als „fraich" für „(be)-trügen" und im Althochdeutschen als „tiogan" für „trügen". Ein Geist wurde anscheinend auch schon von den Indogermanen als ein „Trugbild" angesehen.

Da hellsichtig wahrgenommene Geister und Träume recht ähnliche Phänomene sind, hat sich aus der indogermanischen Wurzel „dhroughos" für „Geist" in den germanischen Sprachen auch eine Bezeichnung für „Traum" gebildet. Sie lautet im Altnordischen „drauma", im Englischen „Dream" und im Deutschen „Traum".

Das indogermanische Substantiv „dhroughos" hat jedoch nicht nur die Bedeutung „Geist", sondern auch die Bedeutung „Freund, Gefährte". Diese Bedeutung hat sich vor allem bei den westlichen Indogermanen erhalten können: altenglisch „ge-dreag" für „Truppe", lithauisch „draugas" für „Freund" und altkirchenslawisch „drugu" für „Freund, Gefährte".

Diese Kombination von „Geist" und „Freund" erinnert u.a. an den „Daimon" des Sokrates, also an die eigene Seele als Gesprächspartner eines Menschen, durch den man Rat, Hilfe und Führung erhalten kann. Diese „innere Instanz" wird in der christlichen Kultur meistens „Schutzengel" genannt. Dieses Wesen ist den alten Kulturen ein sehr wichtiges Element gewesen. So gibt es z.B. bei den Sumerern, die dieses Wesen „Me" genannt haben, was in etwa „das von der Muttergöttin gesandte" bedeutet, das Sprichwort: „Ohne das eigene Me gelingt nichts, mit dem eigenen Me gelingt alles." Bei den Ägyptern hieß dieses Wesen und die durch es entstehende Qualität „Ma'at", was ebenfalls „das von der Muttergöttin stammende" bedeutet.

Es wäre somit denkbar, daß „dhroughos" ursprünglich die Bedeutung „der Schutzgeist, der der eigene innerer Freund ist und den man im Traum und in der Meditation sehen kann" gehabt hat.

Letztlich ist dieser „innere Freund" nichts anderes als die eigenen Seele. Daher besteht kein wesentlicher Unterschied zwischen der eigenen Seele, die man in sich selber finden kann und den Seelen der Verstorbenen, die man im Jenseits finden kann. Sowohl das eigene Innere als auch das Jenseits sind nichts anderes als das „Reich der Seelen". Lediglich die Perspektive eines Lebenden auf seine eigene Seele unterscheidet sich von der Perspektive eines Lebenden auf die Seelen der Verstorbenen.

Die Bedeutung „Trugbild" von „dhroughos" bedeutet nicht, daß man Geistern nicht trauen kann, sondern hat sich nur aus dem Gegensatz zwischen den Träumen/Visionen und der handfesten Realität gebildet – man kann sich eines Stein leichter gewiß sein als eines inneren Bildes oder eines hellsichtig wahrgenommenen Totengeistes.

Aus diesen Betrachtungen ergibt sich folgende Entwicklung des Begriffes „Zwerg":

Geist, Schutzgeist, Seele, Freund	Geist	Geist
		Zwerg
	Freund	
	Trugbild	(be-)trügen
		Trugbild, Traum

2. Die Herkunft der Zwerge

2. a) Die Vision der Seherin

In diesem Lied wird berichtet, wie die Zwerge entstanden sind:

Da gingen die Berater zu den Richterstühlen,
Hochheilge Götter hielten Rat,
Wer schaffen sollte der Zwerge Geschlecht
Aus Brimirs Blut und Blains Gebein.

Da ward Modsognir der mächtigste
Dieser Zwerge und Durin nach ihm.
Noch manche der Zwerge machten sie
Aus Erde menschengleich, so wie Durin es sagte.

... ...

Zeit ist's, die Zwerge von Dwalins Zunft
Den Leuten zu leiten bis Lofar hinauf,
Die aus Gestein und Klüften strebten
Von Aurwangs Tiefen zum Erdenfeld.

„Brimir" („Brandung" = „Blut") und „Blain" („Blauer" = „Toter") sind Namen des Urriesen Ymir, aus dessen Blut und Knochen die Asen die Zwerge erschaffen haben. Da die Zwerge eigentlich die Geister der Verstorbenen sind, ist dieses Motiv vermutlich aus dem Bedürfnis entstanden, die Welt als eine Schöpfung durch die Götter zu beschreiben. In ähnlicher Weise haben die Asen auch die Menschen aus zwei Stämmen Treibholz erschaffen.

Die Zwerge sahen aus wie Menschen – schließlich waren sie die Geister der verstorbenen Menschen.

Das Erschaffen der Zwerge aus Erde ist eine Umdeutung der Bestattung der Menschen in der Erde. Da die Erde als das Fleisch des Urriesen angesehen wurde, könnte man die letzte Zeile der ersten dieser drei Strophen um ein Motiv ergänzen: „aus Brimirs Blut und Blains Gebein und Banirs Fleisch" („Banir" = „Toter").

Auch das „Aufsteigen" der Zwerge „aus Gestein und Klüften" ist eine Umkehrung ins Gegenteil, da die Verstorbenen in den „Stein", d.h. in die aus Felsen errichtete Grabkammer im Hügelgrab gelegt werden. Allerdings wurden die Geister der Verstorbenen, d.h. die Zwerge von ihren Nachkommen im Diesseits oft um Rat und Hilfe

19

gebeten, wobei die Zwerge dann aus dem „Stein" und aus der Erde heraus zu ihnen kamen.

„Aurwang" („Licht-Gefilde") ist ein Name für das Jenseits, in dem sich die Totengeister befanden. Vermutlich ist „Aurwang" mit Tyrs Halle Gimli am Himmel identisch.

2. b) Gylfis Vision

In dieser Zusammenfassung der germanischen Mythologie findet sich eine ganz ähnliche Darstellung der Entstehung der Zwerge.

Danach setzten sich die Götter auf ihre Hochsitze und hielten Rat und Gericht, und gedachten, wie die Zwerge belebt würden im Staub und in der Erde gleich Maden im Fleisch. Die Zwerge waren zuerst erschaffen worden und hatten Leben erhalten in Ymirs Fleisch und waren da Maden. Aber durch den Beschluß der Götter erhielten sie Bewußtsein und Menschengestalt, obwohl sie in der Erde und im Gestein lebten.

Modsognir war der erste Zwerg und der zweite war Durin, wie es in der Wöluspa heißt:

Da gingen die Berater zu den Richterstühlen,
Hochheilge Götter hielten Rat,
Wie sie der Zwerge Geschlecht erschaffen sollten
Aus des Brimirs Blut und des Blains Gliedern.

Da ward Modsognir der mächtigste
Dieser Zwerge, und Durin nach ihm.
Manche noch machten sie menschengleich
Der Zwerge in der Erde, wie es Durin sagte.

Und die Namen der Zwerge, sagt die Seherin, lauten:

Nyi, Nidi, Nordri, Sudri, Austri, Westri, Althiosr, Dwalin, Nar, Nain, Niping, Dain, Biwör, Bawör, Bömbör, Nori, Ori, Onar, Oin, Modwitnir.
Wig und Gandalf, Windalf, Thorin, Fili, Kili, Fundin, Wali, Thror, Throin, Theck, Lit und Wit, Nyr, Nyrad, Reck, Radswid.

Und diese sind auch Zwerge und wohnen im Gestein, während die vorigen in der Erde leben:

Draupnir, Dolgthwari, Hör, Hugstari, Hlediolf, Gloin, Dori, Ori, Dufr, Andwari, Hepti, Fili, Har, Siar.

Aber folgende kamen von Swarins Hügel gen Aurwang auf Jöruvöllu, und von ihnen stammt Lofars Geschlecht. Dies sind ihre Namen:

Skirfir, Wirfir, Skafid, Ai, Alf, Ingi, Eikinskialdi, Fal, Frosti, Fid, Ginnar."

In diesem Text ist die Entstehung der Zwerge aus dem Fleisch des Urriesen deutlicher ausformuliert als in der „Vision der Seherin".

Die Unterscheidung von Fels-Zwergen und Erd-Zwergen ist nicht sehr tiefgründig, da sie sich letztlich nur auf den Unterschied der Bestattung in der Erde oder in der Grabkammer in einem Hügelgrab bezieht.

Swarin ist der ehemalige Göttervater Tyr. Sein „Hügel" ist sein Hügelgrab, das mit „Aurwang" („Licht-Gefilde") identisch ist. „Jöruwall" bedeutet „Erdwall" und ist eine Umschreibung für die Unterwelt.

In dieser Entstehungsmythe der Zwerge erschaffen die Asen die Zwerge nicht, sondern geben ihnen nur ihr Bewußtsein. Dies entspricht der Erschaffung der beiden ersten Menschen, die zwei zum Leben erweckte Baumstämme sind.

3. Zwerge: Ahnen im Hügelgrab

3. a) Die Vision der Seherin

An einer späteren Stelle in diesem Lied wird von „Zwergen vor steinernen Türen" gesprochen. Mit diesen Steintoren werden die Steinplatten gemeint sein, mit denen man den Eingang zu den Hügelgräbern nach der Bestattung verschloß.

Was ist mit den Asen? Was ist mit den Alfen?
All Jötunheim ächzt, die Asen versammeln sich.
Die Zwerge stöhnen vor steinernen Türen,
Der Bergwege Weiser: wißt ihr, was das bedeutet?

Die „Weiser der Bergwege" sind die Zwerge, weil „Berg" eine Umschreibung für Hügelgrab ist – die Zwerge als Totengeister kannten natürlich den Weg in das Hügelgrab und somit auch den Jenseitsweg.

3. b) Odins Rabenzauber

In diesem Lied wird ein Sonnenaufgang aus mythologischer Sicht beschrieben:

Da trieb aus dem Tore wieder der Tag
Sein schön mit Gestein geschmücktes Roß;
Weit über Mannheim glänzte die Mähne:
Des Zwergs Überlisterin zog es im Wagen.

Am nördlichen Rand der nährenden Erde
Unter des Urbaums äußerster Wurzel
Gingen zur Ruhe Gygien und Thursen,
Gespenster, Zwerge und Schwarzalfen.

Auf standen die Herrscher und die Alfenbestrahlerin;
Die Nacht sank nördlich gen Nifelheim.
Ulfrunas Sohn stieg Argiöl hinan,
Der Hornbläser, zu den Himmelsbergen.

Die „Überlisterin des Zwerges" ist die Sonne. Dies ist eine Anspielung auf das Alwis-Lied und auf die nur in Hinweisen überlieferte Dwalin-Mythe, in denen diese beiden Zwerge zu Stein wurden, weil ein Sonnenstrahl auf sie fiel. Dieses Motiv beruht darauf, daß die Zwerge als Jenseitswesen zur Nacht und zum Winter gehören. Diese Assoziationen zwischen Nacht, Schlaf und Tod findet sich bei fast allen Völkern.

Die Gygien („Riesinnen"), Thursen („Riesen"), Gespenster („Totengeister"), Zwerge („Totengeister") und Schwarzalfen („Totengeister") müssen bei Tagesanbruch in die Unterwelt zurückkehren, da sie zu dem Reich der Dunkelheit gehören.

Das der ersten Strophe zugrundeliegende Bild ist die Fahrt der Sonne in ihrem von zwei Pferden gezogenen Wagen über den Himmel.

In dem ehemaligen, von dem Sonnengott-Göttervater Tyr geprägten Weltbild ist der Ort des Überganges zwischen den beiden Welten der Horizont, an dem die Sonne auf- und untergeht. In dem neueren, von dem Schamanengott Odin geprägten Weltbild ist jedoch der Weltenbaum der Ort, an dem sich Diesseits und Jenseits treffen. Daher kehren die Totengeister dort durch das Tor der Hel in die Unterwelt zurück – „unter des Urbaums äußerster Wurzel".

Die „Alfenbestrahlerin" ist die Sonne, die in dem Alfheim-Jenseits am südlichen Himmel die dort lebenden Totengeister bescheint.

Die Nacht schwindet eigentlich nach Westen hin, da die Sonne im Osten aufgeht. Da der Weltenbaum jedoch im Norden steht, versinkt dort aus mythologischer Sicht auch die Nacht – sie sinkt zusammen mit den Totengeistern ins Jenseits hinab.

„Ulfrunas Sohn" ist der Gott Heimdall, der die Regenbogenbrücke hinaufsteigt, die hier „Argiöl" genannt wird, was „Adler-Schreie" bedeutet und wohl eine Anspielung auf den am Morgen wiedergeborenen Sonnengott-Göttervater Tyr und dessen Adler-Seelenvogel ist.

3. c) Alwis-Lied

Thor:
„Aus einer Brust alter Kunden
Vernahm ich nie so viel.
Mit schlauen Lüsten, verlorst Du die Wette,
Der Tag verzaubert Dich, Zwerg:
Die Sonne scheint in den Saal."

Da der Tod und das Jenseits mit der Nacht assoziiert wurden, wurden auch die Totengeister einschließlich der Zwerge mit der Nacht assoziiert, wodurch durch die

23

Umkehrung des Zusammenhanges das Motiv entstehen konnte, daß die Totengeister und die anderen Zwerge im Sonnenlicht zu Stein wurden.

3. d) Gudruns Sterbe-Lied

Am Tor tönte / Trauerklage
zur freudlosen Zeit / der Zwergennot.
Des Morgens früh / mehrt die Sorgen
aller Kummer / um Erdenleid.

Zwergennot = der Morgen (die Sonne versteinert die Zwerge)

3.e) Heimskringla

Zwerge leben als Totengeister fast immer in Hügelgräbern.

Thjodolfr von Hvini berichtet darüber:

„Aber der Tag-scheue
Diurnir unten
in dem mächtigen Saal
lockte Sveigdi
in den Stein
und führt ihn hinein.

Der arme König
folgte dem Zwerg
in den leuchtende Saal
jenes Mimirs in der Tiefe,
in dessen Riesenwohnstatt,
– dorthin ging er mit. "

- Diurnir = ein Zwerg
- Sveigdi = Swedge = König von Schweden
- Stein = Hügelgrab
- leuchtender Saal = Grabkammer voll Gold

24

- Mimir = Tyr; Tiefe = Unterwelt; Mimir der Tiefe = Tyr-Riese, Totengeist = Diurnir
- Riesenwohnstatt = Grabkammer im Hügelgrab

3. f) Heimskringla

In dieser halb historischen, halb mythologischen Geschichte Skandinaviens werden die Zwerge als Bewohner der Erde angesehen, denen man wie den Menschen in den Dörfern oder den Hirschen im Wald begegnen kann.
„Blaumenschen" sind Totengeister.

In Schweden gibt es viele große Reiche und viele Menschengeschlechter und viele Arten von Sprachen. Dort gibt es Riesen und dort gibt es Zwerge und dort sind ebenfalls Blaumenschen und dort gibt es auch noch seltsamere Wesen.

3. g) Die Saga über Asmund Berserker-Töter

In diesen Strophen werden die Zwerge ausdrücklich „tot" genannt – sie sind die Totengeister.
Das, was Asmund und die Königin tragen, waren zwei Schwerter, die von Zwergen geschmiedet worden waren.

Asmund sprach diese Verse:
„ Man kann kaum wissen,
was geschehen wird,
wenn man zu einem Zweikampf
fortgeht.
Du, Königin,
trugst eines in Dänemark,
und ich selber
eines in Schweden:

Es waren zwei,
die zu töten begierig waren;
von den Geschenken des Budli
ist nun eines zerbrochen;

sie wurden von toten Zwergen
geschmiedet,
so wie keine anderen
zuvor oder in Zukunft. "

3. h) Kenningar

In den Kenningarn werden die Zwerge als Hügelgrab-Geister geschildert:

Hügelgrab	*Zwergenhaus*		Jatgeirr Torfa-Sohn	Lausavisur
Hügelgrab	*Zwerg-Berg*	Zwerge = Totengeister	anonym	Goldemar
Totengeist, Zwerg	*Hügelgrab-Bewohner*		anonym	schwedischer Runenstein
Hügelgrab	*Steintüre der Zwerge*	Zwerge = Totengeister	anonym	Der Seherin Ausspruch
tot sein	*bei der Dise im Zwergenhaus liegen*	Diese = (Jenseits-)Göttin	Jatgeirr Torfa-Sohn	Lausavisur
Zwerge	*Tageslicht-scheue Wächter der Halle der Ahnen des Durnir*	Durnir =Zwerg; Zwerge wurden im Tageslicht zu Stein; Ahnen-Halle = Hügelgrab	Thjodolfr von Hvini	Ynglingatal
Zwerge	*Führer auf den Bergwegen*	Berg = Hügelgrab	anonym	Vision der Seherin
Riesen	*Heer der Hügelgräber*	Riesen sind wie die Zwerge Jenseits-Wesen, d.h. Totengeister	Sigvatr Thordarson	Austrfararvisur

Die Zwerge sind auch die Besitzer des Mets, der bei Bestattungen und anderen Ritualen getrunken wurde:

Skalden-Met	*Regen der Männer des Thorinn*	Thorinn = Zwerg	Thordr Kolbeinsson	Eiriksdrapa
Skalden-Met	*Falars-Trank*	die Zwerge Gjallar und Falar haben den Met gebraut	Refr	(Skaldskaparmal)
Skalden-Met	*Zwergen-Met*		Snorri Sturluson	Skaldskaparmal
Skalden-Met	*Zwergen-Trank*		Refr	Skaldskaparmal
Skalden-Met	*Meer der Zwerge*		Snorri Sturluson	Skaldskaparmal
Skalden-Met	*seichte Welle der Felsen der Zwerge*	seicht = Met im Kessel	Einarr Klingel-Waage Helga-Sohn	Vellekla
Skalden-Met	*freudevolle Woge des Dainn*	Dainn = Zwerg; Freude = Wirkung des Mets	Sigvatr Thordarson	Lausavisur
Skalden-Met	*richtiger Trank des Regin*	Regin = Zwerg	Harald Schönhaar Halfdanarson	Snäfridardrapa
Skalden-Met	*Ozean der Zwergen-Klippe*	die Zwerge, die den Met gebraut hatten, saßen auf einer Felsen-Insel gefangen	Einarr Klingel-Waage	(Skaldskaparmal)
Trinkgefäß	*Zwergen-Krug*	Gefäß für den Skaldenmet	Omr	(Skaldskaparmal)
Trinkgefäß	*Zwergen-Schiff*	Schiff = Met-Gefäß; die Zwerge stellten den Met aus Kwasirs Blut her	Einarr Klingel-Waage	(Skaldska-parmal)
Trinkhorn	*Barke des Sohnes des Austri*	Austri = Zwerg; dessen Sohn =Zwerg; Barke der Zwerge = Gefäß mit dem Skaldenmet	anonym	Hallfredr-Saga

Da der Skalden-Met denen, die ihn tranken, die Dichtkunst verlieh, gibt es auch eine Verbindung zwischen den Zwergen und der Dichtung:

Dichtkunst	*dunkler Zwerg-Regen*	dunkler Regen = Kwasirs Blut	Hallar-Steinn	Rekstefja
Dichtkunst	*Regen der Männer des Thorinn*	Thorinn = Zwerg	Thordr Kolbeinsson	Eiriks-drapa

Dichtkunst	*Trank der Zwerge*	Trank = Met	Snorri Sturluson	Skaldska-parmal
Dichtkunst	*Zwergen-Krug*	(mit Skalden-Met)	Omr	(Skaldska-parmal)
Dichtkunst	*Trank des Dwalin*	Dwalin = Zwerg	Omar Stein-thorsson	(Skaldska-parmal)
Dichtkunst	*freudevolle Woge des Dainn*	Dainn = Zwerg; seine Woge = Met	Sigvatr Thordarson	Lausavisur
Dichtkunst	*seichte Welle der Felsen der Zwerge*	Welle = Met im Trinkhorn	Einarr Klingel-Waage Helga-Sohn	Vellekla
Dichtkunst	*Woge des Zwergen-Felsens*	Zwergen-Felsen = Hügelgrab; im Jenseits wurde den Toten Met gereicht	Refr	(Skaldska-parmal)
Dichtkunst	*Lied-Woge des Zwergen-Felsens*		Einarr Klingel-Waage	(Skaldska-parmal)

Die Zwerge versteinern im Sonnenlicht, d.h. sie müssen tagsüber in den Stein (Grabkammer des Hügelgrabes) zurückkehren:

Morgen-anbruch	*Zwergennot*	morgens versteinert die Sonne die Zwerge	anonym	Gudrun-Lied
Sonne	*Dwalins Spiel-Gefährte*	der Zwerg Dwalin wurde bei Sonnen-aufgang zu Stein	Snorri Sturluson	Skaldskaparmal
				Thulur
			anonym	Odins Rabenzauber
Sonne	*Überlisterin des Zwerges*	morgens versteinert die Sonne die Zwerge	anonym	Alwis-Lied
Riesen	*Hasser des Schildes des ewig brennenden Feuers*	ewiges Feuer = Sonne; Schild der Sonne = Sonnenscheibe; Sonnen-Hasser = Riesen und Zwerge versteinerten, wenn die Sonne auf sie schien	Eilifir Godrunason	Thorsdrapa

Schließlich gibt es noch einige Kenningar, die sich darauf beziehen, daß die Himmelskuppel von vier Zwergen getragen wird:

Himmel	*Helm des Westri*	Westri, Austri, Sudri, Nordri = Himmelsträger-Zwerge (Helm = Ymirs Schädel = Himmel)	Snorri Sturluson	Skaldskaparmal
Himmel	*Helm des Austri*		Snorri Sturluson	Skaldskaparmal
Himmel	*Helm des Sudri*		Snorri Sturluson	Skaldskaparmal
Himmel	*Helm des Nordri*		Snorri Sturluson	Skaldskaparmal
Himmel	*Last der Zwerge*		Snorri Sturluson	Skaldskaparmal
Himmel	*Aufgabe der Zwerge*		Snorri Sturluson	Skaldskaparmal
Himmel	*Arbeit der Zwerge*		Snorri Sturluson	Skaldskaparmal
Himmel	*Last der Sippe des Nordri*		Hallfredr Ärger-Skalde Ottarsson	Erfidrapa Olafs Trygvasonar
Himmel	*Arbeit des Austri*		Arnorr Jarl-Skalde Thordarson	Thorfinnsdrapa

3. i) Bandaman-Saga

Zwerge und Riesen sind beides Totengeister im Jenseits:

„Mit Freude erzähle ich die Neuigkeiten
über den Streit zwischen dem Zwerg und dem Riesen.“

4. Zwerge sind Schmiede

4. a) Skaldskaparmal

Die Zwerge waren gute Schmiede:

Doch Högni antwortete: „Das hast Du zu spät angeboten, wenn Du Frieden schließen willst, denn ich habe schon Dainsleif gezogen, das die Zwerge geschmiedet haben und daß der Tod eines Mannes werden muß, sobald es entblößt worden ist."

4. b) Gisli-Saga

„Ich sage Dir, daß dieses Schwert alles beißen wird, worauf es trifft, ob es nun Eisen oder irgendetwas anderes ist, und seine Schneide kann nicht durch Zauber-sprüche getötet werden, denn es ist von Zwergen geschmiedet worden und sein Name ist 'Graustahl'."

4. c) Die ältere Version der Huldar-Saga

Als der Königssohn Hildibrandr bei der Hleidr zehn Jahre alt geworden war, hielt deren Vater, der Riese Svadi, ein großes Gastmahl, an dessen Schluß er jenem (dem Hildibrandr) ein von Zwergen geschmiedetes und von Odinn mit besonderen Kräften begabtes Schwert, dem Kollr aber einen mächtigen Spieß schenkte.

4. d) Die ältere Version der Huldar-Saga

Skjalgr war hocherfreut über den Ring. Er sagte über ihn, daß ihn Nimrod von vier Zwergen habe schmieden lassen, daß ihn ferner Huld Trollkönigin die Große dem Odinn geschenkt habe, als er bei ihr lag und daß ihn dann Freyja aus Ärger hierüber durch Loki habe stehlen lassen; von ihr habe ihn dann ihre Pflegeschwester Skrama, also seine Mutter, erhalten. Den Ring sollten nun mit Odins Zustimmung 100 Jahre lang Weiber aufbewahren, nach Ablauf dieser Zeit aber solle derjenige der König aller Unholde in Jötunheim werden, der ihn am Troll-Thing vorzeigen könne.

4. e)   Die Saga über Asmund Berserker-Töter

„Budlis Geschenk" ist das magische Schwert, das die beiden Zwerge Olius und Alius für König Budli geschmiedet haben.
Die Zwerge sind „tot", da sie Totengeister sind.

Es waren zwei,
die zu töten begierig waren;
von den Geschenken des Budli
ist nun eines zerbrochen;
sie wurden von toten Zwergen
geschmiedet,
so wie keine anderen
zuvor oder in Zukunft.

5. Zwerge sind Handwerker

5. a) Gylfis Vision

Das Motiv der Zwergen-Schmiede ist nach und nach ausgeweitet worden, sodaß sie schließlich allgemein als gute und zauberkundige Handwerker angesehen worden sind:

Da schickte Allvater den Jüngling Skirnir, der Freys Diener war, zu einigen Zwergen in Schwarzalfenheim, und ließ das Band Gleipnir verfertigen. Dieses war aus sechserlei Dingen gemacht: aus dem Schall des Katzentritts, dem Bart der Weiber, den Wurzeln der Berge, den Sehnen der Bären, der Stimme der Fische und dem Speichel der Vögel.

5. b) Hyndla-Lied

Freyja:
„Du faselst, Hyndla, träumt Dir vielleicht?
Daß Du sagst, mein Geselle sei mein Mann.
Meinem Eber glühn die goldnen Borsten,
Dem Hildiswin, den herrlich schufen
Die beiden Zwerge Dain und Nabbi.“

Hyndla = Hel
Hildiswin = „Kampfschwein“ = Freyas Eber

5. c) Grimnir-Lied

Iwalts Söhne gingen in Urtagen
um Skidbladnir zu schaffen,
Das beste der Schiffe, für den schimmernden Freyr,
Niörds nützen Sohn,

Iwalt = Tyr; seine Söhne = „Alcis“ = zwei Schimmel, zwei Zwerge
Skidbladnir = Jenseitsreise-Schiff, magisches Schiff

6. Zwerge sind Runen-kundig

6. a) Runenlied

Die Zwerge sind auch runenkundig:

Odin:
„Hauptlieder neun lernt ich von dem weisen Sohn
Bölthorns, des Vaters Bestlas,
Und trank einen Trunk des teuern Mets
Aus Odhrörir geschöpft.

Zu gedeihen begann ich und begann zu denken,
Wuchs und fühlte mich wohl.
Wort aus dem Wort verlieh mir das Wort,
Werk aus dem Werk verlieh mir das Werk.

Runen wirst Du finden und Ratstäbe,
Sehr starke Stäbe, sehr mächtige Stäbe.
Erzredner ersann sie, Götter schufen sie,
Sie ritzte der hehrste der Herrscher.

Odin den Riesen, den Alfen Dain,
Dwalin den Zwergen,
Alswid aber den Riesen;
einige schnitt ich selbst.“

Hier ist Dwalin der Runnen-kundige Zwerg. Dain ist ein weiterer Zwerg, der hier zu den Schwarzalfen, d.h. zu den Ahnen in der Erde („Zwerge“) gehört.

6. b) Faröische Heldenlieder – Brünhild-Lied

Budli:
„Hör' das, liebe Tochter mein, schaffe nun dazu Rat,
Wie sollen wir den gewaltigen Mann gewinnen aus seinem Land.“

Brünhild:

„Du sollst den Saal mir lassen bereiten in öden Marken:
Mit so geringer Bedienung will ich darin verweilen.

Du sollst mir den Goldstuhl setzen in öder Mark zu stehn,
Wie ihn die zwei Zwerge aufs Beste mit Runen zu schlagen verstehn.
Wie ihn die zwei Zwerge aufs Beste mit Runen zu schlagen verstehn:
Beides mit Rauch und Waberlohe, die um den Saal dort brennt.

Dieselbe Waberlohe, die wird mich also schützen,
Nur Sjurdur der Berühmte, der wagt dagegen zu kämpfen. "
Er ließ den Saal ihr bereiten also in öden Marken:
Mit so geringer Bedienung fuhr sie darin zu verweilen.

Er ließ in öden Marken ihr schlagen den Saal:
Beides mit Rauch und Waberlohe, die um den Saal dort brennt.
Und so große Waberlohe ließ er sein darum,
Wie die zwei Zwerge konnten aufs Beste mit Runen vollbringen.

Und so große Waberlohe ließ er darum schlagen,
Daß die Zwerge nicht vermochten ihm mit Trug zu nahen.

7.   Zwerge sind böse Geister

7. a)   Der Schädel von Ribe

Ribe liegt im Südosten Dänemarks und ist die älteste Stadt dieses Landes und war lange Zeit der wichtigste dänische Nordseehafen. Dort wurde ein Schädel gefunden, auf den um ca. 800 n.Chr. eine Inschrift eingeritzt worden ist.
Diese Runen-Inschrift lautet:

ulfur auk uthin auk hutiur
hialb buris uithr
thaima uiarki auk tuir kuniu
buur

Diese Inschrift kann man mit einiger Sicherheit wie folgt übersetzen:

Wolf(-gott) und Odin und Hutiur
möge dem Buris helfen gegen
diesen Schmerz und Zwergen-Schlag
Buur

Da „möge" im Singular und nicht im Plural („mögen") steht, sind die drei Götter offensichtlich als eine dreiteilige Einheit aufgefaßt worden, die man stets als Gesamtheit anrief.
Mit „Zwergenschlag" ist wahrscheinlich ein Hexenschuß gemeint.
„Buur" ist die Unterschrift des Runenmeisters.
Die beiden Götter „Ulfur" und „Huitur" sind unbekannt, doch könnte mit „Ulfur", also „Wolfsgott" Tyr gemeint sein, da dieser Gott sowohl mit dem Fenris-Wolf verbunden ist als auch der Vater der beiden Alcis-Zwillinge war, die als Krieger des öfteren auch die Gestalt von zwei Wölfen annehmen konnten.
Hutiur könnte evtl. der Gott Hödur sein – aber das ist sehr ungewiß.

7. b)   angelsächsischer Zauberspruch gegen einen Zwerg

Gegen einen Zwerg (Zwergenschlag = Hexenschuß) soll man sieben kleine Oblaten nehmen so wie die, die in der Kommunion benutzt werden, und die folgenden Namen auf sie schreiben: Maximianus, Malchus, Iohannes, Martimianus, Dionisius, Constantinus, Serafion.

7. c)   Die Kirchengeschichte des Ordericus Vitalis

In dieser Kirchengeschichte wird über ein Erlebnis des normannischen Priesters Gauchelin aus dem Jahr 1091 n.Chr. berichtet, in dem zwergenhafte Wesen auftreten:

In der Stadt Saint Aubin de Bonneval war ein Priester Gauchelin.

Am 1. Januar 1091 nach der Geburt des Herrn holte man in der Nacht den Priester Gauchelin an ein Krankenbett, wie es üblich ist. Gauchelin kam ...

Als er auf dem Heimweg war und ganz allein und fern von jeder menschlichen Behausung dahinschritt, vernahm er plötzlich ein gewaltiges Getöse wie von einem sehr großen Heer. Es war acht Tage nach Neumond, die Mondsichel strahlte hell im Zeichen des Steinbocks und zeigte dem Wanderer den Weg.

Da holte ihn ein riesenhaft-großer Mann ein, der eine gewaltige Keule trug. Er erhob den Handgriff der Keule über das Haupt des Priesters und sprach: „Halt! Gehe nicht weiter!"

Der Priester wurde starr vor Schreck und blieb, auf den Stock, den er trug, gestützt, unbeweglich stehen.

Der gewaltige Keulenträger aber blieb an seiner Seite und erwartete, ohne ihm ein Leids zu tun, das Vorüberziehen des Heeres.

Siehe, da zog ein gewaltiger Haufe von Kriegern zu Fuß vorbei. Die Leute trugen auf Genick und Rücken Kleinvieh und Kleider, vielartiges Hausgerät und verschiedene Gebrauchsgegenstände, wie sie Räuber fortzutragen pflegen. Alle aber klagten laut und ermahnten sich gegenseitig zur Eile.

Dann folgte eine Schar bewaffneter Träger, denen sich der erwähnte Riese plötzlich anschloß.

Sie trugen etwa fünfzig Särge, und zwar wurde jeder Sarg von zwei Trägern getragen. Ferner saßen auf den Särgen Menschen so klein wie Zwerge, aber mit großen Köpfen; auch hielten sie große Körbe.

Vermutlich ist dies die älteste Textstelle, an der Zwerge als „klein" bezeichnet werden. Leider ist nicht sicher, ob dieses „klein" aus den Vorstellungen über die germanischen Ahnengeister („Zwerge") oder aus den Vorstellungen über die keltischen Ahnengeister („Kleines Volk") stammt.

Die Formulierung *„so klein wie Zwerge"* läßt jedoch vermuten, daß man schon damals Zwerge, also „germanische Totengeister" als klein angesehen hat.

Sogar ein mächtiger Marterpfahl wurde von zwei Männern einhergeschleppt. Auf dem Marterpfahl war ein bejammernswerter Mensch straff angebunden, und inmitten harter Qualen heulte und schrie er laut. Ein ekelhafter Teufel nämlich, der auf demselben Marterpfahl saß, stach den Blutüberströmten in grausamer Weise mit feurigen Sporen in die Lenden und in den Rücken.

In dem Gemarterten erkannte Gauchelin deutlich den Mörder des Priesters Etienne.

Nunmehr folgte eine Masse Frauen, deren Zahl dem Priester unendlich schien. Sie ritten nach Frauenart und saßen auf Frauensätteln, in die glühende Nägel eingelassen waren. Oft schleuderte der Sturm die Frauen etwa um eine Elle in die Höhe und ließ sie dann auf die Spitzen der glühenden Nägel herunterfallen.

So müssen sie natürlich für die Unkeuschheiten und gemeinen Genüsse, denen sie während ihres Lebens maßlos fröhnten, jetzt Feuer und Ekelhaftigkeiten und noch mehr Qualen, als sich aufzählen lassen, elend erdulden und laut und jämmerlich heulend ihre eigenen Strafen verkünden. In dieser Schar erkannte der Priester gewisse Edelfrauen und erblickte Frauensänften tragende Pferde und Maultiere von vielen Frauen, die damals sogar noch unter den Lebenden weilten.

Gleich darauf bemerkte er einen langen Zug von Klerikern und Mönchen und von ihren Richtern und Leitern: Bischöfen und Äbten, alle in geändertem Priesterornat. Die Kleriker und die Bischöfe waren mit schwarzen Kapuzenmänteln bekleidet. Auch die Mönche und Äbte waren ebenfalls in schwarzen Kutten.

Sie seufzten und klagten und einige riefen Gauchelin an und baten ihn bei ihrer einstigen Freundschaft, für sie zu beten.

Von den schrecklichen Visionen erschüttert, stand der Priester zitternd auf den Stab gebeugt, noch Grausigeres erwartend. Siehe, da kam eine Masse Krieger heran. menschliche Farbe, aber in schwarzem Dust und sprühendem Feuer erschienen sie. Alle saßen auf Riesenpferden, und mit allen Waffen bewehrt, stürmten sie dahin wie zur Schlacht und schwenkten rabenschwarze Banner.

Einer von ihnen, Landric von Orbec, der in jenem Jahr gestorben war, wandte sich an den Priester, schärfte ihm in grausigen Rufen Botschaften ein und bat ihn hoch und teuer, diese Aufträge seiner Frau zu bestellen. Die vorausziehenden und die folgenden Scharen aber fielen Landric ins Wort, hinderten ihn am Weitersprechen und riefen dem Priester zu: „Glaube Landric nicht, denn er ist ein Lügner."

Dieser Landric war Vizegraf zu Orbec und Richter gewesen. In der Verwaltung und in seinen Verfügungen aber urteilte er nach Gutdünken, beugte das Recht für Geld und diente mehr der Begehrlichkeit und Falschheit als der Rechtlichkeit.

Als die ungeheure Masse der Krieger vorüber war, dachte Gauchelin: „Das sind zweifellos die Leute des Herlekin. Ich habe zwar gehört, daß man sie vor Zeiten oft gesehen habe; ich traute jedoch diesen Berichten nicht und lachte darüber, weil ich niemals sichere Anzeichen der Anwesenheit solcher Herlekinleute gesehen habe. Jetzt *aber sehe ich wahrhaftig die Seelen der Verstorbenen vor mir. Aber wenn ich das Geschehene erzähle, wird mir niemand glauben, falls ich den Menschen nicht eine sichtbare Probe aus der Spukerscheinung vorführen kann."*

Da Gauchelin diesen Zug von Menschen für Verstorbene hält, sollten eigentlich auch die Zwerge auf den Särgen Verstorbene sein – was jedoch nicht ganz sicher ist, da sie evtl. auch eine andere Art von Wesen sein könnten.

Sofort packte er die Zügel eines glänzenden Rappen. Der aber entriß sich mit Gewalt dem Griff der Hand und verschwand im Galopp. In der Schar der Äthiopier trabte ein gesatteltes und gezäumtes Pferd an. Er eilte zu und streckte die Hand nach ihm aus.

Dieses Pferd blieb stehen, um den Priester aufsteigen zu lassen. Beim Atmen stieß es aus den Nüstern Nebelmassen, so lang wie die längste Eiche. Nun setzte der Priester den linken Fuß in den Steigbügel, packte die Zügel mit einer Hand und legte die Hand auf den Sattel. Plötzlich fühlte er unter dem Fuß eine Hitze wie von glühendem Feuer, und durch die Hand, die die Zügel hielt, hindurch drang ihm eine unglaubliche Kälte nach dem Herzen zu.

Indem kommen vier gespenstige Reiter daher und brüllen: „Was überfüllst Du unsere Pferde? Du hast mit zu kommen! Keiner von uns hat Dich angerührt, und Du hast uns bestehlen wollen."

Der Priester ließ vor Schrecken das Pferd los. Drei von den Reitern wollten ihn packen. Da sprach der vierte zu ihnen: „Laßt ab von ihm und erlaubt ihm, mit mir zu sprechen."

Dann sprach er zu dem Priester, dem der Schreck in allen Gliedern saß: „Bitte, hör' mich an und bestelle meiner Frau, was ich Dir auftrage."

Priester antwortete: „Ich weiß nicht, wer Du bist, und Deine Frau kenne ich nicht."

Da sagte der Reiter: „Ich bin Guillaume von Glos-la-Ferriere, der Sohn des Barnon. Am meisten quält mich übrigens der Wucher. Denn ich habe einem Manne, der in Geldverlegenheit war, ausgeholfen und habe dafür eine Mühle als Pfand erhalten. Da der Mann die geliehene Summe nicht zurückgeben konnte, habe ich Zeit meines Lebens das Pfand zurückbehalten, den gesetzlichen Erben um sein Erbe gebracht und es meinen eigenen Erben hinterlassen. Siehe diese weißglühende Eisenspitze hier! Sie stammt aus jener Mühle und scheint mir beim Tragen wirklich schwerer als die Burg von Eouen. Sage also meiner Frau Beatrice und meinem Sohn Roger, sie sollen mir helfen und sollen das Pfand, aus dem sie mehr Geld gezogen haben, als ich hergab, dem rechtmäßigen Erben zustellen."

Der Priester antwortete: „Guillaume von Glos-la-Ferriere ist längst tot, und ein derartiger Auftrag ist für keinen Gläubigen annehmbar."

Er dachte, er dürfe es nicht wagen, wem es auch sei, Aufträge eines moralischen Selbstmörders zu bestellen, auf denen der Fluch des Himmels laste.

Und er sprach: „Es gehört sich nicht, solche Dinge bekannt zu geben. Ich werde Deine Aufträge, wem sie auch gelten, einfach nicht bestellen."

Sofort streckte jener, außer sich vor Wut, die Hand aus, packte den Priester an der Kehle und führte und schleifte ihn mit fort.

Während er dahin geschleift wurde, empfand der Priester die Hand, die ihn an der Kehle gepackt hielt, wie Feuersglut und in seiner Herzensangst schrie er auf: „Heilige Maria, erhabene Mutter Christi, steh' mir bei!"

Ein schwertbewehrter Krieger sprengte heran und mit dem Schwerte zum Schlage ausholend, rief er: „Warum tötet ihr meinen Bruder, Unglückselige? Laßt ihn los und ziehet weiter!"

Da flogen jene fort und eilten der Schar der Äthiopier nach. Während alle andern fortzogen, blieb der Krieger auf der Straße bei Gauchelin halten und fragte ihn: „Erkennst Du mich?"

Auf die verneinende Antwort Gauchelins gibt sich der Reiter als des Priesters Bruder zu erkennen und offenbart ihm unter anderem:

„Die Rüstung, die wir tragen, ist aus Feuer. Sie hüllt uns in ekelhaft riechender Luft, drückt uns durch ihre maßlose Schwere zu Boden und läßt uns in unauslöschlicher Glut brennen."

Gauchelin beginnt die Schilderung seiner Vision bzw. seines Erlebnisses mit den der Wilden Jagd, die offenbar ein Teil der normannischen Mythologie ist. Dann läßt er diese Vorstellung geschickt in eine Schilderung der Qualen für die begangenen Sünden, die die Menschen nach ihrem Tod erleiden müssen, übergehen. Durch diesen auch noch heute beliebten rhetorischen Trick brachte er seine Zuhörer, die er fester an das Christentum binden wollte, dazu, zunächst seine Erzählung als etwas Bekanntem zuzustimmen und dann anschließend mehr oder weniger unbewußt auch der christlichen Fortführung dieser Mythe zuzustimmen.

Der germanische Teil dieser Geschichte werden das Heer und ihr Keulen-tragender Anführer sein.

Der normannische Name „Harlekin" geht über die beiden voneinander unabhängigen Zwischenstufen „Hellequin" („Höllen-König") und „Herla King" („König Herla") auf nordgermanisch „her laikin" („Heer-Spiel" = „Kampf") zurück.

8.   Sonstiges

8. a)   Gylfis Vision

Die Zwerge und die Nornen wurden als verwandt angesehen:

Es gibt noch andere Nornen, nämlich solche, die sich bei jedes Kindes Geburt einfinden, ihm seine Lebensdauer anzusagen. Einige sind von Göttergeschlecht, andere von Alfengeschlecht, noch andere vom Geschlecht der Zwerge, wie hier gesagt wird:

Gar verschiednen Geschlechts scheinen mir die Nornen,
Und nicht eines Ursprungs.
Einige sind Asen, andere Alfen,
Die dritten Töchter Dwalins.

Dwalin ist ein bekannter Zwerg.

8. b)   Personennamen

Es gibt nur zwei mit „Zwerg" gebildete Personennamen, was vermutlich ein Hinweis darauf ist, daß die Zwerge eine sehr alte mythologische Vorstellung sind, die im Kult keine Rolle mehr gespielt hat und deshalb nicht mehr für die Bildung von Personennamen verwendet worden ist.

Der eine dieser beiden Name lautet schlicht „Dvergr", also „Zwerg", und der andere „Dvergketil", also „Zwergenkessel", was sich auf die Opferkessel im Götter- und Ahnenkult bezieht.

8. c)   Heimskringla

Die Zwerge wurden schließlich zu einer der vielen Arten von Fabelwesen:

In Swithiod gibt es viele gute Landstriche und viele Geschlechter von Menschen und auch viele verschiedene Sprachen. Dort gibt es Riesen und auch Zwerge und dort sind auch Blaumenschen und dort findet man auch alle Arten von seltsameren Lebewesen. Dort gibt es große wilde Tiere und schreckliche Drachen.

9. Zusammenfassung

Die Zwerge sind die Geister der Toten, die in ihren Hügelgräbern oder im Norden in der Niflheim-Unterwelt leben.

In später Zeit wurden die Zwerge nicht mehr als hilfreiche Totengeister angesehen, sondern als gefürchtete, Krankheits-verursachende Wesen.

Die Zwerge können des Nachts im Dunkeln in das Diesseits kommen, aber müssen bei Tagesanbruch in die Unterwelt zurückkehren. Daraus ist das Motiv entstanden, daß die Zwerge zu Stein werden, wenn Sonnenlicht auf sie fällt.

In den Mythen werden sie von den Asen aus dem Blut, dem Fleisch und den Knochen des Urriesen Ymir erschaffen, was der Erschaffung der Menschen aus zwei angeschwemmten Baumstämmen entspricht.

Die Zwerge werden als gute und zauberkundige sowie runenkundige Schwert-Schmiede und generell als Handwerker angesehen, wobei sie fast immer paarweise auftreten.

Es ist fraglich, ob Zwerge schon damals als klein angesehen worden sind, da es nur einen Hinweise darauf gibt, der zudem keltische Ursprünge haben könnte.

II Der Zwergenkönig (Zusammenfassung)

Da der Sonnengott-Göttervater Tyr an jedem Abend bzw. in jedem Herbst starb, war er auch ein „Gott in der Unterwelt" und konnte somit sowohl ein Riese als auch ein Zwerg sein. Da Tyr im Diesseits der Götterkönig gewesen ist, war er im Jenseits der Zwergenkönig oder der Alfenkönig – was letztlich dasselbe ist, da sowohl Alfen als auch Zwerge die Geister der Toten sind: einmal im sonnigen südlichen Himmel in Alfheim und einmal im dunklen unterirdischen Niflheim im Norden.

Der folgende Text ist die Zusammenfassung der Betrachtungen über den Zwergenkönig in Band 7.

1. Die Eigenschaften des Zwergenkönigs

Die Zwergenkönige haben die folgende Merkmale:

- „Alberich" (Alfen-König") – Beiname des Tyr-Wieland, er besitzt einen großen Schatz in einem hohlen Berg und den Unsichtbarkeits-Umhang;
- „Billing, Billung, Bilunc, Bild" („Schwert") – Umschreibung des Schwertgott-Göttervaters Tyr; er ist mit den meisten der Symbole des Tyr verbunden: dem Weltenbaum, dem Brunnen, dem Met, den Seelenvögeln, der leuchtenden Halle, dem Gold (Grabschatz), dem Hügelgrab, dem Unsichtbarkeits-Umhang, dem Horn und zwei Dieners (Alcis);
- „Elberich" („Alfen-König") – schöner und edler Zwergenkönig; besitzt einen Ring, durch den man die Totengeister sehen kann, ist der Vater eines Königs;
- „Andvari" („Antworter") – Zwerg in der Wasserunterwelt, der einen großen Schatz und den magischen Ring besitzt, „Antworter", d.h. „Rächer" ist ein häufiger Schwert-Name;
- „Gust" („Windböe") – vermutlich mit Andvari identisch;
- „Oinn" („Ängstlicher" oder „der Zweite") – ein Tyr-Zwerg, da er der Vater des Andvari ist;
- „Regin" („Herrscher") – ein schmiedekundiger Zwerg, der das Tyr-Schwert neuschmiedet;
- „Rögnir" (Herrscher) – vermutlich mit „Regin" identisch;
- „Hreidmar" („berühmte Wohnstatt" = „Jenseitshalle") – er hat drei Söhne (Repräsentanten der drei Stände) und zwei Töchter (entsprechen Frigg und Freya), ist mächtig und zauberkundig;

- „Niblung" („Unterwelt-Mann") – er hat drei Söhne (Repräsentanten der drei Stände), hütet den Nibelungenhort in einem „hohlen Berg" (Hügelgrab);

- „Eugel" („Auge") – er wohnt in dem Drachenberg-Hügelgrab, besitzt einen „Nebel-Umhang", der seinen Träger unsichtbar macht, hat zwei Brüder (Repräsentanten der drei Stände), kann durch eine Zauberwurzel Tote erwecken, hilft dem Helden Siegfried;

- „Albewin" („Alfen-Freund") – er ist ein reicher Zwerg, ein Schmied und besitzt einen Unsichtbarkeits-Umhang;

- „Jamtaland-Zwerg" – ein Adler (Seelenvogel des Tyr) raubt seinen Sohn, wohnt in einem Hügelgrab mit Schätzen, besitzt ein Unverwundbarkeits-Hemd, einen Reichtums-Ring (entspricht Draupnir), einen Unsichtbarkeits-Stein (entspricht dem Nebel-Umhang) und einen dreieckigen Stein (entspricht dem Hrungnir-Herz), der Hagel, Sonnenschein und Feuer senden und alles Gewünschte herbeirufen kann;

- „Diurnir, Durnir, Durin" („Tyr") – er wohnt in seiner goldenen Unterweltshalle Sindri;

- „Thorin" („Mutiger") – Großvater der Menglöd-Freya;

- „Modsognir" („Begeisterter") – Zwergenkönig im Jenseits;

- „Thjodrerir" („Erwecker des Volkes") – Anspielung auf die morgendliche Sonnenhymne;

- „Lofar" („Hymnen-Sänger") – Anspielung auf die morgendliche Sonnenhymne;

- „Aurwang" („Licht-Gefilde") – Benennung des Tyr nach seinem warmen und sonnigen Alfheim-Jenseits;

- „Dagfinnr" („Tages-Wanderer" = „Sonne") – Benennung nach dem Sonnengott-Göttervater Tyr;

- „Delling" („Strahlender, Morgensonne") – Benennung nach dem Sonnengott-Göttervater Tyr;

- „Draupnir" (der Ring „Tröpfler" = „Sonne") – Benennung nach dem Sonnengott-Göttervater Tyr;

- „Svaf" („Schläfer") – Tyr als Vater der Freya (Umdeutung der Freya von der Jenseitsmutter zur Göttervater-Tochter);

- „Thror" („Starker") – sein Name bezeichnete einen Zwerg, ein Schwert, einen Hirsch und einen Keiler, weshalb er ein Tyr-Zwerg sein muß;

- „Alwis" („All-Wissender") – eine Übertragung der Rätselkämpfe zwischen Odin und dem Tyr-Riesen auf Thor und den Tyr-Zwerg;

- „Botewart" („Kampf-Krieger") – er ist ein zur See fahrender Zwerg, was eine Erinnerung an die Sonne in der Himmelsbarke aus den skandinavischen Steinritzungen aus der Zeit von 1500-500 v.Chr. sein könnte;

- „Althiof" („All-Dieb") – evtl. eine Anspielung auf den endlosen Streit zwischen Tyr und Loki;

- „Goldemar" – ein reicher Zwergenkönig, er besitzt einen Unsichtbarkeits-Umhang; auch sein Pferd ist unsichtbar; er raubt eine Königstochter; in späteren Versionen kann er Harfe spielen, kennt die Sünden anderer Menschen, warnt den Burgherrn vor Gefahren und sorgt dafür, daß die Fässer und die Speisekammern niemals leer werden; als ein Küchenjunge ihn durch eine List zu sehen bekommt, verflucht er die Burg;

- „Laurin" („Lorbeer-bekränzter" = „König") – ein edler und schöner Zwergenkönig, der golden leuchtet, der einen Unsichtbarkeits-Umhang und ein Schwert besitzt und der wie Sonnengott-Göttervater Tyr bzw. der mit der abgeschlagenen Hand und dem abgeschlagenen Fuß assoziiert ist;

- „Comandian" („Befehlshaber") – er ist ein hilfreicher Zwergenanführer;

Zu diesen 29 Zwergen kommen noch fünf weitere Zwerge, deren Deutung als Tyr-Zwerge unsicher ist:

- „Buri" („Sohn") – Großvater des Odin, Ahn aller Götter, mit der Kuh-Muttergöttin assoziiert;

- „Ginnar" („Magie-Adler") – Seelenvogel des Tyr;

- „Finnar" („Wander-Adler") – Seelenvogel des Tyr, das „Wandern" ist einen Anspielung auf den Sonnenlauf;

- „Gloi" („Glut") – Anspielung auf das Schmiedefeuer oder auf die Sonne;

- „Ai" („Urgroßvater") – vermutlich ein Name des Tyr als Vater aller Götter.

Der Tyr-Zwerg ist der Zwergenkönig, der Alfenkönig und der König der Unterwelt – was letztlich alles dasselbe ist. Er ist der All-Herrscher.

Am Morgen wird der schöne und edle Tyr-Zwerg zur wiedergeborenen Sonne und weckt als Hymnen-Sänger die Menschen. Er ist der Herr des Hrungnir-Herzens und der goldenen Jenseits-Halle.

Der Tyr-Zwerg ist der Schwertgott und der Adler-Seelenvogel des Tyr. Er besitzt den magischen Ring und den Unsichtbarkeits-Umhang. Auch sein Pferd kann unsichtbar sein.

Er hat zwei Söhne (Pferde-Zwillinge, Schmiede), drei weitere Söhne (die Repräsentanten der drei Stände) und zwei Töchter (ursprünglich der Diesseits- und Jenseits-Aspekt der Göttin). Manchmal erscheint die Jenseitsgöttin auch als geraubte Königstochter.

Er besitzt das Horn voll Met und die lebengebende Zauberwurzel. Der Tyr-Zwerg ist ein Schmied, der sein bei seinem Tod am Abend zerbrochenes Schwert in der nächtlichen bzw. winterlichen Unterwelt neuschmiedet. Ihm fehlt eine Hand, die ihm am Abend bei seinem Tod abgeschlagen worden ist.

Er hütet seinen Schatz in seinem hohlen Berg (Hügelgrab).

In späten Sagen kann er auch Harfe spielen, kennt die Sünden anderer Menschen, warnt den Burgherrn vor Gefahren und sorgt dafür, daß die Fässer und die Speisekammern niemals leer werden. Als ein Küchenjunge ihn durch ein List zu sehen bekommt, verflucht er die Burg.

Ca. ein Drittel aller Zwerge sind Zwergenkönige, was zeigt, wie wichtig dieses Motiv gewesen – was bei dem ehemaligen Sonnengott-Göttervater Tyr als dem Herrn des Totenreichs auch nicht anders zu erwarten ist.

2. Der „Stammbaum" des Zwergenkönigs

Die 29 sicheren Zwergenkönige lassen sich in einer Art „Stammbaum" zusammenfassen, der in etwa ihre Entstehungsgeschichte zeigt.

Alberich/Elberich tritt in den südgermanischen Ritter-Epen auf, aber er sein Name ist auch bei den Nordgermanen als Titel des Tyr in der Unterwelt (Wieland) bekannt.

Billing ist ein nordgermanischer Zwerg, der nach dem Tyr-Schwert benannt worden ist. Er taucht auch in der südgermanischen Dietrich-Sage auf.

Andvari ist ein nordgermanischer Tyr-Zwerg in der Wasserunterwelt, der sich noch wie in den alten Mythen vor 500 n.Chr. mit Loki streitet. Er ist mir Alberich identisch.

Gust ist mit Andvari identisch.

Oin ist entweder mit Andvari identisch oder er ist dessen Vater.

Hreidmar ist eine Variante von Andvari.

Regin ist ein Schmiede-Zwerg und der Sohn des Tyr-Hreidmar.

Rögnir ist eine Variante des Regin.

Niblung ist ein südgermanischer Zwergenkönig, der wie Alberich, Andvari, Hreidmar und Regin in der Völsungen-Saga und in dem zu ihr gehörenden Nibelungenlied erscheint.

Eugel ist ein südgermanischer Zwergenkönig aus der Siegfried-Saga, die ein Teil der Völsungen-Saga und des Nibelungenliedes ist.

Albewin ist ein südgermanischer Tyr-Zwerg, der vermutlich eine späte Variante von Alberich ist.

Der Jamtaland-Zwerg ist ein nordgermanischer Tyr-Zwerg, der für die Thorstein-Saga aus verschiedenen Zwergenkönigs-Motiven neu erschaffen worden ist.

Modsognir und sein Sohn Durin (Diurnir) sowie dessen Sohn Thorin sind drei Generationen des nordgermanischen Tyr-Zwerges.

Der nordgermanische Zwerg Thjodrerir ist Tyr als die Morgensonne, der die Sonnenaufgangs-Hymne singt.

Lofar ist mit Thjodrerir identisch.

Aurwang, Dagfinnr und Draupnir sind nordgermanische Sonnen-Zwerge, d.h. Tyr.

Delling ist ein nordgermanischer Zwerg, der die aufgehende Sonne, d.h. den wiedergeborenen Tyr verkörpert.

Der nordgermanische Zwerg Swaf ist der tote Tyr.

Der nordgermanische Zwerg Thror ist der starke Tyr.

Alwis ist eine sehr späte Zwergenkönig-Version aus den Thor-Mythen.

Boteward ist ein vermutlich nordgermanischer Zwergenkönig aus einer keltisch-christlichen Jenseitsreisen-Geschichte.

Althiof ist ein nordgermanischer Zwergenkönig.

Goldemar und Laurin sind zwei südgermanische Zwergenkönige aus dem Bereich der Dietrich-Sagen.

Comandion ist ein südgermanischer Zwergenkönig.

Der „Stammbaum" der Zwergenkönige

Tyr in der Unterwelt = Zwergenkönig; Beiname: *Alberich*, *Billing*, *Niblung*	Nord-germanen	Sonnen-Zwerge		*Aurwang = Dagfinnr = Draupnir = Delling*
		aus dem Tyr-Kult (?)		*Thjodrerir = Lofar*
		Götter-Lieder, Zwergen-Listen		*Alberich = Billing Modsognir = Durin = Thorin Swaf, Thror, Althiof*
		Völsungen-Saga		*Alberich = Andvari = Gust = Oinn = Regin = Rögnir*
		andere Sagas		*Jamtaland-Zwerg*
		aus den Thor-Mythen		*Alwis*
		keltisch-christliche Saga		*Boteward*
	Süd-germanen	Nibelungen-Lied		*Niblung = Eugel*
		Ritter-Epen	Dietrich von Bern	*Billing = Goldemar = Laurin*
			andere	*Elberich/Alberich = Albewin Comandion*

Die beiden Namen „Alberich" und „Billing" sowie vermutlich auch „Niblung" sind alte Beinamen des Tyr als (Zwergen-)König in der Unterwelt.

III Die Alcis-Zwerge

„Alcis" bedeutet „Elch, Hirsch" und ist die germanische Bezeichnung für die beiden Söhne des ursprünglichen germanischen Sonnengott-Göttervaters, die in der Gestalt von zwei Schimmeln seinen Streitwagen zogen.

1. Sindri und Brokk

Als Paar erscheinen diese beiden Zwerge nur in der Skaldskaparmal.

1. a) Die Namen „Sindri" und „Brokk"

„Sindri" ist eine Bildung zu altnordisch „sindr" für „Asche, Schlacke" und bedeutet somit wahrscheinlich „der (im Bestattungsfeuer) Verbrannte". Das Wort „sindr" ist u.a. mit dem deutschen Substantiv „Zunder", dem englischen Verb „to singe" („versengen") und dem englischen Substantiv „cinder" („Zunder, Asche") sowie mit dem lateinischen Verb „cinerem" („verbrennen") verwandt.

„Brokk" ist der „Brocken". Die germanische Wurzel dieses Namens ist „bruki" für „Zerbrochenes" oder „brukä" für „Brocken". Daraus entstanden im Altnordischen „breki" für „Zerbrecher" und „brekka" für „Abhang", was der deutschen Bezeichnung „Bruch" für ein Tal entspricht. Da Sindri und Brokk als Schmiede auftreten, werden ihre Namen zu der Zeit von Snorri Sturluson, der die Skaldskaparmal verfaßt hat, vermutlich als „Asche" und „Metallbrocken" aufgefaßt worden sein.

Im Gegensatz zu Brokk wird Sindri auch an anderen Textstellen einzeln genannt. An einigen von ihnen ist „Sindri" deutlich als der Göttervater selber erkennbar.

1. b) Skaldskaparmal

In diesem Lehrbuch der Skaldenkunst wird die folgende Geschichte erzählt, um zu erläutern, warum „Gold" mit „Sifs Haar" umschrieben werden konnte.

Loki, Laufeyjas Sohn, hatte der Sif in hinterlistiger Weise alles Haar abgeschoren.
Als Thor das gewahrte, ergriff er Loki und würde ihm alle Knochen zerschlagen haben, wenn er nicht geschworen hätte, von den Schwarzelfen zu erlangen, daß er der Sif Haare von Gold machte, die wie anderes Haar wachsen sollten.

Sif ist Thors Frau.

Darauf fuhr Loki zu den Zwergen, die Iwaldis Söhne heißen.

„Iwaldi" bzw. „Ölwaldi" bedeutet „Allherrscher". Die Zwerge, zu denen Loki geht, sind folglich die Söhne des ehemaligen Göttervaters Tyr.

Diese machten das Haar und zugleich Skidbladnir und den Spieß Odins, der Gungnir heißt.
Da verwettete Loki sein Haupt mit dem Zwerge, der Brokk heißt, daß dessen Bruder Sindri nicht drei ebenso gute Kleinode machen könnte, wie diese wären.

Anfangs schmiedete der Göttervater wie in den Mythen anderer indogermanischer Völker auch sein am Abend zerbrochenes Schwert selber wieder neu. In dieser Funktion heißt Tyr bei den Germanen „Wieland", d.h. der „kunstfertige Handwerker". Nach einer Weile übernahmen die beiden Söhne des Tyr jedoch diese Aufgabe und wurden so zu Schmieden.

Da das Schwert des Tyr ein magisches Schwert war, wurden die beiden Söhne des Tyr zauberkundige Schmiede. Es lag nahe, sie auch als die Hersteller aller anderen magischen Gegenstände der Götter anzusehen.

Die Wette des Loki erscheint recht unmotiviert in dieser Mythe – es wird nicht einmal gesagt, was der Einsatz des Brokk ist. Diese Szene soll daher wohl nur erklären, warum noch mehr magische Gegenstände hergestellt werde – schließlich ist ja nicht einmal erklärt worden, warum Brokk gleich drei magische Gegenstände statt nur das Haar der Sif herstellt. Eine weitere Ungereimtheit ist, daß Loki mit Brokk wettet, daß Sindri kein so guter Schmied ist – anstatt daß Loki mit Sindri selber darum wettet und diesen bei seinem Ehrgeiz packt.

Hier ist erkennbar, wie die Priester des schwedischen Haupttempels in Uppsala versucht haben, die Elemente der alten Tyr-Mythen umzudeuten und die neuen Mythen über die Götter Thor, Odin und Freyr, die in Uppsala verehrt wurden, einzufügen. Dabei haben sie jedoch einige Ungereimtheiten in den neuen Versionen übersehen – so wie dies fast allen Eroberern geschieht, wenn sie die Geschichte so umschreiben, wie es ihnen gefällt …

Und als sie zu der Schmiede kamen, legte Sindri eine Schweinshaut in die Esse und gebot dem Brock zu blasen und nicht eher aufzuhören, bis er aus der Esse nähme, was er hineingelegt hatte. Aber sobald Sindri aus der Schmiede gegangen war und Brock blies, setzte sich eine Fliege auf seine Hand und stach ihn. Dennoch hörte er nicht auf mit Blasen bis der Schmied das Werk aus der Esse nahm. Da war es ein Eber mit goldenen Borsten.

Die Fliege ist natürlich Loki, der die Wette gegen Sindri gewinnen will – Loki hat sich auch beim Raub von Freyas Brisingamen erst in eine Fliege und dann in einen Floh verwandelt.

Die Herstellung eines lebendigen goldenen Ebers in einem Schmiedefeuer zeigt, daß der Ursprung dieser Herstellungs-Mythen im Schmiedehandwerk und somit in dem Neuschmieden von Tyrs zerbrochenem Schwert liegt. Zudem wird weiter unten noch berichtet, daß der goldene Eber wie die Sonne leuchtet – was auf den um 500 n.Chr. durch Thor und Odin abgesetzten nordgermanischen Sonnengott-Göttervater Tyr hinweist.

Darauf legte er Gold ins Feuer und gebot ihm, zu blasen und nicht eher mit Blasen abzulassen, bis er zurückkäme. Er ging hinaus; aber die Fliege kam wieder, setzte sich jenem auf den Hals und stach nun noch einmal so stark; doch fuhr er fort zu blasen bis der Schmied aus der Esse einen Goldring zog, der Draupnir heißt.

Darauf legte er Eisen in die Esse und hieß ihn blasen und sagte, alles sei vergebens, wenn er mit Blasen innehielte. Da setzte sich ihm eine Fliege zwischen die Augen und stach ihm in die Augenlider, und als das Blut ihm in die Augen troff, daß er nichts mehr sah, griff er schnell mit der Hand zu, während der Blasebalg ruhte, und jagte die Fliege fort.

Da kam der Schmied zurück und sagte, beinahe wäre das nun völlig verdorben, was in der Esse läge. Darauf zog er einen Hammer aus der Esse.

Möglicherweise dient Lokis Wette mit den Zwergen auch dazu, die Kürze des Stieles von Thors Hammer zu erklären. Da es auch in der Mythe über „Des Hammers Heimholung" eine Verbindung zwischen Loki und dem Hammer Mjöllnir gibt, wäre es durchaus denkbar, daß die Wette des Loki mit den Zwergen die Weiterentwicklung eines älteren Motives ist, in der Loki auf andere Weise den kurzen Stiel von Thors Hammer verursacht hat.

Alle diese Kleinode legte er darauf seinem Bruder Brock in die Hände und hieß ihn damit gen Asgard fahren, die Wette zu lösen.

Als nun er und Loki ihre Kleinode brachten, setzten sich die Götter auf ihre Richterstühle, und es sollte das Urteil gelten, das Odin, Thor und Freyr sprächen.

Dies sind die drei Götter, die in Uppsala verehrt worden sind. Die von Snorri Sturluson in der Edda überlieferte Fassung dieser Mythe ist daher recht wahrscheinlich die Variante, die von den Priestern des skandinavischen Haupttempels in Uppsala erzählt wurde. Vermutlich ist die Herstellung der sechs magischen Gegenstände der beiden Zwerge für die drei Götter ein Ergebnis der Bemühungen der Priester von Uppsala, die Mythen der Germanen entsprechend dem Kult von Odin, Thor und Freyr in Uppsala zu ordnen und zu systematisieren.

Diese drei Götter sind auch die einzigen, die in den Mythen einen Priester als Diener/Begleiter haben: Thor den Thialfi (und Röskwa), Freyr den Skirnir und Odin den Hermod. Die Priester von Uppsala haben sich offenbar auch selber in ihre Fassung der Mythen miteinbezogen und sich in ihnen als handelnde Personen auftreten lassen …

Da gab Loki dem Odin den Spieß Gungnir, dem Thor das Haar für die Sif und dem Freyr den Skidbladnir und nannte die Eigenschaften dieser Kleinode, daß der Spieß nie sein Ziel verfehle, das Haar wachse, sobald es auf Sifs Haupt komme, und Skidbladnir immer Fahrwind habe, sobald die Segel aufgezogen würden, wohin man auch fahren wollte; und zugleich könne man das Schiff nach Belieben zusammenfalten wie ein Tuch und in der Tasche tragen.

Darauf brachte Brock seine Kleinode hervor und gab dem Odin den Ring und sagte, in jeder neunten Nacht würden acht ebenso kostbare Ringe von ihm niederträufeln.

Dem Freyr gab er den Eber und sagte, er renne durch Luft und Wasser Tag und Nacht, schneller als irgendein Pferd, und nie wäre es so finster in der Nacht oder im Dunkelwald, daß es nicht hell genug würde, wohin er auch führe, so leuchteten seine Borsten.

Dem Thor gab er den Hammer und sagte, er möge so stark damit schlagen, als er wolle, was ihm auch vorkäme, ohne daß der Hammer Schaden nähme; und wohin er ihn auch werfe, so solle er ihn doch nicht verlieren, und nie solle er so weit fliegen, daß er nicht in seine Hand zurückkehre, und wenn es ihm beliebe, solle er so klein werden, daß er ihn im Busen verbergen könne. Er habe nur den Fehler, daß sein Stiel zu kurz geraten sei.

Die drei Götter von Uppsala				
Gott (und Göttin)		*Geschenk des Brokk*	*Geschenk des Sindri*	*Priester(-in)*
Thor und Sif	*Thor*		Hammer Mjöllnir	Thialfi
	Sif	Getreide: goldenes Haar		Röskwa
Odin		Speer Gungnir	Ring Draupnir	Hermodr
Freyr		Schiff Skidbladnir	Eber Gullinborsti	Skirnir

Da urteilten die Götter, der Hammer sei das Beste von allen Kleinoden und die beste Wehr gegen die Hrimthursen, und sie entschieden die Wette dahin, daß der Zwerg gewonnen habe.

Dieses Urteil der Asen läßt vermuten, daß der Hammer das zentrale Element in dieser Mythe ist – auch die Statue des Thor stand in Uppsala in der Mitte und Odin links neben ihm und Freyr rechts neben ihm. Loki scheint daher auch schon vor der vorliegenden Fassung der Mythe, die aus Uppsala stammen wird, mit der Entstehung des Hammers des Thors oder zumindestens mit der Kürze des Stieles dieses Hammers zu tun gehabt zu haben – falls hier nicht einfach nur der endlose, zyklische Kampf des Wintergottes Loki mit dem Sommergott Tyr (und seinen beiden Söhnen Sindri und Brokk) in die neuen Mythen miteingewoben worden ist.

Da erbot sich Loki, sein Haupt zu lösen; aber der Zwerg antwortete, darauf dürfe er nicht hoffen.
„So nimm mich denn,“ sagte Loki. Aber als jener ihn fassen wollte, war er schon weit fort, denn Loki hatte Schuhe, die ihn durch Luft und Wasser trugen.
Da bat der Zwerg den Thor, ihn zu ergreifen, und dieser tat es.

Thor ist generell der einzige, vor dem Loki weicht und von dem er besiegt werden kann.

Da wollte der Zwerg Lokis Haupt abhauen, aber Loki sagte, nur das Haupt sei sein, nicht der Hals.

Spitzfindigkeiten sind durchaus eine der Spezialitäten des Loki …

Da nahm der Zwerg einen Riemen und ein Messer und wollte Löcher in Lokis Lippen schneiden und ihm den Mund zusammennähen, aber das Messer schnitt nicht.
Da sagte er, besser wäre es, wenn er seines Bruders Ahle hätte, und in dem Augenblick, als er sie nannte, war sie bei ihm und durchbohrte jenem die Lippen.

Da nähte er ihm den Mund zusammen und riß den Riemen am Ende der Naht ab. Der Riemen, womit er dem Loki den Mund zusammennähte, hieß Wartari (Lippen-reißer).

Eigentlich ist das Zunähen des Mundes eine seltsame Strafe. Sie erinnert an die Goldzähne im Mund des Heimdall und an das Gold in dem Mund drei Söhne des Riesen Ölwaldi, zu denen auch Tyr-Thiazi zählt.

In der Mythe wird nicht gesagt, warum der Zwerg Sindri dem Loki die Mund zu-nähen will. Es wäre naheliegend, daß er ihn daran hindern will, durch weitere Wetten, Lügen und Spitzfindigkeiten Unheil anzurichten, aber das Gold im Mund des Heim-dall sowie des Tyr-Thiazi und seiner beiden Brüder läßt eher einen Zusammenhang mit der Sonne vermuten.

Wenn der Wintergott Loki seinen Mund verschlossen bekommt, kann der Sommer-gott Tyr-Heimdall seinen Mund öffnen und seine Sonnen-Goldzähne strahlen lassen.

Bei diesem Motiv ist zu bedenken, daß es damals noch keine von einem Zahn-techniker angefertigte Goldzähne gegeben hat und „goldene Zähne" damals andere Assoziationen gehabt haben als heute …

Das goldene Haar der Sif, das von Loki abgeschnitten wird, und daß durch die Kunstfertigkeit und die magischen Kenntnisse der beiden Zwerge wieder nachwächst, ist auch ein zyklischer Vorgang: das Sensen des goldenen Getreides im Herbst und das Keimen des neuen Getreides im Frühjahr.

Diese Symbolik paßt gut zu der Vorstellung, daß Tyr im Herbst von Loki in der Unterwelt eingesperrt wurde und daß dann im Frühjahr Loki von Tyr in der Unterwelt eingesperrt wurde. Vermutlich ist das Zunähen von Lokis Mund eine Variante des Einsperrens des Loki.

1. c) Skaldskaparmal

Er (Freyr) ist der Besitzer des Skidbladnir und jenes Ebers, der Goldborste genannt wird, so wie hier gesagt wird:

Ivaldis Söhne
fertigten in den alten Tagen
Skidbladnir,
das erste der Schiffe,
ganz für Freyr,
für Njörds Kind.

Ivaldi = „Allherrscher" = Tyr; seine Söhne = die beiden Alcis, hier Sindri und Brock

1. d) Gylfis Vision

Die Herstellung des Schiffes Skidbladnir durch zwei Zwerge wird auch in „Gylfis Vision" berichtet. Sindri und Brokk werden dort nicht namentlich genannt, sondern „Iwaldis Söhne" genannt. „Iwaldi" bedeutet „Allherrscher" und ist einst ein Beiname des Göttervaters Tyr gewesen.

Da frug Gangleri: „Was ist von Skidbladnir zu berichten, welches das beste der Schiffe sein soll? Gibt es weder ein ebenso gutes Schiff als dieses, noch ein ebenso großes?"

Har antwortete: „Skidbladnir ist das beste Schiff und das künstlichste; aber Naglfari, das Muspel besitzt, ist das größte. Gewisse Zwerge, Iwaldis Söhne, schufen Skidbladnir und gaben das Schiff dem Freyr: es ist so groß, daß alle Asen mit ihrem Gewaffen und Heergerät an Bord sein können, und sobald die Segel aufgezogen sind, hat es Fahrwind, wohin es auch steuert. Und will man es nicht gebrauchen, die See damit zu befahren, so ist es aus so vielen Stücken mit so großer Kunst gemacht, daß man es wie ein Tuch zusammenfalten und in seiner Tasche tragen kann."

1. e) Zusammenfassung

Die beiden Zwerge „Sindri" („Asche") und „Brokk" („Metallklumpen") sind eine der vielen Varianten der beiden Pferdesöhne des Tyr als Zwerge in der Unterwelt.

„Sindri" ist ursprünglich ein Beiname des Tyr im Jenseits gewesen, der nach seinem abendlichen bzw. herbstlichen Tod „Asche" („sindr") in seinem Hügelgrab war. Als dieser Beiname des Tyr auf einer seiner Söhne übertragen wurden, ergänzte man diesen Namen durch einen zweiten für den Bruder dieses Sohnes zu „Sindri und Brokk".

Ursprünglich schmiedeten Sindri und Brokk in der Unterwelt nur das Schwert des Tyr neu, aber dieses Motiv wurde schließlich auch auf die Herstellung des Sif-Haares (Getreide), des Odin-Speeres und des Freyr-Schiffes durch Brokk sowie des Thor-Hammers, des Odin-Ringes und des Freyr-Ebers erweitert.

2. Sindri

Während über Brokk nur zusammen mit seinem Bruder Sindri in der Skaldskaparmal berichtet wird, gibt es zu Sindri auch einige Verse und Geschichten, in denen er alleine auftritt.

2. a) Die Vision der Seherin

In diesem Text wird ein Saal beschrieben, der „Sindris Sippe" gehört. Er steht im Norden, d.h. in der Niflheim-Unterwelt.

Nördlich stand an den Nidabergen
Ein Saal aus Gold für Sindris Sippe.

Die „Nidaberge" sind die „niederen Berge", d.h. die „Berge in der Tiefe", also in der Unterwelt – diese „Unterwelt-Berge" sind die Hügelgräber. Ein Saal aus Gold wird der Saal des ehemaligen Sonnengott-Göttervaters Tyr sein. Dieser Saal im Norden ist offenbar die nächtliche bzw. winterliche Entsprechung zu der goldenen Halle Gimli im südlichen Himmel.

Sindri („Asche") ist der Oberste einer ganzen Sippe, d.h. vermutlich der Göttervater Tyr.

Sindris goldene Halle und die Halle Gimle		
was?	*Diesseits*	*Jenseits*
Stand der Sonne am Himmel	Süden	Norden
Zustand der Sonne	goldene Sonne	„schwarze Sonne"
mythologischer Bereich	Muspelheim	Nifelheim
Ort	Alfheim	Nidaberge
Halle	goldene Halle Gimle	goldene Halle des Sindri
Besitzer	Tyr	Tyr Im Jenseits: Sindri
Bewohner	Alfen (Totengeister)	Sippe des Zwerges Sindri (Totengeister)
Lage	oben am Himmel	unten in der Erde
	Südrand des Himmel	im Norden

2. b) Gylfis Vision

Derselbe Saal wird auch in dieser Übersicht über die Mythologie der Germanen be-schrieben. An dieser Stelle ist allerdings aus dem „Saal des Sindri" der „Saal Sindri" geworden.

Die „Nida-Berge" sind eigentlich die Unterwelts-Berge, d.h. die Hügelgräber. Der „goldene Saal" ist folglich die Grabkammer mit den goldenen Grabbeigaben.

Ein guter Saal ist auch jener, der Sindri heißt und auf den Nidabergen steht, ganz aus rotem Gold gebaut. Diese Säle sollen nur gute und rechtschaffene Menschen bewohnen.

2. c) Skaldatal

In dieser Liste der Skalden am Ende der Skaldskaparmal wird ein Skalde namens „Guthorm" aufgeführt, der den Beinamen „Sindri" hatte, der folglich „Guthorm Asche" genannt wurde.

Guthorms Beiname könnte bedeuten, daß er durch ein Lied, das er über den Göt-tervater „Sindri" im Jenseits verfaßt hat, aufgefallen ist. Diese Deutung ist allerdings sehr ungewiß und es ist von ihm auch kein solches Lied bekannt.

Da er ungefähr in der Zeit zwischen 850 und 950 n.Chr. lebte und einer der frühes-ten bekannten Skalden ist, wäre ein solcher Bezug zu Tyr immerhin nicht völlig aus-geschlossen.

Es sind natürlich auch viele ganz andere Ereignisse im Leben des Skalden Guthorm denkbar, durch die er den Beinamen „Asche" erhalten hat.

Guthorm Sindri ist einer der Skalden von drei Königen gewesen:

Skalden der Norwegerkönige:

König Harald Haarschön: Audunn der schlechte Skalde, Thorbjörn Hornspalter, Ölvir Trinkhorn, Thjodolfr von Hvini, Ulfr Sebba-Sohn, Guthorm Asche.
... ...
König Halfdan der Schwarze: Guthorm Asche.
König Hakon der Gute: Eyvindr Skaldenverderber, Guthorm Asche.

2. d)   Die Saga über Thorstein Vikingsson

In dieser Saga erscheint ein hilfreicher Zwerg, der den Namen „Sindri" trägt. Der folgende Text ist die Übersetzung der letzten Kapitels dieser Saga.

In dieser Saga finden sich ettliche Motive aus den aufgelösten Tyr-Mythen, was die Deutung des Sindri als Tyr-Zwerg in der Unterwelt unterstützt.

Als der Frühling anbrach, bereiteten sich die beiden Ziehbrüder König Bele und Thorstein darauf vor, von zuhause aufzubrechen. Sie hatten dreißig Schiffe.

Sie segelten in den Osten und plünderten Schweden und alle Orte im Baltikum. Sie führten ihre Kriegszüge wie üblich durch und töteten Wikinger und Piraten, aber verschonten die Bauern und Knechte.

Der bis in die Jungsteinzeit in Mesopotamien zurückreichende Name „Bele" entspricht dem Namen des Riesen Beli, der von Freyr getötet wird und dem Namen „Belenus" des keltischen Sonnengottes. Dieser Name bedeutet „Sonne, König" und wird ein Beiname des Tyr gewesen sein. In Mesopotamien hieß dieser Sonnen- und Königsgott „Ba'al".

Vermutlich ist dieser König Bele aus den alten, Tyr-zentrierten Mythen der Nordgermanen in diese Saga übertragen worden.

Weiterhin muß berichtet werden, daß Otunfaxe, als er von dem Tod seines Bruders Ufe hörte, dies als großen Verlust empfand. Und es muß berichtet werden, daß er drei Sommer lang nach den Ziehbrüdern suchte.

Weiterhin muß erzählt werden, daß Bele und seine Männer eines Tages mit ihren Schiffen in der Nähe einer kleinen, felsigen Insel lagen, die 'Brenners Insel' genannt wurde. Sie gingen vor Anker und waren guter Dinge.

Da gingen die Ziehbrüder an Land und liefen umher bis sie zu einer kleinen Hütte kamen. Vor ihr stand ein Mann, der Holz spaltete. Er war in ein langes grünes Gewand gekleidet und war erstaunlich dick. Er grüßte Thorstein mit seinem Namen.

Der Mann auf der Insel, der den dort gestrandeten Wikinger mit Namen kennt, aber diesem unbekannt ist, ist ein häufiges Motiv in den Isländersagas. Oft ist er noch als als die Sagen-Variante des ehemaligen Göttervaters Tyr auf der Toteninsel Walaskialf erkennbar, der dem Helden hilft.

Da sprach Thorstein: „Wir unterschieden uns sehr in unserem gegenseitigen Erkennen – Du grüßt mich mit meinem Namen, aber ich kann mich nicht erinnern, Dich jemals zuvor gesehen zu haben. Wie lautet Dein Name?"

Da sagte er: „Mein Name ist Dir unbekannt. Ich heiße Brenner, Ich bin ein Sohn des Vifil und ein Bruder Deines Vaters Viking. Ich wurde geboren, als Dein Vater auf einem Kriegszug war und bei Haloge wohnte. Ich bin auf dieser Insel aufgewachsen und habe immer hier gelebt."

Der altnordische Name „Brenner" bedeutet „der Brennende". Auch in dieser Saga ist der „Mann auf der Insel" offensichtlich der ehemalige Sonnengott-Göttervater Tyr.

„Aber hast Du, mein Neffe Thorstein, etwas über den Wikinger Otunfaxe gehört?"
Thorstein antwortete: „Nein, aber kannst Du mir etwas über ihn sagen?"
Darauf antwortete Brenner: „Dies kann ich Dir berichten: Er hat die drei letzten Jahre nach Dir gesucht und liegt nun mit seiner gesamten Flotte hier auf der anderen Seite diese Inseln. Er will Rache für seinen Bruder Ufe den Unglücklichen. Er hat vierzig Schiffe und sie sind alle sehr groß und er selber ist so groß wie ein Troll und keine Waffe kann ihn beißen."
Thorstein sprach: „Was kann da getan werden?"
Da antwortete Brenner: „Ich kann Dir keinen Rat geben außer dem, daß es gut wäre, wenn Du den Zwerg Sindre treffen würdest. Er kann Dir noch am ehesten einen Rat geben, was zu tun ist."
Thorstein frug: „Wo kann ich ihn finden?"
Da antwortete Brenner: „Seine Heimat ist die Insel, die nahe bei dieser Küste liegt – sie wird die 'Kleinere Brenner-Insel' genannt. Er lebt in einem Felsen. Ich mag kaum hoffen, daß Du ihn finden wirst, aber Du bist hier für die Nacht willkommen."

Mit Felsen („fiall") ist im Zusammenhang mit Zwergen meistens ein Hügelgrab gemeint.
Der Zwerg Sindre in einem Hügelgrab auf der Brenner-Insel ist Tyr auf der Jenseits-insel am westlichen Horizont, wo die Sonne am Abend untergeht.

Thorstein sagte: „Es muß etwas anderes getan werden als sich nur auszuruhen."
Sie gingen zu ihren Schiffen und Thorstein löste ein Boot und ruderte zu der Insel. Er ging an Land und als er zu einem kleinen Fluß kam, sah er zwei Kinder, einen Jungen und ein Mädchen, die an seinem Ufer spielten.

Die beiden Kinder könnten evtl. Sol und Mani sein, die die beiden Streitwagen der Sonne und des Mond lenken.

Thorstein frug nach ihren Namen. Der Junge hieß Herraud und das Mädchen Herrid.
Sie sagte: „Ich habe meinen Goldring verloren und ich weiß, daß das meinen Vater Sindre wütend machen wird und ich fürchte, mich erwartet eine Bestrafung."

Da sprach Thorstein: „Hier ist ein Goldring – den gebe ich Dir."

Sie nahm den Goldring an und freute sich sehr darüber.

Sie sagte: „Ich werde ihn meinem Vater geben; aber gibt es denn etwas, das ich tun könnte, das Dir hilft?"

Da antwortete Thorstein: „Nein, nichts; aber hole Deinen Vater her, damit ich mit ihm reden kann und die Dinge so lenken kann, daß er mich in den Dingen berät, die wichtig für mich sind."

Da antwortete Herrid: „Das kann ich nur tun, wenn mein Bruder Herraud das tut, was ich will, denn Sindre verweigert ihm nie einen Wunsch."

Da sprach Herraud: „Du weißt, daß ich immer zu Dir halte."

Thorstein löste einen silbernen Gürtel, den er trug und gab ihn ihm. An dem Gürtel war ein schön verziertes Messer befestigt.

Die Tyr-Symbolik ist auch hier noch sichtbar, auch wenn sich die einzelnen Motive aus ihrem Gesamtzusammenhang herausgelöst haben: Der verlorene und geschenkte, d.h. sozusagen „wiedergefundene" Goldring ist der Ring Draupnir des Odin, der vorher als Sonnensymbol zu Tyr gehört haben wird. Entsprechend wird das geschenkte Messer ursprünglich das Schwert des Tyr gewesen sein.

Der Junge sprach: „Das ist ein schönes Geschenk. Ich werde alles tun, was ich kann, damit Du Deinen Wunsch erfüllt bekommst. Warte hier, bis ich mit meiner Schwester zurückkomme."

Thorstein wartete und nach einer Weile kam von dem Jungen und seiner Schwester begleitet der Zwerg Sindre.

Sindre grüßte Thorstein herzlich und sprach: „Was wünschst Du von mir, Thorstein?"

Da antwortete Thorstein: „Ich hätte von Dir gerne einen Rat, wie ich den Wikinger Otunfaxe besiegen kann."

Da antwortete Sindre: „Es scheint mir für alle menschlichen Wesen völlig unmöglich zu sein Faxe zu besiegen, denn mit ihm ist übler zu kämpfen als mit jedem anderen, und ich rate Dir, nicht mit ihm in einer Schlacht zu kämpfen, denn Du wirst nur Deine Männer verlieren und daher ist es das Beste, wenn ihr die Buge eurer Schiffe noch heute Nacht von dieser Insel fortwendet."

Da antwortete Thorstein: „Das wird niemals geschehen. Auch wenn ich vorherwüßte, daß ich mein Leben verlieren würde, würde ich das lieber wählen als vor einer Gefahr zu fliehen, bevor ich sie erprobt habe."

Sindre sprach: „Ich sehe, daß Du ein großer Krieger bist, und ich schlage Dir vor, daß ihr heute Nacht all eure Schiffe entladet und alle wertvollen Dinge an das Ufer bringt und daß ihr danach eure Schiffe mit Steinen und Holz beladet. Dann macht euch früh am Morgen bereit und überfallt sie, bevor sie erwacht sind. Auf diese Weise könnt ihr sie in ihren eigenen Zelten überraschen. Dies alles braucht ihr, wenn ihr hofft, in irgendeiner Weise den Sieg über Faxe zu erlangen.

Ich sage euch weiterhin, daß er so fern davon ist, von normalem Eisen gebissen zu werden, daß er selbst mit dem Schwert Angervadil nicht einmal geritzt werden kann.

Dies ist ein Gürteldolch, den wird meine Tochter Herrid Dir geben und Dich so für den Goldring belohnen, und ich glaube, daß es Otunfaxe beißen wird, wenn Du ihn geschickt benutzt.

Mein Sohn hat als Belohnung für Deinen Gürtel ausgewählt, daß Du, wenn Du in großer Bedrängnis bist, meinen Namen nennen sollst.

Nun müssen wir für eine Zeitlang voneinander scheiden. Ich wünsche Dir viel Glück.

Bei der Macht meiner Zaubergesänge verspreche ich Dir, daß meine Disen Dir immer folgen und Dich unterstützen werden!"

Sindre ist wie Tyr zauberkundig. Seine „Disen" sind die Göttinnen, die Tyr in der Unterwelt wiedergebären.

Daraufhin ging Thorstein zu seinem Boot und ruderte zu seinen Männern. Sofort in der nächsten Nacht machte sich Thorstein auf und lud die Beute aus dem Schiff und legte an ihre Stelle Steine in das Schiff. Als dies geschehen war, kam der alte Mann Brenner von seiner Hütte zu ihnen herab und hielt in seiner Hand eine große Keule, die ganz mit Eisen und großen eisernen Stacheln besetzt und die so schwer war, daß sie ein normaler Mann kaum von Erde hochheben konnte.

Diese gewaltige Keule erinnert an die Keule, die Thor manchmal anstelle seines Hammers benutzt.

Brenner sagte: „Diese Handwaffe will ich Dir geben, mein Neffe Thorstein. Du alleine kannst sie trotz ihres Gewichtes handhaben. Und sie wird Dir trotz ihres Gewichtes im Kampf mit Otunfaxe eher leicht erscheinen.

Nun scheint es mir weise zu sein, wenn Angantyr das Schwert Angervadil nehmen würde und Du mit dieser Keule kämpfen würdest, denn sie wird, obwohl sie keine handliche Waffe ist, für viele Männer tödlich sein.

In der Hervor-Saga wird über einen König mit dem Namen Angantyr berichtet, der von den beiden Zwergen Dwalin und Dulin das magische Schwert Tyrfing erhielt. Vermutlich sind diese Angantyr-Wikinger und ihre Schwerter „Tyr-Finger" und „Angst-Wedel" der ehemalige Göttervater mit seinem magischen Schwert.

Ich würde Dir, mein Neffe, gerne noch mehr helfen, aber es ist mir leider nicht möglich."

Dann ging Brenner wieder fort von der Küste.

Nachdem sie alles vorbereitet hatte, ruderten sie rasch um die Landzunge und sahen dann den Platz, an dem Otunfaxe und seine ganze Seestreitmacht lagen. Ohne zu warten sandten sie einen Schauer von Steinen so hart und heftig, daß hundert Männer in ihrem Schlaf starben, da sie überrascht worden waren, aber ab dem Augenblick, als die Männer erwacht waren, leisteten sie machtvollen Widerstand.

Da wurde eine blutige Schlacht geschlagen. Eine große Anzahl der Männer der Ziehbrüder fiel, denn man konnte fast sagen, daß Otunfaxe aus jedem Finger schoß. So ging es weiter bis die Nacht hereinbrach, da waren zehn der Schiffe der Ziehbrüder verloren.

Am zweiten Tag begann die Schlacht aufs neue und der Toten waren nicht weniger als am Tag zuvor. Sie versuchten mehrfach Otunfaxes Schiff zu entern und jedesmal richteten sie ein großes Gemetzel an, aber es gelang ihnen nie, an Bord der Ellide zu gelangen – sowohl weil Faxe sie verteidigte als auch, weil ihre Bordwand so hoch war. Am Abend waren jedoch alle Schiffe der Ziehbrüder verloren außer dem Drachenschiff, der Ufenaut ("Ufes Geschenk") genannt wurde.

An beiden Tagen sahen sie zwei Männer von der Insel kommen und daß der eine an der einen Klippe Stellung bezog und der andere an der anderen Klippe – auf diese Weise verloren sehr viele der Männer des Otunfaxe ihr Leben. Der an der anderen Klippe war Brenner und schoß wie ein Bogenschütze auf die Schiffe. Es geschah auch ab und zu, daß Steine auf die Schiffe geflogen kamen, und jeder Stein, der von Brenner geworfen worden war, schlug bis auf den Grund, wodurch viele von Faxes Schiffe sanken. Dies geschah mit allen Schiffen außer mit Ellide.

Das Motiv des Versenkens der Schiffe durch die von Tyr-Brenner geworfenen Steine könnte seinen Ursprung in dem Töten des Tyr durch auf ihn geworfene Steine haben. Solche Umdeutungen von mythologischen Motiven bei ihrer Verwendung als Sagen-Szenen kommen häufig vor.

Diese Schlacht fand zu der Zeit des Jahres statt, in der die Nächte hell sind; daher kämpften sie die ganze Nacht über.

Diese Schlacht fand offenbar im Hochsommer nördlich des Polarkreises statt – dort geht zu dieser Zeit die Sonne nie ganz unter.

Thorstein versuchte zusammen mit Angantyr und Bele das Drachenschiff zu entern, aber auf Ellide waren noch viele Männer. Faxe rannte den Ziehbrüdern Angantyr und Bele entgegen und es wurden eine große Menge von Hieben ausgeteilt und empfangen, aber keine Waffe biß Faxe und nachdem sie noch nicht lange gekämpft hatten, erhielten Angantyr und Bele die ersten Wunden.

In diesem Augenblick nahte Thorstein und schlug die Wange des Faxe auf die Weise, wie es ihm gerade möglich war, aber Faxe zuckte nicht im Geringsten wegen dem Schlag. Thorstein schlug noch einmal genauso hart wie zuvor und nun gefielen Faxe die Schläge nicht mehr, aber er sprang über Bord in das Meer, sodaß nur noch die Sohlen seiner Füße zu sehen waren.

Sowohl für Angantyr als auch für Bele schien es übel, ihm zu folgen, aber Thorstein sprang über Bord und schwamm dem fliehenden Faxe hinterher, der wie ein Wal aussah. So verging eine lange Zeit bis Faxe an Land gekommen war, einen Stein ergriff und ihn nach Thorstein warf, als dieser an Land gehen wollte. Er wich dem Stein aus, indem er forttauchte und dem Stein aus dem Weg schwamm, der eine große Fontaine verursachte, als ins Wasser stürzte.

Faxe ergriff einen weiteren Stein und noch einen dritten, mit denen er wie mit dem ersten nach Thorstein warf.

Doch mittlerweile nahten die Ziehbrüder Angantyr und Bele. Als Thorstein über Bord gesprungen war, hatte er seine Keule nach hinten geworfen und Bele hatte sie aufgefangen, und schlug Otunfaxe nun, als er den Ort erreicht hatte, an dieser stand, mit der Keule auf den Hinterkopf. Dies tat er immer wieder während Angantyr ihn zugleich mit großen Steinen bewarf. Da begann Faxes Schädel erheblich zu schmerzen und da er nicht noch mehr Schläge erhalten wollte, stürzte er sich von der Klippe in das Meer und schwamm zur Küste, wohin er von Thorstein verfolgt wurde.

Als Faxe dies sah, wandte er sich gegen Thorstein und es begann ein Ringen zwischen den beiden schwimmenden Feinden, der ein heftiger, schrecklicher Kampf wurde. Sie wurden abwechselnd von dem anderen in die Tiefe gezogen und Thorstein erkannte, daß Faxes Stärke seiner eigenen in nichts nachstand. Da geschah es, daß Faxe Thorstein auf den Grund hinunterstieß und er nicht mehr schwimmen konnte.

Da war sich Thorstein fast völlig sicher, daß Faxe ihm seine Kehle in Stücke beißen wollte und sagte bei sich: „Wie könnte ich Dich jemals nötiger brauchen, Zwerg Sindre?“

Da sah er, daß plötzlich Faxes Schulter von einem so machtvollen Griff gepackt wurde, daß er mit Thorstein auf sich auf den Grund sank. Thorstein, der mittlerweile von dem Kampf sehr erschöpft war, zog sein Gürtelmesser, das ihm Sindre gegeben hatte, und stach es Faxe in die Brust, wobei das Messer bis zu seinem Griff in dessen Körper versank, und schlitzte ihn dann bis zu seinem Bauch hinab auf.

Aber Faxe war noch immer nicht tot, denn nun sprach dieser: „Eine große Tat hast Du vollbracht, Thorstein, indem Du mich getötet hast, denn ich habe neunzig Schlachten geschlagen und bin in allen außer in dieser siegreich gewesen und ich habe in achtzig Holmgängen den Sieg errungen, sodaß ich wirklich sagen kann, daß ich auf einem Holmgang gewesen bin – aber nun bin ich neunzig Jahre alt.“

Thorstein schien es sinnlos zu sein, ihn noch weiter schwätzen zu lassen, wenn er es irgendwie verhindern konnte und so zerrte er alles aus ihm heraus, was in ihm lose war.

Nun berichtet die Saga über Angantyr und Bele, daß sie ein Boot genommen und auf das Meer hinausgerudert waren und nach Faxe und Thorstein suchten, aber sie lange Zeit nirgendwo finden konnten. Schließlich kamen sie an eine Stelle, an der die See mit Blut gemischt und ganz rot war. Da dachten sie, daß Faxe auf dem Grund des Wassers sein und Thorstein getötet haben müsse und nach einer Weile sahen sie ein ekliges Ding zur Meeresoberfläche hinaufsteigen. Sie ruderten näher und sahen einige große, schrecklich aussehende Eingeweide dahintreiben.

Kurz danach kam Thorstein aus dem Wasser herauf, aber er war so erschöpft, daß er sich nicht mehr selber über Wasser halten konnte. Sie ruderten zu ihm und zogen ihn in das Boot. Zu dieser Zeit gab es wenig Hoffnung für sein Leben, obwohl er kaum verwundet war, aber das Fleisch an seinen Knochen war wie zu Knoten verwunden.

Sie ruderten fort und halfen ihm, woraufhin er wieder zu Sinnen kam. Sie ruderten zu den Inseln und suchten auf dem Schlachtfeld, aber sie fanden nur dreißig Mann, die geheilt werden konnten.

Dann gingen sie zu dem alten Mann Brenner und dankten ihm für seine Hilfe.

Thorstein fuhr zu der kleineren Brenner-Insel und rief den Zwerg Sindre, dem er große Geschenke machte und sich in großer Freundschaft von ihm verabschiedete.

Thorstein erhielt das Drachenschiff Ellide als einen Anteil an der Beute, während Bele Ufenaut erhielt und Angantyr soviel Gold und Silber, wie er wollte. Thorstein gab seinem Onkel Brenner die Schiffe, die sie nicht mitnehmen konnten.

Mit drei Schiffen verließen sie die Inseln und kehrten nach Sogn zurück, wo sie den Winter verbrachten.

… … …

Im nächsten Jahren zogen König Bele, Thorstein, Angantyr und ihre Männer wieder auf Raubfahrt.

… … …

Als Thorstein und Bele schließlich heimsegeln wollten und die Mündung des Lim-Fjordes erreicht hatten, wurden sie von einem gewaltigen Sturm überrascht, der sie weit auf das Meer hinaustrieb. Schon nach kurzer Zeit waren ihre Schiffe voneinander getrennt worden.

Dann begann die See von beiden Seiten über die Borde ihres Schiffes hereinzubrechen und alle Männer mußten Wasser hinausschöpfen. So trieb der Sturm das sprechende Drachenschiff Ellide, das von den Wogen hin- und hergeworfen wurde, ganz *allein vor sich her, bis es die Küste von Borgunds Holm erreichte.*

Zur selben Zeit landete dort auch Jokul mit zehn Schiffen, die vollständig mit Männer und Waffen versehen waren.

Da griff Jokul, wie man sich vorstellen kann, Thorstein und seine Männer an. Thorstein war darauf schlecht vorbereitet und er und seine Männer waren von der harten Arbeit und von dem Umhertreiben auf dem Meer sehr erschöpft.

Eine heftige und blutige Schlacht wurde zwischen ihnen ausgetragen und Jokul, der voller Kampfeseifer war, trieb seine Männer an und sagte ihnen, daß sie niemals eine bessere Gelegenheit haben würden, Thorstein zu besiegen, und daß es eine niemals Ende Schmach für sie sein würde, wenn er nun entkommen sollte.

Sie griffen Thorstein und seine Männer an und ließen nicht nach, bis alle seine Männer gefallen waren, sodaß niemand außer Thorstein noch in dem Drachenschiff stand. Aber er verteidigte sich so tapfer, daß ihm lange Zeit niemand eine Wunde zufügen konnte.

Schließlich gelangten sie jedoch so nah an ihn heran, daß sie ihn mit ihren Speeren stechen konnten, doch die meisten von ihnen konnte er außer Reichweite halten, denn sein Schwert Angarvadil biß so scharf wie immer.

Da machte Jokul einen verzweifelten Angriff und stach Thorstein mit seinem Speer durch den Oberschenkel. Doch zur selben Zeit schlug Thorstein Jokul und traf seinen Arm unterhalb des Ellenbogens und hieb seine Hand ab. Doch währenddessen gelang es ihnen, Thorstein mit Schilden einzukreisen und ihn gefangenzunehmen.

Doch es war schon beinahe Nacht, sodaß sie fanden, daß es zu spät dafür sei, ihn noch zu töten. Da legten sie ihm Fesseln an seine Füßen und banden seine Hände mit einer Bogensehne und setzten zwölf Männer als Wachen rings um ihn.

Als alle außer diesen zwölf Männern bei Thorstein ans Ufer gegangen waren, sagte er: „Was zieht ihr vor – daß ihr mich erheitert oder daß ich euch erheitere?"

Sie sagten, daß er sich nicht um Belustigungen kümmern solle, da er gleich am folgenden Morgen getötet werden würde.

Da erdachte Thorstein, der sich arg in der Klemme befand, einen Fluchtplan und sprach mit leiser, flüsternder Stimme: „Zu welcher anderen Zeit könnte ich Dich mehr brauchen als gerade jetzt, mein lieber Gefährte Sindre – falls all unsere Freundschaft nicht bereits abgebrochen sein sollte?"

Da legte sich eine Dunkelheit über die Wachen und sie fielen alle in Schlaf.

Eine magische Dunkelheit, die alle einschlafen läßt, ist ein recht passender Zauber für den Zwerg Sindre, da dieser eine Gestalt des Göttervaters Tyr im Jenseits ist.

Thorstein sah Sindre auf dem Schiff entlanggehen und sich ihm nähern.

Er sprach: „Du bist in der Klemme, mein lieber Freund Thorstein, und es ist wirklich höchste Zeit, Dir zu helfen. Er brach das Schloß der Ketten auf und durchschnitt die Bogensehne an seinen Händen.

Da ergriff Thorstein, der nun wieder frei war, sein Schwert, wandte sich zu den Wächtern und tötete sie allesamt.

Daraufhin verschwand Sindre, aber Thorstein nahm sich ein Boot, ruderte an das Ufer und wanderte heim nach Sogn.

In dieser Saga sind die Motive aus der einstigen Tyr-Mythe zwar schon aus ihrem Zusammenhang gelöst worden, aber sie treten immerhin noch in einer größeren Anzahl auf:

- der König Bele („Sonne", „König"),
- die (Toten-)Insel, auf der ein hilfreicher und weiser Mann lebt, der den Namen des Helden kennt,
- der Name „der Brennende" („Sonne") des „Mannes auf der Insel",
- der verlorene und wiedergefundene goldene Ring (Sonne im Jenseits und ihre Rückkehr ins Diesseits),
- das wiedergefundene Schwert (hier ein geschenktes Messer),
- der König Angantyr (eine Sagen-Variante des Tyr),
- das magische Schwert des Tyr (hier das Schwert Angarvadil),
- der Zwerg Sindri,
- sein Wohnen in einem Felsen (Hügelgrab),
- seine Disen (Tyrs Frauen Frigg und Freya),
- Sindris Sohn und Tochter (die Sol und Mani entsprechen könnten), und
- der Nacht/Schlaf-Zauber des Sindri.

2. e) Sörli-Thattr

In dieser Erzählung wird über einen Wikinger mit dem Namen Sindri berichtet. Sein Großvater Haki, der der König der Elfeninseln war, könnte eine Sagen-Variante des Götterkönigs Tyr in Alfheim auf der Toteninsel Walaskialf sein – zumal Tyr in der Unterwelt auch „Alfenkönig" („Alberich") genannt wurde.

Sobald sie alt genug dazu waren, gingen sie auf Raubfahrt und kämpften gegen den Wikinger Sindri, den Sohn des Sveigr, den Sohn des Haki, der ein Seekönig der Elfen-Inseln gewesen ist.

2. f) Zusammenfassung

„Sindri" ist ursprünglich ein Beiname des Tyr im Jenseits gewesen, der nach seinem abendlichen bzw. herbstlichen Tod „Asche („sindr") im Hügelgrab war. Als diese beiden Beinamen des Tyr auf einer seiner Söhne übertragen wurden, ergänzte man diese Namen durch einen zweiten für den Bruder dieses Sohnes zu „Sindri und Brokk".

Ursprünglich schmiedeten Sindri und Brokk in der Unterwelt nur das Schwert des Tyr neu, aber dieses Motiv wurde schließlich auch auf die Herstellung des Sif-Haares (Getreide), des Odin-Speeres und des Freyr-Schiffes durch Brokk sowie des Thor-Hammers, des Odin-Ringes und des Freyr-Ebers erweitert.

In der Saga des Thorstein Viking-Sohn tritt ein Zwerg mit dem Namen Sindre auf, der einige Merkmale des Göttervaters Tyr hat. Da in dieser Sage noch einige Motive mehr aus den Mythen des Tyr erscheinen, ist Sindri recht sicher ein Tyr-Zwerg.

Sindri erscheint auch als Enkel des Wikingerkönigs der Elfeninsel (Tyrs Alfheim auf der Toteninsel Walaskialf).

Sindri besitzt eine goldene Halle im Norden in den Unterwelt-Bergen. Dies wird die Halle des Sonnengott-Göttervaters Tyr sein, in der er Nachts bzw. im Winter wohnt.

„Sindri" ist auch der Beiname eines der frühesten bekannten Skalden. Er könnte sich auf den Göttervater Tyr beziehen.

3. Brokk

Dieser Zwerg erscheint nur in der Skaldskaparmal zusammen mit seinem Bruder Sindri. Daher läßt sich über ihn nur dasselbe sagen, wie über die beiden Brüder gemeinsam.

4. Fialar und Galar

Diese beiden Zwerge sind insbesondere als diejenigen bekannt, die den Skaldenmet gebraut haben, aber es sind auch noch weitere Einzelheiten über sie bekannt.

Im Folgenden wird nur die Skaldenmet-Mythe besprochen, die beiden Zwergen gemeinsam ist. Die übrigen Texte sind in den beiden Einzelbetrachtungen über die beiden Zwerge zu finden.

4. a) Die Namen „Fialar" und „Galar"

Der Name „Fialar" bedeutet entweder „Berg-Heer", womit ein Heer von Zwergen, das aus einem Hügelgrab kommt, gemeint ist, oder „der in seinem Hügelgrab ist".

Der Name „Galar" leitet sich von dem Verb für „gellen, schreien, tosen" ab, das auch die Wurzel der Bezeichnungen für den Jenseitsfluß Gjallar („Tosender") und für den Zaubergesang „Galdr" ist. „Galar" ist daher vermutlich ein zauberkundiger Zwerg im Jenseits bzw. am Jenseitsfluß.

Bei Fialar und Galar liegt dieselbe Entwicklung vor wie bei den beiden Zwergen Brokk und Sindri, die im Folgenden noch beschrieben: Einer der beschreibende Namen des Göttervaters wurde auf einen der Pferde-Söhne des Göttervaters übertragen und durch einen passenden Namen für seinen Bruder ergänzt.

Der Göttervater Tyr wurde anfangs vermutlich als „Sindri" bezeichnet, wenn er in dem Abendrot wie in einem Bestattungsfeuer verbrannt worden war und danach nur noch „Asche" („sindr") in seinem Hügelgrab, d.h. in der Unterwelt war. Daraus entstand auch sein Beiname „Fialar", der „der in seinem Hügelgrab" bedeutete. Der am Abend gestorbene Sonnengott-Göttervater Tyr könnte evtl. als „sindr inn fiall", also „Asche im Hügelgrab" umschrieben worden sein. Vielleicht ist das vermutete „sindr inn fiall" auch eine allgemeine Umschreibung für die Toten gewesen.

Daraus wurde jeweils der Name eines der beiden Pferdesöhne, zu dem dann ein zweiter passender Namen hinzugefügt wurde.

Die Entstehung der Namen „Sindri und Brokk"			
1. Phase: *Tyr-Kenning*	**2. Phase** *Tyr-Namen*	**3. Phase** *Pferdesohn-Namen*	**4. Phase** *Ergänzungen*
sindr inn fiall (Asche im Hügelgrab)	Sindri (Asche)	Sindri (Asche)	Sindri (Asche)
			Brokk (Metallbrocken)
	Fialar (der im Hügelgrab)	Fialar (der im Hügelgrab)	Fialar (der im Hügelgrab)
			Galar (der am Jenseitsfluß)

Die frühesten bekannten Feuerbestattungen stammen sind 20.000 Jahre alt und stammen aus Australien. In der Jungsteinzeit waren Feuerbestattungen allgemein bekannt, aber nicht die Regel. Die Indogermanen kannten ebenfalls die Brandbestattung wie dieser Brauch z.B. bei den frühen Persern und Indern zeigt. Den Griechen und Römern war die Feuerbestattung zwar bekannt, aber sie wurde nur wenig praktiziert – sie war aber hoch angesehen wie z.B. die Feuerbestattung des Herakles zeigt. In Mitteleuropa waren Brandbestattungen zwischen 2000 v.Chr. und 1100 v.Chr. die Regel.

Diese weite und langandauernde Verbreitung der Brandbestattung bei den Indogermanen einschließlich des Siedlungsbereichs der Germanen macht eine Datierung der Entstehung der Namen „Sindri" und „Brokk" (falls sich diese auf die Brandbestattung beziehen sollten) leider unmöglich.

Es wäre auch denkbar, daß die Namen der beiden Alcis-Zwerge nicht aus dem Brandbestattungs-Brauch stammen, sondern aus dem Bereich der Schmiedekunst. Diese beiden Möglichkeiten lassen sich nicht sicher unterscheiden – Der Name „Brokk" spricht eher für die Schmiedekunst, aber sicher ist dieses Argument auch nicht.

4. a) Skaldskaparmal

Am ausführlichsten wird Fjalar und sein Bruder Galar in diesem Lehrbuch der Skaldenkunst beschrieben:

Ferner sprach Ägir: „Woher hat die Kunst ihren Ursprung, die ihr Skaldenkunst nennt?"

Bragi antwortete: „Der Anfang davon war, daß die Asen Unfrieden hatten mit dem Volk, das man Wanen nennt.

Nun aber traten sie zusammen, Frieden zu schließen, und der kam nun so zustande, daß sie von beiden Seiten zu einem Gefäß gingen und ihren Speichel hineinspuckten."

Das Spucken in ein Gefäß ist eine archaische Methode, um eine Fermentierung und Gärung in Gang zu setzten, also ein Teil der Braukunst.

„Als sie nun schieden, wollten die Asen dieses Friedenszeichen nicht untergehen lassen. Sie nahmen es und schufen einen Mann daraus, der Kwasir heißt. Der ist so weise, daß ihn niemand um ein Ding fragen mag, worauf er nicht Bescheid zu geben weiß. Er fuhr weit umher durch die Welt, die Menschen Weisheit zu lehren."

Der Name „Kwasir" bedeutet in etwa „Preßsaft". Er geht zusammen mit dem altnordischen „kveise" für „kochen" und dem altfranzösischen „quasser" für „zerdrücken, zerquetschen" auf das germanische Wort „kwis" für „verderben, vernichten, niederdrücken", das seinerseits eine Spezialisierung des urgermanischen Wortes „kvass" für „quetschen, ausdrücken, pressen, verbeulen" ist.

Mit diesem Wort ist das russische „Kvas" für „Brottrunk" verwandt, der aus Wasser, Roggen und Malz hergestellt wird und ein traditionelles, kohlensäurehaltiges Erfrischungsgetränk ist.

Ein weiteres verwandtes Wort ist das lateinische Verb „quatere, quassare" für „schlagen, schütteln".

Das heutige deutsche Wort, das sich von dieser Wurzel ableitet, ist das Verb „quetschen".

„Kvasir" ist folglich der Name des Trankes, den die Asen und Wanen hergestellt und mit ihrem Speichel fermentiert haben. Die Bedeutung „quetschen, pressen" des Namens „Kwasir" weist darauf hin, daß dieser Name schon sehr alt ist, denn in den Anleitungen für das Brauen dieses Trankes finde sich bei den Indogermanen mehrfach der Hinweise, daß er auch den ausgepreßten Saft von Pflanzen enthält.

Am deutlichsten sind die Anleitungen der Inder, deren Somatrank den Preßsaft einer Rankenpflanze enthält, bei der es sich möglicherweise um ein Nachtschattengewächs handelt. Dieser Saft sollte es denen, die diesen Trank zu sich nahmen, erleichtern, Visionen zu erhalten und in einen veränderten Bewußtseinszustand zu gelangen. Dieser Saft wurde jedoch nicht als die eigentliche Methode angesehen, um seinen Körper verlassen zu können („Astralreise") wie z.B. die mittelalterliche Hexensalbe, sondern nur als eine unterstützende Maßnahme.

Die altnordische Bezeichnung des Hungerblümchens als „kveise" könnte eine

Erinnerung an den Pflanzensaft sein, der eine Zutat des Skaldenmets gewesen. Diese Pflanze ist zwar eßbar, aber es sind von ihr keine Wirkungen auf die Psyche bekannt.

„Kwasir" ist somit eigentlich kein Gott, sondern der personifizierte Trank. Schon diese Personifizierung zeigt, wie wichtig er einst in der Religion der Germanen gewesen sein muß.

„Einst aber, da er zu den Zwergen Fialar und Galar kam, die ihn eingeladen hatten, riefen sie ihn zu einer Unterredung beiseite, und töteten ihn. Sein Blut ließen sie in zwei Gefäße und einen Kessel rinnen: der Kessel heißt Odhrörir; aber die Gefäße Son und Bodn."

Der Mord der beiden Zwerge an Kwasir ist anhand des Auffangens seines Blutes in drei Gefäßen als Opferritual erkennbar. Anscheinend ist mit der Herstellung des rituellen Mets bei den Germanen auch ein Tieropfer verbunden gewesen. Da sowohl der Met als auch das Opfer eines Herdentieres zu der Bestattungs-Symbolik gehörte, ist diese Deutung recht plausibel.

Die Namen der drei Gefäße bedeuten „der die Ekstase erweckt" („Odhrörir"), „Sohn" („Son") und „Faß („Bodn"). Der zweite dieser drei Namen könnte sich evtl. auf die Wiedergeburt der (männlichen) Toten als ihre eigenen Söhne beziehen.

Diese drei Gefäße sind ursprünglich die Trinkhörner des Tyr und seiner beiden Alcis-Söhne gewesen.

„Sie mischten Honig in das Blut, woraus ein so kräftiger Met entstand, daß ein jeder, der davon trinkt, ein Dichter oder ein Weiser wird."

Offenbar ist der ganze erste Teil dieser Erzählung eine Übertragung des Brauens des rituellen Mets in eine mythologische Handlung:
- das Fermentieren des Trankes durch den Speichel der Götter,
- die Personifizierung des Trankes als das „weise Wesen" Kwasir,
- die Umdeutung des Opferung eines Tieres zum Mord an Kwasir, und
- die Vermischung des Kwasir-Blutes mit Honig zu einem Met.

„Den Asen berichteten die Zwerge, Kwasir sei in der Fülle seiner Weisheit erstickt, denn keiner war klug genug, seine Weisheit all zu erfragen.

Danach luden diese Zwerge den Riesen, der Gilling heißt, mit seinem Weibe zu sich, und baten den Gilling, mit ihnen auf die See zu rudern. Als sie aber eine Strecke vom Lande waren, ruderten die Zwerge nach den Klippen und stürzten das Schiff um. Gilling, der nicht schwimmen konnte, ertrank, worauf die Zwerge das Schiff wieder umkehrten und zurück ruderten."

69

Dieser völlig unmotivierte Mord an einem Riesen läßt sich am besten dadurch erklären, daß Gilling der Göttervater Tyr ist, mit dem zusammen die seinen beiden Pferde-Söhne jeden Abend starben – indem sie wie die Sonne im Westen im Meer versanken. Dieser abendliche Tod des Sonnengott-Göttervaters und seiner beiden Pferde-Söhne ist hier durch den Mord zweier Zwerge an einem Riesen erklärt worden. Da dies der einzige Mord von Zwergen an einem Riesen in der gesamten Überlieferung der Germanen ist, kann es sich dabei nicht um ein altes Motiv handeln, sondern wird eine neuere Interpretation sein. Der Tod des Tyr und seiner beiden Alcis-Söhne ist hier zu dem Mord des Tyr durch seine beiden Alcis-Söhne geworden – so nimmt man den alten mythologischen Motiven auf effektive Weise ihre Kraft …

Die „Klippen" könnten die umgedeutete Halle „Walaskialf" („Toteninsel") des ehemaligen Sonnengott-Göttervaters Tyr sein.

„Sie sagten seinem Weibe von diesem Vorgang: da gehabte sie sich übel und weinte laut. Fialar fragte sie, ob es ihr Gemüt erleichtern würde, wenn sie nach der See hinaussähe, wo er umgekommen sei. Das wollte sie tun. Da sprach er mit seinem Bruder Galar, er solle hinaufsteigen über die Schwelle und, wenn sie hinausginge, einen Mühlstein auf ihren Kopf fallen lassen, weil er ihr Gejammer nicht ertragen könne. Und also tat er."

Dies ist ein weiterer unmotivierter Mord durch die beiden Zwerge. Wenn der Riese Gilling der am Abend gestorbene Göttervater Tyr ist, sollte seine Frau entweder Frigg oder Freya sein. Diese beiden Göttinnen erscheinen in dem „Grotten-Lied" als die beiden Riesinnen Fenja und Menja. Diese beiden Namen sind Bildungen zu Friggs Halle „Fensalir" und zu Freyas Halsreif „Brisingamen". In dem „Grotten-Lied" drehen diese beiden Göttinnen einen Mühlstein, sodaß der merkwürdige Mord an der Gillings Frau vermutlich durch deren Assoziation mit dem Mahlen der Fenja und der Menja entstanden ist.

Der Mord an der Riesin soll vermutlich erklären, warum Tyrs Frau, also Frigg oder Freya, sich im Jenseits befindet – wo sie aufgrund der früheren Mythen ist, weil Tyr sich dort mit ihr wiederzeugt, sodaß sie ihn am Morgen wiedergebären kann.

„Als der Riese Suttung, Gillings Brudersohn, dies erfuhr, zog er hin, ergriff die Zwerge, führte sie auf die See und setzte sie da auf eine Meeresklippe."

Nun kommen auch die Zwerge selber auf die Toteninsel. Ursprünglich starben sie in den Mythen des Tyr zusammen mit dem Göttervater beim Sonnenuntergang. In der Umdeutung in der Skaldskaparmal wird der gesamte Vorgang jedoch schon als eine Folge von Mord und Rache angesehen, wodurch die ursprüngliche Mythe in einzelne Szenen zerfällt.

Das Aussetzen auf einer bei Flut überspülten Insel („Schäre") war bei den Germanen eine rituelle Hinrichtungsmethode.

Wie später in dieser Mythe noch berichtet wird, hat Suttung noch einen Bruder mit dem Namen Baugi. Als Ursprung für diese drei Brüder kommen hier eigentlich nur Tyr-Thiazi und seine beiden Brüder Gangr und Idi infrage.

Die Bedeutung der Namen der drei Riesen ist: Gilling = „Schreier", Suttung = „Trauernder" und Baugi = „Ring, Armreif". Gilling trägt somit denselben Namen wie der Zwerg Galar – lediglich die Schreibweise ist verschieden. Gillings Neffe Suttung ist nach seiner Position in dieser Mythe bezeichnet worden, da er um seinen ermordeten Onkel trauert und ihn rächt. Baugi trägt schließlich den Namen des goldenen Ringes, der zum einen ein Symbol für die Jenseitsreise ist („Draupnir") und zum anderen das damals übliche Zahlungsmittel war.

„Da baten sie Suttung, ihr Leben zu schonen, und boten ihm zur Sühne und Vaterbuße den köstlichen Met, und diese Sühne ward zwischen ihnen geschlossen."

Diese Szene erklärt, wie der Met zu den Riesen kam. Die spätere Erzählung in dieser Mythe, wie Odin zu Suttungs Tochter gelangt und dort deren Met trinkt, hat die ursprünglichere Version dieses Motivs bewahrt.

Da diese Mythe erklären sollte, wie der Met entstand und wie er von dem ehemaligen Göttervater Tyr zu dem neuen Göttervater Odin gelangte, mußte die ursprüngliche Version in Bezug auf den Gott Tyr umgeformt werden, denn sonst hätte man dieselbe Jenseitsreise-Geschichte einmal mit Tyr und anschließend mit Odin erzählen müssen – was schließlich keinen Sinn ergäbe. Für den Skalden, der diese Mythe verfaßt hat, bestand somit die Notwendigkeit, die Jenseitsreise-Symbolik des Tyr so umzuformen, daß sie der ehemaligen Mythe noch möglichst ähnlich war und deren Elemente enthielt, aber zu einer Handlung wurde, aus der sich nach dem damaligen Rechtsverständnis für Odin die Notwendigkeit ergab, den Met nach Asgard zu holen.

Diese Umdeutung ist eine Parallele zu dem Raub des Ritual-Kessels des Riesen Hymir (Tyrs Vater) durch Thor und auch zu dem Raub der Idun durch Thiazi und dem anschließenden Mord der Asen an ihrem ehemaligen Göttervater Tyr-Thiazi. Das Verfahren ist dabei stets dasselbe: Die Vereinigung des Tyr mit der Jenseitsgöttin und das Trinken des Wiedergeburts-Mets wird zu einem Raub des Tyr erklärt, woraufhin ihn die Asen töten und das Geraubte zurückholen. Der Mord an Tyr ist eine Umdeutung seines allabendlichen Todes.

Der Grund für all diese Umdeutungen ist die Umgestaltung der nordgermanischen Mythen nach der Absetzung des Tyr durch Thor und Odin um 500 n.Chr.

„Suttung führte den Met mit sich nach Hause und verbarg ihn auf dem sogenannten Hnitberge; seine Tochter Gunnlöd setzte er zur Hüterin."

Gunnlöd ist eine der vielen Varianten der Göttin als Wiederzeugungs-Geliebte und Wiedergeburts-Mutter im Jenseits. Der „Hnitberg" („verschlossener Berg/Hügel") ist ein Name für ein Hügelgrab – das Grab, in dem der am Abend gestorbene Tyr liegt.

4. b) Kenningar

Ein Teil der bereits im ersten Teil dieses Buches angeführten Kenningar beziehen sich auf diese Entstehungsmythe des Skaldenmets: *„Fallars-Trank"*, *„Zwergen-Trank"*, *„Trank des Dwalin"*, *„richtiger Trank des Regin"*, *„Zwergen-Met"*, *„Meer der Zwerge"*, *„Ozean der Zwergen-Klippe"*, *„dunkler Zwergen-Regen"*, *„Regen der Männer des Thorinn"*, *„seichte Welle der Felsen der Zwerge"*, *„Woge des Zwergen-Felsens"*, *„freudevolle Woge des Dainn"*, *„Zwergen-Krug"*, *„Zwergen-Schiff"* und *„Barke des Sohnes des Austri"*.

4. c) Zusammenfassung

Fialar und Galar ermorden das Wesen Kwasir, das aus dem Speichel aller Asen und Wanen erschaffen worden ist und daher die Weisheit aller Götter enthält. Aus seinem Blut und aus Honig stellen sie den Skaldenmet her und füllen ihn in die drei Gefäße „Odhrörir" („der die Ekstase erweckt"), „Son" („Sohn") und „Bodn" („Faß"). Dies ist mythologische Darstellung der Herstellung des Ritual-Trankes, der denen, die ihn trinken, Weisheit und die Gabe der Dichtkunst verleiht. Ursprünglich erlangte man durch diesen Trank die Ekstase („der die Ekstase erweckt") und die Wiedergeburt („Sohn").

Danach töteten die beiden Zwerge Tyr-Gilling, indem sie ihn im Meer ertränkten, und anschließend auch seine Frau (Freya), indem sie ihr einen Mühlstein auf den Kopf warfen. Als Wergeld zahlten sie danach den Skaldenmet an Gillings Neffen Suttung, nachdem dieser die beiden Zwerge auf einer Schäre ausgesetzt hatte.

Dies ist eine Umdeutung des Sonnenuntergang-Todes des Göttervaters Tyr und seiner beiden Pferde-Söhne, die seinen Streitwagen ziehen – sie wurden in der Unterwelt zu dem Tyr-Riesen und den beiden Pferdesohn-Zwergen. Die Schäre wird mit Walaskialf („Toteninsel"), der Halle des Tyr und später des Odin, identisch sein.

5. Fialar

5. a) Skaldskaparmal

In einem seiner Lieder, das in der Skaldskaparmal zitiert wird, umschreibt der Skalde Refr den Skaldenmet und somit die Dichtkunst mit *„Fialars Trank"*, was eine Anpielung auf das Brauen des Göttermets durch diesen Zwerg und seinen Bruder Sindri ist.

5. b) Gylfis Vision

In der folgenden Liste wird der Zwerg „Fialar" mit leicht verkürztem Namen „Fal" genannt. Er erscheint unter den Zwergen, die zusammen mit Tyr-Swarin in seinem Hügelgrab sind, d.h. zu seinem engeren Gefolge zählen – was für einen Sohn des Tyr auch zutreffen sollte.

Aber folgende kamen von Swarins Hügel gen Aurwang („Licht-Gefilde") *auf Jöruwall* („Erdwall" = Urgard), *und von ihnen stammt Lofars Geschlecht. Dies sind ihre Namen: Skirfir, Wirfir, Skafid, Ai, Alf, Ingi, Eikinskialdi, **Fal**, Frosti, Fid, Ginnar.*

5. c) Die Vision der Seherin

Der Zwerg „Fialar" wurde zu den Nachkommen des Dwalin gerechnet:

Zeit ist's, die Zwerge von Dwalins Zunft
Den Leuten zu leiten bis Lofar hinauf,
Die aus Gestein und Klüften strebten
Von Aurwangs Tiefen zum Erdenfeld.

... ...

Fialar *und Frosti, Finnar und Ginnar,*
Heri, Höggstari, Hliodolf, Moin.
So lange Menschen leben auf Erden,
Wird zu Lofar hinauf ihr Geschlecht geleitet.

5. d) Havamal

In dieser Sprüchesammlung berichtet Odin auch über seine Reise zu Gunnlöd, von der er den Göttermet geraubt hat. Hier wird Suttung, der wie Utgardloki-Skrymir ein Tyr-Riese ist, „Fialar" genannt. Der „Felsen des Fialar" ist das Hügelgrab („Hnit-björg"), in dem Odin die Gunnlöd aufsucht.

Odin:
„Der Reiher der Vergessenheit überrauscht Gelage
Und stiehlt die Besinnung.
Des Vogels Gefieder befing auch mich
In Gunnlöds Haus und Gehege.

Trunken ward ich und übertrunken
In des schlauen Fialars Felsen.
Trank mag taugen, wenn man ungetrübt
Sich den Sinn bewahrt. "

5. e) Harbard-Lied

In diesem Lied verspottet Odin („Harbard") seinen Sohn Thor damit, daß er sich einst in dem Handschuh des Tyr-Riesen Skrymir versteckte, ohne den Handschuh überhaupt als solchen zu erkennen.

Harbard:
„ Thor hat Macht genug, aber nicht Mut.
Aus feiger Furcht fuhrst Du in den Handschuh,
Trautest nicht mehr Thor zu sein.
Nicht wagtest Du, so warst Du in Not,
Zu niesen noch zu furzen, daß es Fialar hörte. "

Fialar = Tyr-Skrymir

5. f)   Nafna-Thulur

In den Namenslisten am Ende der Skaldskaparmal wird „*Fialarr*" als ein Riese aufgeführt. Dieser Name scheint demnach ursprünglich vor allem mit dem nächtlichen bzw. winterlichen Göttervater Tyr in seinem Hügelgrab verbunden gewesen zu sein.

5. g)   Die Vision der Seherin

In diesem alten Lied ist „Fialar" ein roter Hahn, der in einem Wald bei einem Hügel(-grab), d.h. wohl auf dem Weltenbaum kräht. Ein zweiter, goldener Hahn („Gullinkambi" = „Goldkamm") sitzt in der Nähe von Odins Halle. Ein dritter, schwarzroter Hahn sitzt in der Halle der Hel.
Vermutlich sind diese drei Hähne die Sonne:
- die „goldene Sonne" am Morgen, die in Walhalla die Krieger weckt,
- die „rote Sonne" des Sonnenuntergangs, die in eine Hügelgrab eingeht, und
- die „(rot-)schwarze Sonne" in der Unterwelt der Hel.
Auch in diesem Lied ist „Fialar" somit der ehemalige Sonnengott-Göttervater Tyr.

Da saß am Hügel und schlug die Harfe
Der Riesin Hüter, der heitre Egdir.
Vor ihm sang im Vogelwalde
Der hochrote Hahn, geheißen Fialar.

Den Göttern gellend sang Gullinkambi,
Weckte die Helden beim Heervater,
Unter der Erde singt ein andrer,
Der schwarzrote Hahn in den Sälen Hels.

5. h)   Die Saga über Pfeile-Oddr

In dieser Saga läßt Pfeile-Oddr insgesamt 69 Freunden Grüße ausrichten, unter denen sich auch ein „Fialar" befindet. Dieser Name scheint demnach auch als einfacher Männername benutzt worden zu sein.

Nun möchte auch ich, daß Du meine Verse zu allen unseren Bank-Genossen mitnimmst und ich will sie Dir nun aufzählen:

„Wir tranken und handelten viele Tage gemeinsam, Alf und Atli, Eyvind und Trani, ..., Fjolmund, Fjalar, ... und auch Ingvari.“

5. i) Zusammenfassung

Der Name des Zwerges „Fialar" bedeutet „der im Hügelgrab ist". Er zählt zu den Nachkommen des Dwalin und wurde zu Tyr-Swarins engerem Gefolge gerechnet.

Fialar geht zusammen mit Galar auf die beiden Alcis-Söhne des Tyr zurück.

Während es über Fialar auch einige von Galar unabhängige Erwähnungen gibt, tritt Galar nur gemeinsam mit Fialar auf. Da „Fialar" auch ein Name des Göttervaters selber gewesen ist, wird er erst sekundär auf einen seiner Söhne übertragen worden sein, woraufhin man einen zweiten analogen Namen für den zweiten Pferde-Sohn des Göttervaters bilden mußte. Dies weist darauf hin, daß „Fialar und Galar" nicht die ursprünglichen Namen der beiden Pferde-Söhne gewesen sind.

Fialar und Galar ermorden das Wesen Kwasir, das aus dem Speichel aller Asen und Wanen erschaffen worden ist und daher die Weisheit aller Götter enthält. Aus seinem Blut und aus Honig stellen sie den Skaldenmet her und füllen ihn in die drei Gefäße „Odhrörir" („der die Ekstase erweckt"), „Son" („Sohn") und „Bodn" („Faß"). Dies ist mythologische Darstellung der Herstellung des Ritual-Trankes, der denen, die ihn trinken, Weisheit und die Gabe der Dichtkunst verleiht. Ursprünglich erlangte man durch diesen Trank die Ekstase („der die Ekstase erweckt") und die Wiedergeburt („Sohn").

Danach töteten die beiden Zwerge Tyr-Gilling, indem sie ihn im Meer ertränkten, und anschließend auch seine Frau (Freya), indem sie ihr einen Mühlstein auf den Kopf warfen. Als Wergeld zahlten sie danach den Skaldenmet an Gillings Neffen Suttung, nachdem dieser die beiden Zwerge auf einer Schäre ausgesetzt hatte.

Dies ist eine Umdeutung des Sonnenuntergang-Todes des Göttervaters Tyr und seiner beiden Pferde-Söhne, die seinen Streitwagen ziehen – sie wurden in der Unterwelt zu dem Tyr-Riesen und den beiden Pferdesohn-Zwergen. Die Schäre wird mit Walaskialf („Toteninsel"), der Halle des Tyr und später des Odin, identisch sein.

Auch der Göttervater Tyr selber konnte „Fialar" genannt werden, da er sich des nachts und im Winter „in seinem Hügelgrab" befand. Sowohl Tyr-Suttung als auch Tyr-Skrymir wurden „Fialar" genannt.

Auch der Seelenvogel des Tyr, der aufgrund des Krähens der Hähne bei Sonnenaufgang auch mit dem Hahn assoziiert wurde, konnte als Hahn dargestellt werden: als der roter Hahn Fialar, der die Abendsonne ist; als der goldene Hahn Goldkamm, der die Morgensonne verkörpert; und als der rotschwarzer Hahn, der für die Sonne in der Hel steht.

6. Galar

6. a) Nafna-Thulur

Die einzige zusätzliche Information, die es über Galar gibt, ist, daß er in den Nafna-Thulur, den Namenslisten am Ende der Skaldskaparmal, wie Fialar zu den Riesen gerechnet wird.

Der Name des Galar wurde, wenn er als Riese aufgefaßt wurde, „Galarr" geschrieben. Vermutlich wurde Galar als Riese bezeichnet, wenn man ihn vor allem als Sohn des Tyr als Jenseits-Riese ansah.

6. b) Zusammenfassung

Der Name „Galar" hängt mit dem Namen „Gjallar" („Tosender") des Jenseitsflusses zusammen und bedeutet daher „der am Jenseitsfluß ist". „Galar" ist daher nicht nur ein Reim auf „Fialar", sondern auch eine inhaltliche Analogie zu seinem Bruder, da dessen Name „der im Hügelgrab ist" bedeutet.

Galar tritt nur gemeinsam mit Fialar auf, dessen Name einst den Göttervater Tyr selber bezeichnet hat. Beide wurden auch als Riesen angesehen.

Fialar und Galar ermorden das Wesen Kwasir, das aus dem Speichel aller Asen und Wanen erschaffen worden ist und daher die Weisheit aller Götter enthält. Aus seinem Blut und aus Honig stellen sie den Skaldenmet her und füllen ihn in die drei Gefäße „Odhrörir" („der die Ekstase erweckt"), „Son" („Sohn") und „Bodn" („Faß"). Dies ist mythologische Darstellung der Herstellung des Ritual-Trankes, der denen, die ihn trinken, Weisheit und die Gabe der Dichtkunst verleiht. Ursprünglich erlangte man durch diesen Trank die Ekstase („der die Ekstase erweckt") und die Wiedergeburt („Sohn").

Danach töteten die beiden Zwerge Tyr-Gilling, indem sie ihn im Meer ertränkten, und anschließend auch seine Frau (Freya), indem sie ihr einen Mühlstein auf den Kopf warfen. Als Wergeld zahlten sie danach den Skaldenmet an Gillings Neffen Suttung, nachdem dieser die beiden Zwerge auf einer Schäre ausgesetzt hatte.

Dies ist eine Umdeutung des Sonnenuntergang-Todes des Göttervaters Tyr und seiner beiden Pferde-Söhne, die seinen Streitwagen ziehen – sie wurden in der Unterwelt zu dem Tyr-Riesen und den beiden Pferdesohn-Zwergen. Die Schäre wird mit Walaskialf („Toteninsel"), der Halle des Tyr und später des Odin, identisch sein.

7. Dain und Nabbi

Der Zwerg „Dain" wird in dem nächsten Teil des Buches über die vier Himmelsträger-Zwerge ausführlich beschrieben.

7. a) Der Name „Nabbi"

Die Bedeutung des Namens dieses Zwerges ist nicht ganz sicher. Vermutlich leitet er sich von germanisch „nabja" für „Schnabel, Nase, Rüssel, Spitze, Gesicht, Gesichtsfarbe" ab und bedeutet entweder „Nase" oder „Gesichtsfarbe (eines Toten?)".

7. b) Hyndla-Lied

Im Hyndla-Lied ist der Zwerg „Nabbi" zusammen mit dem Zwerg „Dain" („Verstorbener") der Erschaffer von Freyas Eber „Hildiswini" („Kampfschein"). Dies ist vermutlich eine Analogie zu der Erschaffung des Ebers „Gullinborsti" des Freyr durch Sindri und Brokk.

Dain und Nabbi werden daher wie Sindri und Brokk auf die beiden Pferde-Söhne des ehemaligen Göttervaters Tyr zurückgehen, die in der nächtlichen bzw. winterlichen Unterwelt zu Zwergen wurden.

Freyja :
„Du faselst, Hyndla, träumt Dir vielleicht?
Daß Du sagst, mein Geselle sei mein Mann.
Meinem Eber glühn die goldnen Borsten –
Den Hildiswin, den herrlich schufen
Die beiden Zwerge Dain und Nabbi."

7. c) Zusammenfassung

„Dain" und „Nabbi" sind zwei weitere Alcis-Zwerge, die analog zu der Erschaffung von Freyrs Eber Gullinborsti durch Sindri und Brokk den Eber Hildiswin der Freya erschaffen haben.

8.   Nabbi in der germanischen Überlieferung

Im Hyndla-Lied ist der Zwerg „Nabbi" zusammen mit dem Zwerg „Dain" („Verstorbener") der Erschaffer von Freyas Eber „Hildiswini" („Kampfschein"). Dies ist vermutlich eine Analogie zu der Erschaffung des Ebers „Gullinborsti" des Freyr durch Sindri und Brokk.

Dain und Nabbi werden daher wie Sindri und Brokk auf die beiden Pferde-Söhne des ehemaligen Göttervaters Tyr zurückgehen, die in der nächtlichen bzw., winterlichen Unterwelt zu Zwergen wurden.

8. a) Zusammenfassung

Der Zwerg Nabbi („Nase, Gesichtsfarbe") erschafft zusammen mit dem Zwerg Dain Freyas Eber. Die beiden Zwerge sind somit eine Variante von Sindri und Brokk, die u.a. Freyrs Eber erschaffen haben.

9. Olius und Alius

Über diesen beiden Zwerge wird nur in der Asmund-Saga berichtet.

9. a) Die Namen „Olius" und „Alius"

Die Bedeutung der beiden Namen ist nicht eindeutig. Beide Namen haben die lateinische Maskulin-Endung „-us".

„Olius", ohne die lateinische Endung also „Oli" könnte von „olea" für „salben, letzte Ölung", von „olifa" für „Olive" oder von „ól, ál" für „Lederriemen" abgeleitet sein. Mit der „Letzten Ölung" ist der christliche Brauch gemeint, einen Menschen kurz vor seinem Tod noch einmal zu segnen.

„Alius", d.h. „Ali" könnte eine Bildung zu „ala" für „zeugen", zu „ali" für „zahm" oder zu „ála" für „Aal" sein.

Angesichts des Umstandes, daß die beiden Männer, wie später noch gesagt wird, aus der Hel stammen bzw. in sie zurückkehren, erscheint es am sinnvollsten, „Olius" als „der Sterbende" („Letzte Ölung") und „Alius" als „der, der sich wiederzeugt" zu deuten. Olius und Alius wären dann durch ihre Namen als Wesen, die sterben und wiedergezeugt/wiedergeboren werden – was auf die beiden Alcis zutreffen würde, die jeden Abend zusammen mit Tyr sterben und jeden Morgen zusammen mit ihm aus dem Jenseits zurückkehren.

9. b) Die Saga über Asmund Berserker-Töter

In dieser Saga sind die Schwert-Schmiede zwei Männer, die aus der Hel, d.h. aus der Unterwelt stammen – was letztlich dasselbe ist, als wenn sie als Zwerge bezeichnet worden wären, da sowohl „Hel-Männer" als auch „Zwerge" Totengeister sind.

Es geschah, daß eines Abends zwei Männer zu dem König kamen und vor ihn traten und ihn grüßten.

Der König frug, wer sie seien: Einer wurde Olius genannt und der andere Alius, „und wir würden gerne um Winterquartier bitten."

Die Bitte um Winterquartier ist vermutlich eine Umdeutung des Aufenthaltes der winterlichen Sonne in der Unterwelt, da die Nacht und der Winter in Bezug auf die

Sonne und somit auch auf den Sonnengott-Göttervater Tyr und seine beiden Söhne dieselbe Bedeutung hatten.

Er frug, ob sie Händler wären oder geschickt im Kampf seien. Sie antworteten, daß sie alles geschickt ausführen könnten, was man von einem Schmied erwarten könnte. Daraufhin zeigte der König ihnen zwei Plätze und bat sie, sich zu setzen.

Zu dieser Zeit war ein Bote bei dem König zu Gast und am Abend kamen die Schmiede des Königs in die Halle und zeigten ihm ihre Metallarbeiten, ihr Gold und ihre Waffen. Dies taten sie stets, wenn Leute zu ihnen kamen, um den Ruhm ihres Königs zu mehren. Jedermann pries ihre Metallarbeiten außer den beiden Gästen. Sie sagten nicht viel.

Unter den Metallgeräten war ein sehr sorgfältig gearbeitetes Messer. Dies wurde auch dem König gesagt und er fand, daß es keine bessere Metallarbeit geben könne.

Er rief die beiden Gäste zu sich und sprach: „Warum seid ihr so zögerlich, diese Metallarbeiten zu preisen, die hier gezeigt werden? Könnt ihr etwa bessere fertigen?"

Sie sagten zu dem König, daß sie versuchen würden, etwas Besseres zu schmieden, wenn er es wünsche.

Der König gebot ihnen, dies zu tun, bis es ihnen gelänge, „falls ihr nicht Betrüger genannt werden wollt."

Sie sagten, daß sie schnell beweisen würden, daß diese Metallarbeit nur von geringem Wert sei und keineswegs gut. Sie schlugen das Messer in die Tischkante vor dem König, woraufhin das Messer zerbrach. Sie sagten, daß der König seine Schätze behalten solle und daß sie versuchen würden, ein anderes Messer zu schmieden.

Der König gebot ihnen, dies zu tun, und so fertigten sie ein Messer und brachten es dem König. Er versuchte es an seinem Bart und er schnitt durch Bart hindurch so tief in seine Haut, daß es in seinem Fleisch steckte.

Der König sagte: „Es ist wahr gesagt, daß ihr geschickte Männer seid, und nun sollt ihr mir einen Goldring fertigen," und dies taten sie und brachten ihn vor den König.

Er schaute ihn an und sprach: „Es ist wahr, daß ich noch nie einen solchen Schatz in einem einzigen Goldring gesehen habe," und jedermann sagte, daß dies wahr sei.

Dies könnte eine Erinnerung an Odins Ring Draupnir sein, über den in der Skaldskaparmal berichtet wird, daß er von zwei Zwergen erschaffen worden ist.

Der König nahm diese edlen Männer in seinen Dienst und sagte: „Nun sollt ihr mir zwei Schwerter machen, die nicht minder wertvoll als diese Metallarbeiten von euch sein sollen, und die alles zerschneiden, das man mit ihnen schlägt."

Dieselbe Beschreibung der Qualitäten eines Schwertes findet sich auch in der Wieland-Sage. Wielands Schwert Mimung ist mit Tyrs Schwert identisch, da Wieland der Gott Tyr als Schmied in der Unterwelt ist.

Olius sagte, daß er dies nicht gerne tun wolle und befürchte, daß nicht viel dabei herauskommen werde, wenn sie dazu gezwungen würden, und er sagte, daß es besser sei, wenn sie etwas Bescheideneres herstellen würden.

Vermutlich erkennen die beiden Brüder in dem Wunsch des Königs das Schwert des Tyr wieder, das auch mit dem allabendlichen Tod des Sonnengott-Göttervaters verbunden ist, und wollen dem König dieses Schicksal ersparen.

Der König sagte, daß sie beginnen sollten, ob sie nun gezwungen seien oder nicht.
Da begannen sie zu schmieden und machten zwei Schwerter, jeder eines, und traten vor den König und zeigten ihm die beiden Schwerter. Der König fand, daß sie vielversprechend aussahen, „und in welcher Weise unterscheiden sie sich?"
Olius sprach, daß er glaube, daß seines nichts schlagen würde, daß es nicht auch zerschneiden würde, „und ich denke, daß es keinen Makel hat."
Der König sprach: „Das ist gut und wir werden nun erproben, wie gut es gehörtet ist," und stieß die Spitze in den Pfosten seines Hochsitzes. Das Schwert war flexibel und er bog es und klemmte es ohne Mühe in einen Fensterrahmen.
Der Schmied sagte, daß dies eine zu schwere Probe für das Schwert sei und daß es zum Schlagen und nicht zum Biegen gedacht sei. Der König antwortete, daß es keine Hiebe ertragen würde, wenn es durch eine solche Probe brechen würde.
Und dann erprobte er das Schwert, das Alius gefertigt hatte und es schwang zurück wie ein Holzstab und es sah besser aus als das andere, obwohl beide die Probe des Königs bestanden.

Es paßt zu der Deutung der Namen der beiden Schmiede, daß das Schwert von „Alius dem Wiedergeborenen" besser ist als das von „Olius dem Sterbenden".

Der König sagte: „Dies ist das bessere, das Alius gefertigt hat, obwohl beide gut sind. Und welche Eigenschaften haben die beiden?"
Alius sagte: „Herr, wenn sie gegeneinander stehen, wird mein Schwert dem anderen voraus sein, aber man kann sie gleichwertig nennen."
Da nahm der König das Schwert, das Olius gefertigt hatte und versuchte es zu zerbrechen und es zerbrach am Griff.

Diese Szene ist vermutlich eine Erinnerung daran, daß das Schwert des Tyr an jedem Abend zerbrach und dann in der Nacht neugeschmiedet wurde.

Der König befahl ihm, ein besseres Schwert zu erschaffen. Da ging er wütend in die Schmiede und machten ein neues Schwert und brachten es dem König. Er erprobte es auf alle Weisen, wie er es zuvor getan hatte und es bestand sie alle.

Der König sprach: „Nun habt ihr gut gearbeitet, aber was ist nun sein Makel?"

Da sagte der Schmied: „Das Schwert ist aus gutem Eisen, aber die zerbrochen Teile in ihm werden einiges Unglück verursachen, denn das Schwert wird die Ursache für den Tod der edelsten Deiner Brüder und Neffen sein."

Auch das Schwert des Tyr zerbricht jeden Abend und wird dann von Tyr-Wieland im Jenseits wieder neugeschmiedet.

Der Todesfluch auf diesem Schwert, der u.a. auch von den Schwertern „Tyrfing" und „Dainsleif" sowie von dem Ring „Andvarinaut" bekannt ist, ist eine Umdeutung des Umstandes, daß ehemalige Sonnengott-Göttervater Tyr beim Zerbrechen des Schwertes am Abend stirbt und als Sonne, deren Symbol der Goldring ist, in die Unterwelt geht.

Der König sprach: „Wegen eurer Prophezeiung, ihr elendesten aller Menschen, werden ihr Brüder nun sterben – auch wenn ihr nicht edel seid."

Nach diesen Worten schlug er mit dem Schwert nach ihnen und sie verschwanden im Nu und nahmen den Weg hinab in die Tiefe der Hel.

Der König sprach: „Dies sind große Feinde, aber wir werden dafür Sorge tragen, daß die Schwerter niemandem Schaden zufügen."

Der König ließ für das Schwert eine Kiste aus Blei anfertigen und versenkte es in dem See Loginn bei Agnafit.

Diese Szene entspricht dem Eingehen des Tyr am Abend in die Wasserunterwelt.

Im weiteren Verlauf wird das Schwert wieder aus dem See heraufgeholt, sodaß sich der Fluch erfüllen kann. Diese Szene geht auf die Rückkehr des Tyr und seines (neugeschmiedeten) Schwertes aus der Wasserunterwelt zurück.

Später in der Saga werden die beiden Männer noch ausdrücklich als zwei „tote Zwerge" bezeichnet (Zwerge sind Totengeister):

Asmund sprach diese Verse:

„Es ist schwer vorherzusagen,
was geschehen wird,
wenn man
zu einem Zweikampf geht.
Du, Königin,
bist in Dänemark geboren,
und ich selber
in Schweden.

Es waren zwei,
die begierig zu töten waren:
die Geschenke des Budli –
nun ist eines von denen zerbrochen,
die tote Zwerge
geschmiedet haben –
solche gab es nie zuvor
und wird es nie danach mehr geben.“

Diese „zwei Geschenke" sind die beiden Schwerter, die die beiden Zwerge für König Budli geschmiedet haben.

9. c) Zusammenfassung

Die beiden schmiedekundigen Zwerge Alius und Olius sind eine der vielen Sagen-Varianten der beiden Alcis.

10. Die beiden Zwerge aus der Huldar-Saga

10. a) Huldar-Saga

In dieser Saga erscheinen zwei Zwerge, die ein Schwert geschmiedet haben, dem Odin magischen Kräfte verliehen hat.

Dieses Schwert ist offensichtlich eine Sagen-Variante des Schwertes des Tyr, das von dessen beiden Pferdesöhnen in Zwergengestalt in der Unterwelt neugeschmiedet wurde. In der Huldar-Saga ist Odin als der neue Göttervater an die Stelle des Tyr als „Magier" getreten.

Als der Königssohn Hildibrandr bei der Hleidr zehn Jahre alt geworden war, hielt deren Vater, der Riese Svadi, ein großes Gastmahl, an dessen Schluß er jenem (Hildibrandr) ein von Zwergen geschmiedetes und von Odinn mit besonderen Kräften begabtes Schwert, dem Kollr aber einen mächtigen Spieß schenkte.

10. a) Zusammenfassung

Die beiden namenlosen Schmiede-Zwerge aus der Huldar-Sage sind mit Brokk und Sindri identisch, die die Pferdesöhne des Tyr in der Unterwelt sind und das am Abend beim Tod des Sonnengott-Göttervaters Tyr zerbrochene Schwert neuschmieden.

11. Dulin

Dulin wird lediglich in der Saga über Hervor und König Heidrek den Weisen und in einer Liste von Zwergen-Namen erwähnt.

11. a) Der Name „Dulin"

Der Name „Dulin" oder „Dulinn" dieses Zwerges bedeutet „Verborgener" oder „Höhle" – wahrscheinlich ist er in seinem Hügelgrab verborgen.

Er ist möglicherweise mit „Durin" („Schlummernder") und mit „Durathror" („Schlummernder Kämpfer") identisch.

11. b) Zwergen-Heitis

In dem Lied „Dwerga-Heiti" („Zwergen-Namen"), dessen Verfasser unbekannt ist, wird Dulin ohne nähere Beschreibung aufgelistet:

Althiofr, Austri,
Aurwangr und Dufr,
Ai, Andvari,
Onn und Draupnir,
Dori und Dagfinnr,
***Dulinn** und Onarr,*
Alfr und Dellingr,
Oinn und Durnir.

11. c) Die Saga über Hervor und König Heidrek den Weisen

In dieser Saga finden sich die einzigen Szenen, in denen Dulin handelnd dargestellt worden ist.

Eines Tages, als der König Sigrlami zur Jagd ausritt, verlor er seine Männer aus den Augen. Während er einen Hirsch verfolgte, gelangte er immer tiefer in den Wald, aber als die Sonne versank, hatte er ihn noch immer nicht erlegt. Er war so weit in den Wald hineingeritten, daß er kaum noch wußte, wo er war. Er sah im Licht des Sonnenunterganges einen hohen Stein und neben ihm zwei Zwerge. Er zog sein Messer über ihnen und bannte sie außerhalb des Steines durch die Macht des Eisens, in das magische Zeichen eingraviert waren. Sie flehten um ihr Leben.

Der König frug: „Was sind eure Namen?"

Einer hieß Dvalin, der andere Dulin.

Der König sprach: „Da ihr zwei die geschicktesten aller Zwerge seid, sollt ihr mir ein Schwert fertigen – das Beste, das ihr erschaffen könnt. Die Parierstange und der Knauf sollen aus Gold sein und auch der Griff. Es wird Eisen schneiden wie Stoff und nie rosten. Es soll jedem, der es trägt, den Sieg in der Schlacht und im Zweikampf bringen."

Sie stimmten zu. Der König ritt heim. Und als der vereinbarte Tag kam, ritt er zu dem Stein. Die Zwerge standen außen vor dem Stein. Sie rechten ihm das Schwert und es war wirklich prunkvoll. Aber als Dvalin auf der Schwelle ins Innere des Steines stand, sprach er:

„Möge Dein Schwert, Sigrlami, jedesmal, wenn es gezogen wird, das Unglück eines Mannes sein und mögen abscheuliche Taten mit diesem Schwert begangen werden! Es wird außerdem der Tod Deiner Sippe sein!"

Der König schwang das Schwert gegen die Zwerge. Sie sprangen in den Stein. Das Schwert steckte fest in dem Stein, sodaß beide Schneiden nicht mehr zu sehen waren, denn die Tür hatte sich hinter den beiden Zwergen geschlossen.

Sigrlami ist der zu einem König umgedeutete Götterkönig Tyr. Sein Name bedeutet „Sieg-Lahmer". Als Göttervater im Diesseits ist er der siegende Gott und als Göttervater im Jenseits ist er der lahme Schmied Tyr-Wieland.

Die beiden Zwerge sind seine Pferdesöhne. Das Schwert, das sie schmieden, ist das magische Schwert des Tyr.

Der ausführliche Kommentar zu dieser Saga findet sich unter „Dwalin" in dem nächsten Kapitel über die vier Himmelsträger-Zwerge.

11. d) Zusammenfassung

„Dulin", dessen Name entweder „Verborgener" oder „Höhle" bedeutet, ist einer der beiden Pferdesöhne des Göttervaters Tyr. Er schmiedet zusammen mit Dwalin das Schwert „Tyr-Finger", das ursprünglich Tyrs Schwert gewesen ist.

12. Durin

Dieser Zwerg wird in der „Vision der Seherin" als einer der Ahnen der beiden Zwergensippen genannt. Es wird jedoch nichts näheres zu ihm berichtet.

12. a) Der Name „Durin"

„Durin" bedeutet „Schlummernder". Dies wird wie „Dwalin" („Schläfer") eine Umschreibung für „Toter" sein.

Es ist ungewiß, ob ein Zusammenhang zu englisch „to dure" für „dauerhaft sein, beständig sein" und zu lateinisch „durare" mit derselben Bedeutung besteht. Im Alt-nordischen bedeutet „dur" jedoch „Stille" und „dura" „Schlummer". Möglicherweise besteht auch ein Zusammenhang mit „dyrr" für „Tür" und mit „dyrglast" für „verborgen gehalten werden". Der Schlaf wäre dann der Zustand in dem verborgenen Raum hinter der Tür – also der Tote (Zwerg) in seiner Grabkammer. Auch ein Zusammen-hang mit „dyrgill" für „Zwerglein" wäre denkbar.

Im Germanischen finden sich fast dieselben Worte: zunächst einmal „daren" für „verbergen", „darnja" für „verborgen, Geheimnis" und „der" für „niederhalten, ver-bergen", was durch das Wort „dark, derk, derka" für „dunkel" (englisch: „dark") noch deutlicher wird; sowie „dur, dura" für „Tür" und „durgi" für „Zwerg". Durin ist folg-lich der, der in dem Dunkel hinter der Tür zu der Grabkammer im Hügelgrab verbor-gen ist.

Es ist möglich, daß „Durin" mit „Durathror" („schlummernder Kämpfer") und mit „Dulin" („Verborgener") identisch ist, da ihre Namen sehr ähnlich sind und beide zusammen mit Dwalin ein Paar bilden.

12. b) Die Vision der Seherin

In diesem Lied erscheint Durin zusammen mit Dwalin als die beiden Ahnen der Zwerge. Dwalin und Durin werden daher die beiden Pferdesöhne des Tyr sein, die in der nächtlichen bzw. winterlichen Unterwelt zu Zwergen werden – zumal sie in der Hervor-Saga als die beiden Schmiede des Tyr-Schwertes erscheinen.

Modsognir ist vermutlich Tyr, der Vater der beiden Zwerge Dwalin und Durin.

Da ward Modsognir der mächtigste
Dieser Zwerge und Durin nach ihm.
Noch manche machten sie menschengleich
Die Zwerge in der Erde, so wie Durin sagte.

(Nun folgen drei Strophen mit Zwergennamen)

Zeit ist's, die Zwerge von Dwalins Zunft
Den Leuten zu leiten bis Lofar hinauf,
Die aus Gestein und Klüften strebten
Von Aurwangs Tiefen zum Erdenfeld.

(Nun folgen zwei Strophen mit Zwergennamen)

Die Zwerge sind „menschengleich", weil die die Totengeister der Ahnen sind. Ob Durin bei der Erschaffung der Zwerge eine Rolle spielte, ist zumindestens fraglich, da auch er selber ein Zwerg ist.

12. c) Tolkien

In Tolkiens Werken ist Durin der älteste der sieben Urahnen der Zwerge. Er ist der Ahnherr der Langbärte („Langobarden"). Er wurde extrem alt – Tolkien hat seinen Namen offenbar mit dem englische „to dure" für „dauerhaft sein" assoziiert.

Er hat die unterirdische Stadt Kazad-dum gegründet. Nach ihm ist der letzte Vollmond im Herbst als „Durins Tag" benannt worden.

12. d) Zusammenfassung

„Durin" bedeutet „Schlummernder". Er ist einer der beiden Ahnen der Zwergensippen.

„Durin" und „Dwalin" sind die beiden schmiedekundigen Pferdesöhne des ehemaligen Sonnengott-Göttervaters Tyr.

Wahrscheinlich ist „Durin" mit den Zwergen „Dulin" und „Durathror" identisch.

13. Thrain

13. a) Der Name „Thrain"

Der Name „Thrain/Throin" hat einige Bedeutungen, die oft mit Zwergen assoziiert werden, denn das altnordische Substantiv „thrain" bedeutet „Kampf, Hartnäckigkeit, Eigensinn, Ausdauer".

13. b) Der Seherin Vision

Die Strophen in diesem Lied, in dem „Thrain" aufgeführt wird, lauten:

Da ward Modsognir der mächtigste
Dieser Zwerge und Durin nach ihm.
Noch manche machten sie menschengleich
Der Zwerge von Erde, wie Durin angab.

... ...

Weig, Gandalf, Windalf, ***Thrain****,*
Theck und Thorin, Thror, Witr und Litr,
Nar und Nyrad; nun sind diese Zwerge,
Regin und Raswid, richtig aufgezählt.

... ...

13. c) Gylfis Vision

In „Gylfis Vision" wird gesagt, daß Thrain/Throin einer der Zwerge ist, die in der Erde wohnen:

Und dieses, heißt es, sind die Namen dieser Zwerge:

Nyi und Nidi, Nordri und Sudri, Austri und Westri, Althiosr, Dwalin, Nar und Nain, Niping, Dain, Biwör, Bawör, Bömbör, Nori, Ori, Onar, Oin, Modwitnir, Wig und Gandalf, Windalf, Thorin, Fili, Kili, Fundin, Wali, Thror, ***Throin****, Theck, Lit, Wit, Nyr,*

Nyrad, Reck, Radswid.

Und diese sind auch Zwerge und wohnen im Gestein wie jene in der Erde:

Draupnir, Dolgthwari, Hör, Hugstari, Hlediolf, Gloin, Dori, Ori, Duf, Andwari, Hepti, Fili, Har, Siar.

13. d)   Odins Rabenzauber

In diesem Lied erscheint Thrain zusammen mit Dain als ein Zwergenpaar, das wie zwei Seher die Zukunft verkündet. Ihre Zweizahl und ihre magischen Fähigkeiten lassen vermuten, daß sie wie Fialar und Galar, Brokk und Sindri, Dwalin und Durin und andere Zwergenpaare auf die beiden „Alcis" genannten Pferde-Söhne des ehemaligen Sonnengott-Göttervaters Tyr zurückgehen, die am Abend bzw. Herbst zusammen mit ihrem Vater starben und dadurch zu Zwergen wurden.

Die Asen ahnten übles Verhängnis,
Verwirrt von widrigen Winken der Seherin.
Urda sollte Odhrörir bewachen,
Wenn sie wüßte so großem Schaden zu wehren.

Auf hub sich Hugin den Himmel zu suchen;
Unheil fürchteten die Asen, wenn er verweilt.
Thrains Ausspruch ist schwerer Traum,
Dunkler Traum ist Dains Ausspruch.

Das Wort „Zwerg" und das Wort „Traum" haben denselben Ursprung in der indogermanischen Sprache. Dies liegt darin begründet, daß die Wahrnehmung eines Traumes und das (hellsichtige) Wahrnehmen eines Geistes bzw. eine Vision sehr ähnliche Vorgänge sind.

13. e)   Die Saga über Hromund Greipsson

In dieser Saga wird Thrain als der Geist eines zauberkundigen Berserkers aufgefaßt. Der Zwerg Thrain verfügt daher wie der Berserker ebenfalls über magische Kräfte und eine große Stärke.

„*Es lebte einst ein Berserker, der wurde Thrain genannt; ein großer, starker Mann, der tief bewandert in der Zauberkunst war. Er eroberte Valland und wurde dort König. Als er starb, wurde er in ein Hügelgrab gelegt mit einem Schwert, Rüstung und großen Schätzen; aber niemand hatte es eilig, dorthin zu dem Hügelgrab zu gehen.*"

Hromund frug, in welche Richtung sie segeln sollten, um diesen Ort zu erreichen, und der Mann antwortete, daß sie ihn erreichen würden, wenn sie sechs Tage genau nach Süden segeln würden. Hromund dankte ihm für diese Auskunft, reichte ihm einige Münzen und gab ihm sein Vieh zurück. Dann segelten sie in die Richtung fort, die der Mann angegeben hatte, und am Ende des sechsten Tages sahen sie das Hügelgrab genau vor dem Bug ihres Drachenschiffes.

Sie begannen sofort damit, das Hügelgrab aufzubrechen. Und nachdem sechs Tage vergangen waren, stießen sie auf eine Falltür in dem Hügelgrab. Unter ihr erblickten sie eine große schaurige Gestalt, schwarz und riesig, ganz in Gold gekleidet und auf einem Thron sitzend. Sie brüllte laut und spie Feuer.

Aufgrund der Vorstellung eines Jenseits unter der Erde wurden damals die Seelen der Toten als Schlangen angesehen – deshalb verwandelte sich auch Odin in eine Schlange, als er in den Berg zu Gunnlöd kroch. Diese Schlangen wurden mit dem Bestattungsfeuer assoziiert und wurden dadurch zu feuerspeienden Drachen. Offenbar konnten auch die Toten selber das Feuer speien, in dem sie bei ihrer Bestattung verbrannt worden waren.

Hromund frug: „Nun, wer möchte die Grabkammer betreten? Wer das wagt, darf sich drei Schätze aussuchen."

Voli antwortete: „Niemand hat den Wunsch, dafür sein Leben einzubüßen. Hier sind sechzig Männer, aber der Troll würde der Tod von allen sein."

Hromund sprach: „Kari würde es gewagt haben, wenn er noch leben würde," *und er fügte hinzu – was nur allzuwahr war – daß es, wenn er mit einem Seil hinabgelassen werden würde, immer noch einfacher wäre, gegen acht Männer gleichzeitig als gegen Thrain zu kämpfen.*

Dann stieg Hromund an einem Seil hinab. Dies geschah während der Nacht; und als er unten ankam, sammelte er einen großen Haufen Schätze zusammen und band sie an das Ende des Seiles.

Thrain war in vergangenen Tagen König von Valland gewesen und hatte alle seine Kämpfe durch Magie gewonnen. Er hatte viel Böses verursacht und als er so alt geworden war, daß er nicht mehr länger kämpfen konnte, hatte er sich selber und viele Schätze zusammen mit ihm in seinem Hügelgrab eingeschlossen.

Nun sah Hromund ein Schwert an einem Pfosten hängen.

Der freiwillige Tod des Thrain, seine magischen Fähigkeiten, seine Kampfkraft

(„Berserker") und das Schwert weisen daraufhin, daß Thrain evtl. eine Umdeutung des Sonnengott-Göttervaters Tyr sein könnte. Durch Thrains Auftritt zusammen mit Dain in dem Lied „Odins Rabenzauber" ist es bereits recht sicher, daß Thrain einer der beiden Alcis ist – von denen des öfteren einer der beiden auf einen Beinamen des Tyr zurückgeht.

Hromund nahm das Schwert herab, gürtete es sich um, ging zu dem Thron und sprach: „Es ist nun Zeit für mich das Hügelgrab zu verlassen, da niemand hier ist, um mich aufzuhalten. Kränkt Dich das nicht, alter Geselle? Hast Du nicht gesehen, wie ich Deine Münzen eingesammelt habe, während Du still dagesessen hast, Du verhaßter Hundesohn? Schämst Du Dich nicht, einfach nur zuzusehen, während ich Dein Schwert und Deine Kette und so viele von Deinen Schätzen fortnehme?"

Thrain sagte, daß ihn nichts kümmerte, solange er ihn nur in Ruhe auf seinem Thron sitzen lassen würde. „Früher," fuhr er fort, „war ich der Erste, der mit dem Kampf begann. Ich müßte ein großer Feigling geworden sein, wenn ich Dich ganz alleine meine Schätze rauben ließe – ich werde Dich daran hindern, meine Schätze fortzunehmen. Du solltest besser auf mich achtgeben, auch wenn ich schon tot bin."

Dann sprach Hromund: „Steh auf und stell Dich auf Deine Beine, Du Feigling, und hol' Dir Dein Schwert von mir zurück, wenn Du Dich traust."

Der Geist antwortete: „Du erwirbst Dir keinen Ruhm, wenn Du mich mit einem Schwert angreifst, wenn ich unbewaffnet bin. Ich würde lieber meine Kraft im Ringkampf mit Dir messen."

Da warf Hromund sein Schwert nieder und vertraute auf seine Kraft. Als Thrain das sah, nahm er den Kessel herab, den er über sich trug. Er war keineswegs angenehm anzusehen – er spie Feuer, bereit, sich in seinem Kessel ein Mahl zu bereiten. Das Innere des Kessels war gefüllt und unter ihm brannte ein Feuer. Thrain trug einen golddurchwirkten Mantel. Seine Hände waren beide krumm und seine Fingernägel waren wie Krallen.

Thrain heizt schon einmal den Kessel an, um anschließend Hromund darin zu kochen – eine unangenehme Perspektive …

Der Kessel in den Hügelgräbern ist eigentlich ein Met-Behälter gewesen. Seine Auffassung als Kochkessel wird eine Umdeutung sein, die diese Szene noch etwas schauriger machen sollte.

Als nächstes wird berichtet, wie beide einen heftigen Ringkampf miteinander kämpften, bei dem sie sich gegenseitig beleidigten und ausfrugen. Der Ringkampf scheint der übliche Stil bei Auseinandersetzungen mit Geistern in Hügelgräbern gewesen zu sein, da er auch in anderen Sagas berichtet wird.

Schließlich gewann Hromund den Ringkampf gegen den Geist des Thrain.

Hromund befreite sich, ergriff das Schwert und sprach: „Nun sag' mir, wieviele Männer Du im Zweikampf mit dem Schwert „Mistelzweig" erschlagen hast."

„Hundertundvierundvierzig," sprach der Geist, „und ich habe niemals einen Kratzer erhalten. Ich habe mein Können mit König Seming von Schweden gemessen und er war der Ansicht, daß es sehr lange dauern würde mich zu besiegen."

Hromund sagte: „Du bist für lange Zeit ein Fluch für die Menschen gewesen und es wird eine gute Tat sein, Dich auf der Stelle zu töten."

Damit schlug er den Kopf des Geistes ab und verbrannte ihn auf dem Feuer zu Asche. Dann verließ er das Hügelgrab.

Hromund behielt die drei Schätze für sich, die er in dem Hügelgrab erbeutet hatte: den Ring, die Halskette und das Schwert Mistelzweig.

Der Ring, die Halskette und das Schwert könnten aus den Tyr-Mythen stammen: das Sonnenjenseitsreise-Symbol Draupnir, das Wiedergeburts-Symbol Brisingamen und Tyrs Schwert, das u.a. „Tyrfing" genannt wurde. Der Name „Mistelzweig" bezieht sich auf den Tod des Baldur, der in den neueren, Odin-zentrierten Mythen von Tyr die Rolle der sterbenden Sonne übernommen hat.

Später in der Hromund-Saga kommt es zu einer Schlacht, in der Hromund sein Schwert Mistelzweig benutzt.

Zu diesem Zeitpunkt griff Hromund in die Schlacht ein.

Helgi der Kühne erblickte ihn und rief: „Da kommt der Mann, der meinen Bruder Hröngvith erschlug. Achtet auf das Schwert, daß er in dem Hügelgrab erbeutete."

Und er fuhr an Hromund gewandt fort: „Du hast Dich ferngehalten, als ich Deine Brüder erschlug."

„Du brauchst nicht meinen Mut anzuzweifeln, Helgi," erwiderte Hromund, „denn einer von uns beiden muß jetzt fallen."

Helgi sprach: „Mistelzweig ist eine so schwere Waffe, daß Du sie nicht schwingen kannst. Ich werde Dir eine andere leihen, mit der Du zurechtkommen kannst."

„Du brauchst mich nicht aus der Verzagtheit Deines Herzens heraus verspotten," rief Hromund, „Erinnere Dich an den Schlag, den ich Hröngvith gab, als ich seinen Schädel zu Staub zermalmte!"

Helgi sprach: „Du hast das Strumpfband eines Mädchens um Deine Hand gewunden, Hromund. Leg den Schild, den Du trägst, zur Seite. Es ist unmöglich, Dich zu verwunden, solange Du diesen magischen Schutz trägst: Ich bin mir sicher, daß Du von dem Schutz durch dieses Mädchen abhängig bist!"

Hromund konnte diese beißenden Worte nicht ertragen und warf seinen Schild und seinen Schutz fort.

Mit dem Schwertkampf waren viele Zauber verbunden, die u.a. auch vor Verwundungen schützen sollten. Es scheint eine beliebte Methode gewesen zu sein, den Gegner durch Provokationen, Beleidigungen u.ä. dazu zu bringen, auf seinen magischen Schutz zu verzichten.

Helgi der Kühne war immer siegreich gewesen und er hatte seine Siege durch Magie erlangt. Der Name seiner Geliebten war Kara – sie war bei ihm in der Gestalt eines Schwanes. Helgi schwang sein Schwert so hoch über sich, daß er die Beine seiner Schwanenfrau abschlug. Er rammte sein Schwert bis zum Griff in den Boden und sprach: „Mein Glück ist geflohen: Es war schlimm, daß ich Dich nicht getroffen habe."

Hromund entgegnete: „Du hattest großes Unglück, Helgi, daß Du der Mörder Deiner eigenen Geliebten geworden bist und nun kein Glück mehr haben wirst."

Hier ist eine Walküre zugleich die Geliebte eines Königs. Sie entspricht der Riesentochter bzw. Walküre Gunnlöd, die die Geliebte des Odin war.

Kara stürzte tot herab. Und mit dem Hieb, den Helgi gegen Hromund geführt hatte und durch den das Schwert bis zu dem Griff in der Erde versunken war, hatte er Hromunds Bauch aufgeschlitzt. Helgi aber stürzte durch die Wucht seines eigenen Streiches vorwärts nieder. Hromund zögerte nicht und schlug Helgi mit Mistelzweig auf den Kopf, spaltete seinen Helm und seinen Schädel und brach dabei einen Splitter aus der Klinge von Mistelzweig. Dann nähte er seinen eigenen Bauch zusammen und kämpfte weiter und die Männer sanken in Haufen vor ihm nieder.

Die damaligen Kämpfer wurden in vielerlei Hinsicht von Magiern und Zauberinnen in der Schlacht unterstützt:

Da sah Hromund einen Mann vor sich auf dem Eis stehen und er war sich sicher, daß dieses Eis auf dem See durch Zaubersprüche erschaffen worden war. Dann sah er, daß es Voli war. Hromund fand, daß es nicht unpassend wäre, ihm den Nachtisch (der Schlacht) zu geben und stürmte auf ihn zu, um ihn mit Mistelzweig zu erschlagen. (Der Zauberer) Voli schlug ihm das Schwert aus der Hand und es fiel dort nieder, wo ein Loch im Eis war und es sank auf den Grund des Sees hinab.

Da lachte Voli und sprach: „Dein Schicksal ist besiegelt – nun, da Du Mistelzweig verloren hast!"

Hromund erwiderte: „Du wirst vor mir sterben!"

Dann sprang er zu Voli, ergriff ihn und schlug ihn so heftig gegen das Eis, daß sein Genick brach. Dort lag nun der große Zauberer – tot.

Hromund aber setzte sich auf das Eis nieder und sprach: „Ich habe nicht den Rat des Mädchens befolgt – daher habe ich nun vierzehn Wunden erhalten. Und dazu sind meine acht Brüder gefallen, und meine gute Klinge Mistelzweig ist in den See gefallen und nichts kann mir den Verlust meines Schwertes ersetzen."

Dies war jedoch nicht das Ende des Schwertes Mistelzweig. Wie in anderen Sagas auch kehrte es schließlich aus den Wassern zurück. Dieses Motiv ist eine Übertragung der nächtlichen bzw. winterlichen Reise des Sonnengott-Göttervaters Tyr durch die Wasserunterwelt auf sein Schwert.

Der Name des Schwertes erinnert daran, daß Baldur auf Anstiften des Loki durch Hödur mit einem Mistelzweig getötet worden ist. Die Mistel als immergrüne Pflanze ist aber auch ein Hinweis darauf, daß Baldur nicht endgültiger gestorben ist, sondern daß es eine Wiedergeburt geben wird.

Der Name „Mistelzweig" des Schwertes, das durch einen Magier verursachte Versinken des Schwertes in einem See und sein Wiederfinden in einem ebenfalls von einem Magier gefangenen Fisch sind Nachklänge der Mythen des Gottes Tyr und des Gottes Baldur.

Nun wurde nach den Schwestern des Königs gesandt. Svanhvit („Schwanenweiß") untersuchte Hromunds Wunde und nähte seinen Magen und Bauch wieder zusammen und bemühte sich, ihn am Leben zu erhalten. Sie brachte ihn zur Heilung zu einem Mann mit Namen Hagal; die Frau dieses Mannes war sehr geschickt. Sie hießen ihn willkommen und pflegten ihn wieder gesund. Hromund entdeckte, daß das Paar sehr geschickt in der Magie war.

Der Mann war ein Fischer und eines Tages, als er fischte, fing er einen Hecht und als er heimkam und den Hecht aufschnitt, fand er Hromunds Schwert Mistelzweig in seinem Magen und gab es Hromund zurück. Hromund war glücklich es wiederzuhaben und küßte den Schwertgriff und belohnte den Fischer gar reichlich.

Thrain ist in dieser Saga der tote Tyr im Jenseits – zumindestens hat sein Schwert „Mistelzweig" die Eigenschaften des Schwertes des Tyr.

13. f) Die Saga über Pfeile-Oddr

In dieser Saga erscheint „Thrain" als ein Männername. Wie andere Beinamen des Tyr konnte offenbar auch „Thrain" als Personenname verwendet werden.

Hjalmar:
„Nun will auch ich, daß Du meine Verse zu all unseren Bankgenossen trägst. Ich

werde sie Dir aufzählen:

Wir tranken und vollbrachten Taten
viele Tage lang gemeinsam:
Alf und Atli,
  ... ...
  ... ...
  ... ...
Thrain *und Thjostolf,*
Thorolf und Sval,
Hrappi und Hadding,
Hunfast, Knui,
Ottar, Egil,
und auch Ingvari. "

13. g) Tolkien

In der Novelle „Der Hobbit" ist Thrain ein König des Zwergenvolkes der Lang-bärte. Er ist der Sohn des Thror und der Vater des Thorin. Er erbt von seinem Vater einen der magischen Zwergenringe.

13. h) Zusammenfassung

Der Name des Zwerges „Thrain" aus Durins Sippe bedeutet „Kampf, Hartnäckig-keit, Eigensinn, Ausdauer".
   Thrain scheint zusammen mit Dain eine der vielen Varianten der beiden Pferde-Söhne des Göttervaters als Zwerge im Jenseits gewesen zu sein.
   In einer Saga wurde Thrain auch als der tote Göttervater Tyr im Jenseits selber auf-gefaßt.
   Thrain wurde als besonders zauberkundig angesehen: Er wird als der Geist eines magiekundigen Berserkers geschildert und er ist zusammen mit Dain in der Lage, die Zukunft vorherzusehen.

14. Finnar

14. a) Der Name „Finnar"

Sein Name besteht entweder aus dem Substantiv „finn" für „Wanderer, Finne" mit einer Maskulin-Endung oder aus dem Wort „finn" und dem Substantiv „ari" für „Adler". „Finnar" bedeutet somit entweder „Wanderer" oder „wandernder Adler".

In beiden Fällen könnte der Sonnengott-Göttervater Tyr gemeint sein, der täglich als Sonne bzw. als Adler-Seelenvogel über den Himmel und durch die Unterwelt wandert.

14. a) Die Vision der Seherin

Dieser Zwerg wird als Nachkomme des Zwerges Dwalin angeführt:

Zeit ist's, die Zwerge von Dwalins Zunft
Den Leuten zu leiten bis Lofar hinauf,
Die aus Gestein und Klüften strebten
Von Aurwangs Tiefen zum Erdenfeld.

... ...

*Fialar und Frosti, **Finnar** und Ginnar,*
Heri, Höggstari, Hliodolf, Moin.
So lange Menschen leben auf Erden,
Wird zu Lofar hinauf ihr Geschlecht geleitet.

Da Finnar zusammen Ginnar genannt wird und sich beide Name stabreimen, könnten diese beiden Zwerge Varianten der Alcis-Söhne des Tyr sein.

14. c) Zusammenfassung

Der Zwerg „Finnar" aus der Sippe des Dwalin ist der „Wanderer" oder der Adler-Wanderer". Zusammen mit Ginnar könnte er eine Variante der beiden Alcis-Söhne des Tyr als zwei Zwerge sein. Finnar ist ursprünglich vermutlich der Sonnengott-Göttervater Tyr in der Unterwelt gewesen, dessen Seelenvogel ein Adler ist.

15. Ginnar

15. a) Der Name „Ginnar"

Der Name dieses Zwerges besteht entweder aus dem Verb „ginn" für „verzaubern, täuschen, zum Narren halten" mit einer Maskulin-Endung oder aus diesem Verb und dem Substantiv „ari" für „Adler". „Ginnar" wäre dann der „Magier, Täuscher" oder der „Adler, der durch Magie täuscht" bzw. der „Adler mit den magischen Kräften".

15. b) Die Vision der Seherin

Dieser Zwerg wird als Nachkomme des Zwerges Dwalin genannt. Wie der Zwerg „Finnar" („Wander-Adler") wird auch „Ginnar" der Göttervater Tyr als der König der Toten in der Unterwelt sein.

Zeit ist's, die Zwerge von Dwalins Zunft
Den Leuten zu leiten bis Lofar hinauf,
Die aus Gestein und Klüften strebten
Von Aurwangs Tiefen zum Erdenfeld.

Da war Draupnir und Dolgtrasir,
Har, Haugspori, Hläwang, Gloi,
Skirwir, Wirwir, Skafid, Ai,
Alf und Yngwi, Eikinskjaldi.

*Fialar und Frosti, Finnar und **Ginnar**,*
Heri, Höggstari, Hliodolf, Moin.
So lange Menschen leben auf Erden,
Wird zu Lofar hinauf ihr Geschlecht geleitet.

Da Ginnar zusammen mit dem Zwerg Finnar genannt wird, dessen Name sich von „Ginnar" nur durch den ersten Buchstaben unterscheidet, könnten beide evtl. ein Paar gewesen sein. Falls dies zutreffen sollte, käme ein Zusammenhang mit den Alcis, also den beiden Pferdezwillingen des Göttervaters Tyr in Betracht.

99

15. c)   Gylfis Vision

Hier wird gesagt, daß Ginnar einer der Zwerge ist, die in „Swarins Hügel", d.h. in „Tyrs Hügelgrab" wohnen:

*Aber folgende kamen von Swarins Hügel gen Aurwang auf Jöruwall, und von ihnen stammt Lofars Geschlecht. Dies sind ihre Namen: Skirfir, Wirfir, Skafid, Ai, Alf, Ingi, Eikinskialdi, Fal, Frosti, Fid, **Ginnar**.*

„Swarin" = „Antworter, Rächer" = Tyrs Schwert
„Aurwang" = „Licht-Gefilde" = Alfheim-Jenseits des Göttervaters Tyr
„Jöruwall" = „Erdwall" = die Gebirge von Utgard.

15. c)   Zusammenfassung

Der Zwerg „Ginnar" aus der Sippe des Dwalin wird Tyr im Totenreich sein, da sein Name „Adler mit magischen Kräften" bedeutet, was sich auf den Adler-Seelenvogel des Göttervaters beziehen wird. Zusammen mit Finnar ist er auch eine Variante der beiden Alcis-Söhne des Tyr.

Diese Vermischung der Tyr-Symbolik mit der Alcis-Symbolik findet sich bei recht vielen Zwergen-Paaren.

16. Nyi

16. a) Der Name „Nyi"

Der Name „Nyi" bedeutet „Neuer" oder „Neumond".

16. b) Gylfis Vision

Hier wird gesagt, daß Nyi einer der Zwerge ist, die in der Erde wohnen:

Und dieses, heißt es, sind die Namen dieser Zwerge:

Nyi und Nidi, Nordri und Sudri, Austri und Westri, Althiosr, Dwalin, Nar und Nain, Niping, Dain, Biwör, Bawör, Bömbör, Nori, Ori, Onar, Oin, Modwitnir, Wig und Gandalf, Windalf, Thorin, Fili, Kili, Fundin, Wali, Thror, Throin, Theck, Lit, Wit, Nyr, Nyrad, Reck, Radswid.

Und diese sind auch Zwerge und wohnen im Gestein wie jene in der Erde:

Draupnir, Dolgthwari, Hör, Hugstari, Hlediolf, Gloin, Dori, Ori, Duf, Andwari, Hepti, Fili, Har, Siar.

16. b) Zusammenfassung

„Nyi" bedeutet „der Neue" oder „Neumond". Da er zusammen mit Nidi genannt wird und beide Namen miteinander stabreimen, könnte es sich bei ihnen um eine der vielen Varianten der Alcis-Zwillinge handeln.

101

17. Nidi

17. a) Der Name „Nidi"

„Nidi" bedeutet „der in der Unterwelt". „Nidi" ist das Niedere, Untere, also das Jenseits.

Von dieser Wurzel ist auch das Substantiv „nid" für „Beleidigung, Hohn, Gemeinheit" abgeleitet, das entfernt mit dem deutschen „Neid" verwandt ist.

Eine besondere Form des „nid" ist das Aufrichten eines Pfahles vor dem Haus dessen, den man beleidigen will. Die Spitze dieses Pfahles ist wie der Kopf eines Mannes geschnitzt. Auf diesen Pfahl wird dann ein Pferdekopf aufgespießt.

Das Gegenstück eines Nid-Pfahles („nidingr") ist ein Runenstein, der zum Gedenken an einen Verstorbenen aufgerichtet wird und „o-nidingr", also „Gegenteil eines Nid-Pfahles" genannt werden konnte.

Ein „ding", also ein Mann, dem ein „nid" vorgeworfen wurde, wurde als Zauberer, Schwächling, als schweinisch und vor allem als jemand, der die passive Rolle in einer homosexuellen Verbindung innehat, angesehen. Solchen „ding"-Personen beschimpfte man als „Stute", „trächtiges Tier" und „Hündin" und sagte ihnen, daß sie „Geschlechtsverkehr mit Tieren" hätten.

Der Name „Nidi" wird sich jedoch direkt von „Nid" für „Unterwelt" ableiten und nicht von einer der Sekundärbildungen zu diesem Substantiv.

17. b) Die Vision der Seherin

Die vier Strophen in „Die Vision der Seherin", in der „Nidi" aufgeführt wird, lauten:

Da ward Modsognir der mächtigste
Dieser Zwerge und Durin nach ihm.
Noch manche machten sie menschengleich
Der Zwerge von Erde, wie Durin angab.

*Nyi und **Nidi**, Nordri und Sudri,*
Austri und Westri, Althiof, Dwalin,
Nar und Nain, Niping, Dain,
Bifur, Bafur, Bömbur, Nori;
Ann und Anarr, Ai, Miödwitnir.

17. c)   Gylfis Vision

Hier wird gesagt, daß Nidi einer der Zwerge ist, die in der Erde wohnen:

Und dieses, heißt es, sind die Namen dieser Zwerge:

*Nyi und **Nidi**, Nordri und Sudri, Austri und Westri, Althiosr, Dwalin, Nar und Nain, Niping, Dain, Biwör, Bawör, Bömbör, Nori, Ori, Onar, Oin, Modwitnir, Wig und Gandalf, Windalf, Thorin, Fili, Kili, Fundin, Wali, Thror, Throin, Theck, Lit, Wit, Nyr, Nyrad, Reck, Radswid.*

Und diese sind auch Zwerge und wohnen im Gestein wie jene in der Erde:

Draupnir, Dolgthwari, Hör, Hugstari, Hlediolf, Gloin, Dori, Ori, Duf, Andwari, Hepti, Fili, Har, Siar.

17. d)   „Nid" als Ort

In der Völuspa wird berichtet, daß im Norden im Nidavellir der „Wohnort der Sippe des Sindri" steht, der „mit Gold bedeckt ist". „Nidavellir" bedeutet „unteres Tal" oder „tiefes Tal" – von dem Wort „nid" leitet sich u.a. das deutsche „nieder, niedrig" ab. Dieses „Tiefenthal" ist recht wahrscheinlich die Unterwelt, zumal dort „Sindris Sippe", d.h. die Zwerge wohnen, die letztlich Totengeister sind. Das deutsche Wort „nieder" im Sinne von „niedere Beweggründe" o.ä. hat noch die Doppelbedeutung, die sich auch bei dem altnordischen „nid" findet.

In der Völuspa wird weiterhin berichtet, daß der Drache Nidhöggr von Nidafjöll aus die Leichen bringt. Die Übersetzung „Neid-Natter" für „Nidhöggr" ist zwar lautlich nah am Original, am inhaltlich nicht ganz zutreffend. Dieser Name des Tyr als Drache im Jenseits bedeutet „Schlange aus der Tiefe".

„Nidafjöll" ist der „niedere Hügel", oder, wenn man die engen Assoziationen zwischen „nid" mit dem „Jenseits" mitbedenkt, der „Jenseits-Hügel", d.h. ein Hügelgrab, das ja der Eingang zur Unterwelt ist.

Die Auffassung des Zwergennamens „Nidi" als „der dort unten" im Sinne von „Unterwelt-Bewohner" ist somit recht sicher.

17. e)   Zusammenfassung

Der Name des Erd-Zwerges „Nidi", der zu der Sippe des Durin gehört, bedeutet „der in der Unterwelt wohnt".

Er bildet zusammen mit Nyi ein Paar, das vermutlich auf die beiden Alcis-Söhne des Tyr zurückzuführen ist.

18.   Gloi(n)

18. a)   Der Name „Gloi(n)"

Dieser Name ist vermutlich eine Bildung zu dem Verb „gloa" für „scheinen, glitzern, glühen". Dieser Name könnte sich entweder auf die Sonne oder auf das Schmiedehandwerk beziehen.

Im ersten Fall wäre „Gloi" ein Beiname des Sonnengott-Göttervaters Tyr in der Unterwelt.

Im zweiten Fall wäre „Gloi(n)" entweder ein Name des Tyr-Wieland als Schmied oder einer der beiden Pferde-Söhne des Göttervaters als Zwergenschmiede. Falls ein Zwergenschmied gemeint sein sollte, könnte man eigentlich erwarten, daß es noch einen zweiten Zwerg mit einem ähnlichen Namen gäbe, der sich auf „Gloi(n)" reimt – dafür kämen „Oin" und „Moin" infrage.

Moin wird ebenfalls in „Die Vision der Seherin" aufgeführt. Oin ist hingegen ein Tyr-Zwerg und wird in Band 7 über den Zwergenkönig beschrieben.

18. b)   Die Vision der Seherin

Der Zwerg „Gloi(n)" wird als Nachkomme des Zwerges Dwalin angeführt:

Zeit ist's, die Zwerge von Dwalins Zunft
Den Leuten zu leiten bis Lofar hinauf,
Die aus Gestein und Klüften strebten
Von Aurwangs Tiefen zum Erdenfeld.

Da war Draupnir und Dolgtrasir,
Har, Haugspori, Hläwang, **Gloi***,*
Skirwir, Wirwir, Skafid, Ai,
Alf und Yngwi, Eikinskjaldi.

Fialar und Frosti, Finnar und Ginnar,
Heri, Höggstari, Hliodolf, Moin.
So lange Menschen leben auf Erden,
Wird zu Lofar hinauf ihr Geschlecht geleitet.

18. c) Gylfis Vision

Hier wird gesagt, daß Gloi(n) einer der Zwerge ist, die in den Felsen wohnen:

Und diese sind auch Zwerge und wohnen im Gestein wie jene in der Erde:

Draupnir, Dolgthwari, Hör, Hugstari, Hlediolf, **Gloin***, Dori, Ori, Duf, Andwari, Hepti, Fili, Har, Siar.*

18. d) Tolkien

In Tolkiens Werken sind „Oin und Gloin" die beiden Söhne des Zwerges Groin.

18. e) Zusammenfassung

Der Felsen-Zwerg „Gloi(n)" aus der Sippe des Dwalin, dessen Name „Scheinen, Glitzern, Glut" bedeutet, ist vermutlich der Göttervater als Sonne oder als Schmied.
Evtl. ist er auch zusammen mit Oin oder Moin eine Variante der beiden Alcis-Zwerge.

19.   Möndul

19. a)   Der Name „Möndul"

Der Name dieses Zwerges bedeutet „Griff (Drehstock) einer Drehmühle".

19. b)   Die Saga über Hrolf den Wanderer

Dieser Zwerg ist nur aus der Saga über Hrolf den Wanderer bekannt.

In dieser Saga werden dem Helden Hrolf durch eine Hinterlist des Vilhjalm beide Beine abgeschlagen und seine Braut Ingigerd geraubt.

Hrolf nimmt den Zwerg Möndul, der Hrolfs Gegner unterstützt hatte, gefangen und erhält von ihm Hilfe und auch seine Beine geheilt zurück.

Später überlistet Möndul auch noch zwölf Zauberer, indem er unter deren Seidr-Gerüst kriecht und dort deren Zaubergesänge so verändert, daß sich die Zauberer selber verwirren und schließlich über die Uferklippen in den Tod stürzen.

Das Heilen der abgeschlagenen Beine wird ein Motiv sein, daß von der abgeschlagenen rechten Hand des Tyr stammt, das mehrfach zu dem Abschlagen beider Hände und Füße erweitert worden ist (siehe „Jörmunrek" in Band 39 oder „Füße" in Band 63).

19. a)   Zusammenfassung

Der Name des zauberkundigen Zwerges „Möndul" bedeutet „Drehmühlen-Griff". Sein Heilen der Beine des Helden läßt vermuten, daß er ursprünglich einer der beiden Pferde-Söhne des Tyr gewesen ist, die dem Gott Tyr-Wieland als Zwerge im Jenseits halfen.

Die Verbindung des Zwerges zu der Mühle liegt vermutlich in der Assoziation der Mühle mit dem Jenseits begründet (siehe „Mühle" in Band 67). Die Verwendung eines Mühlsteines zum Töten einer Riesin durch die beiden Alcis-Zwerge Fialar und Galar bestätigt die Deutung des Möndul als eines Alcis-Zwerges.

Möndul ist offensichtlich zauberkundig, da er die Zauber-Lieder der zwölf Zauberer so umändern kann, daß sie sich gegen die Zauberer selber wenden.

20. Nari und Narfi

20. a) Die Namen „Nari" und „Narfi"

Die beiden Namen der Loki-Söhne „Nari" und „Narfi" bedeuten beide „Toter".

20. b) Gylfis Vision

Man zählt des weiteren noch einen zu den Asen, den einige den Verlästerer der Götter, den Anstifter alles Betrugs, und die Schande der Götter und Menschen nennen.

Sein Name ist Loki oder Loptr, und sein Vater der Riese Farbauti; seine Mutter heißt Laufey oder Nal; seine Brüder sind Bileist und Helblindi.

Loki ist schmuck und schön von Gestalt, aber böse von Gemüt und sehr unbeständig. Er übertrifft alle anderen an Schlauheit und an jeder Art von Betrug.

Er brachte die Asen in so manche Verlegenheit; doch half er ihnen oft auch durch seine Klugheit wieder heraus.

Seine Frau heißt Sigyn, und deren Sohn Nari oder Narwi.

20. c) Gylfis Vision

Nun war Loki friedlos gefangen. Sie brachten ihn in eine Höhle und nahmen drei lange Felsenstücke, stellten sie auf die schmale Kante und schlugen in jedes ein Loch.

Dann wurden Lokis Söhne, Wali und Nari oder Narwi, gefangen. Den Wali verwandelten die Asen in Wolfsgestalt: da zerriß er seinen Bruder Narwi. Da nahmen die Asen seine Därme und banden den Loki damit über die drei Felsen: der eine stand ihm unter den Schultern, der andere unter den Lenden, der dritte unter den Kniegelenken; die Bänder aber wurden zu Eisen.

20. d) Lokasenna

Da nahm Loki die Gestalt eines Lachses an und floh in den Wasserfall Franang. Da fingen ihn die Asen und banden ihn mit den Gedärmen seines Sohnes Nari. Sein anderer Sohn Narfi aber wurde in einen Wolf verwandelt.

20. e) Skaldskaparmal

„Wie soll man Loki umschreiben?"

„So: Indem man ihn Sohn des Farbauti und der Laufey oder der Nal nennt;   Bruder des Byleistr und des Helblindi; Vater des Ungeheuers von Van und des riesigen Ungeheuers und der Hel und des Nari und des Ali ..."

20. f) Ynglingatal

7. König: Dyggvi (12./13. Strophe)

Es kann nicht
geleugnet werden,
daß Glitnis Verwandte
nun die Leiche des Dyggvi
zum Huren hat,
denn die Schwester des Wolfes
und des Narfi
wählten den königlichen Mann aus,

ja, Lokis Tochter hat nun
den mächtigen Herrscher
von Yngvis Volk
und spielt mit ihm.

- huren = wörtlich spielen, was jedoch eine deutliche Assoziation zu Sex (Wiederzeugung) hat
   - spielen = Sex haben (Wiederzeugung)
   - Glitnis Verwandte – Hel
   - Schwester des Wolfes und des Narfi = Hel
   - Lokis Tochter = Hel
   - Yngvis Volk = Schweden
(Hel ist die Wiederzeugungs-Geliebte der Toten im Jenseits.)

109

20. g) Hymir-Lied

In diesem Lied erscheinen die beiden Brüder als die Söhne des Loki, die an einer anderen Stelle „Nari" und „Narfi" genannt werden.

Sie fuhren nicht lange, so lag am Boden
Von Hlorridis Böcken halbtot der eine.
Des Zugtiers Bein war gebrochen:
Das hatte der listige Loki verschuldet.

Doch hörtet ihr wohl (jeder der Geschichten-Kundigen
kann die genauen Einzelheiten davon erzählen),
Welche Buße er von dem Lava-Bewohner (Loki) *erhielt:*
Er gab ihm seine beiden Kinder.

In anderen Erzählungen ist es Thialfi, der ungewollt das Bein des Ziegenbocks verletzt. Thialfi und seine Schwester Röskwa sind offenbar an die Stelle der beiden Loki-Söhne getreten, die wiederum eine Parallelbildung zu den beiden Alcis-Söhnen des Tyr sind.

Da Loki der Winter- und Jenseitsgott ist, kann man seine beiden Söhne auch als Zwerge auffassen – zumal sie die Namen „Nari" und „Narfi" tragen, was beides „Toter" bedeutet.

20. h) Heimskringla

Es wird gesagt, daß der Erdkreis, der von den Menschen bewohnt wird, durch viele Buchten unterteilt wird, sodaß große Meere von dem äußeren Weltmeer in das Land hineinragen. So ist z.B. bekannt, daß ein großes Meer am Narvesund hereinströmt und bis hin nach Jerusalem reicht.

Der „Erdkreis" ist die gesamte Erdoberfläche. Dieser Text wurde nach diesem Wort als „Heimskringla", d.h. als „Erdkreis" benannt.

Der „Narve-Sund" ist die Straße von Gibraltar. Narve/Narvi/Barfi ist ein Sohn des Loki. Ursprünglich ist er zusammen mit seinem Bruder Nari eine der vielen späteren Varianten der beide Pferde-Söhne des Tyr („Alcis") gewesen.

Möglicherweise wurden die Felsen von Gibraltar und der Berg Dschebel Musa auf der gegenüberliegenden afrikanische Küste als die beiden Alcis aufgefaßt, die evtl. den Eingang zum Jenseits bewachen. Diese beiden Berge links und rechts der nur 14km breiten Meerenge wurden von den Phöniziern als „Säulen des (Sonnengottes) Melkart" und von den Griechen als „Säulen des Herakles" bezeichnet. Da Tyr und Melkart beides Sonnengott-Göttervater waren und Herakles zu dem Typ des jungen, wiedergeborenen Götterkönigs gehört, ist es gut denkbar, daß sich die germanische Bezeichnung „Narve-Sund" auf die beiden Söhne dieses Göttervaters (Melkart, Herakles, Tyr) beziehen.

20. i) Zusammenfassung

Die beiden Loki-Söhne „Nari" und „Narfi" sind sehr wahrscheinlich in Anlehnung an die beiden Alcis-Söhne des Tyr erschaffen worden. Dafür spricht ihr Name, der beides „Toter" bedeutet, sowie die Wolfsverwandlung des Narfi, die eine Analogie zu der Wolfsgestalt der beiden Alcis ist, die als die beiden Wölfe Geri und Freki von Odin übernommen worden sind.

Narfi wird auch „Wali" genannt, was ebenfalls „Toter" bedeutet.

21. zwei „Wieland-Schmiede"

21. a) Hrolf Kraki und seine Berserker

In dieser Saga werden die beiden Schmiede zwar nicht als Zwerge bezeichnet, aber sie sind offensichtlich mit den Zwergen-Schmieden identisch – zumal sie mit dem Meisterschmied Wieland (Tyr) verglichen wurde, der der Vater der beiden Alcis war.

König Frodi hatte zwei Schmiede, die geradezu Wielande ihres Handwerks waren.

21. b) Zusammenfassung

Auch Freyr, der zusammen mit Thor und Odin nach 500 n.Chr. einer der drei neuen Herrschern in dem schwedischen Haupttempel in Uppsala gewesen ist, hat das Motiv der beiden Alcis-Söhne von Tyr übernommen. Sie erscheinen bei König Frode, der eine Saga-Variante des Gottes Freyr ist, als zwei Schmiede, die dem Tyr-Wieland gleichen.

22. Alfarin und Alfar

22. a) Die Namen „Alfarin" und „Alfar"

Beide Namen haben dieselbe Bedeutung und unterscheiden sich nur durch die Endung. Sie setzen sich aus „Alf" und „Ari" für Adler" zusammen. Sie sind somit „Alfen-Adler".

Da Tyr im Jenseits der König der Toten ist und folglich „Alberich", d.h. „Alfenkönig" genannt wird und Tyrs Seelenvogel zudem die Gestalt eines Adlers hat, werden diese beiden „Alfen-Adler" die beiden Alcis-Söhne des Tyr sein, die hier zumindestens in ihren Namen die Adler-Gestalt ihres Vaters übernommen haben – ansonsten sind sie zwei Raben, die nach 500 n.Chr. zu Odins Raben Hugin und Munin geworden sind.

22. b) Bruchstück einer Saga über einige frühe Könige in Dänemark und Schweden

In dieser Saga erscheinen zwei Königssöhne mit den Namen „Alfarin" und „Alfar". Der Verdacht liegt nahe, daß diese zwei Königssöhne die beiden Söhne des ehemaligen Götterkönigs Tyr in der Gestalt von Adler-Seelenvögeln sind.

Dort waren auch Alfar und Alfarin, die Söhne des Königs Galdalf, anwesend, die zuvor Höflinge und Gefolgsleute des Königs Harald gewesen waren.

Der Name des Vaters setzt sich aus „galdr" und „alf" zusammen. Das Substantiv „galdr" bezeichnet die rituellen Gesänge und somit auch die Zaubergesänge. Der wichtigste dieser meist gesungenen Texte ist bei den frühen Indogermanen die Hymne an die aufgehende Sonne gewesen, von der sich bei vielen indogermanischen Völkern zumindest einzelne Teile erhalten haben.

Der Name „Galdalf" wäre somit eine passende Umschreibung für den ehemaligen Sonnengott-Göttervater Tyr, da sich der wichtigste dieser Gesänge an ihn gewandt hat.

Genaugenommen müßte eigentlich der Diar, also der Priester des Sonnengott-Göttervaters als „Galdalf" bezeichnet werden und nicht der Göttervater selber. Angesichts des Umstandes, daß diese Zusammenhänge zur Zeit der Niederschrift dieser Saga offenbar bereits zu nebligen Erinnerungen daran geworden war, daß es einmal einen König (Gott) gegeben hat, der mit Zaubergesängen zu tun hatte, zwei Söhne hatte und mit einen Adler verbunden war, ist diese Ungenauigkeit nicht ver-wunderlich.

Diese spezielle Vermischung des Sonnengott-Göttervaters Tyr mit den Tyr-Priestern findet sich auch noch an anderen Stellen.

22. c)   Zusammenfassung

Die beiden Söhne Alfarin („Alfen-Adler") und Alfar („Alfen-Adler") des Königs Galdalf („Zaubergesang-Alf") gehen auf die beiden Alcis-Söhne des ehemaligen Götterkönigs Tyr zurück.

Alfarin und Alfar erscheinen in der Saga als Königssöhne – ihren Namen zufolge, die den Seelenvogel des Tyr bezeichnen, sollten sie eigentlich Zwerge im Jenseits sein.

In dem Text wird über die „Alfar", d.h. über die Alfen berichtet, daß sie schöner als alle anderen Menschen waren und daß sie die Ahnen einiger Könige waren. Ihr Ahnherr war König Alf der Alten, der wahrscheinlich eine Saga-Variante des Tyr ist, der ja auch „Alberich", d.h. „König Alf" genannt wurde.

23. Rögnir und Regin

23. a) Die Namen „Rögnir" und „Regin"

So wie „Alfarin" und „Alfar" zwei Varianten desselben Namens sind, so sind auch „Rögnir" und „Regin" derselbe Name. Er bedeutet „König". Da man anscheinend vor 500 n.Chr. auch Tyr als „König" bezeichnet hat, konnte „Regin/Rögnir" auch eine Umschreibung für die Asen werden.

Schließlich wurde „Regin" zu einem der vielen Namen eines der beiden Alcis-Söhne des Tyr, der durch einen ähnlichen Namen für seinen Bruder ergänzt wurde – hier durch „Rögnir".

Dieser Vorgang der Übertragung eines Tyr-Namens auf einen seiner Söhne und die Ergänzung durch einen zweiten Namen für dessen Bruder findet sich bei den Alcis-Zwergen ziemlich häufig. Dieser Vorgang wurde vermutlich dadurch erleichtert, daß der am Morgen wiedergeborene Sonnengott-Göttervater Tyr aufgrund der Wiederzeugungs- und Wiedergeburts-Symbolik auch sein eigener Sohn war und folglich als sein eigener Sohn seinen Namen beibehielt.

Das altnordische Substantiv „regin" ist mit dem germanischen „rich", dem keltischen „rig", dem lateinischen „rex", dem indischen „radscha" usw. verwandt, die alle die Bedeutung „König" haben.

23. b) Odins Rabenzauber

Zauberlieder sangen, auf Wölfen ritten
Rögnir und Regin gegen das Haus der Welt.
Odin spähte von Hlidskialfs Sitz
Und blickte den in die Ferne Reisenden nach.

Das „Haus der Welt" ist der Himmel. Seine Hüter sind die Asen in Asgard.

Die auf Wölfen reitenden Rögni und Regin sind den Asen offensichtlich feindlich gesonnen. Sie werden Wesen des Jenseits sein, da der Wolf ein „Jenseitstier" war und auch Hyrrokkin-Hel in der Baldur-Mythe auf ihrem Bruder, dem Fenris-Wolf, ritt. Mit dem „Haus der Welt" wird der Schädel des Urriesen Ymir gemeint sein, aus dem die Asen die Himmelskuppel schufen.

„Hlidskialf" bedeutet „(Toten-)Tor-Insel" und ist Odins Thron, von dem aus er in die ganze Welt blicken und alles sehen kann, was geschieht. Dieser Thron ist der

Hochsitz vor dem „Jenseitsweg-Säulen" („öndvegissula") genannten Tor, das aus zwei Pfosten und einem Querbalken bestand und eines der wichtigsten Elemente in den Tempeln und in den Herrscher-Hallen gewesen ist (siehe „Hochsitz" in Band 57).

Die „in die Ferne Reisenden" sind die drei Asen Heimdall, Loki und Bragi.

Rögnir und Regin sind in diesem Lied zwei Götter-Zwerge, die mit dem nahenden Tod des Baldur in Verbindung stehen – der seinen Ursprung in dem abendlichen Tod des Tyr und seiner beiden Alcis-Söhne hat, die dann im Jenseits zu dem Tyr-Riesen und zu den beiden Alcis-Zwergen wurden. Sie wurden auch hier zu den Verursachern des Unheils, also Todes des Baldur (ehemals des Tyr) umgedeutet.

23. c) Zusammenfassung

Die Namen der beiden Alcis-Zwerge Regin und Rögnir bedeuten beide „König" und sind ursprünglich ein Titel des ehemaligen nordgermanischen Sonnengott-Göttervaters Tyr gewesen.

Regin und Rögnir reiten auf Wölfen und singen Zauberlieder und bringen somit das Unheil in die Welt, d.h. den Tod des Baldur und somit das Ende des Sommers.

Hier sind aus den Söhnen des Tyr bereits die Boten der Unterwelt geworden, die genauso wie Tyr in seiner Jenseitsriesen-Gestalt (Hrungnir, Geirröd, Thrym, Surtur usw.) gefürchtet wurden.

24. Goin und Moin

24. a) Die Namen „Goin" und „Moin"

Der Name „Moin" ist vermutlich eine Bildung zu dem Adjektiv „mo" für „dunkel". Dieser Name könnte diesen Zwerg als den Bewohner eines Hügelgrabes, in dessen Inneren es immer dunkel ist, bezeichnen.

„Goin" bedeutet „Schlange" oder im übertragenden Sinne auch „Schwert" – beides ist lang und dünn. Vielleicht gibt es einen Bezug zu dem Monat Goi, der von Mitte Februar bis Mitte März dauert, d.h. der dem Sternzeichen Fische entspricht.

Das altnordische „Goi" leitet sich von dem germanischen „gom" für „Winter" ab, dessen Wurzel seinerseits das indogermanische „ghei, ghiom" für „Winter, Schnee" ist.

Der Bedeutungsübergang von „Winter" zu „Schlange, Schwert" und dann zu Zwerg ist eher unklar – er könnte in dem Motiv des Tyr als Drache/Schlange in der winterlichen Unterwelt mit seinem im Herbst zerbrochenen Schwert sein.

Falls diese Deutung zutreffen sollte, wären „Goin und Moin" ein weiteres Beispiel dafür, wie aus einem einstigen Beinamen des Tyr der Name eines seiner beiden Alcis-Söhne geworden ist, der dann durch einen zweiten, ähnlichen Namen für dessen Bruder ergänzt worden ist.

24. b) Die Vision der Seherin

Der Zwerg „Moin" wird in der „Vision der Seherin" als Nachkomme des Zwerges Dwalin genannt.

Die Strophen in „Die Vision der Seherin", in der Moin genannt wird, lauten:

Zeit ist's, die Zwerge von Dwalins Zunft
Den Leuten zu leiten bis Lofar hinauf,
Die aus Gestein und Klüften strebten
Von Aurwangs Tiefen zum Erdenfeld.

... ...

Fialar und Frosti, Finnar und Ginnar,
*Heri, Höggstari, Hliodolf, **Moin**.*
So lange Menschen leben auf Erden,
Wird zu Lofar hinauf ihr Geschlecht geleitet.

24. c) Grimnir-Lied

Mehr Würmer liegen unter den Wurzeln der Esche
Als einer der unklugen Affen meint.
Goin und Moin, Grafwitnirs Söhne,
Grabak und Grafwöllund,
Ofnir und Swafnir sollen ewig
Von der Wurzeln Zweigen zehren.

„Grafwitnir" ist der „Grab-Wolf", also ein Wesen, das im Grab liegt und das als gefährlich oder als Krieger angesehen wird. Möglicherweise ist damit Tyr als der „Gott der Ulfhedinn", also der Wolfs-Ekstasekrieger gemeint. In dieser Funktion ist er der „größte Ulfhedinn", d.h. Fenrir.

„Grabak" bedeutet „Graurücken" und ist eine allgemeine Umschreibung für den Wolf. Er ist vermutlich eine Kurzform für „Graf-Grabak", also „Grab-Graurücken". Grabak und Grafwitnir könnten miteinander identisch sein.

„Grafwöllund" bedeutet „Grab-Wieland". Diese Schlange ist der ehemalige Göttervater als der Schmied Wieland in der Unterwelt.

„Swafnir" ist auch ein Beiname des Odin und bedeutet „Schlafbringer". Möglicherweise liegt dem das Bild des „Schlafdorns" des Odin zugrunde, mit dem er z.B. die Walküre Brünhilde in dauerhaften Schlaf, d.h. in den Tod versetzt hat. Dieser „Schlafdorn" ist ursprünglich Tyrs Schwert gewesen, weshalb auch „Swafnir" ursprünglich ein Beiname des Tyr als Schlange im Jenseits gewesen sein könnte. Tyr wurde als Jenseitsriese auch „Thorn" („Dorn") genannt.

„Ofnir" ist ein weiterer Beiname des Odin. Er bedeutet in etwa „Verwirrter". Dies erinnert an die „Drachen des Wahns" aus dem Sonnenlied. Mit diesem Geisteszustand ist möglicherweise dasselbe wie mit Odins Name gemeint, der „Ekstase, außergewöhnlicher Bewußtseinszustand" bedeutet. Die Ekstase in der Form einer Astralreise ist in den meisten Fällen von einer völligen Reglosigkeit des Körpers begleitet, sodaß auch eine Verbindung zum Schlaf besteht. Die ursprüngliche Bedeutung von „Ofnir" wird daher wohl der Zustand auf der Jenseitsreise sein, der von der Ekstase und der Astralreise über die rituelle Einweihung bis hin zum Schlaf und zum Tod reicht. Auch dieser Schlangenname könnte auf Tyr als Schlange im Jenseits zurückgehen.

Die beiden Schlangen Goin und Moin sind die beiden Alcis-Söhne der „Großen Schlange", zu der Tyr in der Unterwelt wird. In dieser Strophe werden offenbar die Beinamen des Tyr-Drachens aufgezählt: Grafwitnir, Grabak, Grafwöllund, Ofnir und Swafnir – wozu noch der Name „Niddhöggr" („Unterwelt-Schlange") aus der Strophe hinzukommt, die dieser Strophe vorausgeht.

Die Deutung von „Goin und Moin Grafwitnir-Söhne" als die beiden Alcis ist somit sehr sicher.

24. d Zusammenfassung

Der Zwerg Moin stammt aus der Sippe des Dwalin. Sein Name, der „Dunkelheit" bedeutet, kennzeichnet ihn vermutlich als Bewohner des dunklen Hügelgrabes bzw. der Hel.

Der Name seines Bruders Goin bedeutet „Winterlicher".

Sie sind die beiden Alcis-Söhne des Tyr in der Unterwelt, die dort die Gestalt von zwei Zwergen oder zwei Schlangen haben.

25. mögliche weitere Alcis-Zwerge

Es gibt 25 Zwergenpaare, die allesamt sich reimende Namen haben sowie einige weitere namenlose Zwergenpaare in den Sagas, die hier jedoch nicht aufgelistet sind.

Die 13 sicher als Alcis-Varianten bekannten Zwergenpare sind grau hinterlegt. Dazu kommen noch 14 weitere Zwergenpaare, die möglicherweise ebenfalls auf die beiden Alcis-Söhne des Tyr zurückgehen.

Die sich nicht reimenden Namen der zwei Zwergenpare, die jedoch ebenfalls auf die beiden Alcis zurückgehen, sind auch grau hinterlegt, aber kursiv geschrieben.

Zwergenpaare			
als Paar bezeichnet	**in derselben Liste**		
	durch ein „und" verbunden	*nebeneinander-stehend*	*beide stehen einzeln*
Dain und Thrain	Finnar und Ginnar	Bifur, Bafur	Anarr Hannar
Fialar und Galar	Nyi und Nidi	Fili, Kili	Nar Frar
Dwalin und Dulin	Nar und Nain	Skirwir, Wirwir	Hornbori Haugspori
Dwalin und Durin	Nar und Nyrad	Gandalf, Windalf	Aurwang Hläwang
Goin und Moin	Witr und Litr		Nori Ori
Alfarinn und Alfar			Dori Ori
Olius und Alius			Oin Gloin
Regin und Rögnir			
Nari und Narfi			
Sindri und Brokk			
Dain und Nabbi			

Von diesen 27 Zwergenpaar-Namen haben 7 einen Stabreim und 15 einen Endreim. 3 Paare sind Varianten desselben Namens und 2 Paare sind reimlos.

26. Zusammenfassung

Die beiden Alcis-Söhne des ehemaligen Sonnengott-Göttervaters Tyr, die als zwei Schimmel seinen Sonnen-Streitwagen ziehen, sind ein prägendes Motiv in den nordgermanischen Vorstellungen über die Zwerge gewesen.

Sie erscheinen als Zwerge, als Schlangen, als Schimmel, als Wölfe, als Krieger und als Adler (siehe dazu auch den Band 12 über die Alcis).

Sie haben von ihrem Vater das Schmiedehandwerk übernommen, das zu einer allgemeinen „magischen Handwerkskunst" ausgeweitet worden ist. Vor 500 n.Chr. werden sie nur das Schwert ihres Vaters neugeschmiedet haben; nach 500 n.Chr. sind sie dann in die Mythen der drei neuen Herren von Asgard, d.h. Thor, Odin und Freyr, übernommen worden.

Sie erscheinen auch als Bruder-Paar in den Mythen des Odin (achtbeiniges Doppel-Roß, zwei Wölfe, zwei Raben), des Thor (Magni und Modi) und des Loki (Nari und Narfi). Magni und Modi werden jedoch nirgendwo als „Zwerge" bezeichnet und erscheinen daher nicht in diesem Buch.

Die beiden Alcis-Zwerge stellen auch den Göttermet her. Dieses Motiv könnte es auch schon in den alten, Tyr-zentrierten Mythen gegeben haben, da Tyr und seine beiden Söhne insgesamt drei berühmte Trinkhörner besitzen, aus denen dann nach 500 n.Chr. die drei Met-Gefäße Odhrörir, Son und Bodn der Gunnlöd geworden sind.

Ein großer Teil der Namen der Alcis-Zwerge ist ursprünglich ein Name ihres Vaters Tyr gewesen, der auf einen seiner Söhne übertragen und durch einen ähnlichen Namen für den zweiten Sohn ergänzt worden ist.

IV   Die vier Himmelsträger-Zwerge

1.   Austri, Sudri, Westri und Nordri

Über die vier Zwerge Austri, Sudri, Westri und Nordri gibt es recht viele Beschreibungen, die sich zu einem detailreichen Bild zusammenfügen lassen.

Dies läßt vermuten, daß das Motiv dieser vier Zwerge schon alt ist und auch schon in seinen Anfängen eine anschauliche Funktion in der Mythologie gehabt hat.

1. a)   Die Namen „Austri", „Sudri", „Westri" und „Nordri"

Der Name dieser vier Zwerge bezeichnen die Himmelsrichtungen:

„Austri"	– „der im Osten ist",
„Sudri"	– „der im Süden ist",
„Westri"	– „der im Westen ist", und
„Nordri"	– „der im Norden ist".

1. b)   Gylfis Vision

In der folgenden Mythe wird über das Wesen und die Funktion dieser vier Zwerge berichtet:

Aus dem Blut, das aus Ymirs Wunden geflossen war, machten sie das Weltmeer, festigten die Erde darin und legten es im Kreis um sie her, also daß es die meisten unmöglich dünken mag, hinüber zu kommen.

Sie nahmen auch Ymirs Hirnschädel und bildeten den Himmel daraus, und erhoben ihn über die Erde mit vier Ecken oder Hörnern, und unter jedes Horn setzten sie einen Zwerg; die heißen Austri, Westri, Nordri, Sudri.

Die vier Zwerge befinden sich somit an den vier Kardinalpunkten am Rand der Welt und tragen den Himmel, den die Asen aus dem Schädel des Urriesen Ymir erschaffen haben.

Die vier Zwerge befinden sich jeweils „unter einem Horn", d.h. sie sind „gehörnte

Zwerge". Wenn diese Deutung der „Hörner" zutreffen sollte, wäre dies ein Hinweis auf das bei Bestattung geopferte (und meistens gehörnte) Herdentier.

Es ist allerdings auch denkbar, daß in dem Text mit „Horn" ganz einfach „Ecke (des Himmels)" gemeint ist – die Germanen bezeichneten Ecken u.ä. als „Horn". Allerdings sollte der Himmel dann quadratisch und nicht rund sein – was der Wahrnehmung des Horizonts und dem Bild des Ymir-Schädels als Himmelskuppel widerspricht. Vielleicht ist „Horn" hier jedoch auch nur als „Seite, Rand, Richtung" zu verstehen.

1. c) Skaldskaparmal

Von dem Bild der Zwergen-Himmelsträger wurden einige Kenningar für „Himmel" abgeleitet. Diese Kenningar machen noch einmal deutlich, daß die vier Zwerge nicht nur in den vier Himmelsrichtungen stehen, sondern daß sie tatsächlich den Himmel tragen.

„Wie soll man den Himmel umschreiben?"
„So: Nenne ihn Schädel des Ymir, und daher auch Schädel des Riesen; Aufgabe oder Last der Zwerge, oder Helm des Westri und Austri, Sudri und Nordri; ... ..."

1. d) Die Vision der Seherin

Hier werden diese vier Zwerge als Gefolge des Durin aufgeführt:

Da ward Modsognir der mächtigste
Dieser Zwerge und Durin nach ihm.
Noch manche machten sie menschengleich
Der Zwerge von Erde, wie Durin angab:

*Nyi und Nidi, **Nordri** und **Sudri**,*
***Austri** und **Westri**, Althiof, Dwalin,*
Nar und Nain, Niping, Dain,
Bifur, Bafur, Bömbur, Nori;
Ann und Anarr, Ai, Miödwitnir.

1. e) Gylfis Vision

Die Unterscheidung zwischen Erd-Zwergen, Felsen-Zwergen und den Zwergen aus dem Hügelgrab des Swarin (Tyr) ist recht wahrscheinlich eine neuere Systematisierung.

Und dieses, heißt es, sind die Namen dieser Zwerge:
*Nyi und Nidi, **Nordri** und **Sudri**, **Austri** und **Westri**, Althiosr, Dwalin, Nar und Nain, Niping, Dain,Biwör, Bawör, Bömbör, Nori, Ori, Onar, Oin, Modwitnir, Wig und Gandalf, Windalf, Thorin, Fili, Kili, Fundin, Wali, Thror, Throin, Theck, Lit, Wit, Nyr, Nyrad, Reck, Radswid.*

Und diese sind auch Zwerge und wohnen im Gestein wie jene in der Erde:
Draupnir, Dolgthwari, Hör, Hugstari, Hledisolf, Gloin, Dori, Ori, Duf, Andwari, Hepti, Fili, Har, Siar.

1. f) Odins Rabenzauber

In diesem Lied werden die vier Himmelsrichtungs-Zwerge nicht mit Namen genannt, aber da über Zwerge berichtet wird, deren Kraft schwindet, was zur Folge hat, daß sich der Himmel niedersenkt, ist ihre Identität gesichert.
(Dieses Motiv erinnert sehr an die Furcht eines Gallierstammes aus der Bretagne, daß ihnen der Himmel auf den Kopf fallen könnte …)

Den Zwergen schwindet die Stärke. Die Himmel
Neigen sich nieder zu Ginnungs Nähe.

„Ginnung(-agap)" ist der „gähnende Abgrund", der am Anfang der Zeit die beiden Urgegensätze Niflheim (das kalte „Nebelheim" im Norden) und Muspelheim (das heiße „Flammenheim" im Süden) voneinander trennte.

1. g) Gylfis Vision

Die Hörner „über" den vier Himmelträger-Zwergen erinnern an die vier Hirsche, die unter dem Weltenbaum leben.
Da Odin den allergrößten Teil des Symbolik des Tyr übernommen hat, als er ihn um

ca. 500 n.Chr. als Göttervater abgelöst hat, und dabei u.a. die Göttervater-Halle vom Rand des Himmels in das Zentrum zum Weltenbaum verlegt hat, wäre es gut denkbar, daß Odin auch die vier gehörnten Zwerge vom Himmelsrand zum Weltenbaum geholt hat.

Dies würde bedeuten, daß Austri, Sudri, Westri und Nordri Hirschgeweihe getragen haben.

Da der Hirsch und der Stier die beiden vornehmsten Opfertiere waren, wurden sie auch im Kult des Göttervaters verwendet (siehe „Hirsch" und „Stier" in Band 42). Das läßt vermuten, daß einst ein engerer Zusammenhang zwischen dem Göttervater und den vier Himmelsrichtungs-Zwergen bestanden hat.

„Und vier Hirsche laufen umher an den Zweigen der Esche, und beißen die Knospen ab. Sie heißen: Dain, Dwalin, Dunneir, Durathror."

Die Namen der vier Hirsche zeigen, daß es sich um Ahnen handelt, die bei der Bestattung mit dem für sie geopferten Hirsch identifiziert wurden:

> „Dain" bedeutet „Gestorbener",
> „Dwalin" bedeutet „Schlafender",
> „Dunneir" bedeutet „der über das Feuer geht", und
> „Durathror" bedeutet „Schlummer-Kämpfer".

Die Hirsche sind offenbar Totengeister, also Zwerge, die durch das Jenseitstorfeuer der Waberlohe gegangen sind und nun im Jenseits „schlafen", d.h. tot sind. Die Namen dieser vier Hirsche sprechen für ihre Gleichsetzung mit den vier Himmelsrichtungs-Zwergen.

Für diese Deutung der vier Hirsche sprechen auch die beiden Zwergennamen „Hornbori" und „Kili", die „Hornträger" bzw. „Stoßzahn (eines Keilers)" bedeuten.

1. h) Heimskringla

In diesem halb mythologischen, halb historischen Bericht des Snorri Sturluson über die Frühzeit in den nordischen Ländern erscheinen vier weitere „gehörnte Jenseitswesen": Diesmal sind es vier Riesen, die sich in Stiere verwandeln können.

Dann sandte Odin Gefion über den Sund nach Norden, damit sie dort neue Länder erkundete.
Sie kam zu König Gylfi, der ihr ein Pflug-Maß Land schenkte.

Da ging sie nach Jötunheim und gebar einem Riesen vier Söhne und verwandelte sie in Stiere.

Sie spannte sie an ein Joch und brach das Land genau gegenüber von „Odense" in das Meer hinein ab. Dies wurde „Seeland" genannt und dort ließ sie sich danach nieder und wohnte dort.

Die Göttin Gefion („Geberin") hat sich im Jenseits („Jötunheim") mit einem Riesen vereint und daraufhin vier Riesen geboren. In den Mythen der Germanen ist es immer der Göttervater, der sich im Jenseits mit einer Göttin vereint. Daher wird dieser Riese Tyr sein, an dessen Stelle dann später Odin getreten ist.

Die vier Riesen, die später zu Stieren wurden, sind somit Söhne der Gefion (Freya) und des Tyr. Für diese Deutung spricht auch die Stier-Gestalt der vier Riesen, da der Stier und der Hirsch die beiden Tiere waren, die für den Göttervater geopfert wurden, wie z.B. am Anfang der Thiazi-Mythe beschrieben wird.

Die vier Stiere wurden von Gefion vor einen Pflug gespannt. Dies ist insofern auffällig, als das man üblicherweise nur einen Stier oder in seltenen Fällen zwei Stiere, aber niemals vier Stiere vor einen Pflug spannt. Die Vierzahl dieser Riesen-Stiere muß folglich eine andere Ursache haben. Da Riesen und Zwerge für die Germanen vor allem Jenseitswesen waren und mit ihnen noch nicht wie heute vor allem eine besonders große bzw. kleine Körpergröße assoziiert wurde, wird diese Vierzahl wohl von den vier Himmelsrichtungs-Zwergen stammen.

Die Heimat sowohl der vier Riesen als auch der vier Zwerge ist Utgard: Die vier Zwerge stehen auf dem Utgard-Gebirge, das rings das Weltmeer umgibt, und tragen den Himmel, und die vier Riesen wurden in Jötunheim, was nur ein anderer Name für Utgard ist, geboren.

Gefion schneidet mit ihrem Pflug ein großes Stück Land aus Schweden heraus und schob es ins Meer, wodurch die dänische Insel Seeland entstand. Die vier Stier-Riesen sind daher genauso wie die vier Zwerge mit der Entstehung einer Insel im Meer verbunden: die Stier-Riesen mit Seeland in der Ostsee und die vier gehörnten Zwerge mit Midgard im Weltmeer. Anscheinend ist die Entstehungs-Mythe der Insel Seeland von der Entstehungs-Mythe Midgards abgeleitet worden.

Die Identität der vier Himmelsrichtungs-Zwerge mit den vier Stier-Riesen ist somit recht sicher.

1. i) Ragnarsdrapa

Diese Gefion-Mythe war schon um 850 n.Chr. gut bekannt, wie die beiden folgenden Strophen aus der Ragnarsdrapa des Skalden „Bragi der Alte" zeigen:

Gefion zog von Gylfi,
dem freigiebigen Fürsten
mit Lachen das fort,
was Dänemark größer machte,

sodaß die Zugtiere, die Stiere von Schweiß troffen;
vier Häupter hatten sie und acht Stirn-Sterne,
die vor der weiten Insel-Weide gingen,
die als Beute fortgerissen wurde.

Das „Lachen" der Gefion entstammt vermutlich der dichterischen Freiheit des Skalden Bragi und ist kein wesentliches Element der Gefion-Mythe.

Die „Stirn-Sterne" sind die Augen der Stiere.

Die „Insel-Weide" ist Seeland. Da diese Insel zu Dänemark gehörte, wurde Dänemark durch diese Tat der Gefion größer.

1. j)   Gylfis Vision

Auch in der Vision des Königs Gylfi wird diese Mythe berichtet:

König Gylfi beherrschte das Land, das nun Swithiod heißt. Von ihm wird gesagt, daß er einer fahrenden Frau zum Lohn der Ergötzung durch ihren Gesang ein Pflug-land in seinem Reich gab, so groß als vier Ochsen pflügen könnten Tag und Nacht.

Diese Frau war jedoch vom Asengeschlecht; ihr Name war Gefion. Sie nahm aus Jötunheim vier Ochsen, die sie mit einem Jötunen erzeugt hatte, und spannte sie vor den Pflug. Da ging der Pflug so mächtig und tief, daß sich das Land löste, und die Ochsen es westwärts ins Meer zogen, bis sie in einem Sund still stehen blieben. Da setzte Gefion das Land dahin, gab ihm einen Namen und nannte es Seeland. Und da, wo das Land weggenommen worden war, entstand ein See, den man in Schweden nun Löger heißt. Und im Löger liegen die Buchten so wie die Vorgebirge in Seeland.

„Swithiod" ist Schweden.

Gefion ist anscheinend eine Sängerin, d.h. vermutlich eine Skaldin. Möglicherweise hat Snorri hier jedoch lediglich eine Begründung für die Landgabe des Königs Gylfi an Gefion gebraucht …

1. k) Der Rosengarten

In dieser südgermanischen Sage, die in die Sigurd/Siegfried-Sage eingebaut worden ist, kämpfen in einem Turnier einige der Helden gegen vier Riesen.

„Rosengarten" ist der Name des Turnierplatzes.

Die Namen der vier Riesen aus dem „Rosengarten"	
Name	*Bedeutung*
Asprian, Äsprian	lateinisch: „steiniger Ort"
Pusolt	germanisch: „pusä" = „(Geld-)Beutel"; „walt" = „König, Herr" => „Herr des Schatzes" (?)
Ortwein, Ortwin	althochdeutsch: „ort" = „Waffen-spitze", „wini" = Freund" => „Freund des Kampfes"
Struthan, Schrutan, Schruothan	althochdeutsch: „Streiter" (?)

Es ist zwar gut denkbar, daß sich das Motiv der vier Stier-Riesen bis in diese Heldensage hinein erhalten hat, aber ob die Namen dieser vier Riesen ein größeres Alter haben, ist zumindestens fraglich.

Immerhin ergeben die vier Namen ein schlüssiges Bild, das zum generellen Charakter der Riesen paßt: „ein streitsüchtiger Krieger an einem felsigen Ort, der einen Schatz bewacht".

1. l) Orendel

In diesem Spielmanns-Epos finden sich ebenfalls vier Riesen, gegen die der Held kämpfen muß, von denen aber nur drei namentlich bekannt sind. Ihre Namen und deren vermutliche Bedeutung sind: „Mentwin" („Freund der Erinnerung"), „Librian" („Waage") und „Perian" („der Hindurchgehende"). Diese Namen haben offensichtlichen keinen Bezug mehr zu den ursprünglichen vier Riesen.

1. m) Hedin-Saga

In dieser Saga wird darüber berichtet, wie der goldene Halsreif „Brisingamen" (strahlendes Schmuckstück") der Freya entstanden ist und wie sie es erlangt hat.

In der Saga wird entsprechend der um 1220 n.Chr. üblichen christlich-gelehrten Interpretation die Welt der Götter als ein fernes Land und die Götter selber als die Könige der Frühzeit aufgefaßt.

Östlich von Vanakvisl in Asien gab es ein Land, das Asien-Land oder Asien-Heim genannt wurde. Die Leute dort wurden Asen genannt und ihre Hauptstadt Asgard. Odin war der König, der dort herrschte. Dort gab es einen großen Tempel. Odin bestimmte Njörd und Freyr als Hohepriester. Njörds Tochter wurde Freya genannt. Sie begleitete Odin und war seine Geliebte.

In Asien lebten einige Männer, von denen einer Alfrigg, der nächste Dvalin, und die anderen Berling und Grer genannt wurden. Ihre Höfe lagen fern von der Halle des Königs. Sie waren so geschickte Handwerker, daß sie jedes Ding in die Hand nehmen und daraus etwas Beachtliches erschaffen konnten. Menschen wie diese wurden „Zwerge" genannt. Sie lebten in einem gewissen Stein. Sie hatten in jenen Tagen mehr mit Menschen zu tun als heute.

Der „Stein" ist die aus Steinen errichtete Grabkammer in einem Hügelgrab.

Odin liebte Freya sehr und sie war wirklich die schönste aller Frauen, die damals lebten. Sie hatte ein Frauenhaus, das sowohl schön als auch sehr fest war – so fest, daß gesagt wurde, daß niemand, wenn die Tür verschlossen war, hineingelangen konnte, außer wenn es Freya ihnen erlaubte.

Freyas „Frauenhaus" ist die Halle der Hel in der Unterwelt, in die man nur schwer hineingelangt – und noch schwerer wieder heraus …

Eines Tages wanderte Freya umher und gelangte zu dem Felsen. Er stand offen. Die Zwerge erschufen eine goldene Halskette. Sie war fast fertig. Freya gefiel das Aussehen dieser Kette. Freya gefiel auch den Zwergen. Sie wollte die Halskette kaufen und bot Gold und Silber für sie an und dazu viele Schätze.

Doch sie antworteten, daß es ihnen nicht an Geld fehlte, aber das jeder von ihnen seinen Teil an der Kette für eine bestimmte Sache geben würde und daß sie nichts anderes haben wollten, als daß sie mit jedem von ihnen eine Nacht verbringen würde. Und, ob dies nun eine glückliche Vereinbarung war oder nicht, dies ist der Handel, den sie abschlossen.

Und vier Nächte später, als dieser Handel ausgeführt worden war, gaben sie die

Halskette der Freya. Sie ging heim in ihr Frauenhaus und verhielt sich ruhig, als wenn nichts geschehen wäre.

Die Namen der vier Zwerge haben folgende Bedeutungen:

- Alfrigg: „Alfen-König" – dies ist offenbar ein Titel des Göttervaters selber; er weilt, da er ein Zwerg („Totengeist") ist, gerade in der Unterwelt

- Dvalin: „Schläfer" – dies ist vermutlich eine Umschreibung für „Toter"

- Berling: „Bären-Mann" – der Bär könnte sich auf die Stärke des Göttervaters beziehen; der neue Göttervater Odin und die Berserker („Bärenfell-Männer"), deren „Schutzpatron" Odin gewesen ist, waren „Bären-Männer"; ihr Vorläufer sind die Ulfhedinn des Tyr gewesen

- Grer: „Grauer", d.h. „alter Mann"

Zusammengefaßt ergeben diese vier Namen einen „grauen, d.h. alten, toten Alfen-König, der ein Bären-Mann" ist. Dies paßt durchaus auf den Göttervater Tyr im Jenseits, der u.a. auch der Gott der Ekstase-Kämpfer gewesen ist.

Freya zieht in dieser Mythe wie Gefion in die Unterwelt (Jötunheim, Hügelgrab der Zwerge). Aus der Vereinigung mit dem Tyr-Riesen und der Geburt der vier Riesen ist hier jedoch eine Vereinigung mit den vier Zwergen geworden.

Diese Variante der Mythe zeigt zum einen, wie weit bekannt das Motiv von den vier Himmelsträgern einst gewesen sein muß, und zum anderen, daß es auch mit der Jenseitsreise und dem goldenen Ring, der die Sonne symbolisierte (Draupnir, Brisingamen, Andvarinaut), assoziiert worden ist.

Die Umdeutung der ursprünglichen Mythe in dieser Version der Geschichte hatte anscheinend den Zweck, Odin an die Stelle des Tyr zu setzen und zudem Freya dem Odin unterzuordnen.

1. n) Huldar-Saga

In der Huldar-Saga wird von einem Ring berichtet, den vier Zwerge geschmiedet haben:

Skjalgr berichtet über den Ring, daß ihn Nimrod von vier Zwergen habe schmieden lassen, daß ihn ferner Huld Trollkönigin dem Odin geschenkt habe, als er bei ihr lag und daß ihn dann Freyja aus Ärger hierüber durch Loki habe stehlen lassen.

„Nimrod" ist ein Held und König aus Mesopotamien, der auch im Alten Testament erscheint. Dieser „mächtige Mann in der Ferne" wird hier ein Umschreibung bzw. eine historisierende Umdeutung des „Göttervaters Tyr im Jenseits" sein.

Die Trollkönigin Huld, die spätere „Frau Holle" ist dieselbe Jenseitsgöttin wie Freya und Gefion.

Die „vier Zwerge" werden dieselben wie in der bereits angeführten Freya-Mythe sein.

1. o) Ynglinga-Saga

Die vier Himmelsrichtungen finden sich auch in einem germanischen Ritual. Dieses Ritual-Element könnte durchaus weiter verbreitet gewesen sein, auch wenn es nur an einer einzigen Textstelle überliefert worden ist.

Das Met-Trinken bei der „Krönung" stammt vermutlich daher, daß die Krönungen ursprünglich im Wesentlichen eine Reise in das Jenseits zu dem Göttervater gewesen sind und daher auch die Begrüßung mit einem Horn voll Met enthielten – so wie auch die Toten im Jenseits begrüßt wurden.

Es war zu jener Zeit Brauch, daß derjenige unter den Königs- oder Jarls-Söhnen, der ein Erbschafts-Fest gab, auf dem Fußschemel vor dem Hochsitz saß, bis der gefüllte Kelch, den man den „Bragafull" nannte, hereinbracht wurde.

Dann stand er (der Thronfolger) *auf, nahm den Bragafull, sprach feierliche Gelübde, die er anschließend erfüllte, und leerte daraufhin den Kelch.*

Anschließend stieg er auf den Hochsitz, den er von seinem Vater ererbt hatte und trat so das ganze Erbe seines Vaters an.

Auch bei dieser Gelegenheit hielt man es auf diese Weise. Als der Bragafull hereingebracht wurde, erhob sich König Ingjald, ergriff das große Horn eines Stieres und legte den Eid ab, daß er sein Reich nach allen vier Ecken der Welt um die Hälfte vergrößern oder sterben werde. Und dabei wies er mit dem Horn in alle vier Himmelsrichtungen.

1. p)   Felsritzung von Alta

Die vier Gestalten, die auf dieser südschwedischen Felsritzung rings um einen Kreis bzw. eine Ellipse sitzen, könnten die vier Himmelsträger-Zwerge sein.

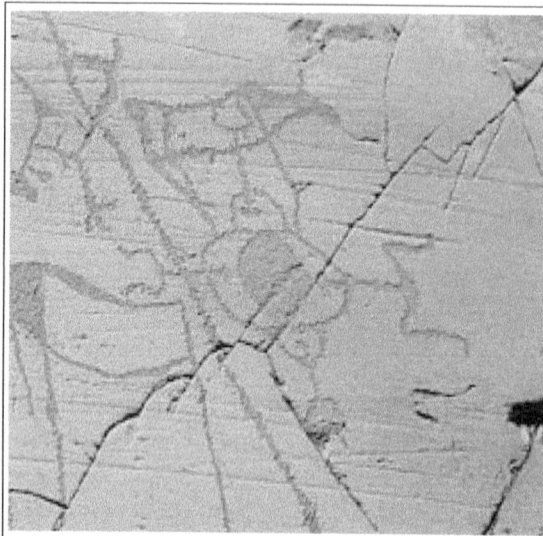

Original

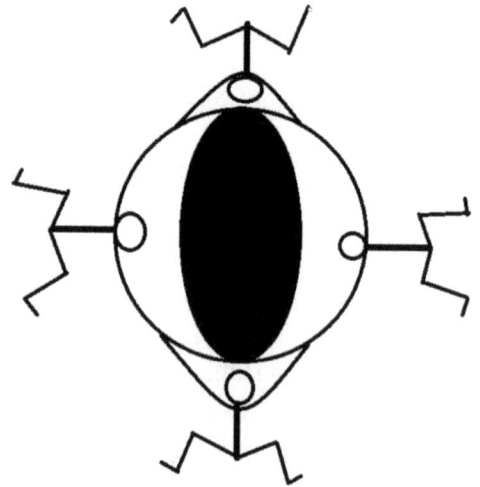

Umzeichnung

1. q)   Gylfis Vision

Die Pferde der Asen haben diese Namen: Sleipnir, das beste, hat Odin; es hat acht Füße; das andere ist Glad; das dritte Gyllir, das vierte Gier, das fünfte Skeidbrimir, das sechste Silfrintopp, das siebente Sinir, das achte Gils, das neunte Falhofnir, das zehnte Gulltopp, das elfte Lettfeti. Baldurs Pferd ward mit ihm verbrannt.

Thor geht zu Fuß zum Gericht und watet über folgende Flüsse:

Körmt und Örmt und beide Kerlaug
Watet Thor täglich,
Wenn er hinfährt Gericht zu halten.
Bei der Esche Yggdrasil.
Denn die Asenbrücke steht all in Lohe,
Heilige Fluten flammen.

Um zu dem Thing-Platz unter der Weltesche zu gelangen, muß Thor durch vier Flüsse waten. Diese besondere Hervorhebung des Weges des Thor, der von denen der anderen Asen abweicht, liegt vermutlich in Thors ständigen Reisen zu den Riesen in Utgard begründet. Daraus ergibt sich, daß diese vier Flüsse zwischen dem Thing-Platz unter dem Weltenbaum und dem Bereich der Riesen liegen.

In der Edda und in der Thorsdrapa wird beschrieben, wie Thor durch den Fluß Wimur waten muß, um zu dem Tyr-Riesen Geirröd zu gelangen. Dieser riesige Fluß wird zugleich als ein Eismeer geschildert. Dies ist vermutlich das Meer, das die Welt in der Mitte („Midgard") von dem ringförmigen Utgard jenseits des Meeres am äußeren Rand der Welt trennt.

Da die Welt der Riesen auch das Jenseits ist, entsprechen die vier Flüsse Örmt und Körmt und die beiden Kerlaug sowie der Fluß Wimur und das Eismeer alle dem Jen-seitsfluß Gjallar, den man auf dem Weg zur Hel überqueren muß.

„Örmt" könnte evtl. „der Eilige" im Sinne von „der Schnell-Fließende" bedeuten. Mit „Körmt" könnte evtl. das Flußbett gemeint sein – aber diese Deutung ist sehr unsicher. Die Bedeutung von „Kerlaug" ist hingegen sehr sicher: „Badewanne" – hier zeigt sich wieder einmal der manchmal etwas derbe Humor der Germanen, da das Durchqueren des gefährlichen Jenseitsflusses als ein gemütliches Bad in einem Bottich mit warmem Wasser geschildert wird.

Die Vierzahl der Flüsse läßt einen Bezug zu den vier Himmelsrichtungen und daher auch zu den vier Himmelsträgern vermuten.

2. Austri

Zusätzlich zu den Texten, in denen alle vier Himmelsträgern als Gruppe beschrieben werden, erscheint „Austri" noch in zwei Liedern.

2. a) Thorfinnsdrapa

In der Skaldskaparmal wird von Snorri Sturluson eine Strophe aus einem Lied des Skalden Arnorr Jarl-Skalde zitiert, in dem der Himmel als die „Last des Austri" umschrieben wird:

Die strahlende Sonne wird schwarz werden,
die Erde wird im dunklen Meer versinken,
die Last des Austri wird zerbrechen,
das ganze Meer wird über die Berge branden,
bevor ein größerer Fürst als Thorfinnr
auf den Inseln geboren werden wird;
Möge Gott dem Wächter seines Gefolges helfen.

2. b) Zwergen-Namen

In dem Lied „Dwerga-Heiti" („Zwergen-Namen"), dessen Verfasser unbekannt ist, wird Austri ohne nähere Beschreibung aufgelistet:

Atthiofr, **Austri***,*
Aurwangr und Dufr,
Ai, Andvari,
Onn und Draupnir,
Dori und Dagfinnr,
Dulinn und Onarr,
Alfr und Dellingr,
Oinn und Durnir.

2. c) Zusammenfassung

Der Zwerg „Austri" („Östlicher") steht zusammen mit seinen drei Brüdern am Rand der Welt auf dem ringförmigen Utgard-Gebirge, der das Weltmeer umgibt, in dessen Mitte die Insel Midgard liegt, und trägt den Himmel, d.h. den Schädel des Urriesen Ymir.

Er ist der Sohn des ehemaligen Göttervaters Tyr und der Jenseitsgöttin, die in den Mythen als Gefion, Freya und Huldar erscheint. Er wurde manchmal als Zwerg und manchmal als Riese aufgefaßt, aber stets als Jenseits-Wesen.

Seine Kategorisierung als Erd-Zwerge aus der Sippe des Durin ist sicherlich eine recht neue Systematisierung.

Austri ist wie seine drei Brüder möglicherweise gehörnt – entweder mit dem Geweih eines Hirsches oder mit den Hörnern eines Stieres. Hirsch und Stier waren die Opfertiere des Göttervaters Tyr. Auch die Hörner kennzeichnen ihn als ein Jenseitswesen, da die Toten bei ihrer Bestattung mit dem für sie geopferten Herdentier, das meistens gehörnt war, identifiziert wurden.

Als Hirsch und als einer der vier Zwerge, mit denen sich Freya vereinte, um von ihnen ihren goldenen Halsreif Brisingamen zu erhalten (eine Umdeutung der ursprünglichen Mythe) hat Austri noch weitere Namen (siehe die Zusammenfassung am Ende dieses Kapitels).

Der Zwerg „Austri" („Östlicher") ist mit dem Sonnenaufgang im Osten verbunden.

Die Erschaffung der Midgard-Insel wurde auf die Erschaffung der Insel Seeland übertragen. In dieser Mythe helfen Sudri und seine drei Brüder in der Gestalt von vier Stier-Riesen der Gefion auf ähnliche Weise wie sie als die vier Hirsch-Zwerge den Asen bei der Erschaffung des Himmels geholfen haben.

Die vier Riesen sind ein relativ häufiges Motiv in den mittelalterlichen Heldensagen, was zeigt, wie tief verwurzelt das Motiv der vier Himmelsträger gewesen sein muß.

3. Sudri

Zusätzlich zu den Texten, die sich auf alle vier Himmelsträger gemeinsam beziehen, finden sich zu Sudri noch zwei Stellen, an denen Sudri erwähnt wird bzw. in der eine Szene, die mit Sudri in Zusammenhang steht, beschrieben wird.

3. a) Thorsdrapa

In einer Strophe wird der Tyr-Riese Geirröd als „Sudris Verwandter" umschrieben. Dies bestätigt, daß die vier Himmelsträger die Söhne des ehemaligen Göttervaters Tyr-Geirröd sind.

Der Erschrecker des Eschen-Seiles, Sudris Verwandter,
warf mit einer Zange ein Häppchen
das in einer Esse gekocht worden war,
zu dem Mund von Odins Kummer-Dieb.

„Esche" ist hier eine Heiti für „Eschenbogen". Das „Eschenseil" ist die Bogensehne, die wiederum eine Kenning für „Krieger" ist. Der „Erschrecker der Krieger" ist der Riese Geirröd, zu dem Thor in diesem Lied gereist ist.

„Geirröd" ist „Sudris Verwandter".

Das „Kochen in einer Esse" ist eine Umschreibung für das Erhitzen von Metall im Feuer eines Schmiedes. Das „glühende Häppchen" ist daher das Schwert des Göttervaters, das von Geirröd in der nächtlichen bzw. winterlichen Unterwelt neugeschmiedet wird.

„Odins Kummer-Dieb" ist Odins Sohn Thor, der seinen Vater stets erfreut.

Das feindliche Werfen des glühenden Eisens auf Thor wird als ein Füttern durch Geirröd umschrieben, der das „Häppchen" dem Thor in den Mund zu schieben versucht.

3. b) Sonnenlied

In diesem Lied wird der Süden mit dem Sonnenhirsch assoziiert, der das Opfertier des Göttervaters Tyr ist. Möglicherweise bestand hier auch eine Assoziation zu dem Zwerg Sudri.

Den Sonnenhirsch sah ich von Süden kommen
Von Zweien am Zaum geleitet;
Auf dem Felde standen seine Füße,
Die Hörner hob er zum Himmel.

3. c) Zusammenfassung

Der Zwerg „Sudri" („Südlicher") steht zusammen mit seinen drei Brüdern am Rand der Welt auf dem ringförmigen Utgard-Gebirge, der das Weltmeer umgibt, in dessen Mitte die Insel Midgard liegt, und trägt den Himmel, d.h. den Schädel des Urriesen Ymir.

Er ist der Sohn des ehemaligen Göttervaters Tyr und der Jenseitsgöttin, die in den Mythen als Gefion, Freya und Huldar erscheint. Er wurde manchmal als Zwerg und manchmal als Riese aufgefaßt, aber stets als Jenseits-Wesen.

Seine Kategorisierung als Erd-Zwerge aus der Sippe des Durin ist sicherlich eine recht neue Systematisierung.

Sudri ist wie seine drei Brüder möglicherweise gehörnt – entweder mit dem Geweih eines Hirsches oder mit den Hörnern eines Stieres. Hirsch und Stier waren die Opfertiere des Göttervaters Tyr. Auch die Hörner kennzeichnen ihn als ein Jenseitswesen, da die Toten bei ihrer Bestattung mit dem für sie geopferten Herdentier, das meistens gehörnt war, identifiziert wurden. Sudri ist möglicherweise der „Sonnenhirsch".

Als Hirsch und als einer der vier Zwerge, mit denen sich Freya vereinte, um von ihnen ihren goldenen Halsreif Brisingamen zu erhalten (eine Umdeutung der ursprünglichen Mythe) hat Sudri noch weitere Namen (siehe die Zusammenfassung am Ende dieses Kapitels).

Der Zwerg „Sudri" („Südlicher") ist mit der Mittagssonne im Süden verbunden und entspricht somit dem Feuer des Sonnengott-Götterkönigs Tyr.

Die Erschaffung der Midgard-Insel wurde auf die Erschaffung der Insel Seeland übertragen. In dieser Mythe helfen Sudri und seine drei Brüder in der Gestalt von vier Stier-Riesen der Gefion auf ähnliche Weise wie sie als die vier Hirsch-Zwerge den Asen bei der Erschaffung des Himmels geholfen haben.

Die vier Riesen sind ein relativ häufiges Motiv in den mittelalterlichen Heldensagen, was zeigt, wie tief verwurzelt das Motiv der vier Himmelsträger gewesen sein muß.

4. Westri

Dieser Himmelsträger wird nirgendwo gesondert von seinen drei Brüdern erwähnt.

4. a) Zusammenfassung

Der Zwerg „Westri" („Westlicher") steht zusammen mit seinen drei Brüdern am Rand der Welt auf dem ringförmigen Utgard-Gebirge, der das Weltmeer umgibt, in dessen Mitte die Insel Midgard liegt, und trägt den Himmel, d.h. den Schädel des Urriesen Ymir.

Er ist der Sohn des ehemaligen Göttervaters Tyr und der Jenseitsgöttin, die in den Mythen als Gefion, Freya und Huldar erscheint. Er wurde manchmal als Zwerg und manchmal als Riese aufgefaßt, aber stets als Jenseits-Wesen.

Seine Kategorisierung als Erd-Zwerge aus der Sippe des Durin ist sicherlich eine recht neue Systematisierung.

Westri ist wie seine drei Brüder möglicherweise gehörnt – entweder mit dem Geweih eines Hirsches oder mit den Hörnern eines Stieres. Hirsch und Stier waren die Opfertiere des Göttervaters Tyr. Auch die Hörner kennzeichnen ihn als ein Jenseitswesen, da die Toten bei ihrer Bestattung mit dem für sie geopferten Herdentier, das meistens gehörnt war, identifiziert wurden.

Als Hirsch und als einer der vier Zwerge, mit denen sich Freya vereinte, um von ihnen ihren goldenen Halsreif Brisingamen zu erhalten (eine Umdeutung der ursprünglichen Mythe) hat Westri noch weitere Namen (siehe die Zusammenfassung am Ende dieses Kapitels).

Der Zwerg „Westri" („Westlicher") ist mit dem Sonnenuntergang im Westen verbunden und entspricht somit dem Tod des Sonnengott-Göttervaters Tyr.

Die Erschaffung der Midgard-Insel wurde auf die Erschaffung der Insel Seeland übertragen. In dieser Mythe helfen Westri und seine drei Brüder in der Gestalt von vier Stier-Riesen der Gefion auf ähnliche Weise wie sie als die vier Hirsch-Zwerge den Asen bei der Erschaffung des Himmels geholfen haben.

Die vier Riesen sind ein relativ häufiges Motiv in den mittelalterlichen Heldensagen, was zeigt, wie tief verwurzelt das Motiv der vier Himmelsträger gewesen sein muß.

5. Nordri

Zusätzlich zu den Dingen, die über alle vier Himmelsträger gemeinsam bekannt sind, erscheint „Nordri" auch in einer Kenning und als ein König in England.

5. a) König Hrolf Kraki und seine Berserker

In diesem Teil der Saga wird vor allem aus dem Leben des Hroar berichtet.

Einst lebte ein König, der Nordri genannt wurde. Er herrschte über einen Teil von England. Seien Tochter wurde Ogn genannt.

Hroar verbrachte viele Jahre bei König Nordri und verteidigte dessen Reich. Sie waren die engsten Freunde und nach einiger Zeit heiratete Hroar schließlich Ogn und ließ sich in England bei seinem Schwiegervater, dem König Nordri, nieder, während Helgi über Dänemark, das Erbe ihres Vaters, herrschte.

Jarl Saevil herrschte über ein eigenes Reich zusammen mit Signy. Ihr Sohn wurde Hrok genannt.

Saevils Frau war die Schwester von Hraor und Helgi. Hrok war sehr gierig und hatte von dem kostbaren Ring gehört, den Hroar und Helgi besaßen. Er verlangte von Helgi ein Drittel seines Reiches oder diesen kostbaren Ring, was Helgi jedoch ablehnte. Danach verlangt er den Ring von Hroar, der ihn gerade besitzt, aber auch dieser lehnt ab, wirft den Ring ins Meer und schlägt Hrok die Füße ab. Als seine Wunden verheilt sind, nimmt Hrok Rache.

Hrok griff sofort an und eine heftiger Schlacht entbrannte, die von der Stärke der beiden Heere her kein ausgeglichener Kampf war. Da fiel König Hroar und Hrok unterwarf dessen ganzes Land seiner Herrschaft. Einige Zeit später nahm er den Titel „König" an. Danach hielt er um die Hand der Ogn, König Nordris Tocher an, die zuvor die Frau seines Verwandten König Hroar gewesen war.

König Nordri sah sich selber in der Klemme, da er zu alt zum Kämpfen geworden war.

König Nordris Tochter wollte nicht, daß ihr Vater wegen ihr im Kampf starb und bat darum, erst nach ihrer Schwangerschaft, wenn die das Kind des Hroar geboren hatte, Hrok zu heiraten zu müssen. Dem stimmte Hrok zu.

Doch als ihr Sohn geboren wurde, kam Hroars Bruder Helgi mit seiner Flotte von Dänemark und besiegte König Hrok.

In dieser Saga finden sich zwei Motive aus den Mythen des Göttervaters Tyr: der kostbare Ring, der im Meer, d.h. in der Wasserunterwelt versenkt wird, und die abgeschlagenen Füße des Hrok, die an den verlorenen Schuh des Sonnengottes, an den abgebrochenen Zeh des Aurvandil und an die abgeschlagenen Hände und Füße des Jörmunrek erinnern und ein Symbol der Reise über den Jenseitsfluß in die Unterwelt sind.

Diese Motive in einer Saga über einen König mit dem Namen Nordri ist zumindestens eine vage Bestätigung der Abstammung der vier Himmelsträgern von dem ehemaligen Göttervater Tyr.

5. b)   Erfidrapa über König Olaf Tryggva-Sohn

In der sechsundzwanzigsten Strophe dieses Lobliedes über den verstorbenen König Olaf wird das Motiv des Zwerges Nordri auch in einer Kenning verwendet:

Ich habe einen Patenonkel verloren,
der mächtiger war
als jeder kampfbegierige Fürst des Nordens
unter der Last des Nordri.
Ich werde niemals einen Ausgleich für den Verlust
dieses Anstachlers
der Schwert-Treffen finden,
der den breiten Bug-Mond zerschlug.

Last des Nordri = Himmel
Schwert-Treffen = Kampf, dessen Anstachler = König
Bug-Mond = die runden Wikinger-Schilde an der Bordwand der Drachenschiffe

5. c)   Zusammenfassung

Der Zwerg „Nordri" (Nördlicher") steht zusammen mit seinen drei Brüdern am Rand der Welt auf dem ringförmigen Utgard-Gebirge, der das Weltmeer umgibt, in dessen Mitte die Insel Midgard liegt, und trägt den Himmel, d.h. den Schädel des Urriesen Ymir.

Er ist der Sohn des ehemaligen Göttervaters Tyr und der Jenseitsgöttin, die in den

Mythen als Gefion, Freya und Huldar erscheint. Er wurde manchmal als Zwerg und manchmal als Riese aufgefaßt, aber stets als Jenseits-Wesen.

Seine Kategorisierung als Erd-Zwerge aus der Sippe des Durin ist sicherlich eine recht neue Systematisierung.

Nordri ist wie seine drei Brüder möglicherweise gehörnt – entweder mit dem Geweih eines Hirsches oder mit den Hörnern eines Stieres. Hirsch und Stier waren die Opfertiere des Göttervaters Tyr. Auch die Hörner kennzeichnen ihn als ein Jenseitswesen, da die Toten bei ihrer Bestattung mit dem für sie geopferten Herdentier, das meistens gehörnt war, identifiziert wurden.

Als Hirsch und als einer der vier Zwerge, mit denen sich Freya vereinte, um von ihnen ihren goldenen Halsreif Brisingamen zu erhalten (eine Umdeutung der ursprünglichen Mythe) hat Nordri noch weitere Namen (siehe die Zusammenfassung am Ende dieses Kapitels).

Der Zwerg „Nordri" („Nördlicher") ist mit der Nacht im Norden verbunden und entspricht somit dem Schlaf des wiedergeborenen Sonnengott-Göttervaters Tyr in der Unterwelt.

Die Erschaffung der Midgard-Insel wurde auf die Erschaffung der Insel Seeland übertragen. In dieser Mythe helfen Nordri und seine drei Brüder in der Gestalt von vier Stier-Riesen der Gefion auf ähnliche Weise wie sie als die vier Hirsch-Zwerge den Asen bei der Erschaffung des Himmels geholfen haben.

Die vier Riesen sind ein relativ häufiges Motiv in den mittelalterlichen Heldensagen, was zeigt, wie tief verwurzelt das Motiv der vier Himmelsträger gewesen sein muß.

6. Dain

Über diesen Zwerg wird im „Havamal", in „Odins Rabenzauber", im „Hyndla-Lied", im „Grimnir-Lied", in der „Vision der Seherin" sowie in „Gylfis Vision" und in der „Skaldskaparmal" berichtet. Er ist somit einer der bekannteren Zwerge.

6. a) Der Name „Dain"

Der Name „Dain" bedeutet „Verstorbener". Dieser Name ist eine Bildung zu dem Adjektiv „dainn" für „gestorben, tot".

Dieses Wort ist entweder eine Ableitung von germanisch „dauda" für „tot" (englisch „dead") oder von „dan" für „schlagen".

„Dain" ist somit ein „Toter" oder ein „Erschlagener". Dies entspricht der Bedeutung „Totengeist" des Wortes „dwergaz" („Zwerg").

6. b) Odins Rabenzauber

In diesem Lied erscheint Dain zusammen mit Thrain als zwei Zwerge, die die Zukunft vorhersehen können. Sie werden wie die anderen Zwergenpaare auch ursprünglich die beiden Pferdesöhne des Göttervaters gewesen sein.

Thrains Ausspruch ist schwerer Traum,
Dunkler Traum ist Dains Ausspruch.

6. c) Hyndla-Lied

Im Hyndla-Lied sind die beiden Zwerge Dain und Nabbi diejenigen, die Freyas goldenen Eber „Hildiswini" („Kampfschwein") erschaffen haben. Sie werden vermutlich mit Sindri und Brokk identisch sein, die Freyrs goldenen Eber „Gullinborsti" („Goldborste") erschaffen haben.

Freyja :
„Du faselst, Hyndla, träumst Du vielleicht?
Daß Du sagst, mein Geselle sei mein Mann.
Meinem Eber glühn die goldnen Borsten,
Dem Hildiswin – den herrlich schufen
Die beiden Zwerge Dain und Nabbi. "

6. d) Havamal

In diesem Lied ist „Dain" einer vielen Namen des Odin. Er nennt sich hier als Runenzauber-Lehrer der Alfen „Dain". Man wird daher davon ausgehen können, daß vor 500 n.Chr. Tyr in der Unterwelt als „Dain" bezeichnet worden ist, da Odin ansonsten keine Beziehungen zu den Alfen hat, aber Tyr-Wieland „Alfenkönig" („Alberich") genannt worden ist.

Odin:
„Hauptlieder neun lernt ich von dem weisen Sohn
Bölthorns, des Vaters Bestlas,
Und trank einen Trunk des teuern Mets
Aus Odhrörir geschöpft.

Zu gedeihen begann ich und begann zu denken,
Wuchs und fühlte mich wohl.
Wort aus dem Wort verlieh mir das Wort,
Werk aus dem Werk verlieh mir das Werk.

Runen wirst Du finden und Ratstäbe,
Sehr starke Stäbe,
Sehr mächtige Stäbe.
Erzredner ersann sie, Götter schufen sie.

Sie ritzte der hehrste der Herrscher,
Odin den Riesen, den Alfen Dain,
Dwalin den Zwergen,
Alswid aber den Riesen; einige schnitt ich selbst. "

Vermutlich sind Dain, Dwalin und Alswid hier identisch. Alswid ist einer der Namen der beiden Rosse vor dem Sonnen-Streitwagen, also vor dem Streitwagen des

Tyr – der andere Name ist „Arwakr".

Da Arkwakr („Frühauf") und Alswid („Allgeschwind") die beiden Alcis-Söhne des Tyr sind, werden auch Dain und Dwalin die beiden Alcis sein.

6. e) Gylfis Vision

In dieser Übersicht über die Mythen der Germanen ist Dain auch der Name eines der vier Hirsche, die unter dem Weltenbaum grasen.

„Und vier Hirsche laufen umher an den Zweigen der Esche, und beißen die Knospen ab. Sie heißen: Dain, Dwalin, Dunneir, Durathror."

Die Namen der vier Hirsche zeigen, daß es sich um Ahnen handelt, die bei der Bestattung mit dem für sie geopferten Hirsch identifiziert wurden (siehe „Hirsch" in Band 42):

> „Dain" bedeutet „Gestorbener",
> „Dwalin" bedeutet „Schlafender",
> „Dunneir" bedeutet „der über das Feuer geht", und
> „Durathror" bedeutet „Schlummer-Kämpfer".

Die Hirsche sind offenbar Totengeister, also Zwerge, die durch das Jenseitstorfeuer der Waberlohe gegangen sind und nun im Jenseits „schlafen", d.h. tot sind. Die Namen dieser vier Hirsche sprechen für ihre Gleichsetzung mit den vier Himmelsrichtungs-Zwergen.

Da Odin den allergrößten Teil des Symbolik des Tyr übernommen hat, als er ihn um ca. 500 n.Chr. als Göttervater abgelöst hat, und dabei u.a. die Göttervater-Halle vom Rand des Himmels in das Zentrum zum Weltenbaum verlegt hat, wäre es gut denkbar, daß Odin auch die vier gehörnten Zwerge (Stiere, Hirsche) vom Himmelsrand zum Weltenbaum geholt hat.

„Dain" ist einer der vier „Hirsch-Zwerge" des Mandalas der Himmelsrichtungen, zu dem noch die vier Himmelsrichtungs-Zwerge, die vier Zwerge aus der Freya-Mythe und die vier Riesen/Stiere gehören.

Diese vier Mitglieder dieser vier Gruppen lassen sich recht sicher einander zuordnen.

Die Grundorientierung bei dieser Zuordnung ist die Symbolik des Sonnenlaufs: Die Sonne wird am Morgen im Osten geboren, am Mittag wird sie im Süden stark, am Abend stirbt sie im Westen und in der Nacht ist sie im Norden in der Unterwelt.

Der „Freya-Zwerg" Allfrigg sollte als „Alfenkönig" der Sonne am Mittag entsprechen, d.h. dem Sudri.

Der „Freya-Zwerg" Dwalin sollte als „Schläfer" der Nacht und dem Jenseits und somit dem Nordri entsprechen.

Der „Freya-Zwerg" Frer sollte als „Grauer" dem Alter und dem Sterben am Abend und somit dem Westri entsprechen.

Für den „Freya-Zwerg" Berling bleibt als „Bären-Mann" somit der Sonnenaufgang am Morgen und daher der Zwerg Austri.

Der „Hirsch-Zwerg" Dwalin sollte dem „Freya-Zwerg" Dwalin entsprechen und gehört somit zu der Nacht und Nordri.

Der „Hirsch-Zwerg" Dunneir sollte als „Feuer-Läufer" zu dem heißen Mittag und zu Sudri gehören.

Der „Hirsch-Zwerg" Dain muß als „Toter" dem Tod der Sonne am Abend und somit dem Westri entsprechen.

Für den „Hirsch-Zwerg" Durathror, dessen Name „Schlummer-Kämpfer" bedeutet, bleibt somit nur der Morgen – auch wenn sein Name hier nicht sehr überzeugend ist. Vielleicht ist er als der „noch schlummernde Starke" zu verstehen, der am Morgen dann erwacht – aber auch das ist unsicher.

Da die vier Stier/Riesen keine Namen und auch keinen unterscheidbaren Charakter haben, können sie den vier Zwergen nicht individuell zugeordnet werden.

Die Namen der vier Himmelsträger				
Sonnen-stand	vier Zwerge, die Ymirs Schädel tragen	vier Zwerge, mit denen sich Freya vereint	vier Hirsche unter dem Weltenbaum	die vier Riesen-Söhne der Gefjun
Morgen = (Wieder-) Geburt	Austri – Östlicher	Berling – Bären-Mann	Durathror – Schlummer-Kämpfer	Riese in Stier-Gestalt
Mittag = Leben, Stärke	Sudri – Südlicher	Alfrigg – Alfen-König	Dunneir – der über das Feuer geht	Riese in Stier-Gestalt
Abend = Tod	Westri – Westlicher	Grer – Grauer	Dain – Gestorbener	Riese in Stier-Gestalt
Nacht = Jenseits	Nordri – Nördlicher	Dvalin – Schläfer	Dwalin – Schlafender	Riese in Stier-Gestalt

6. f)   Das Grimnir-Lied

Die eben genannte Stelle aus „Gylfis Vision" wird ihren Ursprung vermutlich in den folgenden Versen aus dem Grimnir-Lied haben:

Der Hirsche sind vier, die mit krummem Halse
An der Esche Ausschüssen weiden:
Dain und Dwalin, Duneyr und Durathror.

6. g)   Die Vision der Seherin

In diesem Lied wird „Dain" als ein Zwerg aus der Sippe des Durin aufgeführt:

Da ward Modsognir der mächtigste
Dieser Zwerge und Durin nach ihm.
Noch manche machten sie menschengleich
Der Zwerge von Erde, wie Durin angab.

Nyi und Nidi, Nordri und Sudri,
Austri und Westri, Althiof, Dwalin,
*Nar und Nain, Niping, **Dain**,*
Bifur, Bafur, Bömbur, Nori;
Ann und Anarr, Ai, Miödwitnir.

... ...

6. h)   Gylfis Vision

Hier wird gesagt, daß Dain einer der Zwerge ist, die in der Erde wohnen:

Und dieses, heißt es, sind die Namen dieser Zwerge:

*Nyi und Nidi, Nordri und Sudri, Austri und Westri, Althiosr, Dwalin, Nar und Nain, Niping, **Dain**, Biwör, Bawör, Bömbör, Nori, Ori, Onar, Oin, Modwitnir, Wig und Gandalf, Windalf, Thorin, Fili, Kili, Fundin, Wali, Thror, Throin, Theck, Lit, Wit, Nyr, Nyrad, Reck, Radswid.*

Und diese sind auch Zwerge und wohnen im Gestein wie jene in der Erde:

Draupnir, Dolgthwari, Hör, Hugstari, Hlediolf, Gloin, Dori, Ori, Duf, Andwari, Hepti, Fili, Har, Siar.

6. i) Skaldskaparmal

Der Name „Dainsleif", d.h. „Erbe des Dain" des Schwertes des Högni (Hagen, Loki) zeigt, daß der Zwerg Dain auf die beiden Alcis-Söhne des Tyr zurückgeht, die das Schwert ihres Vaters in der Unterwelt neu schmieden.

Schlachten werden 'Sturm oder Schneegestöber der Hjadninge' genannt und Waffen werden als 'Flammen oder Stäbe der Hjadninge' bezeichnet.
Dies ist die Geschichte dazu:

Ein König, der Högni (Hagen, Loki) genannt wurde, hatte eine Tochter mit dem Namen Hilde. Diese wurde durch einen König namens Hedin (Tyr), Hiarrandis Sohn, zur Kriegsgefangenen gemacht, während König Högni zur Königsversammlung geritten war.
Als er nun hörte, daß in seinem Reich geheert worden war und seine Tochter fortgeführt sei, ritt er mit seinem Gefolge los, um nach Hedin zu suchen, und hörte, daß er entlang der Küste nordwärts gesegelt sei. Als er jedoch nach Norwegen kam, erfuhr er, daß sich Hedin nach Westen gewendet hatte. Da segelte ihm Högni bis zu den Orkney-Inseln nach und als er nach Hamey kam, lag Hedin mit seinem Heer vor dieser Insel.
Da ging Hilde und suchte ihren Vater auf, und bot ihm in Hedins Namen ein Halsband zum Vergleich; wenn er aber das nicht wolle, so sei Hedin zur Schlacht bereit und Högni hätte von ihm keine Schonung zu hoffen.
Högni antwortete seiner Tochter abweisend. Als sie zurück zu Hedin kam, sagte sie ihm, daß Högni keinen Vergleich wolle, und bat ihn, sich zum Streit zu rüsten. Und so taten sie beide, gingen auf das Eiland und ordneten ihr Heer.
Da rief Hedin seinen Schwager Högni und bot ihm einen Vergleich an und viel Gold zur Buße.
Doch Högni antwortete: 'Das hast Du mir zu spät zum Ausgleich angeboten, denn nun habe ich mein Schwert Dainsleif gezogen, das von den Zwergen geschmiedet worden ist und eines Mannes Tod werden muß, so oft es entblößt worden ist und dessen Hieb immer trifft und Wunden schlägt, die niemals heilen.'

Diese Eigenschaften hat auch das Tyr-Schwert „Tyrfinger", mit dem das Schwert „Dainsleif" daher identisch sein wird. „Dain" sollte daher einst ein Name des Tyr in der Unterwelt gewesen sein.

Da sprach Hedin: 'Du rühmst Dich des Schwertes, aber noch nicht des Sieges. Ich nenne jedes Schwert gut, das seinem Herrn getreu ist.'

Da begannen sie die Schlacht, die 'Kampf der Hjadninge' genannt wird, und stritten den ganzen Tag und am Abend fuhren die Könige wieder zu den Schiffen.

In der Nacht aber ging Hilde (Freya) zum Walplatz und weckte durch Zauberkunst die Toten alle, und den anderen Tag gingen die Könige zum Schlachtfelde und kämpften, und so auch alle, die tags zuvor gefallen waren.

Daher währte der Streit einen Tag nach dem anderen fort, und alle die in diesem Kampf fielen und alle Schwerter, die auf dem Walplatz lagen, und alle Schilde wurden zu Steinen.

Aber sobald es tagte, standen alle Toten wieder auf und kämpften und alle Waffen wurden wieder brauchbar.

Und in den Liedern heißt es, die Hiadninge würden so fortfahren bis zur Götterdämmerung.

Dieser endlose Kampf ist offenbar die Sagen-Variante des endlosen Kampfes zwischen Tyr und Loki, durch den die Jahreszeiten verursacht werden (siehe auch den Band 22 über Freya).

6. j) Kenningar

Dain erscheint in vier Kenningarn, was zeigt, daß er einer der bekannteren Zwerge gewesen ist:

Hirsch	*Dain*		Snorri Sturluson	Skaldskaparmal
Zwerg	*Dain*		Sigvatr Thordarson	Lausavisur
Dichtkunst	*freudevolle Woge des Dainn*	Woge = Skaldenmet (wurde von Zwergen hergestellt)	Sigvatr Thordarson	Lausavisur
Frau	*Dain Lauch-Frigg der Schwerter*	eine recht wirre Kenning	Olvir „Schlitzohr"	Lausavisa

6. k) Zusammenfassung

„Dain" bedeutet „Toter". Er ist einer der beiden Pferdesöhne des Göttervaters, die in der Unterwelt zu Zwergen werden:

- Dain und Thrain können die Zukunft vorhersehen,
- Dain und Nabbi erschaffen Freyas Eber „Hildiswini" (Analogie zu Sindri und Brokk, die Freyrs Eber „Gullinborsti" erschaffen).
- Dain ist einer der beiden Zwerge, die das Tyr-Schwert in der Unterwelt neu schmieden, da dieses Schwert auch den Namen „Dainsleif", d.h. „Dains Erbe" trägt.

Dain ist auch einer der vier Hirsche, die einst die vier Himmelsträger-Zwerge gewesen sind, bevor sie Odin zu dem Weltenbaum holte, unter dem er sein Walhalla errichtete. Dain entspricht dem Zwerg Westri am Ort des Sonnenuntergangs, d.h. am Tor zur Hel.

Dain wurde als ein Erd-Zwerg aus der Sippe des Durin angesehen.

„Dain" ist auch der Name des Odin als Runen-Lehrer der Zwerge.

Diese vielfältige Überlieferung zu dem Zwerg Dain spricht dafür, daß „Dain" schon in alter Name eines der beiden Pferdesöhne des Tyr ist. Er könnte bis vor die Zeit zurückreichen, in der das Motiv der vier gehörnten Himmelträger-Zwerge entstanden ist, da Dain einer von ihnen ist.

Ursprünglich wird „Dain" ein Beiname des Tyr in der Unterwelt gewesen sein, da das magische Tyr-Schwert den Namen „Dainsleif", d.h. „Erbe des Dain" trägt.

149

7.   Dunneir

„Dunneir" ist der Name eines der vier Himmelsträger, die als Riesen, als Zwerge, als Hirsche und als Stiere erscheinen können.

7. a)   Der Name „Dunneir"

Dieser Name bedeutet „der über das Feuer geht".

7. b)   Gylfis Vision

In dieser Übersicht über die germanische Mythologie werden vier Hirsche beschrieben:

„Und vier Hirsche laufen umher an den Zweigen der Esche, und beißen die Knospen ab. Sie heißen: Dain, Dwalin, Dunneir, Durathror. "

Siehe dazu auch das vorige Kapitel über „Dain".

7. c)   Sonnenlied

In diesem Lied wird der Süden mit dem Sonnenhirsch assoziiert, der das Opfertier des Göttervaters Tyr ist.

Den Sonnenhirsch sah ich von Süden kommen
Von Zweien am Zaum geleitet;
Auf dem Felde standen seine Füße,
Die Hörner hob er zum Himmel.

Dieser zu der Mittagssonne im Süden gehörende Sonnenhirsch könnte der mit dem Feuer assoziierte Hirsch „Dunneir" sein.

7. d)   Zuordnungen

Die Namen der vier Himmelsträger				
Sonnen-stand	*vier Zwerge, die Ymirs Schädel tragen*	*vier Zwerge, mit denen sich Freya vereint*	*vier Hirsche unter dem Weltenbaum*	*die vier Riesen-Söhne der Gefjun*
Morgen = (Wieder-) Geburt	Austri – Östlicher	Berling – Bären-Mann	Durathror – Schlummer-Kämpfer	Riese in Stier-Gestalt
Mittag = Leben, Stärke	Sudri – Südlicher	Alfrigg – Alfen-König	Dunneir – der über das Feuer geht	Riese in Stier-Gestalt
Abend = Tod	Westri – Westlicher	Grer – Grauer	Dain – Gestorbener	Riese in Stier-Gestalt
Nacht = Jenseits	Nordri – Nördlicher	Dvalin – Schläfer	Dwalin – Schlafender	Riese in Stier-Gestalt

Die ausführliche Begründung für diese Zuordnung findet sich in dem Kapitel über „Dain".

7. e)   Zusammenfassung

„Dunneir" („der über das Feuer geht") ist einer der vier Hirsche unter dem Weltenbaum.

Dieser Hirsch ist vor dem Aufstieg des Odin zum Götterkönig, der die Horizont-Symbolik des Tyr in einer Weltenbaum-zentrierte Symbolik umgeformt hat, einer der vier Himmelträger gewesen, die die Gestalt von Zwergen, Riesen, Hirschen oder Stieren gehabt haben. Diese Kombination von Jenseitswesen und Opfertieren geht darauf zurück, daß diese vier Wesen die Söhne des Tyr in der Unterwelt sind, für den bei seinem Tod bzw. in seinem Kult Stiere und Hirsche geopfert wurden.

Der Hirsch „Dunneir" entspricht dem Zwerg „Sudri" („Südlicher"), der auch „Allfrigg" („Alfen-König") genannt wurde und im Süden in der Stärke und Wärme der Mittagssonne am Himmelsrand steht und den Himmel, d.h. Ymirs Schädel trägt.

151

8.   Durathror

„Durathror" („der schlummernde Starke") ist der Name eines der vier Himmelsträger, die als Riesen, als Zwerge, als Hirsche und als Stiere erscheinen können.

8. a)   Gylfis Vision

In dieser Übersicht über die germanische Mythologie werden vier Hirsche beschrieben (siehe das Kapitel über „Dain"):

*„Und vier Hirsche laufen umher an den Zweigen der Esche, und beißen die
Knospen ab. Sie heißen: Dain, Dwalin, Dunneir, Durathror."*

8. b)   Zuordnungen

Die Namen der vier Himmelsträger				
Sonnen-stand	*vier Zwerge, die Ymirs Schädel tragen*	*vier Zwerge, mit denen sich Freya vereint*	*vier Hirsche unter dem Weltenbaum*	*die vier Riesen-Söhne der Gefjun*
Morgen = (Wieder-) Geburt	Austri – Östlicher	Berling – Bären-Mann	Durathror – Schlummer-Kämpfer	Riese in Stier-Gestalt
Mittag = Leben, Stärke	Sudri – Südlicher	Alfrigg – Alfen-König	Dunneir – der über das Feuer geht	Riese in Stier-Gestalt
Abend = Tod	Westri – Westlicher	Grer – Grauer	Dain – Gestorbener	Riese in Stier-Gestalt
Nacht = Jenseits	Nordri – Nördlicher	Dvalin – Schläfer	Dwalin – Schlafender	Riese in Stier-Gestalt

Die ausführliche Begründung für diese Zuordnung findet sich in dem Kapitel über
„Dain".

152

8. c) Zusammenfassung

„Durathror" („schlafender Kämpfer") ist einer der vier Hirsche unter dem Weltenbaum.

Dieser Hirsch ist vor dem Aufstieg des Odin zum Götterkönig, der die Horizont-
Symbolik des Tyr in einer Weltenbaum-zentrierte Symbolik umgeformt hat, einer
der vier Himmelträger gewesen, die die Gestalt von Zwergen, Riesen, Hirschen oder
Stieren gehabt haben. Diese Kombination von Jenseitswesen und Opfertieren geht
darauf zurück, daß diese vier Wesen die Söhne des Tyr in der Unterwelt sind, für den
bei seinem Tod bzw. in seinem Kult Stiere und Hirsche geopfert wurden.

Der Hirsch „Durathror" entspricht dem Zwerg „Austri" („Östlicher"), der auch
„Berling" („Bären-Mann") genannt wurde und im Osten in der Morgensonne am
Himmelsrand steht und den Himmel, d.h. Ymirs Schädel trägt.

9.   Dwalin

Dies ist einer der Zwerge, über die recht viel bekannt ist und die in verschiedenen Mythen und Sagas vorkommen.

9. a)   Der Name „Dwalin"

„Dwalin" bedeutet „Schläfer", was eine Umschreibung für „Toter" sein wird, da die Zwerge die Geister der Toten sind.

9. b)   Die Saga über Hervor und König Heidrek den Weisen

Die vermutlich ursprünglichste Beschreibung des Dwalin findet sich nicht in einer Mythe, sondern in der Hervor-Saga.

Es war einmal ein Mann, der wurde Sigrlami genannt und herrschte über Gardariki. Das ist Russland. Seine Tochter war Eyfura, die die Schönste aller Mädchen war.

Der Name des Königs „Sigrlami" bedeutet „Sieg-Versehrter". Dieses „lami", das nicht nur die Lahmheit, sondern jede schwere Verletzung und körperliche Behinderung bezeichnen kann, wird eine Anspielung auf die vom Fenrir-Wolf abgebissene Hand des Tyr oder die durchschnittenen Kniesehnen der Tyr-Wieland sein. „Lami" ist somit den ehemaligen Göttervater Tyr in der Unterwelt. Als Kriegsgott und Göttervater ist Tyr natürlich auch der „Sieger".

Aus der Kombination des „Tages/Diesseits-Siegers" und des „Nacht/Jenseits-Lahmen" ergibt sich dann der seltsame Tyr-Name „Sieg-Lahmer".

„Gardariki" bedeutet „Reich der befestigten Städte" und bezeichnet die ostslawischen Reiche in Osteuropa, die zwischen dem Schwarzen Meer und der Ostsee lagen. Das Reich wurde später „Rus" genannt (Rußland) – der Name leitet sich von nordisch „rodr" (Ruderer") ab, womit die Wikinger gemeint waren, die diesen Staat gegründet haben.

Eines Tages, als der König zur Jagd ausritt, verlor er seine Männer aus den Augen. Während er einen Hirsch verfolgte, gelangte er immer tiefer in den Wald, aber als die Sonne versank, hatte er ihn noch immer nicht erlegt.

Die Hirschjagd, bei der sich der Held in der Wildnis verirrt, ist in den Sagas eine beliebte Eröffnung für alle Ereignisse, die im Jenseits stattfinden. Dieses Motiv geht wahrscheinlich auf die rituelle Jagd auf den Hirsch zurück, der anschließend dem Göttervater Tyr geopfert wurde.

Bei der Beschreibung einer Hirschjagd in einer Saga kann man daher davon ausgehen, daß im Folgenden der Göttervater, also entweder ein Tyr-Riese oder ein Tyr-Zwerg oder in späten Sagas Tyrs Nachfolger Odin auftritt.

Er war so weit in den Wald hineingeritten, daß er kaum noch wußte, wo er war. Er sah im Licht des Sonnenunterganges einen hohen Stein und neben ihm zwei Zwerge. Er zog sein Messer über ihnen und bannte sie außerhalb des Steines durch die Macht des Eisens, in das magische Zeichen eingraviert waren. Sie flehten um ihr Leben.

Der „hohe Stein" wird ein Hügelgrab sein – das Heim der Zwerg-Totengeister.

Bei Zwergenpaaren besteht immer eine sehr große Wahrscheinlichkeit, daß sie die beiden Pferdesöhne des ehemaligen Göttervaters Tyr im Jenseits sind.

Der König frug: „Was sind eure Namen?"
Einer hieß Dvalin, der andere Dulin.
Der König sprach: „Da ihr zwei die geschicktesten aller Zwerge seid, sollt ihr mir ein Schwert fertigen – das Beste, das ihr erschaffen könnt. Die Parierstange und der Knauf sollen aus Gold sein und auch der Griff. Es wird Eisen schneiden wie Stoff und nie rosten. Es soll jedem, der es trägt, den Sieg in der Schlacht und im Zweikampf bringen."

Das Schmiedehandwerk, das diese beiden Zwerge beherrschen, bestätigt den Verdacht, daß es sich bei ihnen um die beiden Pferdesöhne des Tyr handelt, von dem sie das Schmiedehandwerk-Motiv übernommen haben. Ursprünglich hat Tyr-Wieland sein am Abend bzw. im Herbst zerbrochenes Schwert selber im Jenseits neugeschmiedet, bevor er diese Arbeit an seine beiden Söhne delegiert hat.

Die magischen Eigenschaft des Schwertes zeigen, daß es sich um das Schwert des Tyr handelt, da dieser der Schwert-, Kriegs- und Sieggott gewesen ist und sein Schwert als leuchtend und golden beschrieben wird.

Sie stimmten zu. Der König ritt heim. Und als der vereinbarte Tag kam, ritt er zu dem Stein. Die Zwerge standen außen vor dem Stein. Sie rechten ihm das Schwert und es war wirklich prunkvoll. Aber als Dvalin auf der Schwelle ins Innere des Steines stand, sprach er:
„Möge Dein Schwert, Sigrlami, jedesmal, wenn es gezogen wird, das Unglück eines Mannes sein und mögen abscheuliche Taten mit diesem Schwert begangen werden!

Es wird außerdem der Tod Deiner Sippe sein!"

Der König schwang das Schwert gegen die Zwerge. Sie sprangen in den Stein. Das Schwert steckte fest in dem Stein, sodaß beide Schneiden nicht mehr zu sehen waren, denn die Tür hatte sich hinter den beiden Zwergen geschlossen.

Sigrlami behielt das Schwert und nannte es Tyrfing.

Der Name „Tyrfing", also „Tyr-Finger" bestätigt, daß es sich um Tyrs Schwert handelt. Der Fluch der beiden Zwerge ist vermutlich eine Umdeutung des allabendlichen Tod des Sonnengott-Göttervaters Tyr.

Die Formulierung „Schwert im Stein" hat ursprünglich sehr wahrscheinlich „Schwert in der steinernen Grabkammer im Hügelgrab" bedeutet. Dies dürfte auch der Ursprung des bekannten Motivs „Schwert im Stein" aus der keltischen Artus-Sage sein.

An einer späteren Stelle in dieser Saga holt Hervor dieses Schwert aus dem Hügelgrab ihres Vaters.

Es war das schärfste aller Schwerter und jedesmal, wenn es gezogen wurde, leuchtete es wie ein Sonnenstrahl.

Auch das „Leuchten wie ein Sonnenstrahl" entspricht den Schilderungen von Tyrs Schwert: In der Hand des Tyr-Surtur leuchtet es wie die Sonne. Nachdem Thor und Odin den nordgermanischen Sonnengott-Göttervater Tyr um 500 n.Chr. abgesetzt haben, hat Odin dieses goldene Schwert an sich genommen und es vervielfacht, um damit Walhalla zu beleuchten.

Nie konnte es entblößt werden ohne das es einen Mann tötete und es wurde stets mit warmem Blut auf ihm wieder in die Scheide gesteckt. Und niemand, weder Mensch noch Tier, lebte noch einen Tag, wenn es eine Wunde von ihm erhalten hatte – egal wie klein sie auch gewesen sein mochte. Kein Schlag mit ihm verfehlte sein Ziel und es hielt nie an bevor es die Erde traf. Und jeder Mann, der es in der Schlacht trug, erlangte den Sieg. Der König trug es in Schlachten und im Zweikampf und er siegte jedesmal. Dieses Schwert ist berühmt in all den alten Sagen.

9. c) Die Saga über Hervor und König Heidrek den Weisen

Die Wikinger-Anführerin Hervor beschwört an dem Grab ihres Vaters Angantyr dessen Geist und die seiner Berserker, damit er ihr sein Schwert Tyrfing gibt.

Auch der Name des Königs Angantyr ist eine Bestätigung der Deutung des

Schwertes „Tyr-Finger" als des Schwertes des Tyr, denn dieser Königsname bedeutet „Angst-Tyr", was sich vermutlich auf den Angst-verbreitenden Kriegsgott Tyr beziehen wird. In ganz ähnlicher Weise wird auch der griechisch-römische Kriegsgott Ares/Mars von seinen beiden Söhnen Deimos („Schrecken") und Phobos („Furcht") begleitet.

„Hervard, Hjorvard,
Hrani, Angantyr!
Eure Rippen sollen zerbrechen
und verrotten
wie tief in einem Ameisenhügel,
wenn ihr mir nicht
Dwalins Schwert gebt!
Es steht toten Männern nicht an,
gute Waffen für sich zu behalten!"

Es läßt sich nicht sicher sagen, ob „Dwalins Schwert" als „Schwert, das von Dwalin geschmiedet wurde" oder als „Schwert, das dem Dwalin gehörte" zu verstehen ist. Im ersten Fall wäre Dwalin einer der Pferdesöhne des Tyr und im zweiten Fall wäre er ehemalige Göttervater selber – was letztlich jedoch keinen Unterschied macht, da die beiden Tyr-Söhne ihr Schmiedehandwerk von ihrem Vater übernommen haben und das Schwert somit das Tyr-Schwert ist.

Dies ist ein weiterer Hinweis darauf, daß ein großer Teil der Namen der beiden Alcis-Zwerge aus Beinamen des Tyr entstanden ist.

9. d) Havamal

In diesem Lied lehrt Dwalin den Zwergen die Kunst Runen zu ritzen, d.h. den Runenzauber. Man kann daher davon ausgehen, daß Dwalin auch in diesem Lied als ein Zwerg aufgefaßt wurde.

Odin:
„Runen wirst Du finden und Ratstäbe,
Sehr starke Stäbe,
Sehr mächtige Stäbe.
Erzredner ersann sie, Götter schufen sie,
Sie ritzte der hehrste der Herrscher:
Odin den Asen, den Alfen Dain,

Dwalin den Zwergen,
Alswid aber den Riesen; einige schnitt ich selbst. "

Die Runen-Lehrer werden in diesem Lied wie folgt den verschiedenen Wesen zugeordnet:

Runenlehrer	
Wesen	*Lehrer*
Asen	Odin
Alfen	Dain
Zwerge	Dwalin
Riesen	Alswid

Es stellt sich natürlich die Frage, ob diese vier Lehrer eigentlich tatsächlich vier verschiedene Wesen sind oder nicht eher verschiedene Namen desselben Wesens, d.h. des alten Göttervaters Tyr (Dain, Dwalin, Alswid) bzw. des neuen Göttervaters Odin (Odin).

Als die Runen zwischen 100 v.Chr. und 100 n.Chr. bei den Nordgermanen aus einem norditalienischen Alphabeth entwickelt worden sind, ist Tyr noch der Göttervater der Nordgermanen und somit auch der Runenkundige gewesen. Diese Symbolik hat Odin um 500 n.Chr. von Tyr übernommen.

Für diese Deutung spricht auch, daß Dwalin einer der beiden Pferdesöhne des Tyr ist und auch Alswid als einer der beiden Hengste vor dem Sonnenwagen einer dieser beiden Tyr-Söhne ist. Auch Dain gehört zu den Pferdesöhnen des Tyr.

Die Runen-Zauberkunst hat wie die Schmiedekunst zunächst einmal zu Tyr gehört und ist dann von Tyrs Alcis-Söhnen übernommen worden. Schließlich ist die Runen-Kunst von Tyr und den beiden Alcis auf Tyrs Nachfolger Odin übertragen worden.

9. e) Völsungen-Saga

In dieser Saga stellt Sigurd dem Drachen Fafnir verschiedene Fragen. Unter anderem will er von Fafnir Auskunft über die Herkunft der Nornen erlangen, woraufhin ihm der Drache antwortet:

„Viele Nornen gibt es weit und breit – manche von ihnen sind von der Sippe der

Asen, manche von der Sippe der Alfen und manche von ihnen sind von der Sippe des Dwalin."

Die „Sippe des Dwalin" läßt sich als eine Kenning für „Zwerge" verstehen und ist sicherlich auch so gemeint. Diese Kenning hat allerdings noch einen Beiklang: Dwalin ist noch deutlich als Tyr oder als einer der beiden Alcis-Söhne des Tyr erkennbar.

Tyr und die beiden Alcis sind Asen gewesen; Tyr ist der König der Toten, d.h. der König der Alfen („Alberich"). Somit sind die Sippen der Asen, der Alfen und des Dwalin (Tyr/Alcis) in diesem Zusammenhang dasselbe. Die Nornen sollten daher Frauen aus der Sippe des Tyr sein.

Die Nornen sind die Göttinnen, die das Schicksal und insbesondere den Todeszeitpunkt verkünden. Diese Frauen sind ursprünglich nur eine einzige Norne gewesen, die „Urd", d.h. „Schicksal" hieß. Sie war wiederum der „Todesbotschaft"-Aspekt der Jenseitsgöttin, deren wichtigste Funktion für die Menschen die Wiederzeugung und die Wiedergeburt gewesen ist.

Innerhalb der Sippe des Tyr ist Freya, die Jenseits-Frau des Tyr, diese Jenseitsgöttin gewesen. Diese Nornen- und Walkürenfunktion der Freya wird in der Saga über Hedin und Högni ausführlich geschildert (siehe den Band 22 über Freya).

Auch in Freya vereinen sich alle drei Beschreibungen der Nornen, die Fafnir dem Sigurd gibt: Freya zählt zu den Göttern (Asen), sie gehört zu den Alfen (ihr Bruder-Mann Freya wohnt in Alfheim) und sie gehört zu der Sippe des Dwalin, der der Sohn des Tyr und der Geliebte der Freya ist.

Vermutlich ist Freya bis 500 n.Chr. die Mutter des Dwalin gewesen, da sie die Jenseitsgöttin ist, die als Frau des Tyr aufgefaßt worden ist und somit auch Tyr selber wiedergebar. Da sich der Göttervater auf seiner Jenseitsreise in einen Hirsch, Stier oder Hengst verwandelte, werden seine beiden Pferdesöhne aus der Symbolik des wiedergeborenen Göttervaters als Fohlen entstanden sein. Da sich vor dem Streitwagen des Göttervaters zwei Hengste befanden, lag es nahe, diese beiden Rosse in Analogie zu der Fohlen-Gestalt des wiedergeborenen Göttervaters als die Zwillingssöhne des Göttervaters aufzufassen.

Die Hirsch- und Hengst-Symbolik findet sich bei der Gleichsetzung der vier Himmelsträger-Zwerge mit den vier „Hirsch-Zwergen" und den vier Stier/Riesen wieder. Diese vier Zwerge vereinen sich mit Freya. Die vier Stiere sind die Söhne der Freya-Gefion.

Die ursprüngliche Auffassung der beiden Alcis und ihrer Erweiterung zu den vier Himmelsträgern als den Söhnen des Tyr und der Freya läßt sich somit noch deutlich erkennen, auch wenn dieses Motiv in der Überlieferung schon sehr stark in seine einzelne Aspekte zerfallen ist.

9. f) Fafnir-Lied

Dasselbe wie in der Völsungen-Saga wird auch im Fafnir-Lied berichtet:

Sigurd:
„Laß Dich fragen, Fafnir, da Du vorschauend bist
Und wohl manches weißt:
Welches sind die Nornen, die notlösend heißen
Und Mütter mögen entbinden?"

Fafnir:
„Verschiedenen Geschlechts scheinen die Nornen mir
Und nicht eines Ursprungs.
Einige sind Asen, andere Alfen,
Die dritten Töchter Dwalins."

9. g) Skaldskaparmal

In diesem Lehrbuch der germanischen Dichtkunst wird unter den Umschreibungen für „Dichtkunst" auch eine mit dem Zwergennamen „Dwalin" gebildete Kenning aufgeführt:

So sang Ormr Steinthor-Sohn:

„... daß der Leib des Bier-Brettes
und mein eigener, wenn sie tot sind,
in dieselbe Halle gebracht werden;
Männer, hört den Trank des Dwalin!"

Ein „Brett" ist wie „Baum", „Pfosten" u.ä. eine Umschreibung für einen Menschen. Ein „Bier-Brett" ist daher eine Frau, da diese den Männern das Bier einschenkte. Nicht gerade schmeichelhaft, diese Umschreibung ...

Die „Halle" ist die Grabkammer im Hügelgrab. Ormr sagt hier, daß er zusammen mit der Frau bestattet werden will.

Der „Trank des Dwalin" ist der Skaldenmet und somit auch das Lied, das Ormr vorträgt.

Normalerweise sind es die beiden Zwerge Fialar und Galar, die aus dem Blut des Kwasir und aus Honig den Skaldenmet brauen. Offenbar bestand aber noch soviel

Bewußtsein darüber, daß die Namen „Dwalin und Dulin" dasselbe Zwergenpaar bezeichneten wie „Fialar und Galar", daß man in Kenningarn auch Dwalin als den, der den Skaldenmet herstellt, benutzen konnte.

Diese Gleichsetzung der beiden Zwergenpaare bestätigt noch einmal die Auffassung des Dwalin als einen der beiden Pferdesöhne des Göttervaters Tyr.

9. h) Nafna-Thulur

Mit dem Namen „Dwalin" konnte auch eine Sonnen-Kenning gebildet werden.

Sonne:

Sol und Sunna,
Gesicht, Schön-Rad,
Erbe, Vernichter, Spielgefährte,
Heilungs-Schein, Schein,
Erbe, uraltes Licht
und Licht-Wanderer,
Dahintreibende, Alfen-Rad
und Dwalins Spielgefährte.

Die Sonnen-Kenning „Dwalins Spielgefährte" ist ironisch gemeint und bezieht sich darauf, daß Zwerge im Sonnenlicht zu Stein werden (siehe „Alwis" in Band 7 und „Hrimgerdr" in Band 35). Das „zu Stein werden" ist ursprünglich ein „in den Stein (Hügelgrab) gehen" gewesen, d.h. die allmorgendliche Rückkehr der Zwerge, Riesen, Toten und der anderen Jenseitswesen in die Unterwelt, da bei Sonnenaufgang ihre Herrschaft endet.

Auch hier wird Dwalin mit der Sonne und somit auch mit dem ehemaligen Sonnengott-Göttervater Tyr assoziiert – auch wenn der Zusammenhang in sein Gegenteil verkehrt worden ist (die Sonne als Feind des Dwalin anstatt „Dwalin" als Name der Sonne in der Unterwelt). Wie auch heute noch üblich schreibt der Sieger die Geschichte – und verdreht die Ereignisse und Zusammenhänge so, daß sie seine eigene Stellung stärken. Das ist auch bei der Absetzung des nordgermanischen Göttervaters durch den südgermanischen Odin nicht anders gewesen ...

Die Kenning „Erbe" ist von Snorri Sturluson in dieser Liste versehentlich zweimal aufgeführt worden.

9. i) Skaldskaparmal

Diese Kenning wird auch noch einmal in der Skaldskaparmal aufgeführt:

Die Sonne wird so genannt: Sonne, Ruhm, Immer-Glut, All-Helle, Gesicht, Schön-Rad, Heil-Strahl, Dwalins Spielgefährte, Alfen-Strahl, uraltes Licht, Leuchten.

9. j) Odins Rabenzauber

Die eben betrachtete Sonnen-Kenning wird u.a. in dem Lied „Odins Rabenzauber" in der Beschreibung eines Sonnenaufgangs benutzt:

Da trieb aus dem Tore wieder Dellings Sohn
Sein schön mit Gestein geschmücktes Roß;
weit über Menschenheim hinweg glänzte die Mähne des Pferdes:
Das Roß zog in seinem Wagen Dvalins Spielgesellen.

„*Delling"* bedeutet „Strahlender" oder „Tagesbruch". Der Sohn des Tagesanbruchs ist die Sonne und somit auch der Gott Tyr, der am Abend vorher gestorben ist.

Der Wagen des Sohnes des Delling ist der Sonnen-Streitwagen des Tyr, der hier ungewöhnlicherweise nur von einem statt von zwei Rossen gezogen wird.

„*Menschenheim"* ist die Welt der Menschen, d.h. Midgard.

9. k) Kalfsvisa

In der Skaldskaprmal wird eine Strophe aus der Kalfsvisa zitiert, in dem verschiedene Pferdenamen aufgezählt werden, in der auch Dwalin vorkommt.

Dag ritt Drösull („Umherstreifer")
und Dwalin ritt Modnir („Mutiger"*);*
Hjalmther („Helmträger"*), Hafeti (*„Hochhuf"*);*
Haki ritt Fakr („Roß"*);*
Der Töter des Beli (= Freyr)
ritt Blodughofi („Blutig-Huf"*),*
und Skavadr („Ausschreitender"*) wurde*
von dem Herrn der Haddinge geritten.

Dwalin, der Pferde-Sohn des Tyr, als Reiter auf einem Pferd … die Umdeutung ist hier schon recht weit entwickelt.

Es ist nicht auszuschließen, daß „Modnir" einst einmal ein Name des Dwalin als Hengst vor dem Streitwagen des Tyr gewesen ist.

Der Name „Modnir" („Mutiger") erinnert sehr an den Zwergennamen „Modsognir" („Kraftloser"), der in „Die Vision der Seherin" der Vater von Durin und Dwalin ist, die dort als die Urahnen der Zwerge aufgefaßt werden. „Modnir" könnte folglich eine Verkürzung des Beinamens „Modsognir" des Tyr in der Unterwelt sein, der im Jenseits die Gestalt eines Hengstes, eines Hirsches oder seines Stieres angenommen hat.

9. l) Sörli-Thattr

Dwalin ist einer der vier Zwerge, die den goldenen Halsreif „Brisingamen" der Göttin Freya geschmiedet haben.

In der Saga wird entsprechend der damals üblichen christlich-gelehrten Interpretation die Welt der Götter als ein fernes Land und die Götter selber als die Könige der Frühzeit aufgefaßt.

Östlich von Vanakvisl in Asien gab es ein Land, das Asien-Land oder Asien-Heim genannt wurde. Die Leute dort wurden Asen genannt und ihre Hauptstadt Asgard. Odin war der König, der dort herrschte. Dort gab es einen großen Tempel. Odin bestimmte Njörd und Freyr als Hohepriester. Njörds Tochter wurde Freya genannt. Sie begleitete Odin und war seine Geliebte.

In Asien lebten einige Männer, von denen einer Alfrigg, der nächste Dvalin, und die anderen Berling und Grer genannt wurden. Ihre Höfe lagen fern von der Halle des Königs. Sie waren so geschickte Handwerker, daß sie jedes Ding in die Hand nehmen und daraus etwas Beachtliches erschaffen konnten. Menschen wie diese wurden „Zwerge" genannt. Sie lebten in einem gewissen Stein. Sie hatten in jenen Tagen mehr mit Menschen zu tun als heute.

Odin liebte Freya sehr und sie war wirklich die schönste aller Frauen, die damals lebten. Sie hatte ein Frauenhaus, das sowohl schön als auch sehr fest war – so fest, daß gesagt wurde, daß niemand, wenn die Tür verschlossen war, hineingelangen konnte, außer wenn es Freya ihnen erlaubte.

Eines Tages wanderte Freya umher und gelangte zu dem Felsen. Er stand offen. Die Zwerge erschufen eine goldene Halskette. Sie war fast fertig. Freya gefiel das Aussehen dieser Kette. Freya gefiel auch den Zwergen. Sie wollte die Halskette kaufen und bot Gold und Silber für sie an und dazu viele Schätze.

Doch sie antworteten, daß es ihnen nicht an Geld fehlte, aber das jeder von ihnen seinen Teil an der Kette für eine bestimmte Sache geben würde und daß sie nichts anderes haben wollten, als daß sie mit jedem von ihnen eine Nacht verbringen würde. Und, ob dies nun eine glückliche Vereinbarung war oder nicht, dies ist der Handel, den sie abschlossen.

Und vier Nächte später, als dieser Handel ausgeführt worden war, gaben sie die Halskette der Freya. Sie ging heim in ihr Frauenhaus und verhielt sich ruhig, als wenn nichts geschehen wäre.

Die Betrachtung dieser Mythe findet sich am Anfang des Kapitels über die vier Himmelsträger-Zwerge.

9. m)   Die Vision der Seherin

In diesem Lied wird Dwalin gleich zweimal aufgelistet: Einmal als ein Nachkomme des Durin und einmal selber als Begründer einer Zwergensippe.

Die beiden Zwergensippen, die Nachkommen von Durin und Dwalin sind, werden eine Erweiterung bzw. Systematisierung der beiden Zwerge „Dwalin und Dulin" sein, die das Schwert Tyrfing für König Sigrlami (eine Saga-Variante des Tyr) hergestellt haben und dessen zwei Pferdesöhne sind.

Modsognir als der Vater von Durin und Dwalin wird der ehemalige Göttervater Tyr in der Unterwelt sein.

Hier werden die Zwerge als eine große Sippe mit einem Stammbaum aufgefaßt:

Die Sippe der Zwerge		
Tyr im Jenseits	Modsognir	
Tyrs Alcis-Söhne	Durin	Dwalin
die Ahnen insgesamt	Zwergenstamm des Durin	Zwergenstamm des Dwalin

Da ward Modsognir der mächtigste
Dieser Zwerge und Durin nach ihm.
Noch manche machten sie menschengleich
Der Zwerge von Erde, wie Durin angab.

Nyi und Nidi, Nordri und Sudri,
*Austri und Westri, Althiof, **Dwalin**,*
Nar und Nain, Niping, Dain,
Bifur, Bafur, Bömbur, Nori;
Ann und Anarr, Ai, Miödwitnir.

Weig, Gandalf, Windalf, Thrain,
Theck und Thorin, Thror, Witr und Litr,
Nar und Nyrad; nun sind diese Zwerge,
Regin und Raswid, richtig aufgezählt.

Fili, Kili, Fundin, Nali,
Hepti, Wili, Hannar und Swior,
Billing, Bruni, Bild, Buri,
Frar, Hornbori, Frägr und Loni,
Aurwang, Jari, Eikinskjaldi.

*Zeit ist's, die Zwerge von **Dwalins** Zunft*
Den Leuten zu leiten bis Lofar hinauf,
Die aus Gestein und Klüften strebten
Von Aurwangs Tiefen zum Erdenfeld.

Da war Draupnir und Dolgtrasir,
Har, Haugspori, Hläwang, Gloi,
Skirwir, Wirwir, Skafid, Ai,
Alf und Yngwi, Eikinskjaldi.

Fialar und Frosti, Finnar und Ginnar,
Heri, Höggstari, Hliodolf, Moin.
So lange Menschen leben auf Erden,
Wird zu Lofar hinauf ihr Geschlecht geleitet.

Diese Auffassung der Zwerge als die beiden Sippen der zwei Alcis-Söhne des Tyr ist zwar möglicherweise schon sehr alt, aber „Zwerg" ist nicht als Bezeichnung der beiden Pferdesöhne des Göttervaters entstanden, da die indogermanische Wurzel des germanischen „dwcrgaz" die Bezeichnung „dhroughos" für „Geist, Gespenst" ist, womit generell die Totengeister sind.

Dieser Zwergensippen-Stammbaum wird wahrscheinlich aufgrund des Wunsches, die Jenseits-Wesen zu systematisieren, erschaffen worden sein.

In der Mythologie läßt sich weltweit beobachten, daß es zunächst Geschichten über einzelne Themen wie den Ackerbau oder die Wiedergeburt gegeben hat, aber daß mit der Zeit die in diesen Themen-bezogenen Mythen auftretenden Götter und Jenseits-Wesen analog zu den Sippen der Menschen im Diesseits systematisiert werden, wodurch dann die Sippen der Götter und Jenseitswesen entstehen.

Diese Sippen-Systematisierung der Mythen tritt vor allem dann auf, wenn die soziale Struktur der Menschen stärker zentralisiert wird. Wenn diese Zentralisierung zur Entstehung eines Königtums führt, werden auch die Jenseitswesen in einer Hierarchie mit einem obersten Gott angeordnet, was schließlich zum Monotheismus führt.

9. n) Gylfis Vision

Dwalin ist einer der Zwerge ist, die in der Erde wohnen:

Und dieses, heißt es, sind die Namen dieser Zwerge:

*Nyi und Nidi, Nordri und Sudri, Austri und Westri, Althiosr, **Dwalin**, Nar und Nain, Niping, Dain, Biwör, Bawör, Bömbör, Nori, Ori, Onar, Oin, Modwitnir, Wig und Gandalf, Windalf, Thorin, Fili, Kili, Fundin, Wali, Thror, Throin, Theck, Lit, Wit, Nyr, Nyrad, Reck, Radswid.*

Und diese sind auch Zwerge und wohnen im Gestein wie jene in der Erde:

Draupnir, Dolgthwari, Hör, Hugstari, Hlediolf, Gloin, Dori, Ori, Duf, Andwari, Hepti, Fili, Har, Siar.

Aber folgende kamen von Swarins Hügel gen Aurwang auf Jöruwall, und von ihnen stammt Lofars Geschlecht. Dies sind ihre Namen:

Skirfir, Wirfir, Skafid, Ai, Alf, Ingi, Eikinskialdi, Fal, Frosti, Fid, Ginnar.

Diese Auffassung ist sicherlich eine recht späte Systematisierung, da die Unterscheidung der Zwerge nach ihrem Wohnort in der Erde (einfache Erdbestattung) oder in einem Felsen (Hügelgrab) nicht sehr grundlegend ist.

9. o)   Gylfis Vision

„Dwalin" ist auch einer der vier „Hirsch-Zwerge":

„Und vier Hirsche laufen umher an den Zweigen der Esche, und beißen die Knospen ab. Sie heißen: Dain, Dwalin, Dunneir, Durathror."

Dwalin entspricht dem Himmelsträger-Zwerg Sudri:

Die Namen der vier Himmelsträger			
Sonnenstand	*vier Zwerge, die Ymirs Schädel tragen*	*vier Hirsche unter dem Weltenbaum*	*vier Zwerge, mit denen sich Freya vereint*
Morgen = (Wieder-)Geburt	Austri – Östlicher	Durathror – Schlummer-Kämpfer	Berling – Bären-Mann
Mittag = Leben, Stärke	Sudri – Südlicher	Dunneir – der über das Feuer geht	Alfrigg – Alfen-König
Abend = Tod	Westri – Westlicher	Dain – Gestorbener	Grer – Grauer
Nacht = Jenseits	Nordri – Nördlicher	Dwalin – Schlafender	Dvalin – Schläfer

Da Odin den allergrößten Teil des Symbolik des Tyr übernommen hat, als er ihn um ca. 500 n.Chr. als Göttervater abgelöst hat, und dabei u.a. die Göttervater-Halle vom Rand des Himmels in das Zentrum zum Weltenbaum verlegt hat, wäre es gut denkbar, daß Odin auch die vier gehörnten Zwerge („Hirsche") aus der Welterschaffungsmythe vom Himmelsrand zum Weltenbaum geholt hat, unter dem sie seitdem grasen.

Der Zwerg Dwalin, der sowohl einer der beiden Pferdesöhne, einer der vier Hirsche und einer der vier Zwerge in der Freya-Mythe ist, ist ein deutliches Indiz dafür, daß die vier Himmelsträger-Zwerge durch eine Verdoppelung der beiden Pferdesöhne bzw. Hirschsöhne („Alcis") des Göttervaters gebildet worden sind.

Dwalin: vom Pferde-Sohn zum Hirsch-Zwerg		
Entwicklung	**Zeit**	**Motiv**
1. Motiv	vor 2.800 v.Chr.	Wiederzeugung des indogermanischen Göttervaters in Pferde-oder Hirsch-Gestalt
2. Motiv	vor 2.800 v.Chr.	vier Himmelsträger bei den Indogermanen
3. Motiv	ca. 2.000 v.Chr. (Erfindung des Streitwagens)	der wiedergeborene Göttervater ist sein eigener Sohn => Identifizierung der beiden Pferde vor dem Wagen des Göttervaters mit dem wiedergeborenen Göttervater = die beiden Pferde werden zu den Söhnen des Göttervaters
4. Motiv	nach 2.000 v.Chr.	zwei Hirsche/Pferde vor dem Wagen des Tyr
5. Motiv	?	vier gehörnte Hirsch-Zwerge am Himmelsrand
	ca. 500 n.Chr.	(Odin setzt Tyr als Göttervater ab)
6. Motiv	ab ca. 650 n.Chr.	vier Hirsche unter dem Weltenbaum

Der Name „Dwalin" („Schläfer") wird zunächst den ehemaligen Sonnengott-Göttervater Tyr in der Unterwelt bezeichnet haben.

Dann wurde dieser Name auf einen seiner Alcis-Söhne übertragen und durch „Durin" oder „Dulin" ergänzt.

Der Name „Dwalin" wird später auch auf einen der vier „Hirsch-Zwerge" übertragen.

Dies ist sehr wahrscheinlich alles vor 500 n.Chr. geschehen, da ab dieser Zeit die alten, Tyr-zentrierten Mythen nicht mehr weiterentwickelt, sondern in ihre Bestandteile zerlegt und in die neuen, Odin-zentrierten Mythen eingebaut worden sind.

9. p) Grimnir-Lied

Die Namen dieser vier Hirsche werden auch im Grimnir-Lied genannt:

Der Hirsche sind vier, die mit krummem Halse
An der Esche Ausschüssen weiden:
Dain und Dwalin, Duneyr und Durathror.

9. q) Sonnenlied

In diesem Lied wird ein Hirschgeweih erwähnt, das in Zusammenhang mit Dwalin steht:

Erbe, Dein Vater allein verhalf Dir
Mit Solkatlis Söhnen
Zu des Hirschen Horn, das aus dem Hügel nahm
Der weise Wigdwalin.

„Solkatli" bedeutet „Sonnen-Kessel". Dieser Name könnte einen Priester des Sonnengott-Göttervaters Tyr, also einen „Diar" oder auch den Göttervater selber bezeichnen. „Solkatlis Söhne" könnten daher die beiden Alcis-Söhne des Tyr sein.

„Wigdwalin" bedeutet „Kampf-Dwalin" und ist vermutlich eine Bezeichnung des Tyr.

In dieser Strophe wird also gesagt, daß Tyr-Dwalin ein Hirschgeweih aus einem Hügelgrab genommen hat.

Der Skalde, der dieses Lied vorträgt, sagt zu dem „Erben", daß dessen Vater dafür gesorgt hat, daß er dieses Hirschgeweih erhält.

Dieser „Erbe" kann entweder der Sohn eines verstorbenen Vaters sein oder eine Umschreibung für „wiedergeborene Sonne".

Die Deutung als „Sohn" ergibt jedoch wenig Sinn, da es der verstorbene Vater ist, der die Hirschgestalt für seine Jenseitsreise benötigt.

Daher wird der „Erbe" die Sonne oder genauer gesagt die wiedergeborene Morgensonne sein. Der „Vater" (Tyr-Dwalin) ist dann die alte, am Vorabend gestorbene Sonne. Dieser (Sonnengott-Götter-)Vater hat im Hügelgrab die Gestalt eines Hirsches angenommen. Die beiden Pferdesöhne halfen dem „Erben", also der jungen, wiedergeborenen, morgendlichen Sonne, indem sie deren Wagen aus dem Hügelgrab, d.h. aus der Unterwelt heraus zogen. Der „Erbe" hatte dabei die Gestalt eines Hirschkitzes.

Wenn man alle Umschreibungen aus dieser Strophe aus dem Sonnenlied „übersetzt", klingt sie wie folgt:

Junge Morgensonne, Dein Vater, die alte Abendsonne,
half Dir zusammen mit seinen beiden Pferdesöhnen
die Wiedergeburt in Hirschgestalt zu erlangen.
Dwalin und Dulin zogen Dich aus seinem Hügelgrab empor.

9. r) Snäfridardrapa

In diesen Versen des Harald Struwelkopf Halfdan-Sohn (dem späteren König Harald Haarschön) ist Dwalin bzw. Regin einer der Brauer des Skaldenmets:

Ich lasse jetzt eine Drapa erklingen:
sie strömt aus Dwalins Griff hervor –
echten Regins-Trank reiche ich den Kriegern;
er kommt von dem Ort des Bragi.

Dwalins Griff = Dwalins Besitz
Regin-Trank = Skaldenmet = Lied
Bragi = Gott der Skaldenkunst; Ort des Bragi = Dichtkunst
Sowohl „Dwalin" als auch „Regin" ist sowohl einer der vielen Namen des ehemaligen Sonnengott-Göttervaters Tyr als auch eines seiner beiden Alcis-Söhne.

9. s) Skaldskaparmal

Der „Hirsch" konnte mit mehreren Namen umschrieben werden, zu denen auch die Namen der vier Hirsche unter dem Weltenbaum zählen:

Der Hirsch wird Modrödnir („mutige Stimme"), Dalarr („Tal"), Dalr („Tal"), Dain, Dvalinn, Duneyr und Durathror genannt.

Der Hirsch-Name „Modrödnir" ähnelt sehr dem Namen des Rosses „Modnir" des Dwalin. Dwalin wird sowohl der Hirsch „Modrödnir" als auch das Roß „Modnir" sein.

Vielleicht bedeutet „mod" in dem Namen „Modrödnir" auch „laut". Dann wäre dieser Name eine Beschreibung des Röhrens der Hirsche in der Brunstzeit, das ja durchaus beeindruckend sein kann.

Der Name „Modrödnir" ähnelt auch dem Tyr-Namen „Modsognir", der „Schläfer (in der Unterwelt)" bedeutet.

9. t) Kenningar

Zwerg	*Dvalin*			anonym	Solar-Heiti
Zwerg	*Dvalin*			Ormr Steinthorsson	Frau-Gedicht
Zwerg	*Dvalin*			König Harald Hart-Rat	Snäfridardrapa
Hirsch	*Dwalin ("Schläfer")*	identisch mit einem der vier Zwerge, die den Himmel tragen		Snorri Sturluson	Skaldskaparmal
Dichtkunst	*Trank des Dwalin*	Skaldenmet		Omar Steinthorsson	Skaldskaparmal
Sonne	*Dwalins Spiel-Gefährte*	Ironie: Dwalin erstarrte im Sonnenlicht zu Stein		Snorri Sturluson	Skaldskaparmal
					Thulur
				anonym	Odins Rabenzauber
Pferd	*Modnir ("Lebhafter")*	Roß des Dwalinn		Kalf	Kalfsvisa
Mund	*Griff des Dwalin*	Anspielung auf das Gold, das die Riesen mit ihrem Mund verteilen		Harald Struwelkopf Haldanarson	Snäfridardrapa

Die letzte dieser Kenningar ist am interessantesten, weil sie zeigt, daß Dwalin mit einem der drei Riesen Thiazi (Tyr), Idi und Gangr identisch ist, die die Söhne des Iwaldi (Tyr) sind und die drei Stände repräsentiert haben, denn diese drei haben das Gold-Erbe ihres Vaters aufgeteilt, indem sie jeweils einen Mundvoll davon genommen haben (siehe dazu auch „Gold" in Band 55).

Dwalin ist somit ein Sohn des Tyr-Iwaldi – was er auch als einer der beiden Alcis-Zwerge ist.

9. u)   Zuordnungen

Die Namen der vier Himmelsträger				
Sonnen-stand	*vier Zwerge, die Ymirs Schädel tragen*	*vier Zwerge, mit denen sich Freya vereint*	*vier Hirsche unter dem Weltenbaum*	*die vier Riesen-Söhne der Gefjun*
Morgen = (Wieder-) Geburt	Austri – Östlicher	Berling – Bären-Mann	Durathror – Schlummer-Kämpfer	Riese in Stier-Gestalt
Mittag = Leben, Stärke	Sudri – Südlicher	Alfrigg – Alfen-König	Dunneir – der über das Feuer geht	Riese in Stier-Gestalt
Abend = Tod	Westri – Westlicher	Grer – Grauer	Dain – Gestorbener	Riese in Stier-Gestalt
Nacht = Jenseits	Nordri – Nördlicher	Dvalin – Schläfer	Dwalin – Schlafender	Riese in Stier-Gestalt

Die ausführliche Begründung für diese Zuordnung findet sich in dem Kapitel über „Dain".

9. v)   Tolkien

In der Novelle „Der Hobbit" ist Dwalin einer der dreizehn Zwerge, die Bilbo Beutlin mit auf ihre Reise nehmen.

9. w)   Zusammenfassung

Dwalin ist einer der wichtigsten Zwerge. Sein Name bedeutet „Langsamer, Verharrender, Schläfer" und wird eine Umschreibung für „Toter" sein – die Zwerge („dwergaz") waren die Geister der Toten im Jenseits.

Dwalin ist einer der beiden Pferdesöhne des Göttervaters Tyr. Sein Bruder heißt

Durin („Schlummernder") oder „Dulin" („Verborgener").

Diese beiden Zwerge schmieden das Schwert „Tyr-Finger" ihres Vaters Tyr, der in den Sagen zu den beiden Königen „Sigrlami" und „Angantyr" umgedeutet geworden ist. „Sigrlami" bedeutet „Sieger-Lahmer" und ist eine Anspielung auf die abgebissene Hand des Tyr bzw. seine durchschnittenen Kniesehen als Wieland. „Angantyr" bedeutet „Angst-Tyr" und bezieht sich auf die Angst, die Tyr als Kriegsgott verbreitet.

Dwalin ist der Runen-Lehrer der Zwerge. Da ansonsten Odin die verschiedenen Wesen die Runen lehrt, scheint „Dwalin" hier eine Umschreibung für Tyr zu sein. Da zudem das Schwert „Tyr-Finger" auch als „Dwalins Schwert" umschrieben werden konnte, scheint man auch Tyr selber als „Dwalin", also als „der, der in der Unterwelt verharrt/schläft", umschrieben zu haben.

Die Wichtigkeit des Zwergen-Namens „Dwalin" in der germanischen Überlieferung ergibt sich daraus, daß „Dwalin" sowohl die Totengeister allgemein als auch „Tyr im Jenseits" und einen seiner beiden Pferdesöhne bezeichnet hat.

Als die beiden Alcis-Pferdesöhne braute Dwalin auch den Ritualtrunk – „Fialar" und „Galar" sind nur zwei alternative Namen für Dwalin und Durin. Der Skaldenmet konnte daher auch „Dwalins Trank" genannt werden.

Die Zwerge wurden insgesamt als zwei Sippen angesehen, die von Dwalin und Durin, also von den beiden Pferdesöhnen des Tyr abstammen. In diesem Zusammenhang wird Tyr „Modsognir" („Ekstase") genannt und als der Mächtigste der Zwerge angesehen.

Dwalin wurde nicht nur als Hengst, sondern auch als Hirsch angesehen – die beiden Söhne des Göttervaters wurden von den Germanen auch „Alcis" („Elche, Hirsche") genannt. Die beiden Hengste Dwalin und Durin zogen jeden Morgen den Wagen des Sonnengott-Göttervaters Tyr, der durch seine Wiedergeburt die Gestalt eines Hirsch-Kitzes hatte, aus seinem Hügelgrab, also der Unterwelt hervor und an den Himmel empor.

Diese beiden Hirsche wurden verdoppelt und mit den vier gehörnten Himmelsträger-Zwergen gleichgesetzt, deren nördlicher vermutlich nicht nur „Nordri", sondern auch „Dwalin" hieß, weil der „Schläfer" Dwalin am besten zu dem Norden paßt, da dieser die Unterwelt repräsentierte.

Nach dem Sturz des nordgermanischem Sonnengott-Göttervaters Tyr durch Odin um 500 n.Chr. holte Odin diese vier Hirsche aus dem Horizont-bezogenen Weltbild des Tyr (Sonnenlauf) in sein eigenes Weltenbaum-bezogenes Weltbild, wodurch Dwalin zu einem der vier Hirsche wurde, die unter Yggdrasil grasen.

Als Hengst hieß Dwalin auch „Modnir" („Mutiger") und als Hirsch „Modrödnir" („mutige/laute Stimme").

Dwalin ist auch einer der vier Zwerge, die Freyas Brisingamen geschmiedet haben, wofür jeder von ihnen eine Nacht mit der Göttin verbringen durfte. Diese Mythe wird mehrere Ursprünge gehabt haben:

- Tyr wurde jeden Morgen bzw. jedes Frühjahr durch die Jenseitsgöttin, also durch Freya wiedergeboren. Die zuvor stattfindende Wiederzeugung könnte auf die vier Zwerge ausgeweitet worden sein.
- Freyas goldener Halsreif Brisingamen und Odins goldener Ring Draupnir sind Symbole der Sonne gewesen.
- Als Verdoppelung der beiden Pferdesöhne des Tyr sind die vier Himmelsträger-Zwerge nicht nur die Söhne des Tyr, sondern auch der Freya.

Die Nornen als die Schicksalsverkünderinnen wurden zu der Sippe der Asen, zu der Sippe der Alfen und zu der Sippe des Dwalin gerechnet. Wenn man die Neigung, die Jenseitsgöttin zur Tochter des Göttervaters umzudeuten, mitbetrachtet, paßt diese Beschreibung am besten auf die Göttin Freya, die bei den Asen lebt, deren Bruder Freyr die Halle Alfheim von Tyr übernommen hat und die die Geliebte des Tyr-Dwalin (Wiederzeugung) und des Zwerges Dwalin war, und die zudem auch die Mutter der beiden Pferdesöhne des Tyr sowie der vier Himmelsträger-Zwerge gewesen ist.

Die Zuordnung des Dwalin zu den Erdzwergen ist eine späte Systematisierung.

Die Sonne wurde als „Dwalins Spielgefährte" umschrieben, was eine ironische Anspielung darauf sein wird, daß die Zwerge durch das Licht der Sonne zu Stein verwandelt wurden – die Zwerge mußten morgens in den „Stein", d.h. in das Hügelgrab zurückkehren.

Ursprünglich ist „Dwalin" ein Beiname des ehemaligen Sonnengott-Göttervaters Tyr in der Unterwelt gewesen. Dann wurde der Name „Dwalin" auf einen der beiden Alcis-Söhne des Tyr übertragen und durch „Durin" bzw. „Dulin" ergänzt. Da sowohl die beiden Alcis als auch die vier Himmelsträger-Zwerge als Hirsche aufgefaßt wurden, wurde der Name „Dwalin" schließlich auch auf einen der vier Hirsche, die den vier Himmelsträgern entsprechen, übertragen.

10. Alfrigg

10. a) Der Name „Alfrigg"

Dieser Name setzt sich aus „alf" für „Alfen" und „rigg" für „König" zusammen und bedeutet „Alfen-König". Dieser Name ist eine andere Schreibweise für „Alberich".

„Alfrigg" bzw. „Alberich" ist ursprünglich ein Titel des Tyr als König der Toten gewesen.

10. b) Hedin-Saga

In dieser Saga wird darüber berichtet, wie der goldene Halsreif „Brisingamen" („strahlendes Schmuckstück") der Freya entstanden ist und wie sie es erlangt hat.

Der Text und die Betrachtung dieser Mythe findet sich am Anfang des Kapitels über die vier Himmelsträger-Zwerge.

10. c) Zuordnungen

Der Zwerg „Alfrigg" („All-König") entspricht dem Feuer der Sonne und daher dem Mittag, dem Leben und der Stärke sowie dem Zwerg „Sudri" („Südlicher") und dem Hirsch „Dunneir" („der über das Feuer geht").

10. d) Zusammenfassung

„Alfrigg" ist einer der vier Zwerge, von denen Freya ihren goldenen Halsreif erhalten hat, wofür jeder von ihnen eine Nacht mit der Göttin verbringen durfte (Wiederzeugung).

Der Zwerg „Alfrigg" („Alfen-König") entspricht dem Feuer der Sonne und daher dem Mittag, dem Leben und der Stärke sowie dem Zwerg „Sudri" („Südlicher") und dem Hirsch „Dunneir" („der über das Feuer geht").

175

11. Berling

11. a) Der Name „Berling"

Der Name „Berling" bedeutet vermutlich „Bären-Nachkomme", also „Bären-Mann" und könnte ein Hinweis darauf sein, daß der Zwerg, also der Totengeist Berling zu seinen Lebzeiten im Diesseits ein Berserker gewesen ist.

Es wäre auch eine Ableitung von dem Substantiv „berja", das „kurzer Balken" bedeutet, denkbar. In diesem Falle wäre der Name wie „Baum, Pfosten, Mast, Stange" u.ä. eine sehr unspezifische Männer-Heiti.

11. b) Hedin-Saga

In dieser Saga wird darüber berichtet, wie der goldene Halsreif „Brisingamen" („strahlendes Schmuckstück") der Freya entstanden ist und wie sie es erlangt hat.

Der Text und die Betrachtung dieser Mythe findet sich am Anfang des Kapitels über die vier Himmelsträger-Zwerge.

11. c) Zuordnungen

Der Zwerg „Berling" („Bären-Mann") entspricht der Geburt der Sonne und daher dem Morgen und der Stärke sowie dem Zwerg „Austri" („Östlicher") und dem Hirsch „Durathror" („schlafender Kämpfer").

11. d) Zusammenfassung

„Berling" („Bären-Mann") ist einer der vier Zwerge, von denen Freya ihren goldenen Halsreif erhalten hat, wofür jeder von ihnen eine Nacht mit der Göttin verbringen durfte (Wiederzeugung.

Der Zwerg „Berling" („Bären-Mann") entspricht der Geburt der Sonne und daher dem Morgen und der Stärke sowie dem Zwerg „Austri" („Östlicher") und dem Hirsch „Durathror" („schlafender Kämpfer").

12. Grer

12. a) Der Name „Grer"

Der Name „Grer" bedeutet „Grauer", d.h. „Alter".

12. b) Hedin-Saga

In dieser Saga wird darüber berichtet, wie der goldene Halsreif „Brisingamen" („strahlendes Schmuckstück") der Freya entstanden ist und wie sie es erlangt hat.

Der Text und die Betrachtung dieser Mythe findet sich am Anfang des Kapitels über die vier Himmelsträger-Zwerge.

12. s) Zuordnungen

Der Zwerg „Grer" („Grauer") entspricht dem Tod der Sonne und daher dem Abend, dem Alter und dem Sterben sowie dem Zwerg „Westri" („Westlicher") und dem Hirsch „Dain" („Verstorbener").

12. d) Zusammenfassung

„Grer" („Grauer") ist einer der vier Zwerge, von denen Freya ihren goldenen Halsreif erhalten hat, wofür jeder von ihnen eine Nacht mit der Göttin verbringen durfte (Wiederzeugung.

Der Zwerg „Grer" („Grauer") entspricht dem Tod der Sonne und daher dem Abend, dem Alter und dem Sterben sowie dem Zwerg „Westri" („Westlicher") und dem Hirsch „Dain" („Verstorbener").

13. Die vier Himmelsträger-Zwerge bei den Germanen

Die vier Zwerge „Austri" („Östlicher"), „Sudri" (Südlicher"), „Westri" („Westlicher") und „Nordri" („Nördlicher") stehen am Rand der Welt auf dem ringförmigen Utgard-Gebirge, der das Weltmeer umgibt, in dessen Mitte die Insel Midgard liegt, und tragen den Himmel, d.h. den Schädel des Urriesen Ymir.

Sie sind die Kinder des ehemaligen Göttervaters Tyr und der Jenseitsgöttin, die in den Mythen als Gefion, Freya und Huldar erscheint. Sie wurden manchmal als Zwerge und manchmal als Riesen aufgefaßt, aber stets als Jenseits-Wesen.

Diese vier Zwerge sind durch eine Verdoppelung der beiden Pferdesöhne des Tyr entstanden. Sie sind die Söhne des Tyr und der Freya bzw. der Gefiun.

Ihre Kategorisierung als Erd-Zwerge aus der Sippe des Durin ist sicherlich eine recht neue Systematisierung.

Diese vier Zwerge sind möglicherweise gehörnt – entweder mit dem Geweih von Hirschen oder mit den Hörnern von Stieren. Hirsch und Stier waren die Opfertiere des Göttervaters Tyr. Auch die Hörner kennzeichnen diese vier Zwerge als Jenseitswesen, da die Toten bei ihrer Bestattung mit dem für sie geopferten Herdentier, das meistens gehörnt war, identifiziert wurden.

Als Hirsche und als die Zwerge, mit denen sich Freya vereinte, um von ihnen ihren goldenen Halsreif Brisingamen zu erhalten (eine Umdeutung der ursprünglichen Wiederzeugungs-Mythe) haben die vier Himmelsträger andere Namen.

Aufgrund einiger Zusammenhänge zwischen diesen drei Gruppen von Namen läßt sich eine Zuordnung herstellen, die allerdings nicht ganz sicher ist:

- Mit dem Sonnenaufgang im Osten sollte die Stärke des wiedergeborenen Sonnengott-Göttervaters Tyr verbunden sein: Durathror und Berling. Der Zwerg „Thror" entspricht vermutlich dem Zwerg/Hirsch „Durathror".

- Sudri wird dem Feuer der Sonne („Dunneir") und dem Alfen-König („Alfrigg") Tyr entsprechen.

- Mit dem Sonnenuntergang im Westen ist das Alter („Grer") und das Sterben („Dain") verbunden.

- Der Norden entspricht dem Tod („Dwalin").

Die Namen der vier Himmelsträger			
Sonnenstand	*vier Zwerge, die Ymirs Schädel tragen*	*vier Hirsche unter dem Weltenbaum*	*vier Zwerge, mit denen sich Freya vereint*
Morgen = (Wieder-)Geburt	Austri – Östlicher	Durathror – Schlummer-Kämpfer	Berling – Bären-Mann
Mittag = Leben, Stärke	Sudri – Südlicher	Dunneir – der über das Feuer geht	Alfrigg – Alfen-König
Abend = Tod	Westri – Westlicher	Dain – Gestorbener	Grer – Grauer
Nacht = Jenseits	Nordri – Nördlicher	Dwalin – Schlafender	Dvalin – Schläfer

Die Erschaffung der Midgard-Insel wurde auf die Erschaffung der Insel Seeland übertragen. In dieser Mythe helfen vier Stier-Riesen der Gefion so wie die vier Hirsch-Zwerge den Asen bei der Erschaffung des Himmels geholfen haben.

Die vier Riesen sind ein relativ häufiges Motiv in den mittelalterlichen Helden-sagen, was zeigt, wie tief verwurzelt das Motiv der vier Himmelsträger gewesen sein muß.

Einige der Namen der beiden Alcis-Söhne des Tyr sind ursprünglich Beinamen des ehemaligen Sonnengott-Göttervaters Tyr gewesen. Sie wurden dann sekundär auch auf die vier Himmelsträger übertragen, die möglicherweise als die verdoppelten Alcis angesehen worden sind.

14. Die vier Himmelsträger bei den Indogermanen

14. a) Griechen

Am bekanntesten ist sicherlich der griechische Riese Atlas („Träger"), der den Himmel im Westen trägt. Der Name Atlantik ist von „Atlas" abgeleitet worden und ebenso der Name „Atlantis", der „Insel des Atlas" bedeutet. Im Garten des Atlas wachsen die goldenen Äpfel der Hesperiden, die den Äpfel der ewigen Jugend der Idun entsprechen. Atlas scheint einige Eigenschaften des Sonnengott-Göttervaters auf der Jenseitsinsel im Westen übernommen zu haben.

Die Verbindung zwischen dem Himmelsträger und dem Sonnengott-Göttervater findet sich also auch bei den Griechen.

14. b) Etrusker

Bei den Etruskern wurde Atlas „Aril" genannt. Die Etrusker sprachen zwar keine indogermanische Sprache, aber ihre Mythen gleichen weitgehend denen der Römer.

14. c) Hethiter

Bei den Hethitern heißt der Riese, der den Himmel trägt, Ubelluris oder Upelluri. Er wurde auch als Berg (Hügelgrab?) angesehen.

14. d) Inder

Ursprünglich ist der Varuna die Himmelssäule gewesen, aber auch der Feuergott Agni wird im altindischen Rig-Veda als „Säule des Himmels" bezeichnet, die aus Eisen besteht und mit Gold verziert worden ist.

Als dritter Gott erscheint auch Vishnu als Himmelssäule.

Schließlich ist auch der Stengel der Soma-Pflanze, aus dem der Ritual-Trank hergestellt wurde, als Himmelssäule angesehen worden.

An den meisten Stellen ist von einer einzigen Säule, die vermutlich in der Erdmitte, d.h. am Nordpol steht, die Rede, an einigen anderen jedoch auch von tausend Säulen.

Diese vielfältige Überlieferung zu dieser frühen Zeit, d.h. um ca. 1200 v.Chr. spricht dafür, daß das Himmelssäulen-Motiv bei den Indern und auch bei den Indogermanen einst sehr wichtig gewesen sein muß.

Die folgenden Texte sind einige Beispiele für dieses Motiv im Rig-Veda.

Rig-Veda 9, 108:
Fließe in die Soma-Schale, in Indras Herz, so wie die Flüsse in das Meer fließen – angenehm für Mitra, für Vayu, für Varuna, die edelste Säule des Himmels.

Rig-Veda 8, 42:
Herr allen Reichtums, die Asuras haben den Himmel emporgehoben und die große Weite der Erde ausgemessen.
Er, der oberste König, nahte sich allen lebenden Geschöpfen. All dies sind Varunas heilige Taten.

Es hat den Anschein, als ob hier die Asuras im Auftrag des Varuna Himmel und Erde getrennt haben. Dies ist bei den Germanen das Werk der Asen.

Das indische „Asura", das eine Bildung zu indisch „asu" für „Geist" ist, und das avestische (altpersische) „Ahura" (der höchste Gott) sowie das germanische „Ase" haben eine gemeinsame indogermansiche Wurzel, die „hensus" lautet und „Gott, Geist" bedeutet.

Der oberste König wird die Sonne, d.h. der Sonnengott-Göttervater Dhyaus sein.

Rig-Veda 7, 99:
Die Menschen können Deiner Herrlichkeit niemals nahekommen, da Du mit Deinem Leib über alle Grenzen und Maße hinausreichst.
Deine beiden Regionen der Erde kennen wir, o Vishnu, doch Du Gott kennst auch die höchste.
Niemand wurde je geboren und es wird niemals jemand geboren werden, Gott Vishnu, der die äußerste Grenze Deiner Größe erreichen kann.
Du trägst das weite, hohe Himmelsgewölbe und Du hast die östliche Säule der Erde fest verankert.
Du bist reich an süßen Speisen und reich an Milchkühen und saftigen Weiden und Du hilfst gerne den Menschen.
Diese beiden Welten hast Du, Vishnu, auseinandergehoben und die Erde ringsum

sicher mit Pflöcken befestigt.
Du hast reichlich Raum zum Opfern erschaffen, indem Du Surya, die
Morgendämmerung und Agni erschaffen hast.

Vishnu hat Himmel und Erde getrennt und hält sie als Himmelssäule aus-
einander. Dieser Vorgang wurde der Erschaffung der Sonne (Surya) gleichgesetzt – d.h. als Analogie zu dem Sonnenaufgang aufgefaßt. Die Erschaffung
der Morgendämmerung und des Feuers (Agni) werden Aspekte der Morgendämmerung sein.

Vishnu hat im Osten eine spezielle Säule errichtet – das Sonnenaufgangs-
Tor? Oder gab es insgesamt vier Säule, in jeder Himmelsrichtung eine?

Vishnu hat anscheinend das Himmelsgewölbe wie eine Zeltplane mit
Pflöcken ringsum am Rand der Erde befestigt.

Rig-Veda 9, 74:
Du bist ein weit hinaufreichender Soma-Stengel voller Fülle, der sich in jede
Richtung bewegt.

Hier wird die Weltensäule dem Stengel einer Soma-Pflanze verglichen.

Rig-Veda 9, 89:
Er ist der Pfeiler des Himmels, die Stütze der Erde und alle Menschen sind in seinen
Händen.
Möge der Herr der Menschen ein Quell für Dich, den Sänger sein: Der Stengel der
süßen Pflanze ist für ruhmreiche Taten gereinigt worden.

Auch hier wird die Weltensäule einem Soma-Stengel verglichen.

14. e) Zusammenfassung

> Der Himmelsträger scheint, da er bei sowohl bei den West- als auch bei den Süd-
> und den Ost-Indogermanen bekannt ist, ein ursprüngliches indogermanisches Motiv
> gewesen zu sein.

15. Die vier Himmelsträger in der Jungsteinzeit

15. a) Ägypter

Bei den alten Ägyptern waren die vier Horussöhne die Himmelsträger. Sie hatten die Gestalt von menschlichen Mumien mit vier unterschiedlichen Köpfen.

- Mesti: Sein Menschenkopf entspricht der jungsteinzeitlichen Auffassung des Himmelsträgers als eines riesigen Menschen in der Mitte der Welt.
- Hapi: Sein Paviankopf ist ein Hinweis auf die Analogie zwischen der Wiedergeburt und dem Sonnenaufgang, da die Ägypter das morgendliche Schreien der Paviane als eine Begrüßung der wiedergeborenen Sonne auffaßten.
- Tuamutef: Sein Schakalkopf weist ihn als Jenseitsführer aus. Der Schakalgott Anubis leitete die Mumifizierung.
- Qebsenuf: Sein Falkenkopf kennzeichnet ihn als Seelenvogel.

Bei den Horussöhnen findet sich in erster Linie die Bestattungssymbolik. Dies liegt daran, daß sie vor allem die Eingeweide der Mumie enthielten, die gesondert bestattet wurden, um die Mumie haltbarer zu machen.

Auch der Luftgott Shu wurde als Himmelsträger angesehen. Er trennte am Anfang der Zeit die Himmelsgöttin Nut von dem Erdgott Geb und erschuf dadurch den Raum zwischen Himmel und Erde.

Das älteste Kultsymbol der Muttergöttin Hathor ist ein Pfahl, an dem sich zwei Gesichter der Göttin befinden. Dieses Kultsymbol ist jedoch eher ein Totempfahl als eine Himmelssäule.
Eine Variante dieses Pfahls ist der Weltenbaum, der auch als Leib der Göttin Hathor aufgefaßt worden ist, die dadurch zu einer Baumgöttin geworden ist. Sie nährte mit der Milch ihrer Brüste die Toten im Jenseits. Dieses Motiv entspricht bei den Germanen dem Weltenbaum und den Äpfeln der Idun.

Die vier Himmelsträger, die Trennung von Himmel und Erde, der Weltenbaum und die Himmelssäule („Irminsul") sowie die Weltenbaum-Göttin („Idun") finden sich auch bei den Indogermanen.

15. b) Sumer

Der Baum der Muttergöttin Inanna ähnelt dem Weltenbaum der ägyptischen Hathor, aber er wird nicht explizit als Himmelssäule bezeichnet.

15. c) Göbekli Tepe

Aus Göbekli Tepe in Nordmesopotamien sind die beiden Zentralpfeiler in den früh-jungsteinzeitlichen Tempeln, die um 9500 v.Chr. errichtet worden sind, sowie ein steinerner Totempfahl bekannt.

Ob diese Pfeiler und Pfähle einen Himmelsträger-Symbolik gehabt haben, ist unge-wiß. Da die beiden Urriesen der Hethiter, von denen der eine ein Himmelspfeiler ist, recht sicher auf die beiden Zentralpfeiler in diesen früh-jungsteinzeitlichen Tempeln zurückgehen, wäre es durchaus möglich, daß diese Pfeiler bereits Himmel und Erde verbunden haben. Für diese Annahme spricht auch, daß die Skulpturen in diesen Tempel nach dem Sonnenlauf orientiert gewesen sind und somit der Bezug der Men-schen zur Sonne und somit auch „zum Himmel hinauf" nachgewiesen ist.

15. d) Nevali Cori

Auch in Nevali Cori in Nordmesopotamien wurde ein steinerner Totempfahl ge-funden. In diesen Tempeln standen ebenfalls zwei Mittelpfeiler (8500 v.Chr.).

15. e) Jericho

In Jericho, das an der Mündung des Jordan in das Tote Meer liegt, wurde um ca. 9000 v.Chr. der erste steinerne Turm errichtet, dessen Treppe auf die Sommersonnen-wende hin ausgerichtet gewesen ist.

Er hat daher sehr deutlichen einen Himmelsbezug gehabt und könnte als „Himmels-leiter" und „Weltenturm" aufgefaßt worden sein.

15. f) Zusammenfassung

Auch wenn die Überlieferung in dem Bereich der Völker, die von den früh-jungsteinzeitlichen Ackerbauern in Mesopotamien abstammen, eher mager ist, findet sich doch das Motiv der Trennung von Himmel und Erde sowie das Motiv des einen Himmelsträgers in der Mitte der Welt sowie der vier Himmelsträger am Rand der Welt sowohl bei den Indogermanen als auch bei den Ägyptern.

Es ist folglich anzunehmen, daß diese Motive aus der frühen Jungsteinzeit stammen – zumal aus den frühen Tempeln aus der Zeit um 10.000-8.500 v.Chr. Totem-pfähle, zentrale Tempelsäulen und Tempel-Türme gut bekannt sind.

16. Die vier Himmelsträger in der späten Altsteinzeit

Durch den Vergleich der Mythen der Völker aus Europa, Asien, Amerika und Australien, die alle von dem vor 50.000 Jahren von Afrika aus in Eurasien eingewanderten Homo sapiens abstammen, lassen sich die mythologischen Vorstellungen der späten Altsteinzeit rekonstruieren, aus der u.a. Göttinnen-Statuetten, die Höhlenmalereien, die Schwitzhütten und die Totempfähle bekannt sind.

16. a) China

In den Mythen der Chinesen wird der Himmel von vier, fünf, acht oder zwölf Säulen getragen.

> vier = Himmelsrichtungen
> fünf = Elemente
> acht = die alte Zahl der Vollkommenheit
> zwölf = die neue Zahl der Vollkommenheit

Diese Säulen haben anfangs Himmel und Erde getrennt und tragen nun den Himmel.

Es gab die Mythe über den Zusammenbruch der vier Himmelspfeiler, die zu einem sehr großem Chaos führte, das schließlich durch die Göttin Nuwa beendet wurde, die den Himmel reparierte, ihn mit den vier Beinen einer Riesenschildkröte stütze, den grausamen Schwarzen Drachen besiegte, die großen Feuer löschte und die Große Flut mit Asche eindämmte.

16. b) Vietnam

In der Urzeit erschien ein riesiger Gott, der lange in der Dunkelheit schlief. Schließlich erhob er sich und hob mit seinem Kopf den Himmel in die Höhe. Dann schuf er aus Felsen eine Säule, die den Himmel trug.

Als der Himmel weit genug oben war und nach und nach ausgehärtet war, sodaß er keine Säule mehr brauchte, zerstörte der Urriese die Säule. Aus den Felsen entstanden dabei die Gebirge.

16. c)   Azteken

Tezcatlipoca ist u.a. der Gott des Nordens, der Nacht und der schönen Frauen, was ein Hinweis darauf sein wird, daß er ein Gott des Jenseits war, da der Weltenbaum bei den Azteken wie bei den Indogermanen im Norden unter dem Polarstern stand, die Nacht ein Symbol des Jenseits war und die schönen Frauen evtl. die Göttin der Wiederzeugung und der Wiedergeburt sein könnten. Dieser Jenseitsbezug paßt auch zu der Auffassung des Tezcatlipoca als Schamanengott, da ein Schamane vor allem ein Mensch ist, der bewußt in das Jenseits reisen kann.

Tezcatlipoca war die Einheit der vier Tezcatlipoca-Götter, die den vier Himmelsrichtungen entsprachen:

Die vier Tezcatlipoca-Götter				
Name	*Bedeutung*	*Richtung*	*Farbe*	*Charakter*
Quetzal-coatl	„Federschlange" (Ahnenschlange und Seelenvogel)	Westen	gelb	erschuf die Menschen; Wächter der Weisheit; Mais, Licht, Leben, Fülle
Xipe-Totec	„Herr Geschundener"	Osten	rot	Frühling, Wiedergeburt
Tonahtiu	„Sonne"	Süden	blau	Sonnengott, Kampf in der Unterwelt
Mictlan-tecuhtli	„Herr der Toten"	Norden	schwarz	Nacht, Tod

Am Anfang der Zeit wurde in jeder der vier Himmelsrichtungen ein Baum gepflanzt, der den Himmel trug – und der wohl auch unter dem Schutz dieser vier Gottheiten stand. Diese vier Götter entsprechen offensichtlich den vier Zwergen der Germanen, den vier Horussöhnen der Ägypter und den vier Tieren der Chinesen.

16. d)   Mayas

In der Mythologie der Mayas wird der Himmel von den vier Bacab-Riesen gestützt, die die Söhne des höchsten Gottes Itzamna und der Fruchtbarkeitsgöttin Ix Chel waren: Ix im Osten, Cauac im Süden, Mulac im Westen und Kan im Norden.

In derselben Weise sind auch die vier Himmelsträger-Zwerge der Germanen die

Söhne des (ehemals) obersten Gottes Tyr und der Jenseits-, Erd- und Fruchtbarkeits-göttin Freya-Gefiun.

16. e)   Die Tierhelfer des Urriesen

In einigen Mythen erscheinen vier Wesen, die dem Urriesen helfen, den Himmel emporzuheben bzw. ihn anschließend zu tragen.

Bei den Chinesen sind dies der Phönix, der Drache, die Giraffe und die Schildkröte. Sie waren wichtige Wesen aus der Mythologie.

- Den **Phönix** als Vogel kann man sicherlich als den Seelenvogel auffassen, der nach dem Tod oder bei der Jenseitsreise des Schamanen zum Himmel emporfliegt. Das Feuer des Phönix ist das Sonnenfeuer. Der chinesisch-ägyptische Phönix entspricht somit der ägyptisch-persischen Flügelsonne, dem germanischen Sonnenadler und dem slawischen Feuervogel. Dieser „Sonnen-Seelenvogel" ist offenbar ein schon sehr altes Motiv.

- Der **Drache** als Schlange ist ein Symbol für die Ahnen und für den Weg zwischen Diesseits und Jenseits und ist daher auch eng mit der Himmelssäule verbunden, durch die das Jenseits von dem Bereich unter der Erde in den Himmel verlegt wird. Bei den Germanen wurde der ehemalige Sonnengott-Göttervater Tyr in der Nacht zu einem Drachen und bei den Azteken hat sich die Schlange mit dem Seelenvogel zu der gefiederten Schlange Quetzalcoatl verbunden.

- Die **Giraffe** ist aufgrund ihres langen Halses nicht nur bei den Chinesen, sondern auch bei den Ägyptern, den Sumerern und den Elamitern (Südost-Mesopotamien) zu einem Tier geworden, daß den Seelenvögeln den Welten-baum hinauf zum Himmel hilft. In Ägypten, Sumer und Elam hat sich die Giraffe oft mit dem Panther (Symbol der Muttergöttin und der Schamanen) zu dem sogenannten „Schlangenhalspanther" verbunden, der eigentlich „Giraf-fenhalspanther" heißen müßte. Auch sie helfen auf den meisten Abbildungen einem Seelenvogel den Weltenbaum hinauf. Die Giraffe als Helfer auf der Reise empor zum Himmelsjenseits scheint somit ein recht altes Motiv zu sein, daß allerdings aufgrund seiner Einfachheit auch an mehreren Orten unabhän-gig voneinander entstanden sein könnte.

- Von vielen nordamerikanischen Indianern wird die Erde als der Schild einer riesigen **Schildkröte** aufgefaßt. Vermutlich sahen auch die Chinesen die Erde als eine Schildkröte an, sodaß sie in den Kreis der vier Himmelsträger-Tiere mitaufgenommen wurde. Wahrscheinlich wird dieses Motiv der Chinesen und der Indianer eine gemeinsame Wurzel bei den ostborealischen Völkern der späten Altsteinzeit (Ost-Asien) haben.

In den indianischen Schwitzhüttenzeremonien werden bei den meisten Stämmen der Adler aus dem Osten, die Schlange aus dem Westen, der Bär aus dem Norden und die Weiße Büffelfrau aus dem Süden zu dem Ritual gerufen. Es ist recht wahrscheinlich, daß auch diese vier Tiere schon eine lange Tradition haben:

- Der **Adler** ist das Symbol der Seele.
- Die **Schlange** ist das Symbol der Ahnen und der Jenseitsreise.
- Die Weiße **Büffelfrau** ist die Große Mutter, deren Fruchtbarkeit durch ihre Kuhgestalt ausgedrückt wird.
- Der **Bär** ist wie der Panther, der Löwe, der Puma, der Leopard, der Tiger und bei einigen Völkern der Orca das Symbol der Stärke, die den Menschen von der Muttergöttin gesandt wird.

Diese vier Tiere erscheinen also nicht primär als Himmelsträger, sondern stellen die vier wichtigsten Themen der Altsteinzeit dar und sind erst sekundär den vier Himmelsrichtungen zugeordnet worden: die Seele (Adler), die Verbindung zu den Ahnen im Jenseits (Schlange), die Kraft, die den Lebenden von den Ahnen gesendet wird (Raubtier) sowie die Fruchtbarkeit, durch die sich der Stamm vermehren kann (Rind).
Diese vier Tiere lassen sich in so gut wie jeder Mythologie wiederfinden.

In den aztekischen Mythen steht in jeder der vier Himmelsrichtungen eine Gottheit, die neben einem Baum steht, der den Himmel stützt.

- Quetzalcoatl: Die Federschlange ist die Kombination der Schlange als Jenseitsweg und des Vogels als der Seele. Diese Vereinigung ist auch die Wurzel der europäischen (Flügel-)Drachen.
- Xipc-Totcc: Er ist das göttliche Urbild für die Toten.
- Tonahtiu: Er ist die Sonne, deren abendlicher Untergang und deren morgendlicher Aufgang bei fast allen Völkern ein Gleichnis für den Tod und die Wiedergeburt des Menschen war.
- Mictlantecuhtli: Der „Herr der Toten" ist der Jenseitskönig-Aspekt des

Urriesen, der sich z.B. auch bei dem persischen Yima und dem ägyptischen Atum bzw. Osiris findet.

Das germanische Motiv der vier Hörner, die den Schädel des Ymir tragen und von je einem Zwerg bewacht werden, stammen vermutlich aus der engen Verbindung des Ymir als „gehörntem Urahn im Jenseits" mit der Urkuh Audhumbla.
Auch der chinesische Urriese Pan Gu ist gehörnt.

Das einzige Tier, das sich unter diesen Himmelsträger-Helfern häufig findet, ist der Vogel. Dies liegt sicherlich daran, das die Seele in jeder Art von religiösem und mythologischem Szenario eine wichtige Rolle spielt. Zudem ist es der Seelenvogel, für den die Himmelsstütze am wichtigsten ist, da diese Himmelssäule, dieser Götterberg oder dieser Weltenbaum der Weg zwischen dem Diesseits und dem Jenseits war, den die Seele bei der Zeugung eines Menschen „nach unten" und bei dessen Tod „nach oben" sowie bei den Jenseitsreisen der Schamanen „nach oben und dann wieder nach unten" entlang flog.
Die Verschiedenheit der Himmelsträger zeigt, daß es keine alte Tradition von bestimmten Himmelsträger-Tieren gegeben hat – zumindestens keine besonders stabile. Für eine solche beständige Tradition fehlte allerdings auch ein eindeutiger Bezug wie z.B. der zwischen der Stärke und dem Raubtier, der eine solche Tradition hätte aufrecht erhalten können.
Die Vierzahl der Himmelsträger ist hingegen vollkommen einheitlich. Auch der griechische Atlas, der im Westen den Himmel stützt, wird ursprünglich einmal nicht der einzige, sondern nur der westliche von vier Himmelsträgern gewesen sein.
Diese Symbolik der „4" wird eng mit den Himmelsrichtungen und daher auch mit der Sonne verbunden gewesen sein, da die Himmelsrichtungen in der Steinzeit nur mithilfe des Sonnenstandes erkannt werden konnten.
Die „senkrechten Dinge" in der Welt wie der Baum, die Säule und der Berg sind in den meisten Mythen der Welt als Verbindung zwischen Himmel und Erde zu finden.

Die Tabelle auf der nächsten Seite faßt die verschiedenen Himmelsträger-Tiere noch einmal zusammen.

Die vier Tier-Helfer des Urriesen										
Volk	*Mensch*		*Vo-gel*	*Horn/ Rind*	*Giraf-fe*	*Schlange/ Drache*	*Scha-kal*	*Pavi-an*	*Schild-kröte*	*Bär u.ä.*
	Zwerg	*Mensch*								
Germanen	4			4						
Ägypter		1	1				1	1		
Chinesen			⅓		1	1 ⅓			1	⅓
Dakota			1	1		1				1
Azteken		3	½			½				
gesamt	4	4	3 ⅚	5	1	2⅚	1	1	1	1⅓
	8		16							

Die vier ½ bzw. ⅓ in der Liste sind dadurch entstanden, daß Quetzalcoatl ein Schlangen-Vogel-Mischwesen und der chinesische Drache ein Schlangen-Tiger-Vogel-Mischwesen ist.

16. f) Zusammenfassung

Das Motiv der vier Himmelsträger scheint bis in die späte Altsteinzeit zurückzureichen, da es sich bei den Völkern in Europa, Asien und Amerika findet, die sich bereits vor dem Ende der Eiszeit und dem damit verbundenen Beginn der Jungsteinzeit um 10.500 v.Chr. getrennt und eigenständig weiterentwickelt haben.

Das Motiv des Trennens von Himmel und Erde, das mit den Himmelsträgern auf diesen Kontinenten fast überall verbunden ist, spricht dafür, daß es sich nicht um Parallel-Entwicklungen handelt.

Auch das Nebeneinander von einem zentralen Himmelspfeiler und vier Himmelspfeilern am Rand der Welt ist eine Übereinstimmung, die man bei einer Parallelentwicklung nicht erwarten sollte.

Die Ursprünge der vier Himmelsträger-Zwerge reicht also bis in die späte Altsteinzeit zurück – in etwa bis zu der Ankunft des aus Afrika stammenden Homo sapiens in Eurasien vor 50.000 Jahren.

V Die Alfen-Zwerge

1. Alf

1. a) Der Name „Alf"

Zwerge sind Totengeister („dwergaz") in der Unterwelt. Alfen sind ebenfalls Totengeister, die jedoch in dem „Alfheim" genannten Himmelsjenseits im Süden wohnen, das mit dem Göttervater Tyr verbunden ist und nach der Absetzung des Tyr als Göttervater um ca. 500 n.Chr. von Freyr übernommen worden ist.

Während sich „Zwerg" von der indogermanischen Wurzel „dhreughos" für „Geist" herleitet, stammt „Alf" von dem indogermanischen Substantiv „helbh" ab, das das Substantiv zu dem Adjektiv „helbhos" für „weiß, hell" ist und somit „Weiß, Licht, Helligkeit" bedeutet.

Letztlich sind beide Begriff nur zwei Bezeichnungen für dieselbe Sache, da man in Visionen und hellsichtig Geister als milchigweiß leuchtende Schemen wahrnehmen kann.

Die „leuchtenden" Alfen sind die Ahnen innerhalb des Himmels-Jenseits des Tyr („Alfheim", „Muspelheim") und die Zwerge, die auch „Schwarzalfen" genannt werden, sind die Ahnen in der Erd-Unterwelt der Hel („Hel", „Niflheim").

„Alf" als Zwergenname ist somit eigentlich kein Eigenname, sondern eine allgemeine Bezeichnung für „Zwerg", bei der die Erinnerung an das frühere Sonnen-Jenseits im südlichen Himmel lebendig geblieben ist.

1. b) Die Vision der Seherin

Die drei Strophen in „Die Vision der Seherin", in der Alf genannt wird, lauten:

Zeit ist's, die Zwerge von Dwalins Zunft
Den Leuten zu leiten bis Lofar hinauf,
Die aus Gestein und Klüften strebten
Von Aurwangs Tiefen zum Erdenfeld.

Da war Draupnir und Dolgtrasir,
Har, Haugspori, Hläwang, Gloi,
Skirwir, Wirwir, Skafid, Ai,
Alf *und Yngwi, Eikinskjaldi.*

... ...

1. c) Gylfis Vision

In „Gylfis Vision" wird gesagt, daß Alf einer der Zwerge ist, die in „Swarins Hü-gel", d.h. in „Tyrs Hügelgrab" wohnen:

Aber folgende kamen von Swarins Hügel gen Aurwang auf Jöruwall, und von ihnen
stammt Lofars Geschlecht. Dies sind ihre Namen: Skirfir, Wirfir, Skafid, Ai, **Alf***, Ingi,*
Eikinskialdi, Fal, Frosti, Fid, Ginnar.

„Aurwang" = „Licht-Gefilde" Alfheim-Jenseits des Göttervaters Tyr
„Jöruwall" = „Erdwall" = Gebirge von Utgard
Der Zwerg „Alf" gehört somit zum Gefolge des ehemaligen Göttervaters Tyr.

1. d) Zwergen-Namen

Althiofr, Austri,
Aurwangr und Dufr,
Ai, Andvari,
Onn und Draupnir,
Dori und Dagfinnr,
Dulinn und Onarr,
Alfr *und Dellingr,*
Oinn und Durnir.

1. e) Zusammenfassung

Alf ist ein Zwergenname, der sich auf das frühere Himmels-Jenseits des Tyr bezieht, in dem die Ahnen „Alfen", d.h. „Leuchtende" genannt wurden.
Alf gehört zur Sippe des Dwalin und zum engeren Gefolge des Tyr.

2. Alban

2. a) Der Name „Alban"

Der lateinische Name dieses Zwerges bedeutet „Weißer" und ist vom Wort her mit dem germanischen „Alf" identisch. Vermutlich ist „Alban" eine Übersetzung von „Alf" in das mittelalterliche Latein.

2. b) Orendel-Lied

Dieser Zwerg erscheint nur in dem südgermanischen Orendel-Lied, das um ca. 1280 n.Chr. verfaßt worden ist. In ihm wird beschrieben, wie der Ritter Orendel nach vielen Irrfahrten schließlich das Gewand, das Christus getragen hat, fand und es heimbrachte. Dieses „graue Gewand" („Growen Rock") befindet sich heute als Reliquie in Trier.

Im folgenden ist die Szene wiedergegeben, in der der Zwerg Alban die Frau Bride einsperrt und von einem Engel gezwungen wird, sie wieder freizulassen. Das Lied ist in Mittelhochdeutsch verfaßt worden.

An einem Morgen das beschach,	(beschach = geschah)
Das frouw Brid entschlossen was,	(frow = Frau)
Do kam ein getwerch wunnesam,	(getwerck = Zwerg)
Das was geheissn Alban,	(wunnesam = wundersam)
Das sprach: „schlossent jr, frouw Bride,	(jr = ihr)
Die schonste aller wibe?	(wibe = Weiber, Frauen)
Nun stont uff, edele künigin rich,	
Ich wise uch zuwor, das weisz ich,	(wise = wissen, kennen)
Do din her nechlin gesunt was	(als Dein Herr Nechlin gesund war)
Und ich mit jm trank und asz."	
Do frouw Bride das vernam,	
Uff stunt die magt lobesam,	(lobesam = löblich, tugendhaft)
Sy ging mit jm getrate	(Sy = sie; getrate = ist eingetreten)
In eine schone kemenate.	(kemenate = Frauengemach)
Do sy zu der kamern in getratt,	
Nun hörent wie getwerch sprach:	

„Sit wilkom, frouw Bride,
Die schonste aller wibe,
Ich musz sruntschafft mit uch beginnen,   (sruntschafft = Verletzung)
Ee das jr kument von hinnen."   (ee = ehe)
Do sprach frow Bride:
„Die red soltu lossen beliben,   (lossen belieben = bleiben lassen)
Du solt mier lossen minen magtum   (magtum = Jungfräulichkeit)
Und minen weltlichen rum,   (weltlichen rum = guten Ruf)
Des soll Got fürbas waltten;   (fürbas waltten = bald bewirken)
Und hette ich den behaltten
Eime also wenigen man,   (eime = ein, einer; man = Mann)
Des müste in mit dem hore."   (hore = Stunde)
Sy tratt in under die füsse zwore.   (sie trat ihn unter ihre beiden Füße)
Lute rufft das zwerch Alban: (lute = laut)
„Losz mich genesen, magt lobesam,   (genesen = leben/gesund lassen)
Losz micht genesen, künigin her,   (her = hehr, edel)
Ich will dir zeigen dinen hern."   (dinen hern = Deinen Herrn)
Do sprach frow Bride,
Die schonste aller wibe:
„Das mustu tun zwore,   (zwore = schwören)
Ee dasz ich dich losz by dem hore."   (by dem hore = in der Stunde = jetzt)
Er wiste die magt verre   (wiste = schleppte; verre = fern)
Durch zwen hole berge   (zwen = zwei; hole = hohle)
In einen Kerker der was tieff,
Das getwerck, mit einem kertzen liecht.
Do sy den Growen Rock an sach,   (Growen Rock = Grauer Rock)
Von frouden ir nie so lieb geschach,   (an sach = ansah)
Ir was not, wie sy in gehlste und kuste   (gehlste = halsen, umarmen)
Er truckt sy an sin bruste,   (truckt = drückt)
Er hiesz das edle megetin   (megetin = Mägdelein)
Schon Got wilkummen sin,
Er fragte sy der mere,   (der mere = weiterhin)
Wie sy dar kumen were.
Des antwurt jm frouw Bride:
„Das wissest, her, on zwifel,
Ich bring dier drissig tusent man,   (drissig tusent = dreißigtausend)
Die ligent alle uff einem plan   (plan = Ebene)
Mit dem stahel umb fangen."   (stahel umb fangen = in einer
Die wile was nit langen,   Stahlrüstung)
Das getwerck schlug zu die tür,

195

Drig nagel schlug es dar für,　　　　　(drig = drei; dar für = davor)
Er sprach: „Ei nun, frow Bride,
Die schonste aller wibe?　　　　　　　(ture kouffen = teuer kaufen)
Nun müssent jr gar ture kouffen,　　　　(teuer kaufen = Lösegeld)
Das jr mich so ser hant gerouffen."　　　(rouffen = lärmen, verletzen)

Nun ist frow Brid mit jm gefangen,　　　(In diesen vier Versen wendet sich
Und mügent nit kumen von dannen:　　　der Dichter an seine Zuhörer und
Nun ratent, vor allen dingen,　　　　　fragt sie, was sie glauben, wie Frau
Wie wier sy von dannen bringen.　　　　Bride wohl gerettet wird.)

Das getwerch wolte dannen gon:　　　　(dannen gon = fortgehen)
Do begegnet jm ein engel schon,
Er trug ein geisel mit drigen schlangen,　(geisel =Geißel, Peitsche; drigen =
Do mit ward es übel empfangen,　　　　drei; schlangen = Peitschen-
Uber sinen rücken gegeiselt hertte,　　　schnüre)
Es gewann ein übel geverte.　　　　　　(geverte = Gefährte (der Engel))
Der Engel hiesz es wider umbtraben,　　(hiesz = befahl;
Mit der geiselen wart es geschlagen.　　　umbtraben = umkehren)
Das getwerck must tun durch not,　　　(durch not = gezwungenermaßen)
Das jm der Engel do gebot:　　　　　　(gebot = befahl)
Wie bald es den kercker uff schlosz!

2. c)　Zusammenfassung

Alban („Weißer, Alf") ist ein Zwerg, der eine Jungfrau in einen Kerker einsperrt hat und zwei „hohle Berge" (Hügelgräber) besitzt. Er will sich mit der Jungfrau vereinen (Wiederzeugung). Ein Engel befreit jedoch die Jungfrau – dies ist eine christliche Umdeutung.

Alban ist somit ein Zwerg in einem Hügelgrab bei der (versuchten und mißglückten) Wiederzeugung.

3. Windalf

3. a) Der Name „Windalf"

Der Name dieses Zwerges bedeutet „Wind-Alf". Er scheint demnach entweder ein „Geist im Wind", ein „Geist des Windes" oder ein „Geist, der Wind sendet" zu sein. Da die Alfen die Ahnen in Tyrs Alfheim-Jenseits am südlichen Himmel sind, liegt eine Verbindung zu dem Wind nicht fern, denn das „Alfheim" ist durch seine Lage oben im Himmel gewissermaßen auch ein „Windheim".

Es wäre auch denkbar, daß man die Alfen aufgrund ihrer Assoziation mit dem Wind bei der Schifffahrt um günstige Winde bat. Solch eine Bitte ist in dieser Form zwar nicht überliefert, aber man wandte sich durchaus auch auf dem Meer an die Götter, um in bedrohlichen Situationen Hilfe zu erlangen (siehe „Wind und Wetter" in Band 64).

Es wäre auch ein Bezug zu der von den Germanen gut bekannten Assoziationskette „Alf – Seele – Atem – Wind" denkbar.

3. b) Die Vision der Seherin

Die Strophe in „Die Vision der Seherin", in der „Windalf" aufgeführt wird, lautet:

Da ward Modsognir der mächtigste
Dieser Zwerge und Durin nach ihm.
Noch manche machten sie menschengleich
Der Zwerge von Erde, wie Durin angab.

... ...

Weig, Gandalf, ***Windalf****, Thrain,*
Theck und Thorin, Thror, Witr und Litr,
Nar und Nyrad; nun sind diese Zwerge,
Regin und Raswid, richtig aufgezählt.

3. c) Gylfis Vision

Hier wird gesagt, daß Windalf einer der Zwerge ist, die in der Erde wohnen:

Und dieses, heißt es, sind die Namen dieser Zwerge:

*Nyi und Nidi, Nordri und Sudri, Austri und Westri, Althiosr, Dwalin, Nar und Nain, Niping, Dain, Biwör, Bawör, Bömbör, Nori, Ori, Onar, Oin, Modwitnir, Wig und Gandalf, **Windalf**, Thorin, Fili, Kili, Fundin, Wali, Thror, Throin, Theck, Lit, Wit, Nyr, Nyrad, Reck, Radswid.*

Und diese sind auch Zwerge und wohnen im Gestein wie jene in der Erde:

Draupnir, Dolgthwari, Hör, Hugstari, Hlediolf, Gloin, Dori, Ori, Duf, Andwari, Hepti, Fili, Har, Siar.

3. d) Zusammenfassung

Der Name des Erd-Zwerges „Windalf" aus der Sippe des Durin bedeutet „Wind-Alf". Möglicherweise bat man ihn um günstigen Wind bei der Seefahrt; vielleicht bezieht sich das Wort „Wind" aber auch nur auf die Lage von Alfheim oben am Himmel, d.h. in der Luft. Evtl. gab es auch einen Bezug zu der Assoziation zwischen „Alf – Seele – Atem – Wind".

4. Gandalf

Der Zwerg „Gandalf" wird in dem Kapitel über die „Priester-Zwerge" ausführlich dargestellt.
Sein Name bedeutet „Zaubergesang-Alf".

5. Dagfinnr

5. a) Der Name „Dagfinnr"

Der Name dieses Zwerges bedeutet „Tag-Wanderer" – das klingt eher wie der Name eines Alfen aus dem Sonnenjenseits des Tyr im südlichen Himmel. Da die Zwerge, Riesen und Alfen jedoch keine streng voneinander getrennten „Gattungen" waren, sondern drei Formen der Totengeister, ist dies kein Widerspruch.

Möglicherweise ist „Dagfinnr" ursprünglich ein Beiname der Sonne und somit auch des Tyr gewesen.

5. b) „Dwerga-Heiti"

In dem Lied „Dwerga-Heiti" („Zwergen-Namen"), dessen Verfasser unbekannt ist, wird Dagfinnr ohne nähere Beschreibung aufgelistet:

Althiofr, Austri,
Aurwangr und Dufr,
Ai, Andvari,
Onn und Draupnir,
*Dori und **Dagfinnr**,*
Dulinn und Onarr,
Alfr und Dellingr,
Oinn und Durnir.

5. c) Zusammenfassung

„Dagfinnr" bedeutet „Tag-Wanderer" und ist eher der Name eines Alfen als eines Zwerges, da der „Tag-Wanderer" die Sonne ist – die Zwerge versteinern im Sonnenlicht, während die Alfen im Sonnenlicht leben.

Möglicherweise ist „Dagfinnr" ursprünglich ein Beiname der Sonne und somit auch des Tyr gewesen.

6. Zusammenfassung: Die Alf-Zwerge

Die Alfen und die Zwerge sind beides die Geister der Toten und unterscheiden sich nur durch das Jenseits, in dem sie sich befinden. Die Alfen wohnen in dem hellen Alfheim-Jenseits des Tyr am südlichen Himmel und die Zwerge in dem dunklen Niflheim-Jenseits im Norden unter der Erde. Die Zwerge werden zur Unterscheidung von den Alfen auch „Schwarzalfen" genannt – die Alfen selber werden dann als „Lichtalfen" bezeichnet.

Aufgrund dieses Zusammenhanges zwischen den Alfen und den Zwergen gibt es auch einige Zwergennamen, die mit „Alf" gebildet worden sind:

- „Alf" („Weißer, Alf") – eigentlich ist dies kein Eigenanme, sondern eine allgemeine Bezeichnung für die Totengeister;
- „Alban" („Weißer, Alf") – dies ist die lateinische Form von „Alf";
- „Windalf" („Wind-Alf") – dieser Name bezieht sich vermutlich auf die luftige Höhe von Alfheim;
- „Gandalf" („Zaubergesang-Alf") – dies scheint ein Priestername zu sein;
- „Dagfinnr" („Tag-Wanderer") – dies wird einst ein Beiname des ehemaligen Sonnengott-Göttervaters Tyr gewesen sein;
- „Hläwang" („Licht-Gefilde") – mit diesem Bereich ist vermutlich das sonnige Alfheim gemeint (der Zwerg mit diesem Namen wird in Kapitel XVII näher beschrieben).

Die Zwerge wurden zum Teil auch als „Alf" bezeichnet und es wurden auch Zwergennamen mit „Alf" gebildet, da beide Arten von Wesen letztlich die Totengeister waren – einmal im Himmelsjenseits (Alfen = Lichtalfen) und einmal im Erdjenseits (Zwerge = Schwarzalfen).

VI Gottesnamen-Zwerge

Einige Zwerge tragen die Namen oder Beinamen von Göttern. Da auch die Götter letztlich Jenseitswesen sind, ist dies kein grundlegender Widerspruch.

1. Der Zwerg Yngvi

1. a) Der Name „Yngvi"

Yngvi bzw. Ingi war der Urahn des Germanenstammes der Ingväonen. Als Urahn ist er auch ein Zwerg gewesen (siehe den Band 15 über „Freyr, Yngvi").

1. b) Die Vision der Seherin

Die Strophen in „Die Vision der Seherin", in der Yngvi genannt wird, lauten:

Zeit ist's, die Zwerge von Dwalins Zunft
Den Leuten zu leiten bis Lofar hinauf,
Die aus Gestein und Klüften strebten
Von Aurwangs Tiefen zum Erdenfeld.

Da war Draupnir und Dolgtrasir,
Har, Haugspori, Hläwang, Gloi,
Skirwir, Wirwir, Skafid, Ai,
*Alf und **Yngwi**, Eikinskjaldi.*

... ...

1. c) Gylfis Vision

In „Gylfis Vision" wird gesagt, daß Ingi einer der Zwerge ist, die in „Swarins Hügel", d.h. in „Tyrs Hügelgrab" wohnen:

201

*Aber folgende kamen von Swarins Hügel gen Aurwang auf Jöruwall, und von ihnen stammt Lofars Geschlecht. Dies sind ihre Namen: Skirfir, Wirfir, Skafid, Ai, Alf, **Ingi**, Eikinskialdi, Fal, Frosti, Fid, Ginnar.*

„Swarin" = „Antworter, Rächer" = Tyrs Schwert
„Aurwang" = „Licht-Gefilde" Alfheim-Jenseits des Göttervaters Tyr
„Jöruwall" = „Erdwall" = Gebirge von Utgard
Der Zwerg „Ingi" gehört somit zum Gefolge des ehemaligen Göttervaters Tyr.

1. d) Zusammenfassung

Der Gott Yngvi ist als Stammvater der Ingväonen auch ein Ahn, d.h. ein Zwerg im Jenseits. Er zählt zu dem engeren Gefolge des Tyr.
Er wurde in „Die Vision der Seherin" offenbar nicht mehr als Gott angesehen, da er zu der Sippe des Zwerges Dwalin gerechnet wurde.

2.   Der Zwerg Wali

2. a)   Der Name „Wali"

Der Name „Wali" bedeutet „Toter".

2. b)   Gylfis Vision

Hier wird „Wali" als ein angeführt:

Und dieses, heißt es, sind die Namen dieser Zwerge:

*Nyi und Nidi, Nordri und Sudri, Austri und Westri, Althiosr, Dwalin, Nar und Nain, Niping, Dain, Biwör, Bawör, Bömbör, Nori, Ori, Onar, Oin, Modwitnir, Wig und Gandalf, Windalf, Thorin, Fili, Kili, Fundin, **Wali**, Thror, Throin, Theck, Lit, Wit, Nyr, Nyrad, Reck, Radswid.*

Und diese sind auch Zwerge und wohnen im Gestein wie jene in der Erde:

Draupnir, Dolgthwari, Hör, Hugstari, Hlediolf, Gloin, Dori, Ori, Duf, Andwari, Hepti, Fili, Har, Siar.

Wali könnte mit dem Odin-Sohn Wali identisch sein, der wiederum die am Morgen wiedergeborene Sonne ist, da er bereits im Alter von nur einer Nacht erwachsen war und den Mord an seinem Halbbruder Baldur rächen konnte, der in diesem Zusammenhang dem „Tod" der am Abend untergehenden Sonne gleichgesetzt worden ist.
   Da dieser Gott Wali ursprünglich die Morgensonne gewesen ist, ist Wali auch ein Alf.

2. c)   Zusammenfassung

„Wali" ist ein Erd-Zwerg. Sein Name bedeutet „Toter". Er ist evtl. mit Wali Odin-Sohn identisch, der ursprünglich die Morgensonne gewesen ist.

3. Der Zwerg Wili

3. a) Der Name „Wili"

„Wili" bedeutet „Wunsch, Wille, Verlangen, Lust". Dieser Name betont das Streben und die Eigenständigkeit dieses Zwerges.

„Wili" ist auch eine Umschreibung für den Repräsentanten des Standes der Bauern und Handwerker in der Formel „Woden, Wili, We". „Woden" ist Odin, „We" („Heiligtum, Priester") ist der Priestergott Hönir und „Wili" wird durch Loki-Lodur vertreten (siehe „Wili und We" in Band 20).

Es ist jedoch kaum anzunehmen, daß der Zwerg „Wili" mit dem Gott Loki identisch ist, da Loki nirgendwo als Zwerg bezeichnet wird. Ein Zusammenhang zwischen beiden ist jedoch, daß Loki der Jenseitsgott gewesen ist und die Zwerge als Totengeister auch in der Unterwelt leben.

3. b) Die Vision der Seherin

Hier wird Wili als Name eines Zwerges aus der Durin-Sippe genannt.

Da ward Modsognir der mächtigste
Dieser Zwerge und Durin nach ihm.
Noch manche machten sie menschengleich
Der Zwerge von Erde, wie Durin angab.

... ...

Fili, Kili, Fundin, Nali,
*Hepti, **Wili**, Hannar und Swior,*
Billing, Bruni, Bild, Buri,
Frar, Hornbori, Frägr und Loni,
Aurwang, Jari, Eikinskjaldi.

Der Zwerg „Wili" ist möglicherweise mit dem Zwerg „Wali" („Toter") identisch. Wahrscheinlich ist der Zwerg Wili auch mit dem Gott Wili identisch.

3. b) Zusammenfassung

Der Zwerg „Wili" stammt aus der Sippe des Durin. Sein Name bedeutet „Wille, Wunsch, Verlangen". Er wurde möglicherweise mit Loki assoziiert, der in der Formel „Wodan, Wili, We", die die drei Stände bezeichnet, meistens an der Stelle des „Wili" steht, der die Bauern und Handwerker repräsentiert.

4. Der Zwerg Har / Hör

4. a) Der Name „Har/Hör"

„Har" bzw. „Hör" bedeutet „Hoher, Erhabener" oder „Grauhaariger" und ist ein Beiname der Odin. Als Schamanengott ist Odin ein Jenseitsreisender und somit auch ein Zwerg in der Unterwelt (siehe die Bände 13/14 über Odin).

4. b) Die Vision der Seherin

Die Strophen in „Die Vision der Seherin", in der Har genannt wird, lauten:

Zeit ist's, die Zwerge von Dwalins Zunft
... ...
Da war Draupnir und Dolgtrasir,
Har*, Haugspori, Hläwang, Gloi,*
Skirwir, Wirwir, Skafid, Ai,
Alf und Yngwi, Eikinskjaldi.

4. c) Gylfis Vision

Hier werden einmal Har und einmal Hör als Felsen-Zwerge aufgelistet.

Und diese sind auch Zwerge und wohnen im Gestein wie jene in der Erde:
Draupnir, Dolgthwari, **Hör***, Hugstari, Hlediolf, Gloin, Dori, Ori, Duf, Andwari,*
Hepti, Fili, **Har***, Siar.*

4. d) Zusammenfassung

Aufgrund seiner Jenseitsreisenden ist auch Odin („Har" = „Hoher" oder „Grauhaariger") als ein „Geist in der Unterwelt", also als ein „Zwerg" aufgefaßt worden.
Er wurde in der Systematisierung in dem Lied „Die Vision der Seherin" zu dem Zweig der Felsen-Zwergen aus der Sippe des Dwalin gerechnet.

206

5. Der Zwerg Frosti

5. a) Der Name „Frosti"

„Frosti" ist der Name eines Gottes, Riesen oder Königs des Winters, dessen Name „Frost" bedeutet. Als Wintergott war er eng mit der Unterwelt assoziiert – so wie der Sommer mit dem Diesseits verbunden war. Daher wurde „Frosti" auch als ein Wesen aus dem Totenreich, also als Zwerg bzw. Riese angesehen (siehe auch den Riesen „Frosti" in Band 34).

5. b) Die Vision der Seherin

Die Strophe, in denen Frosti als Zwerg bezeichnet wird, lautet:

Zeit ist's, die Zwerge von Dwalins Zunft
Den Leuten zu leiten bis Lofar hinauf,
Die aus Gestein und Klüften strebten
Von Aurwangs Tiefen zum Erdenfeld.

... ...

Fialar und Frosti, *Finnar und Ginnar,*
Heri, Höggstari, Hliodolf, Moin.
So lange Menschen leben auf Erden,
Wird zu Lofar hinauf ihr Geschlecht geleitet.

5. c) Gylfis Vision

Hier wird gesagt, daß Frosti einer der Zwerge ist, die in „Swarins Hügel", d.h. in „Tyrs Hügelgrab" wohnen:

Aber folgende kamen von Swarins Hügel gen Aurwang auf Jöruwall, und von ihnen stammt Lofars Geschlecht. Dies sind ihre Namen: Skirfir, Wirfir, Skafid, Ai, Alf, Ingi, Eikinskialdi, Fal, **Frosti***, Fid, Ginnar.*

„Swarin" = „Antworter, Rächer" = Tyrs Schwert

„Aurwang" = „Licht-Gefilde" Alfheim-Jenseits des Göttervaters Tyr

„Jöruwall" = „Erdwall" = Gebirge von Utgard

Der Zwerg „Ingi" gehört somit zum Gefolge des ehemaligen Göttervaters Tyr.

5. c)   Zusammenfassung

„Frosti" ist die Personifizierung des Winter, der mit der Unterwelt assoziiert wurde. Daher wurde „Frosti" auch als Zwerg, d.h. als Wesen des Totenreiches betrachtet.

Er wurde zu der Sippe des Dwalin und zu dem Gefolge des Tyr gerechnet – was allerdings nur eine sekundäre Genealogie sein wird.

6. Der Zwerg Eikinskjaldi

6. a)   Der Name „Eikinskjaldi"

„Eikinskjaldi" bedeutet „Eichenschild". Der wichtigste aller Schilde ist der Sonnenschild des Tyr bzw. des Ullr (Tyr im Jenseits) gewesen. Es ist allerdings ungewiß, ob mit „Eikinskjaldi" tatsächlich der Schild des Sonnengottes und somit Tyr bzw. Ullr als der winterliche Gott Tyr der Unterwelt gemeint ist.

6. b)   Die Vision der Seherin

Hier wird dieser Zwerg sowohl als Nachkomme des Zwerges Dwalin als auch des Durin genannt. „Eikinskjaldi" scheint somit ein wichtiger Zwerg gewesen zu sein – vermutlich ist „Eichenschild" einst ein Beiname des Tyr oder seiner beiden Alcis-Söhne gewesen.

Die sieben Strophen in „Die Vision der Seherin", in der Zwerg Eikinskjaldi zweimal genannt wird, lauten:

Da ward Modsognir der mächtigste
Dieser Zwerge und Durin nach ihm.
Noch manche machten sie menschengleich
Der Zwerge von Erde, wie Durin angab.

Nyi und Nidi, Nordri und Sudri,
Austri und Westri, Althiof, Dwalin,
Nar und Nain, Niping, Dain,
Bifur, Bafur, Bömbur, Nori;
Ann und Anarr, Ai, Miödwitnir.

Weig, Gandalf, Windalf, Thrain,
Theck und Thorin, Thror, Witr und Litr,
Nar und Nyrad; nun sind diese Zwerge,
Regin und Raswid, richtig aufgezählt.

Fili, Kili, Fundin, Nali,
Hepti, Wili, Hannar und Swior,
Billing, Bruni, Bild, Buri,
Frar, Hornbori, Frägr und Loni,
Aurwang, Jari, **Eikinskjaldi.**

Zeit ist's, die Zwerge von Dwalins Zunft
Den Leuten zu leiten bis Lofar hinauf,
Die aus Gestein und Klüften strebten
Von Aurwangs Tiefen zum Erdenfeld.

Da war Draupnir und Dolgtrasir,
Har, Haugspori, Hläwang, Gloi,
Skirwir, Wirwir, Skafid, Ai,
Alf und Yngwi, **Eikinskjaldi.**

Fialar und Frosti, Finnar und Ginnar,
Heri, Höggstari, Hliodolf, Moin.
So lange Menschen leben auf Erden,
Wird zu Lofar hinauf ihr Geschlecht geleitet.

„Eikinskjaldi" steht beide Male am Ende einer Strophe, was sicherlich kein Zufall ist. Ein Versehen kann man somit recht sicher ausschließen.

6. c) Gylfis Vision

Hier ist Eikinskjaldi einer der Zwerge, die in „Swarins Hügel", d.h. in „Tyrs Hügelgrab" wohnen, was die Vermutung, daß „Eichenschild" ein Beiname des Tyr oder seiner beiden Alcis-Söhne gewesen ist, bestätigt.

Aber folgende kamen von Swarins Hügel gen Aurwang auf Jöruwall, und von ihnen stammt Lofars Geschlecht. Dies sind ihre Namen: Skirfir, Wirfir, Skafid, Ai, Alf, Ingi, **Eikinskialdi**, *Fal, Frosti, Fid, Ginnar.*

„Swarin" = „Antworter, Rächer" = Tyrs Schwert
„Aurwang" = „Licht-Gefilde" Alfheim-Jenseits des Göttervaters Tyr
„Jöruwall" = „Erdwall" = Gebirge von Utgard

Der Zwerg „Eikinskjaldi" gehört somit zum Gefolge des ehemaligen Göttervaters Tyr, was die Deutung der beiden „Eichenschild-Zwerge" in „Die Vision der Seherin" als die beiden Alcis bestätigt.

6. d) Tolkien

„Eichenschild" ist der Beiname des Zwergenkönigs Thorin.

6. e) Zusammenfassung

Der Name des Zwerges „Eikinskjaldi" bedeutet „Eichenschild" und bezieht sich möglicherweise auf den Sonnenschild des Tyr. Da „Eikinskjaldi" ein Zwerg ist, müßte es sich dann um den „Schildgott Tyr im Jenseits" , d.h. um den Schildgott Ullr handeln.

Im Gegensatz zu den anderen „Götter-Zwergen" Har (Odin), Wili (Odin), Yngvi und Frosti, die zu der Sippe des Dwalin gezählt wurden, erscheint „Eikinskjaldi" sowohl in der Sippe des Dwalin als auch in der Sippe des Durin. Dies bestätigt die Wichtigkeit des Zwerges „Eikinskjaldi" und seine Deutung als „Tyr in der Unterwelt".

Da „Eikinskjaldi" zweimal aufgeführt wird, ist „Eichenschild" möglicherweise ein Beiname der beiden Alcis-Söhne des Tyr gewesen, die auf den Bildsteinen der Nordgermanen mit Schwert und Schild bewaffnet sind. Das paßt dazu, daß „Eikinskjaldi" zu der Sippe des Tyr gerechnet worden ist – schließlich sind die beiden Alcis die Söhne des Tyr.

7.   Dellingr

7. a)   Der Name „Dellingr"

Der Name „Dellingr" bedeutet „Strahlender, Tagesanbruch" und ist einst ein Beiname des Sonnengott-Göttervaters Tyr gewesen.

7. b)   Dwerga-Heiti

In dem Lied „Dwerga-Heiti" („Zwergen-Namen"), dessen Verfasser unbekannt ist, wird Dellingr ohne nähere Beschreibung aufgelistet:

Althiofr, Austri,
Aurwangr und Dufr,
Ai, Andvari,
Onn und Draupnir,
Dori und Dagfinnr,
Dulinn und Onarr,
Alfr und **Dellingr***,*
Oinn und Durnir.

Delling ist der Vater des Dag, d.h. des Tages bzw. der Sonne. Auch Dag erscheint in dieser Liste als „Dagfinnr" („Tag-Wanderer").

Der anonyme Verfasser dieser Zwergenliste scheint somit auch den alten Sonnengott-Göttervater Tyr („Delling") und seinen Sohn, d.h. den jungen, wiedergeborenen Tyr („Dag") als Zwerge aufgefaßt zu haben, was insofern einen Sinn ergibt, als daß der am Abend gestorbene Tyr im Jenseits weilt und auch der wiedergeborene Tyr in der Morgendämmerung aus dem Jenseits ins Diesseits kommt und beide somit Totengeister sind.

7. c)   Zusammenfassung

Der Zwerg Dellingr ist mit dem Gott Delling (Tyr) identisch (siehe „Delling" in Band 48).

8.   Mit dem Namen eines Gottes gebildete Zwergennamen

8. a)   Die Jenseitsreisen der Götter

Da sich auch die Götter im Jenseits befinden, konnten Zwergennamen auch von den Namen von Göttern abgeleitet werden. Die Zwerge, die einem Götternamen ohne weitere Zusätze tragen, sind vermutlich diese Götter bei ihrem Aufenthalt im Jenseits. Für diese Deutung spricht, daß von allen diesen Göttern Jenseitsreisen bekannt sind.

- „Wili" („Wille" = Loki) – Loki ist der Gott des Jenseits.
- „Har" („Hoher, Grauhaar" = Odin) – Odin ist Schamanengott das Urbild aller Jenseitsreisenden.
- „Hör" – Er ist mit „Har identisch.
- „Eikinskjaldi" („Eichenschild") – Dies ist entweder eine Umschreibung für den Sonnengott-Göttervater Tyr mit seinem Sonnenschild als der Schild-Bogen- und Wintergott Ullr im winterlichen Jenseits oder für die beiden Alcis-Söhne des Tyr.
- „Wali" („Toter") – Er ist die wiedergeborene Sonne, die am Morgen aus dem Jenseits ins Diesseits kommt.
- „Frosti" („Frost") – Er ist der Gott des Winters, der als eine Entsprechung zum Jenseits angesehen wurde (Tyr?, Loki?).
- „Annar" („der andere") – Er ist der zweite Mann der Göttin Nott („Nacht") und wird sich daher wohl auch in der Nacht-Unterwelt befinden. Er könnte auch ein Riese sein. Er wird in dem Kapitel „Annar" in Band 20 beschrieben.
- „Yngvi" befindet sich als Urahn der Ingväonen ebenfalls im Jenseits.
- „Delling" ist der ehemalige Sonnengott-Göttervater Tyr, der jede Nacht bzw. jeden Winter in der Unterwelt weilt.

7. b)   Zusammenfassung

Auch „Götter in der Unterwelt" können als Zwerge bezeichnet werden. Neben Tyr und evtl. auch seinen beiden Alcis-Söhnen sind dies Loki, Odin (2x), Ullr, Wali, Frosti, Annar und Yngvi.

VII   weise Zwerge

1.   Nyrad

1. a)   Der Name „Nyrad"

„Nyrad" bedeutet „neuer Rat". Dieser Zwerg ist demnach nach der Hauptfunktion der Zwerge für die Menschen benannt worden, die bei ihren verstorbenen Vorfahren, also bei den Zwergen, Rat und Hilfe suchen.

1. b)   Die Vision der Seherin

In der „Vision der Seherin" wird Nyrad als Nachkomme des Durin aufgeführt wird.

Da ward Modsognir der mächtigste
Dieser Zwerge und Durin nach ihm.
Noch manche machten sie menschengleich
Der Zwerge von Erde, wie Durin angab.

... ...

Weig, Gandalf, Windalf, Thrain,
Theck und Thorin, Thror, Witr und Litr,
*Nar und **Nyrad**; nun sind diese Zwerge,*
Regin und Raswid, richtig aufgezählt.

... ...

1. c)   Gylfis Vision

Hier wird gesagt, daß Nyrad einer der Zwerge ist, die in der Erde wohnen:

214

Und dieses, heißt es, sind die Namen dieser Zwerge:

Nyi und Nidi, Nordri und Sudri, Austri und Westri, Althiosr, Dwalin, Nar und Nain, Niping, Dain, Biwör, Bawör, Bömbör, Nori, Ori, Onar, Oin, Modwitnir, Wig und Gandalf, Windalf, Thorin, Fili, Kili, Fundin, Wali, Thror, Throin, Theck, Lit, Wit, Nyr, **Nyrad**, *Reck, Radswid.*

Und diese sind auch Zwerge und wohnen im Gestein wie jene in der Erde:

Draupnir, Dolgthwari, Hör, Hugstari, Hlediolf, Gloin, Dori, Ori, Duf, Andwari, Hepti, Fili, Har, Siar.

1. d) Zusammenfassung

Dieser Erd-Zwerg aus der Sippe des Durin gehört zu den weisen Ahnen, da sein Name „Nyrad" die Bedeutung „neuer Rat" hat.

2. Witr

2. a) Der Name „Witr"

Der Name „Witr" bedeutet „der Weise" (englisch: „wit").

2. b) Die Vision der Seherin

Dieser Zwerg „Witr" bzw. „Wit" wird als Nachkomme des Durin aufgeführt:

Da ward Modsognir der mächtigste
Dieser Zwerge und Durin nach ihm.
Noch manche machten sie menschengleich
Der Zwerge von Erde, wie Durin angab.

... ...

Weig, Gandalf, Windalf, Thrain,
*Theck und Thorin, Thror, **Witr** und Litr,*
Nar und Nyrad; nun sind diese Zwerge,
Regin und Raswid, richtig aufgezählt.

... ...

2. c) Gylfis Vision

Hier wird gesagt, daß Witr einer der Zwerge ist, die in der Erde wohnen:

Und dieses, heißt es, sind die Namen dieser Zwerge:

*Nyi und Nidi, Nordri und Sudri, Austri und Westri, Althiosr, Dwalin, Nar und Nain, Niping, Dain, Biwör, Bawör, Bömbör, Nori, Ori, Onar, Oin, Modwitnir, Wig und Gandalf, Windalf, Thorin, Fili, Kili, Fundin, Wali, Thror, Throin, Theck, Lit, **Wit**, Nyr, Nyrad, Reck, Radswid.*

Und diese sind auch Zwerge und wohnen im Gestein wie jene in der Erde:

Draupnir, Dolgthwari, Hör, Hugstari, Hlediolf, Gloin, Dori, Ori, Duf, Andwari, Hepti, Fili, Har, Siar.

2. d) Zusammenfassung

Der Erd-Zwerg „Wit(r)" aus der Sippe des Durin ist seinem Namen zufolge besonders weise – was auch einer der wichtigsten Qualität ist, die man von den Ahnengeistern (Zwergen) erhoffte, wenn man sie beim Utiseta um Hilfe rief.

3.   Theck

3. a)   Der Name „Theck"

Der Name „Theck" kann von zwei verschiedenen Worten hergeleitet werden:

- Der Name könnte von „thekja" für „bedecken, bedachen" abgeleitet worden sein. In diesem Fall würde sich „Theck" wohl auf das Hügelgrab beziehen, daß den Toten „bedeckt" und „bedacht".

- Der Name könnte auch von dem Verb „thekkja" abstammen, das „erblikken, bemerken, erkennen, ausspionieren, verstehen, wissen, erkennen, zustimmen" bedeutet. In diesem Fall würde der Zwerg „Theck" entweder als „Seher" oder als „Weiser" oder als beides gleichzeitig bezeichnet worden sein.
Diese zweite Möglichkeit ist wahrscheinlicher, da „thekkja" dem Namen „Theck" bzw. „Thekk" genauer entspricht als „thekja".

3. b)   Die Vision der Seherin

Dieser Zwerg wird heir als Nachkomme des Durin aufgeführt.

Da ward Modsognir der mächtigste
Dieser Zwerge und Durin nach ihm.
Noch manche machten sie menschengleich
Der Zwerge von Erde, wie Durin angab.

... ...

Weig, Gandalf, Windalf, Thrain,
***Theck** und Thorin, Thror, Witr und Litr,*
Nar und Nyrad; nun sind diese Zwerge,
Regin und Raswid, richtig aufgezählt.

... ...

218

3. c) Gylfis Vision

Hier wird gesagt, daß Theck einer der Zwerge ist, die in der Erde wohnen:

Und dieses, heißt es, sind die Namen dieser Zwerge:

*Nyi und Nidi, Nordri und Sudri, Austri und Westri, Althiosr, Dwalin, Nar und Nain, Niping, Dain, Biwör, Bawör, Bömbör, Nori, Ori, Onar, Oin, Modwitnir, Wig und Gandalf, Windalf, Thorin, Fili, Kili, Fundin, Wali, Thror, Throin, **Theck**, Lit, Wit, Nyr, Nyrad, Reck, Radswid.*

Und diese sind auch Zwerge und wohnen im Gestein wie jene in der Erde:

Draupnir, Dolgthwari, Hör, Hugstari, Hlediolf, Gloin, Dori, Ori, Duf, Andwari, Hepti, Fili, Har, Siar.

3. d) Zusammenfassung

Der Erd-Zwerg „Theck", dessen Name wahrscheinlich „Seher, Weiser" bedeutet, gehört zu der Sippe des Durin.

219

4. Swior

4. a) Der Name „Swior"

Der Name „Swior" könnte sowohl eine Bildung zu „svar" für „antworten, entgegnen" als auch zu „svarr" für „schwer, ernst" sein. Im ersten Fall wäre „Swior" dann „der Aufrichtige" und in zweiten Fall der „Ernste". Beides würde diesen Zwerg vermutlich als weise kennzeichnen.

4. b) Die Vision der Seherin

Dieser Zwerg wird hier als Nachkomme des Durin aufgeführt.

Da ward Modsognir der mächtigste
Dieser Zwerge und Durin nach ihm.
Noch manche machten sie menschengleich
Der Zwerge von Erde, wie Durin angab.

... ...

Fili, Kili, Fundin, Nali,
*Hepti, Wili, Hannar und **Swior**,*
Billing, Bruni, Bild, Buri,
Frar, Hornbori, Frägr und Loni,
Aurwang, Jari, Eikinskjaldi.

4. c) Zusammenfassung

Seinem Namen nach zu schließen wird der Zwerg „Swior" aus Durins Sippe wohl zu den weisen Zwergen gehören.

220

5. Die Zwerge von Nürnberg

5. a) Gebrüder Grimm: „Beschwörung der Bergmännlein"

Zu Nürnberg ist einer gewesen, mit Namen Paul Creuz, der eine wunderbare Beschwörung gebraucht hat. In einen gewissen Plan hat er ein neues Tischlein gesetzt, ein weißes Tuch daraufgedeckt, zwei Milchschüßlein draufgesetzt, ferner zwei Honigschüßlein, zwei Tellerchen und neun Messerchen. Weiter hat er eine schwarze Henne genommen und sie über einer Kohlpfanne zerrissen, so daß das Blut in das Essen hineingetropft ist. Hernach hat er davon ein Stück gegen Morgen, das andere gegen Abend geworfen und seine Beschwörung begonnen.

Wie dies geschehen, ist er hinter einen grünen Baum gelaufen und hat gesehen, daß zwei Bergmännlein sich aus der Erde hervorgefunden, zu Tisch gesetzt und bei dem kostbaren Rauchwerke, das auch vorhanden gewesen, gleichsam gegessen.

Nun hat er ihnen Fragen vorgelegt, worauf sie geantwortet; ja, wenn er das oft getan, sind die kleinen Geschöpfe so vertraut geworden, daß sie auch zu ihm ins Haus zu Gast gekommen. Hat er nicht recht aufgewartet, so sind sie entweder nicht erschienen oder doch bald wieder verschwunden. Er hat auch endlich ihren König zuwege gebracht, der dann allein gekommen in einem roten, scharlachen Mäntlein, darunter er ein Buch gehabt, das er auf den Tisch geworfen und seinem Banner erlaubt hat, soviel und solange er wollte, drinnen zu lesen.

Davon hat sich der Mensch große Weisheit und Geheimnisse eingebildet.

5. b) Zusammenfassung

Es ist möglich, durch Opferungen die Zwerge herbeizurufen und von ihnen ihre Weisheit zu erlernen (siehe „Utiseta" in Band 50).

6. Zusammenfassung: weise Zwerge

Eine wichtige Eigenschaft der Zwerge war ihre Weisheit – wegen dieser Weisheit baten die Lebenden ihre toten Vorfahren, also die Zwerge um Rat und Hilfe.

- „Swior" („Weiser")
- „Nyrad" („neuer Rat")
- „Theck" (Seher, Weiser")
- „Witr" („Wissender, Weiser")
- „Zwerge von Nürnberg" (werden bei einer art Utiseta herbeigerufen)

Drei von ihnen stehen in „Die Vision der Seherin" eng beieinander: *„ **Theck** und Thorin, Thror, **Witr** und Litr, Nar und **Nyrad**"*. Ob das nur Zufall ist?

Zwerge, d.h. die Ahnengeister, sind weise – deshalb werden sie auch von ihren Nachkommen um Rat und Hilfe gebeten.

VIII   Die Zwerge als hilfreiche Ahnen

1.   Ai

1. a)   Der Name „Ai"

Sein Name bedeutet „Urgroßvater". Der Namen „Ai" erklärt sich einfach daraus, daß die Zwerge („dwergaz") „Totengeister" waren und der Urgroßvater einer der wichtigeren Ahnen war, an die man sich z.B. mithilfe des Utiseta wenden konnte, um von ihnen Rat und Hilfe zu erhalten.

1. b)   Die Vision der Seherin

Dieser Zwerg erscheint in der „Vision der Seherin" einmal als ein Zwerg aus der Sippe des Durin und einmal als Zwerg aus der Sippe des Dwalin. Dies läßt darauf schließen, daß „Ai" einer der bekannteren und wichtigeren Zwerge gewesen sein muß.

Die sieben Strophen in „Die Vision der Seherin", in der „Ai" aufgeführt wird, lauten:

Da ward Modsognir der mächtigste
Dieser Zwerge und Durin nach ihm.
Noch manche machten sie menschengleich
Der Zwerge von Erde, wie Durin angab.

Nyi und Nidi, Nordri und Sudri,
Austri und Westri, Althiof, Dwalin,
Nar und Nain, Niping, Dain,
Bifur, Bafur, Bömbur, Nori;
*Ann und Anarr, **Ai**, Miödwitnir.*

Weig, Gandalf, Windalf, Thrain,
Theck und Thorin, Thror, Witr und Litr,
Nar und Nyrad; nun sind diese Zwerge,
Regin und Raswid, richtig aufgezählt.

Fili, Kili, Fundin, Nali,
Hepti, Wili, Hannar und Swior,
Billing, Bruni, Bild, Buri,
Frar, Hornbori, Frägr und Loni,
Aurwang, Jari, Eikinskjaldi.

Zeit ist's, die Zwerge von Dwalins Zunft
Den Leuten zu leiten bis Lofar hinauf,
Die aus Gestein und Klüften strebten
Von Aurwangs Tiefen zum Erdenfeld.

Da war Draupnir und Dolgtrasir,
Har, Haugspori, Hläwang, Gloi,
*Skirwir, Wirwir, Skafid, **Ai**,*
Alf und Yngwi, Eikinskjaldi.

Fialar und Frosti, Finnar und Ginnar,
Heri, Höggstari, Hliodolf, Moin.
So lange Menschen leben auf Erden,
Wird zu Lofar hinauf ihr Geschlecht geleitet.

1. c)   Gylfis Vision

Hier wird gesagt, daß Ai einer der Zwerge ist, die in „Swarins Hügel", d.h. in „Tyrs Hügelgrab" wohnen:

*Aber folgende kamen von Swarins Hügel gen Aurwang auf Jöruwall, und von ihnen stammt Lofars Geschlecht. Dies sind ihre Namen: Skirfir, Wirfir, Skafid, **Ai**, Alf, Ingi, Eikinskialdi, Fal, Frosti, Fid, Ginnar.*

„Swarin" = Tyrs Schwert
„Aurwang" = „Licht-Gefilde"
„Jöruwall" = „Erdwall" = Utgard
Der Zwerg „Ai" gehört offenbar zum Gefolge des ehemaligen Göttervaters Tyr.

1. d) Zwergen-Namen

In dem Lied „Dwerga-Heiti" („Zwergen-Namen"), dessen Verfasser unbekannt ist, wird Ai ohne nähere Beschreibung aufgelistet:

Althiofr, Austri,
Aurwangr und Dufr,
***Ai**, Andvari,*
Onn und Draupnir,
Dori und Dagfinnr,
Dulinn und Onarr,
Alfr und Dellingr,
Oinn und Durnir.

1. e) Zusammenfassung

Der Name des Zwerges „Ai" bedeutet „Urgroßvater" – vermutlich im Sinne von „Urahn". Er erscheint einmal in der Sippe des Durin und einmal in der Sippe des Dwalin, was sicherlich daran liegt, daß der Urgroßvater ein wichtiger Ahn gewesen ist.

Da nur „Ai" („Urgroßvater") und „Eikinskjald" („Eichenschild") als Nachkommen des Dwalin und auch als Nachkommen des Durin genannt werden, ist es gut denkbar, daß „Ai Eikinskjaldi", also „Urgroßvater Eichenschild" der Sonnengott-Göttervater Tyr mit seinem Sonnenschild ist. Als Zwerg wäre Tyr dann vermutlich der Schildgott Ullr in der Unterwelt.

Der Name des Zwerges „Nar", der zweimal als Nachkomme des Durin genannt wird, bedeutet „Leiche". wenn man diese drei doppelten Namen kombiniert, erhält man „Nar Ai Eikinskjaldi", d.h. „der tote Urgroßvater Eichenschild" – was eine recht präzise Beschreibung des Tyr in der Unterwelt ist.

Da er jedoch zweimal erscheint, ist es recht wahrscheinlich, daß „Nar Ai Eikinskjaldi" eine Bezeichnung der beiden Alcis-Söhne des Tyr ist, die ja des öfteren Namen und Titel ihres Vaters übernommen haben.

2. Bruni

Dieser Zwerg wird nur in der „Vision der Seherin" genannt, in der er als Nachkomme des Durin aufgeführt wird.

Möglicherweise ist er mit dem Finnenkönig Bruni identisch, der seinerseits eine Saga-Variante des Göttervaters Tyr als Riese im Jenseits ist.

Vermutlich ist der Zwerg Bruni auch mit dem weisen Mann „Brenner" aus der Saga über Thorstein Viking-Sohn identisch sein, der auf einer einsamen Insel lebt (die Jenseitsinsel Walaskialf?) und der Thorstein auf die Nachbarinsel zu dem Zwerg Sindre schickt, der einer der beiden Alcis-Söhne des Tyr ist (siehe das Kapitel über „Sindri").

2. a) Der Name „Bruni"

Sein Name bedeutet „brennende Hitze, Feuer". Dies könnte sich auf das Bestattungsfeuer beziehen, aus dem die Waberlohe als Symbol für das Jenseitstor entstanden ist. Es könnte jedoch auch die Sonnenhitze des Tyr gemeint sein.

2. b) Die Vision der Seherin

Die Strophen in „Die Vision der Seherin", in der „Bruni" aufgeführt wird, lauten:

Da ward Modsognir der mächtigste
Dieser Zwerge und Durin nach ihm.
Noch manche machten sie menschengleich
Der Zwerge von Erde, wie Durin angab.

... ...

Fili, Kili, Fundin, Nali,
Hepti, Wili, Hannar und Swior,
*Billing, **Bruni**, Bild, Buri,*
Frar, Hornbori, Frägr und Loni,
Aurwang, Jari, Eikinskjaldi.

2. c) Zusammenfassung

„Der Name „Bruni" bedeutet „Feuer" und bezieht sich entweder auf die Brand-bestattung und das davon abgeleitete Symbol der Waberlohe als Jenseitstor oder auf die Sonnenhitze des Tyr.

Der Zwerg Bruni wird mit dem Riesen „Bruni" und mit dem weisen Mann „Brenner" identisch sein, die beide Saga-Varianten des Tyr sind.

Bruni gehört zur Sippe des Durin.

3. Duf

3. a) Der Name „Duf"

Der Name „Duf(r)" bedeutet „Woge" und bezieht sich vermutlich auf die Wasserunterwelt. Es ist möglich, aber nicht sonderlich wahrscheinlich, daß er mit der Ägir-
Tochter Dufr assoziiert worden ist.

3. b) Die Vision der Seherin

Und diese sind auch Zwerge und wohnen im Gestein wie jene in der Erde:

*Draupnir, Dolgthwari, Hör, Hugstari, Hlediolf, Gloin, Dori, Ori, **Duf**, Andwari,
Hepti, Fili, Har, Siar.*

3. c) Zwergen-Namen

*Althiofr, Austri,
Aurwangr und **Dufr**,
Ai, Andvari,
Onn und Draupnir,
Dori und Dagfinnr,
Dulinn und Onarr,
Alfr und Dellingr,
Oinn und Durnir.*

3. d) Zusammenfassung

„Duf(r)" ist ein Felsen-Zwerg. Sein Name bedeutet „Woge".

4. Durnir

Der Zwerg „Durnir" ist wahrscheinlich mit dem Riesen „Durnir" identisch – zumal dieser Riese nur aus den Nafna-Thulur bekannt ist und vielleicht von Snorri Sturluson falsch einsortiert worden ist.

4. a) Der Name „Durnir"

Der Name des Zwerges bzw. Riesen „Durnir" bedeutet „Schlummernder" und ist vermutlich mit den Zwergennamen „Durin", „Durinn", „Diurnir", „Dulin" und „Dunneir" identisch. Diese Namen sind alle Umschreibungen für „Toter" – und sowohl Zwerge als auch Riesen sind Wesen des Jenseits.

Die vielen Varianten dieses Namens spricht dafür, daß er schon sehr alt ist und einst ein Beiname des Tyr im Jenseits gewesen ist. Dies wird auch dadurch bestätigt, daß er ein Zwergenkönig ist (siehe auch „Diurnir" in Band 7).

4. b) Zwergen-Namen

Althiofr, Austri,
Aurwangr und Dufr,
Ai, Andvari,
Onn und Draupnir,
Dori und Dagfinnr,
Dulinn und Onarr,
Alfr und Dellingr,
Oinn und **Durnir.**

4. c) Laufas-Edda

In dieser Version der Edda finden sich vier Verse, in denen Durin erwähnt wird:

Ich werde das Loblied des Kampfes
der Leichen-fahlen Bäume des Meeres vortragen,
Laßt uns für den dunkelhaarigen Mann des Durin trinken
und das Dunkel ein wenig erleuchten.

   Baum des Meeres: Seeleute, Meeres-Krieger, Wikinger; Leichen-fahle Wikinger = tote Wikinger
    Durnir = Zwerg = Totengeist; Mann des Durin = ein (bestimmter) Toter
    Dunkel = Trauer um den Toten

4. d) Ynglingatal (Heimskringla)

Zwerge leben als Totengeister fast immer in Hügelgräbern.

   Thjodolf von Hvini berichtet darüber:

Aber der Tag-scheue
Diurnir unten
in dem mächtigen Saal
lockten Sveigdi
in den Stein
und führt ihn hinein.

Der arme König
folgte dem Zwerg,
und in den leuchtende Saal
jenes Mimirs in der Tiefe,
in dessen Riesenwohnstatt,
– dorthin ging er mit.

   - Diurnir = ein Zwerg (Zwergenkönig) = Totengeist; dessen Söhne = Zwerge; deren Halle = Hügelgrab; dessen Wächter = Totengeist = Zwerg
    - Sveigdi = Swedge = König von Schweden
    - Stein = Hügelgrab
    - leuchtender Saal = Grabkammer voll Gold
    - Mimir = Tyr; Tiefe = Unterwelt; Mimir der Tiefe = Riese, Totengeist
    - Riesenwohnstatt = Grabkammer im Hügelgrab

Kenning-freie Übersetzung: *„Diurnir lockte König Seigdi zu sich und führte ihn nach unten in die großen Grabkammer des Hügelgrabes. Der König folgte dem Zwerg in den Saal des Jenseitskönigs."*

4. e) Zusammenfassung

Der Name „Durnir" bedeutet „Schlummernder", d.h. „Toter". Er ist ist sowohl ein Riese als auch ein Zwerg.

Er ist mir den Zwergen „Durin", „Durinn", „Diurnir", „Dulin" und „Dunneir" identisch, die sowohl als Alcis-Zwerge als auch als Zwergenkönig (Tyr) auftreten.

Diese sechs Varianten dieses Zwergen- und Riesennamens werden daher schon recht alt sein und ursprünglich Tyr in der Unterwelt und dann auch einen seiner beiden Alcis-Söhne bezeichnet haben.

5. Der Zwerg Fafnir

Möglicherweise kann man auch Fafnir als einen Zwerg ansehen, da er der Bruder des Zwerges Regin ist und sich selber in einen Drachen, also in einen Totengeist verwandelt hat.

Die Auffassung als Drache prägt jedoch das Wesen des Fafnir weit mehr als seine mögliche Auffassung als Zwerg. Letztlich ist dies lediglich ein Unterschied in der äußeren Erscheinung, denn sowohl die Drachen als auch die Zwerge waren die Geister der Toten.

„Fafnir" wird ausführlich in dem Band 41 „Schlangen und Drachen" beschrieben.

6. Fid

6. a) Der Name „Fid"

Der Name „Fid" leitet sich wahrscheinlich von „fidri" für „Federn, Gefieder" her und bedeutet daher „Vogel" – vermutlich im Sinne von „Seelenvogel".

6. b) Gylfis Vision

Dieser Zwerg wird nur in „Gylfis Vision" an der Stelle genannt, in der Snorri Sturluson die Liste der Zwerge aus „Die Vision der Seherin" zitiert und dabei z.T. noch andere Namen anführt:

*Aber folgende kamen von Swarins Hügel gen Aurwang auf Jöruwall, und von ihnen stammt Lofars Geschlecht. Dies sind ihre Namen: Skirfir, Wirfir, Skafid, Ai, Alf, Ingi, Eikinskialdi, Fal, Frosti, **Fid**, Ginnar.*

„Swarin" = „Antworter, Rächer" = Tyrs Schwert
„Aurwang" = „Licht-Gefilde" = Alfheim-Jenseits des Göttervaters Tyr
„Jöruwall" = „Erdwall" = die Gebirge von Utgard.
Der Zwerg „Skirfir" gehört zum Gefolge des ehemaligen Göttervaters Tyr.

6. c) Zusammenfassung

„Fid" ist ein Zwerg aus dem engeren Gefolge des Tyr, da er bei ihm in seinem Hügelgrab wohnt. Sein Name bedeutet „Gefieder", was vermutlich eine Heiti für „Seelenvogel" ist.

7. Frägr

7. a) Der Name „Frägr"

Sein Name ist eine Bildung zu dem Adjektiv „frägr" für „berühmt, ehrenhaft, vertrauenswürdig". „Frägr" könnte somit ein besonders wichtiger Ahn sein wie z.B. ein Fürst oder ein Sippengründer.

7. b) Die Vision der Seherin

Dieser Zwerg wird nur in der „Vision der Seherin" genannt, in der er als Nachkomme des Durin aufgeführt wird.

Die Strophen in „Die Vision der Seherin", in der „Frägr" aufgeführt wird, lauten:

Da ward Modsognir der mächtigste
Dieser Zwerge und Durin nach ihm.
Noch manche machten sie menschengleich
Der Zwerge von Erde, wie Durin angab.

... ...

Fili, Kili, Fundin, Nali,
Hepti, Wili, Hannar und Swior,
Billing, Bruni, Bild, Buri,
*Frar, Hornbori, **Frägr** und Loni,*
Aurwang, Jari, Eikinskjaldi.

7. c) Zusammenfassung

Der Zwerg „Frägr" aus der Durin-Sippe ist seinem Namen zufolge besonders berühmt, ehrenhaft und vertrauenswürdig.

8.   Fundin

8. a)   Der Name „Fundin"

Der Name „Fundin" ist eine Ableitung des Verbes „fundr" für „finden, entdecken, gründen". Dieses Wort ist insbesondere durch das Buch „Fundin Noregr" bekannt, dessen Titel „Die Entdeckung (und Besiedelung) Norwegens" bedeutet.

„Fundin" könnte seinem Namen zufolge ein Urahn und Gründer eines Reiches, einer Siedlung oder einer Sippe zu sein.

8. b)   Die Vision der Seherin

Dieser Zwerg wird als Nachkomme des Durin aufgeführt:

Da ward Modsognir der mächtigste
Dieser Zwerge und Durin nach ihm.
Noch manche machten sie menschengleich
Der Zwerge von Erde, wie Durin angab.

... ...

*Fili, Kili, **Fundin**, Nali,*
Hepti, Wili, Hannar und Swior,
Billing, Bruni, Bild, Buri,
Frar, Hornbori, Frägr und Loni,
Aurwang, Juri, Eikinskjaldi.

8. c)   Gylfis Vision

Hier wird gesagt, daß Fundin einer der Zwerge ist, die in der Erde wohnen:

Und dieses, heißt es, sind die Namen dieser Zwerge:
Nyi und Nidi, Nordri und Sudri, Austri und Westri, Althiosr, Dwalin, Nar und Nain,
Niping, Dain, Biwör, Bawör, Bömbör, Nori, Ori, Onar, Oin, Modwitnir, Wig und
*Gandalf, Windalf, Thorin, Fili, Kili, **Fundin**, Wali, Thror, Throin, Theck, Lit, Wit, Nyr,*
Nyrad, Reck, Radswid.

Und diese sind auch Zwerge und wohnen im Gestein wie jene in der Erde:
   Draupnir, Dolgthwari, Hör, Hugstari, Hlediolf, Gloin, Dori, Ori, Duf, Andwari,
Hepti, Fili, Har, Siar.

8. d)   Frauen-Lied

In dem „Frauen-Gedicht" des Skalden Ormr Steinthorsson steht „Fundin" allgemein
für „Zwerg".

Die Männer brauchen keine Furcht
vor meinen Versen zu hegen –
ich mische keinen Hohn in Widars Beute.
Wir wissen, wie wir Werke preisen müssen.

   Widar = Odin; seine Beute =Skaldenmet = Dichtung

Ich habe das, was der Birke gleicht,
in die Mulde der Hand gelegt – hallendes Feuer,
in dem Trank des Sohnes des Billing,
den ich nun vortrage.

   Birke = hell (Rinde); das, was ihr gleicht = Gold;
   hallendes Feuer = Gold
   Billing = Zwerg; sein Sohn = Zwerg; dessen Trank = Skaldenmet = Dichtung

Die hochgemute, tugendhafte Thrud,
die den Maische-Bottich hält,
die Dröfn-Flammen-Lofn,
die Freundschafts-treue, wehrt jegliches Laster ab.

   Thrud = Göttin = Frau
   Maische-Bottich für die Herstellung von Bier oder Met
   Dröfn =Meeres-Riesin = Woge; Wogen-Flamme = Gold = goldener Armreif; Lofn =
Göttin; Armreif-Göttin = Frau

Der Fjord-Knochen
wurde in ausnehmend reine Kleider gehüllt.
Der Speer-Freyr warf neue Kleidung
über die Met-Hrist.

Fjord-Knochen = Frau (unklare Kenning)
Speer-Freyr = Krieger; hier der Skalde
Hrist = eine Walküre; Met-Walküre = Frau

Laßt den Leib der Bier-Planke
und meinen in dieselbe Halle gebracht werden,
wenn wir tot sind;
laßt die Männer Dwalins Trank empfangen.

Planke = Baum = Mensch; Bier-Mensch = die, die Bier einschenkt = Frau
Halle = Grabkammer im Hügelgrab
Dwalins Trank = Skaldenmet = Dichtung

Der Kampf-Erschaffer singt für die tote Geschmückte
auf dem Saal-Boden Fundins Loblied;
um den Wind der Riesin festzuhalten,
der sich von der Brandungs-Mauer entfernt.

Kampf-Erschaffer = Krieger, hier der Skalde
tote Geschmückte = tote Frau
Fundins Loblied = Totenlied
Riesin = Jenseitsgöttin; ihr Wind = Seele (Wind = Atem = Lebenskraft = Seele)
Brandung = Met (?); dessen Mauer = Metgefäß (?)
Die Übersetzung dieser letzten Strophe ist unsicher.

8. e) Tolkien

In Tolkiens Werken ist Fundin der Vater des Zwerges Balin.

8. f) Zusammenfassung

Der Erd-Zwerg „Fundin" aus der Durin-Sippe scheint ein Urahn zu sein, da sein Name „Finder, Gründer" bedeutet.
Es ist denkbar, daß dieser Name Tyr bezeichnet – aber das ist unsicher.

9. Haugspori

9. a) Der Name „Haugspori"

Der Name dieses Zwerges setzt sich aus den beiden Substantiven „haug" für „Hügelgrab" und „spor" für „Spur, Fußabdruck" zusammen. „Haugspori" bedeutet somit „Spur im Hügelgrab" oder „Spur auf dem Hügelgrab".

Möglicherweise weist diese „Spur" daraufhin, daß der Zwerg, also der Geist eines verstorbenen Vorfahren bei dessen Anrufung vor seinem Hügelgrab dagewesen ist und als Zeichen dafür eine Fußspur hinterlassen hat. Diese Deutung ist jedoch ausgesprochen unsicher.

Sie hätte einige Parallelen in den Fußabdruck-Paaren von Flyhov und Faglum in den frühgermanischen Felsritzungen, in dem Fußabdruck von Dunadd in Schottland, in der Fußspur des Buddha in Felsen an vielen Orten, in dem Fußabdruck des höchsten Gottes der Mumuye in Nigeria, in Gottes Fußabdruck in Jerusalem, in den Fußabdrücken des St. Wolfgang in Österreich und im Erzgebirge usw.

9. b) Die Vision der Seherin

Dieser Zwerg wird als Nachkomme des Zwerges Dwalin genannt:

Zeit ist's, die Zwerge von Dwalins Zunft
... ...
Da war Draupnir und Dolgtrasir,
*Har, **Haugspori**, Hläwang, Gloi,*
Skirwir, Wirwir, Skafid, Ai,
Alf und Yngwi, Eikinskjaldi.

9. c) Zusammenfassung

Der Zwerg „Haugspori" stammt aus der Sippe des Dwalin. Sein Name bedeutet „Fußspur auf dem Hügelgrab" und soll ihn möglicherweise als einen hilfreichen Ahn kennzeichnen, der seinen Nachkommen erscheint, wenn sie ihm beim Utiseta vor seinem Hügelgrab um Rat und Hilfe bitten.

10. Hepti

10. a) Der Name „Hepti"

Sein Name bedeutet „Haft" – entweder im Sinne von „Fessel" oder von „Dolch-griff". Die „Fessel" könnte ein Wortspiel zu „bönd" („Band, Fessel") sein, mit dem die Götter als diejenigen, mit denen die Menschen verbunden waren, bezeichnet wur-den.

Hepti könnte somit ein „Helfer", d.h. ein den Menschen „Verbundener" („hepti" = „bönd") oder aber eben auch ein „Dolchgriff" sein. Am meisten Sinn ergibt jedoch die Deutung dieses Namens als „Helfer".

10. b) Die Vision der Seherin

Dieser Zwerg wird als Nachkomme des Durin aufgeführt:

Da ward Modsognir der mächtigste
Dieser Zwerge und Durin nach ihm.
Noch manche machten sie menschengleich
Der Zwerge von Erde, wie Durin angab.

... ...

Fili, Kili, Fundin, Nali,
***Hepti**, Wili, Hannar und Swior,*
Billing, Bruni, Bild, Buri,
Frar, Hornbori, Frägr und Loni,
Aurwang, Jari, Eikinskjaldi.

10. c) Gylfis Vision

Hier wird gesagt, daß Hepti einer der Zwerge ist, die in den Felsen wohnen:

Und diese sind auch Zwerge und wohnen im Gestein wie jene in der Erde:

Draupnir, Dolgthwari, Hör, Hugstari, Hlediolf, Gloin, Dori, Ori, Duf, Andwari,
Hepti*, Fili, Har, Siar.*

10. d) Zusammenfassung

Der Felsen-Zwerg „Hepti" aus der Durin-Sippe ist ein „Helfer", d.h. ein hilfs-bereiter Ahn.

11. Hornbori

11. a) Der Name „Hornbori"

Dieser Name bedeutet das, wonach er auch im Deutschen klingt: „Hornbohrer". Das „Horn" könnte eine Assoziation zu den meist gehörnten Opfertieren bei der Bestattung (Stier, Hirsch, Ziegenbock) sein. Das „Horn" könnte auch eine Heiti für den Hauer des Keilers sein.

Das „Bohren" ist hingegen etwas schwieriger zu deuten – da das altnordische Verb „bora" auch „sich einen Weg durch ein Gedränge bahnen" bedeutet, könnte dieser Name evtl. einen Krieger bezeichnen, der sich mit seinem „Horn" einen Weg durch das feindliche Heer bahnt.

Weitere mögliche Deutungen sind „Hornbläser" und „der mit einem Horn zusticht" sowie „Hornträger" im Sinne von „Gehörnter".

11. b) Die Vision der Seherin

Dieser Zwerg wird als Nachkomme des Durin aufgeführt wird:

Da ward Modsognir der mächtigste
Dieser Zwerge und Durin nach ihm.
Noch manche machten sie menschengleich
Der Zwerge von Erde, wie Durin angab.
... ...
Fili, Kili, Fundin, Nali,
Hepti, Wili, Hannar und Swior,
Billing, Bruni, Bild, Buri,
*Frar, **Hornbori**, Frägr und Loni,*
Aurwang, Jari, Eikinskjaldi.

11. c) Zusammenfassung

„Hornbori" ist ein Zwerg aus der Sippe des Durin. Sein Name könnte ihn als „mutigen Krieger" bezeichnen, als „Gehörnten" (Assoziation des Toten mit dem für ihn geopferten Herdentier), als „Hornstecher" oder als „Hornbläser".

12. Loni

12. a) Der Name „Loni"

Der Name „Loni" leitet sich möglicherweise von „Lon" für „Bucht, Lagune" her. Falls dieser Name eine mythologische Bedeutung haben sollte, wird er sich wohl auf die Wasserunterwelt beziehen.

12. b) Die Vision der Seherin

Dieser Zwerg wird als Nachkomme des Durin aufgeführt:

Da ward Modsognir der mächtigste
Dieser Zwerge und Durin nach ihm.
Noch manche machten sie menschengleich
Der Zwerge von Erde, wie Durin angab.

... ...

Fili, Kili, Fundin, Nali,
Hepti, Wili, Hannar und Swior,
Billing, Bruni, Bild, Buri,
*Frar, Hornbori, Frägr und **Loni**,*
Aurwang, Jari, Eikinskjaldi.

12. c) Zusammenfassung

„Loni" („Bucht") ist ein Zwerg aus der Sippe des Durin. Sein Name soll ihn vermutlich als Bewohner der Wasserunterwelt bezeichnen.

13. Nain

13. a) Der Name „Nain"

„Nain" leitet sich von der Präposition „nainn" für „nah" ab, von der es die Substantiv-Bildung „nainn" für „Verwandter" im Sinne einer „nahestehenden Person" gibt.

Dieser Name muß recht wichtig gewesen sein, da sich aus ihm das französische Wort „nain" für „Zwerg" gebildet hat. Dies bestätigt die Auffassung der Zwerge als hilfreiche Ahnen, d.h. als verstorbene Verwandte.

13. b) Die Vision der Seherin

Dieser Zwerg wird als Nachkomme des Durin aufgeführt:

Da ward Modsognir der mächtigste
Dieser Zwerge und Durin nach ihm.
Noch manche machten sie menschengleich
Der Zwerge von Erde, wie Durin angab.

Nyi und Nidi, Nordri und Sudri,
Austri und Westri, Althiof, Dwalin,
*Nar und **Nain**, Niping, Dain,*
Bifur, Bafur, Bömbur, Nori;
Ann und Anarr, Ai, Miödwitnir.

... ...

13. c) Gylfis Vision

In „Gylfis Vision" wird gesagt, daß Nain einer der Zwerge ist, die in der Erde wohnen:

Und dieses, heißt es, sind die Namen dieser Zwerge:

*Nyi und Nidi, Nordri und Sudri, Austri und Westri, Althiosr, Dwalin, Nar und **Nain**, Niping, Dain, Biwör, Bawör, Bömbör, Nori, Ori, Onar, Oin, Modwitnir, Wig und Gandalf, Windalf, Thorin, Fili, Kili, Fundin, Wali, Thror, Throin, Theck, Lit, Wit, Nyr, Nyrad, Reck, Radswid.*

<u>13. d) Zusammenfassung</u>

„Nain" bedeutet „Verwandter". Dieser Erd-Zwerg aus der Sippe des Durin zählt somit zu den Ahnen.
Im Französischen ist „nain" das Wort für „Zwerg".

14. Nali

13. a) Der Name „Nali"

Der Name „Nali" ist eine Bildung zu „nal" für „Nadel". Es fällt auf, daß in „Gylfis Vision" auch Lokis Mutter „Nal" genannt wurde: *„Sein Name ist Loki oder Loptr, und sein Vater der Riese Farbauti; seine Mutter heißt Laufey oder Nal."*

Die Riesin „Nal" wurde anscheinend mit einer Nadel assoziiert und sie wohnte auf der „Laubinsel". Vermutlich ist diese Insel die Jenseitsinsel der Toten und Laufey wurde genauso wie Hel („Höhle") nach dem Ort, an dem sie sich befindet, benannt. Die Nadel könnte am ehesten mit den Nornen zusammenhängen, die als Spinnerinnen und manchmal auch als Weberinnen angesehen wurden – warum also nicht auch als Näherinnen?

Im Zusammenhang mit dem Zwerg Nal könnte die „Nadel" dann evtl. das von den Nornen verkündete Schicksal sein – aber diese Deutung ist nicht besonders sicher …

13. b) Die Vision der Seherin

Dieser Zwerg wird als Nachkomme des Durin aufgeführt:

Da ward Modsognir der mächtigste
Dieser Zwerge und Durin nach ihm.
Noch manche machten sie menschengleich
Der Zwerge von Erde, wie Durin angab.
  … … …
*Fili, Kili, Fundin, **Nali**,*
… … …

13. c) Zusammenfassung

Der Zwerg „Nali" aus Durins Sippe ist möglicherweise als „Nadel" bezeichnet worden, weil die Nadel möglicherweise ein Symbol für das von den Nornen verkündete Schicksal gewesen ist – diese Deutung des Namens ist jedoch ungewiß.

14.   Nar

14. a)   Der Name „Nar"

Der Name dieses Zwerges könnte einer der wichtigeren Zwergennamen gewesen sein, da er „Leiche" bedeutet.

14. b)   Die Vision der Seherin

Dieser Zwerg erscheint gleich zweimal in der „Vision der Seherin" als ein Nachkomme des Durin:

Da ward Modsognir der mächtigste
Dieser Zwerge und Durin nach ihm.
Noch manche machten sie menschengleich
Der Zwerge von Erde, wie Durin angab.

Nyi und Nidi, Nordri und Sudri,
Austri und Westri, Althiof, Dwalin,
***Nar** und Nain, Niping, Dain,*
Bifur, Bafur, Bömbur, Nori;
Ann und Anarr, Ai, Miödwitnir.

Weig, Gandalf, Windalf, Thrain,
Theck und Thorin, Thror, Witr und Litr,
***Nar** und Nyrad; nun sind diese Zwerge,*
Regin und Raswid, richtig aufgezählt.

Fili, Kili, Fundin, Nali,
Hepti, Wili, Hannar und Swior,
Billing, Bruni, Bild, Buri,
Frar, Hornbori, Frägr und Loni,
Aurwang, Jari, Eikinskjaldl.

14. c) Gylfis Vision

Hier wird gesagt, daß Nar einer der Zwerge ist, die in der Erde wohnen:

Und dieses, heißt es, sind die Namen dieser Zwerge:

*Nyi und Nidi, Nordri und Sudri, Austri und Westri, Althiosr, Dwalin, **Nar** und Nain, Niping, Dain, Biwör, Bawör, Bömbör, Nori, Ori, Onar, Oin, Modwitnir, Wig und Gandalf, Windalf, Thorin, Fili, Kili, Fundin, Wali, Thror, Throin, Theck, Lit, Wit, Nyr, Nyrad, Reck, Radswid.*

Und diese sind auch Zwerge und wohnen im Gestein wie jene in der Erde:

Draupnir, Dolgthwari, Hör, Hugstari, Hlediolf, Gloin, Dori, Ori, Duf, Andwari, Hepti, Fili, Har, Siar.

14. d) Zusammenfassung

„Nar" und „Zwerg" bedeutet in etwa dasselbe: „Leiche" und „Totengeist".
Möglicherweise ist „Nar" eine übliche Umschreibung für „Zwerg" gewesen, da dieser Name gleich zweimal in der Liste der Nachkommen des Durin erscheint.
„Nar" ist ein Erd-Zwerg.

16. Niping

16. a) Der Name „Niping"

Dieser Name ist wahrscheinlich eine Bildung zu dem altnordischen Wort „neppr" für „ohnmächtig werden, sterben". „Niping" ist somit der „Tote" – eben ein Ahnengeist.

16. b) Die Vision der Seherin

Dieser Zwerg wird als Nachkomme des Durin aufgeführt wird:

Da ward Modsognir der mächtigste
Dieser Zwerge und Durin nach ihm.
Noch manche machten sie menschengleich
Der Zwerge von Erde, wie Durin angab.

Nyi und Nidi, Nordri und Sudri,
Austri und Westri, Althiof, Dwalin,
*Nar und Nain, **Niping**, Dain,*
Bifur, Bafur, Bömbur, Nori;
Ann und Anarr, Ai, Miödwitnir.

... ...

16. c) Gylfis Vision

Hier wird gesagt, daß Niping einer der Zwerge ist, die in der Erde wohnen:

Und dieses, heißt es, sind die Namen dieser Zwerge:

Nyi und Nidi, Nordri und Sudri, Austri und Westri, Althiosr, Dwalin, Nar und Nain, ***Niping****, Dain, Biwör, Bawör, Bömbör, Nori, Ori, Onar, Oin, Modwitnir, Wig und Gandalf, Windalf, Thorin, Fili, Kili, Fundin, Wali, Thror, Throin, Theck, Lit, Wit, Nyr, Nyrad, Reck, Radswid.*

Und diese sind auch Zwerge und wohnen im Gestein wie jene in der Erde:

Draupnir, Dolgthwari, Hör, Hugstari, Hlediolf, Gloin, Dori, Ori, Duf, Andwari, Hepti, Fili, Har, Siar.

16. d) Zusammenfassung

Der Erd-Zwerg „Niping" aus der Sippe des Durin ist dadurch als Ahn gekennzeichnet worden, daß sein Name „Toter" bedeutet.

17. Nori

17. a) Der Name „Nori"

Der Name dieses Zwerges leitet sich möglicherweise von der Präposition „näri" für „nah" ab. Falls dies zutreffen sollte, wäre dieser Name wohl eine Parallelbildung zu dem Zwergennamen Nain, der sich von der Präposition „nainn" herleitet, die ebenfalls „nah" bedeutet. Vermutlich wird sich von „näri" genauso wie von „nainn" auch ein Begriff für „Verwandter" im Sinne von „nahestehende Person" hergeleitet haben.

Ein „Verwandter im Jenseits" ist ein Ahn, d.h. ein Zwerg.

17. b) Die Vision der Seherin

Dieser Zwerg wird als Nachkomme des Durin aufgeführt:

Da ward Modsognir der mächtigste
Dieser Zwerge und Durin nach ihm.
Noch manche machten sie menschengleich
Der Zwerge von Erde, wie Durin angab.

Nyi und Nidi, Nordri und Sudri,
Austri und Westri, Althiof, Dwalin,
Nar und Nain, Niping, Dain,
*Bifur, Bafur, Bömbur, **Nori**;*
Ann und Anarr, Ai, Miödwitnir.

... ...

17. c) Gylfis Vision

Hier wird gesagt, daß Nori einer der Zwerge ist, die in der Erde wohnen:

Und dieses, heißt es, sind die Namen dieser Zwerge:

249

*Nyi und Nidi, Nordri und Sudri, Austri und Westri, Althiosr, Dwalin, Nar und Nain, Niping, Dain, Biwör, Bawör, Bömbör, **Nori**, Ori, Onar, Oin, Modwitnir, Wig und Gandalf, Windalf, Thorin, Fili, Kili, Fundin, Wali, Thror, Throin, Theck, Lit, Wit, Nyr, Nyrad, Reck, Radswid.*

Und diese sind auch Zwerge und wohnen im Gestein wie jene in der Erde:

Draupnir, Dolgthwari, Hör, Hugstari, Hlediolf, Gloin, Dori, Ori, Duf, Andwari, Hepti, Fili, Har, Siar.

17. d) Tolkien

Nori ist einer der dreizehn Zwerge, die im „Hobbit" ihren Schatz von dem Drachen Smaug zurückholen wollen.

17. e) Zusammenfassung

Der Name des Erd-Zwerges „Nori" aus der Sippe des Durin bedeutet „Verwandter", d.h. „Ahn".

18. Nyi

18. a) Der Name „Nyi"

„Nyi" bedeutet „der Neue" und könnte eine Anspielung auf die Wiedergeburt sein – diese Assoziation ist allerdings ungewiß.

18. b) Die Vision der Seherin

Dieser Zwerg wird als Nachkomme des Durin aufgeführt wird:

Da ward Modsognir der mächtigste
Dieser Zwerge und Durin nach ihm.
Noch manche machten sie menschengleich
Der Zwerge von Erde, wie Durin angab.

Nyi und Nidi, Nordri und Sudri,
Austri und Westri, Althiof, Dwalin,
Nar und Nain, Niping, Dain,
Bifur, Bafur, Bömbur, Nori;
Ann und Anarr, Ai, Miödwitnir.

... ...

18. c) Gylfis Vision

Hier wird gesagt, daß Nyi einer der Zwerge ist, die in der Erde wohnen:

Und dieses, heißt es, sind die Namen dieser Zwerge:

Nyi und Nidi, Nordri und Sudri, Austri und Westri, Althiosr, Dwalin, Nar und Nain, Niping, Dain, Biwör, Bawör, Bömbör, Nori, Uri, Onar, Oin, Modwitnir, Wig und Gandalf, Windalf, Thorin, Fili, Kili, Fundin, Wali, Thror, Throin, Theck, Lit, Wit, Nyr, Nyrad, Reck, Radswid.

Und diese sind auch Zwerge und wohnen im Gestein wie jene in der Erde:

Draupnir, Dolgthwari, Hör, Hugstari, Hlediolf, Gloin, Dori, Ori, Duf, Andwari, Hepti, Fili, Har, Siar.

18. d) Zusammenfassung

„Nyi" ist ein Erd-Zwerg aus der Sippe des Durin. Sein Name bedeutet „Neuer", was evtl. eine Anspielung auf die Wiedergeburt sein könnte.

19 Nyr

19. a) Der Name „Nyr"

Der Name „Nyr" bedeutet „der Neue" – vermutlich im Sinne von „der Wiedergeborene".

19. b) Die Vision der Seherin

Und dieses, heißt es, sind die Namen dieser Zwerge:

*Nyi und Nidi, Nordri und Sudri, Austri und Westri, Althiosr, Dwalin, Nar und Nain, Niping, Dain, Biwör, Bawör, Bömbör, Nori, Ori, Onar, Oin, Modwitnir, Wig und Gandalf, Windalf, Thorin, Fili, Kili, Fundin, Wali, Thror, Throin, Theck, Lit, Wit, **Nyr**, Nyrad, Reck, Radswid.*

Und diese sind auch Zwerge und wohnen im Gestein wie jene in der Erde:

Draupnir, Dolgthwari, Hör, Hugstari, Hlediolf, Gloin, Dori, Ori, Duf, Andwari, Hepti, Fili, Har, Siar.

19. c) Zusammenfassung

„Nyr" ist ein Erd-Zwerg. Sein Name bedeutet „Neuer, Wiedergeborener".

20. Reck

20. a) Der Name „Reck"

Der Name „Reck" leitet sich von „rekkja" für „schlafen" her und bedeutet daher „Schläfer", vermutlich im Sinne von „Toter".

20. b) Gylfis Vision

Dieser Zwerg zählt zu den Erd-Zwergen:

Und dieses, heißt es, sind die Namen dieser Zwerge:

Nyi und Nidi, Nordri und Sudri, Austri und Westri, Althiosr, Dwalin, Nar und Nain, Niping, Dain, Biwör, Bawör, Bömbör, Nori, Ori, Onar, Oin, Modwitnir, Wig und Gandalf, Windalf, Thorin, Fili, Kili, Fundin, Wali, Thror, Throin, Theck, Lit, Wit, Nyr, Nyrad, Reck, Radswid.

Und diese sind auch Zwerge und wohnen im Gestein wie jene in der Erde:

Draupnir, Dolgthwari, Hör, Hugstari, Hlediolf, Gloin, Dori, Ori, Duf, Andwari, Hepti, Fili, Har, Siar.

20. c) Zusammenfassung

„Reck" ist ein Erd-Zwerg. Sein Name bedeutet „Schläfer (=Toter)".

21. Die Zwerge von Amtschgereute

21. a) Gebrüder Grimm: „Der wilde Jäger jagt die Moosleute"

Auf der Heide oder im Holz an dunkeln Örtern, auch in unterirdischen Löchern, hausen Männlein und Weiblein und liegen auf grünem Moos, auch sind sie um und um mit grünem Moos bekleidet. Die Sache ist so bekannt, daß Handwerker und Drechsler sie nachbilden und feilbieten.

Diesen Moosleuten stellt aber sonderlich der wilde Jäger nach, der in der Gegend zum öftern umzieht, und man hört vielmal die Einwohner zueinander sprechen: „Nun, der wilde Jäger hat sich ja nächtens wieder zujagt, daß es immer knisterte und knasterte!"

Einmal war ein Bauer aus Arntschgereute nah bei Saalfeld aufs Gebirg gegangen, zu holzen; da jagte der wilde Jäger, unsichtbar, aber so, daß er den Schall und das Hundegebell hörte. Flugs gab dem Bauer sein Vorwitz ein, er wolle mithelfen jagen, hub an zu schreien, wie Jäger tun, verrichtete daneben sein Tagewerk und ging dann heim. Frühmorgens den andern Tag, als er in seinen Pferdestall gehen wollte, da war vor der Tür ein Viertel eines grünen Moosweibchens aufgehängt, gleichsam als ein Teil oder Lohn der Jagd.

Erschrocken lief der Bauer nach Wirbach zum Edelmann von Watzdorf und erzählte die Sache, der riet ihm, um seiner Wohlfahrt willen, ja das Fleisch nicht anzurühren, sonst würde ihn der Jäger hernach drum anfechten, sondern sollte es ja hangen lassen. Dies tat er denn auch, und das Wildbret kam ebenso unvermerkt wieder fort, wie es hingekommen war; auch blieb der Bauer ohne Anfechtung.

21. b) Zusammenfassung

Die Verfolgung der Zwerge durch einen unsichtbaren Jäger scheint eine Kombination der Vorstellung über die Ahnengeister als Zwerge und dem Ritt des Odin zusammen mit den toten Kriegern von Walhalla („Wilde Jagd") zu sein.

22. Der Zwerg vom Berg

22. a) Gebrüder Grimm: „Die Füße der Zwerge"

Vor alten Zeiten wohnten die Menschen im Tal und rings um sie in Klüften und Höhen die Zwerge, freundlich und gut mit den Leuten, denen sie manche schwere Arbeit nachts verrichteten; wenn nun das Landvolk frühmorgens mit Wagen und Geräten herbeizog und erstaunte, daß alles schon getan war, steckten die Zwerge im Gesträuch und lachten hellauf. Oftmals zürnten die Bauern, wenn sie ihr noch nicht ganz zeitiges Getreide auf dem Acker niedergeschnitten fanden, aber als bald Hagel und Gewitter hereinbrach und sie wohl sahen, daß vielleicht kein Hälmlein dem Verderben entronnen sein würde, da dankten sie innig dem voraussichtigen Zwergvolk. Endlich aber verscherzten die Menschen durch ihren Frevel die Huld und Gunst der Zwerge, sie entflohen, und seitdem hat sie kein Aug wieder erblickt.

Die Ursache war diese: Ein Hirt hatte oben am Berg einen trefflichen Kirschbaum stehen. Als die Früchte eines Sommers reiften, begab sich, daß dreimal hintereinander nachts der Baum geleert wurde und alles Obst auf die Bänke und Hürden getragen war, wo der Hirt sonst die Kirschen aufzubewahren pflegte. Die Leute im Dorfe sprachen: „Das tut niemand anders als die redlichen Zwerglein, die kommen bei Nacht in langen Mänteln mit bedeckten Füßen dahergetrippelt, leise wie Vögel, und schaffen den Menschen emsig ihr Tagwerk. Schon vielmal hat man sie heimlich belauscht, allein man stört sie nicht, sondern läßt sie kommen und gehen."

Durch diese Reden wurde der Hirt neugierig und hätte gern gewußt, warum die Zwerge so sorgfältig ihre Füße bärgen und ob diese anders gestaltet wären als Menschenfüße. Da nun das nächste Jahr wieder der Sommer und die Zeit kam, daß die Zwerge heimlich die Kirschen abbrachen und in den Speicher trugen, nahm der Hirt einen Sack voll Asche und streute die rings um den Baum herum aus. Den andern Morgen mit Tagesanbruch eilte er zur Stelle hin, der Baum war richtig leer gepflückt, und er sah unten in der Asche die Spuren von vielen Gänsfüßen eingedrückt. Da lachte der Hirt und spottete, daß der Zwerge Geheimnis verraten war.

Bald aber zerbrachen und verwüsteten diese ihre Häuser und flohen tiefer in die Berge hinab, grollen dem Menschengeschlecht und versagen ihm ihre Hilfe. Jener Hirt, der sie verraten hatte, wurde siech und blödsinnig fortan bis an sein Lebensende.

22. b) Zusammenfassung

Wenn man die Zwerge ärgert, gehen sie fort …

23. Die Zwerge von den Bergen

23. a) Gebrüder Grimm: „Die Zwerge auf dem Baum"

Des Sommers kam die Schar der Zwerge häufig aus den Flühen herab ins Tal und gesellte sich entweder hilfreich oder doch zuschauend den arbeitenden Menschen, namentlich zu den Mähern im Heuet (der Heuernte). Da setzten sie sich denn wohl vergnügt auf den langen und dicken Ast eines Ahorns ins schattige Laub.

Einmal aber kamen boshafte Leute und sägten bei Nacht den Ast durch, daß er bloß noch schwach am Stamme hielt, und als die arglosen Geschöpfe sich am Morgen darauf niederließen, krachte der Ast vollends entzwei, die Zwerge stürzten auf den Grund, wurden ausgelacht, erzürnten sich heftig und schrien:

„O wie ist der Himmel so hoch
und die Untreu so groß!
Heut hierher und nimmermehr!"

Sie hielten Wort und ließen sich im Lande niemals wieder sehen.

23. b) Zusammenfassung

Die Zwerge gehen fort, wenn man sie ärgert …

24.   Die Zwerge von Bonikau

24. a)   Gebrüder Grimm: „Frau von Bonikau"

Als die Frau von Bonikau in Sachsen einmal im Kindbett lag und allein war, kam ein klein Weibchen zu ihr: sie bäte sie zu erlauben, daß sie eine Hochzeit in ihrer Kammer halten möchte, sie wollte sich wohl in acht nehmen, daß niemand als sie dabei sein würde.

Als die Frau von Bonikau eingewilligt, kam einstmals eine große Gesellschaft von den Erdmännchen und Weibchen in die Kammer. Man brachte ein klein Tischchen und deckte es, setzte viel Schüsseln darauf, und die ganze Gesellschaft und Hochzeit setzte sich an die Tafel. Als sie in vollem Essen waren, kommt eins von den kleinen Weibchen gelaufen und ruft mit lauter Stimme:

„Gott Lob und Dank, wir sind aus großer Not,
denn die alte Schump ist tot."

24. b)   Zusammenfassung

> Die Zwerge von Bonikau wollen wie die meisten anderen Zwerge nicht von den Menschen gestört werden.

25. Die Zwerge von Dardesheim

25. a) Gebrüder Grimm: „Die Zwerge bei Dardesheim"

Dardesheim ist ein Städtchen zwischen Halberstadt und Braunschweig. Dicht an seiner nordöstlichen Seite fließt ein Quell des schönsten Wassers, welcher der Smansborn (Leßmannsborn) heißt und aus einem Berge quillt, in dem vormals die Zwerge wohnten.

Wenn die ehemaligen Einwohner der Gegend ein Feierkleid oder zu einer Hochzeit ein seltenes Geräte brauchten, so gingen sie vor diesen Zwergberg, klopften dreimal an und sagten mit deutlicher, vernehmlichen Stimme ihr Anliegen, und frühmorgens eh die Sonne aufgeht, schon alles vor dem Berge steht.

Die Zwerge fanden sich hinlänglich belohnt, wenn ihnen etwas von den festlichen Speisen vor den Berg hingesetzt wurde. Nachher allmählich störten Streitigkeiten das gute Vernehmen des Zwergvolks und der Landeseinwohner.

Anfangs auf kurze Zeit, aber endlich wanderten die Zwerge aus, weil ihnen die Neckworte und Spöttereien vieler Bauern unerträglich waren sowie der Undank für erwiesene Gefälligkeiten. Seit der Zeit sieht und hört man keine Zwerge mehr.

25. b) Zusammenfassung

Die Zwerge von Dardesheim sind die hilfreichen Geister der Ahnen, die für ein Speiseopfer den Lebenden mit allem helfen, was sie brauchen.

Wenn man diese Ahnengeister jedoch verspottet, helfen sie den Menschen nicht mehr.

26. Die Zwerge von Eilenburg

26. a) Gebrüder Grimm: „Des kleinen Volks Hochzeitfest"

Das kleine Volk auf der Eilenburg in Sachsen wollte einmal Hochzeit halten und zog daher in der Nacht durch das Schlüsselloch und die Fensterritzen in den Saal, und sie sprangen hinab auf den glatten Fußboden, wie Erbsen auf die Tenne geschüttet werden. Davon erwachte der alte Graf, der im hohen Himmelbette in dem Saal schlief, und verwunderte sich über die vielen kleinen Gesellen.

Da trat einer von ihnen, geschmückt wie ein Herold, zu ihm heran und lud ihn in ziemenden Worten gar höflich ein, an ihrem Fest teilzunehmen. „Doch um eins bitten wir", setzte er hinzu, „Ihr allein sollt zugegen sein, keins von Euerm Hofgesinde darf sich unterstehen, das Fest mit anzuschauen, auch nicht mit einem einzigen Blick."

Der alte Graf antwortete freundlich: „Weil ihr mich im Schlaf gestört, so will ich auch mit euch sein." Nun ward ihm ein kleines Weiblein zugeführt, kleine Lampenträger stellten sich auf, und eine Heimchenmusik hob an. Der Graf hatte Mühe, das Weibchen beim Tanzen nicht zu verlieren, das ihm so leicht dahersprang und endlich so im Wirbel umdrehte, daß er kaum zu Atem kommen konnte.

Mitten in dem lustigen Tanz aber stand auf einmal alles still, die Musik hörte auf, und der ganze Haufe eilte nach den Türspalten, Mauslöchern, und wo sonst ein Schlupfwinkel war. Das Brautpaar aber, die Herolde und Tänzer schauten aufwärts nach einer Öffnung, die sich oben in der Decke des Saals befand, und entdeckten dort das Gesicht der alten Gräfin, welche vorwitzig nach der lustigen Wirtschaft herabschaute. Darauf neigten sie sich vor dem Grafen, und derselbe, der ihn eingeladen, trat wieder hervor und dankte ihm für die erzeigte Gastfreundschaft. „Weil aber", sagte er dann, „unsere Freude und unsere Hochzeit also ist gestört worden, daß noch ein anderes menschliches Auge darauf geblickt, so soll fortan Euer Geschlecht nie mehr als sieben Eilenburgs zählen."

Darauf drängten sie nacheinander schnell hinaus, bald war es still und der alte Graf wieder allein im finstern Saal. Die Verwünschung ist bis auf gegenwärtige Zeit eingetroffen und immer einer von den sechs lebenden Rittern von Eilenburg gestorben, ehe der siebente geboren war.

26. b) Zusammenfassung

> Die Zwerge von Eilenburg sprachen eine Verwünschung gegen die aus, die sie gestört haben.

27. Die Zwerge von Elbogen

27. a) Gebrüder Grimm: „Steinverwandelte Zwerge"

In Böhmen, nicht weit von Elbogen, liegt in einem rauhen, aber schönen Tal, durch welches sich die Eger bis beinahe ans Karlsbad in mancherlei Krümmungen durchwindet, die berühmte Zwergenhöhle.

Die Bewohner der benachbarten Dörfer und Städte erzählen davon folgendes. Diese Felsen wurden in alten Zeiten von kleinen Bergzwergen bewohnt, die im stillen da ihr Wesen trieben. Sie taten niemanden etwas zuleid, vielmehr halfen sie ihren Nachbarn in Not und Trübsal. Lange Zeit wurden sie von einem gewaltigen Geisterbanner beherrscht, einmal aber, als sie eben eine Hochzeit feiern wollten und darum zu ihrer Kirche ausgezogen waren, geriet er in heftigen Zorn und verwandelte sie in Stein, oder vielmehr, da sie unvertilgbare Geister waren, bannte er sie hinein. Die Reihe dieser Felsen heißt noch jetzt die verwünschte Zwergenhochzeit, und man sieht sie in verschiedenen Gestalten auf den Bergspitzen stehen.

In der Mitte eines der Felsen zeigt man das Bild eines Zwergs, welcher, als die übrigen dem Bann entfliehen wollten, zu lange im Gemach verweilte und, indem er aus dem Fenster nach Hilfe umherblickte, in Stein verwandelt wurde.

Auch zeigt man auf dem Rathause zu Elbogen noch jetzt die verbannten ruchlosen und goldgeizigen Burggrafen in einem Klumpen klingenden Metall. Der Sage nach soll niemand, der mit einer Todsünde befleckt ist, diesen Klumpen in die Höhe heben können.

27. b) Zusammenfassung

> Die Zwerge von Elbogen waren hilfreiche Ahnen, die jedoch flohen, als sie von einem Geisterbeschwörer verbannt wurden.

28.   Die Zwerge auf dem Felsen

28. a) Gebrüder Grimm: „Die Zwerge auf dem Felsstein"

Es war der Zwerglein Gewohnheit, sich auf einen großen Felsstein zu setzen und von da den Heuern zuzuschauen. Aber ein paar Schalke machten Feuer auf den Stein, ließen ihn glühend werden und fegten dann alle Kohlen hinweg. Am Morgen kam das winzige Volk und verbrannte sich jämmerlich; rief voll Zornes:

„O böse Welt, o böse Welt!"

und schrie um Rache und verschwand auf ewig.

28. b) Zusammenfassung

Wenn man die Zwerge ärgert oder verletzt, rächen sie sich oder gehen fort.

29. Der Zwerg aus dem Gebirge

29. a) Gebrüder Grimm: „Der Gemsjäger"

Ein Gemsjäger stieg auf und kam zu dem Felsgrat, und immer weiterklimmend, als er je vorher gelangt war, stand plötzlich ein häßlicher Zwerg vor ihm, der sprach zornig: „Warum erregst Du mir lange schon meine Gemsen und lässest mir nicht meine Herde? Jetzt sollst Du's mit deinem Blute teuer bezahlen!"

Der Jäger erbleichte und wäre bald hinabgestürzt, doch faßte er sich noch und bat den Zwerg um Verzeihung, denn er habe nicht gewußt, daß ihm diese Gemsen gehörten. Der Zwerg sprach: „Gut, aber laß Dich hier nicht wieder blicken, so verheiß ich Dir, daß Du jeden siebten Tag morgenfrüh vor deiner Hütte ein geschlachtetes Gemstier hangen finden sollst, aber hüte Dich vor mir und schone die andern."

Der Zwerg verschwand, und der Jäger ging nachdenklich heim, und die ruhige Lebensart behagte ihm wenig. Am siebten Morgen hing eine fette Gemse in den Ästen des Baums vor seiner Hütte, davon zehrte er ganz vergnügt, und die nächste Woche ging's ebenso und dauerte ein paar Monate fort. Allein zuletzt verdroß den Jäger seiner Faulheit, und er wollte lieber selber Gemsen jagen, möge erfolgen, was da werde, als sich den Braten zutragen lassen. Da stieg er auf, und nicht lange, so erblickte er einen stolzen Leitbock, legte an und zielte. Und als ihm nirgends der böse Zwerg erschien, wollte er eben losdrücken, da war der Zwerg hinterhergeschlichen und riß den Jäger am Knöchel des Fußes nieder, daß er zerschmettert in den Abgrund sank.

Andere erzählen: Es habe der Zwerg dem Jäger ein Gemskäslein geschenkt, an dem er wohl sein Lebelang hätte genug haben mögen, er es aber unvorsichtig einmal aufgegessen oder ein unkundiger Gast ihm den Rest verschlungen. Aus Armut habe er demnach wieder die Gemsjagd unternommen und sei vom Zwerg in die Fluh gestürzt worden.

29. b) Zusammenfassung

Wenn man sich nicht an die Regeln der Zwerge hält und auf ihre Gemsen-Herden Jagd macht, obwohl sie den Menschen erlegte Gemsen bringen, töten sie den Jäger.

30.   Die Zwerge im Gebirge

30. a)   Gebrüder Grimm: „Das Bergmännchen"

In der Schweiz hat es im Volk viele Erzählungen von Berggeistern, nicht bloß auf dem Gebirg allein, sondern auch unten am Belp, zu Gelterfingen und Rümlingen im Bernerland. Diese Bergmänner sind auch Hirten, aber nicht Ziegen, Schafe und Kühe sind ihr Vieh, sondern Gemsen, und aus der Gemsenmilch machen sie Käse, die so lange wieder wachsen und ganz werden, wenn man sie angeschnitten oder angebissen, bis man sie unvorsichtigerweise völlig und auf einmal, ohne Reste zu lassen, verzehrt.

Still und friedlich wohnt das Zwergvolk in den innersten Felsklüften und arbeitet emsig fort, selten erscheinen sie den Menschen, oder ihre Erscheinung bedeutet ein Leid und ein Unglück; außer wenn man sie auf den Matten tanzen sieht, welches ein gesegnetes Jahr anzeigt. Verirrte Lämmer führen sie oft den Leuten nach Haus, und arme Kinder, die nach Holz gehen, finden zuweilen Näpfe mit Milch im Walde stehen, auch Körbchen mit Beeren, die ihnen die Zwerge hinstellen.

Vorzeiten pflügte einmal ein Hirt mit seinem Knechte den Acker, da sah man neben aus der Felswand dampfen und rauchen. „Da kochen und sieden die Zwerge", sprach der Knecht, „und wir leiden schweren Hunger, hätten wir doch auch ein Schüsselchen voll davon."

Und wie sie das Pflugsterz umkehrten, siehe, da lag in der Furche ein weißes Laken gebreitet, und darauf stand ein Teller mit frischgebackenem Kuchen, und sie aßen dankbar und wurden satt. Abends beim Heimgehen war Teller und Messer verschwunden, bloß das Tischtuch lag noch da, das der Bauer mit nach Haus nahm.

30. b)   Zusammenfassung

Die Gebirgs-Zwerge sind an ihren Speise-Gaben als hilfreiche Ahnen erkennbar. Ursprünglich opferten allerdings die Lebenden den Toten, d.h. den Zwergen, dem „kleinen Volk".

31. Der Zwergenkönig „Heiling"

31. a) Der Name „Heiling"

Dieser Zwergenkönig ist nur durch die von Jakob und Wilhelm Grimm gesammelten Sagen bekannt.

Sein Name leitet sich von dem Adjektiv „heill" für „heil, gesund, gesegnet, treu, aufrichtig, mit einem glücklichen Schicksal bedacht" ab. Dieser Name erinnert sehr an den Helden Helgi aus den Edda-Liedern, dessen Name dieselbe Bedeutung hat und der eine Saga-Variante des ehemaligen Sonnengott-Göttervaters Tyr ist.

31. b) Gebrüder Grimm: „Heilingszwerge"

Am Fluß Eger zwischen dem Hof Wildenau und dem Schlosse Aicha ragen ungeheure große Felsen hervor, die man vor alters den Heilingsfelsennannte. Am Fuß derselben erblickt man eine Höhle, inwendig gewölbt, auswendig, aber nur durch eine kleine Öffnung, in die man, den Leib gebückt, kriechen muß, erkennbar. Die Höhle wurde von kleinen Zwerglein bewohnt, über die zuletzt ein unbekanntere alter Mann, des Namens Heiling, als Fürst geherrscht haben soll.

Einmal vorzeiten ging ein Weib, aus dem Dorfe Taschwitz bürtig, am Vorabend von Peter Pauli in den Forst und wollte Beeren suchen; es wurde ihr Nacht, und sie sah neben diesem Felsen ein schönes Haus stehen. Sie trat hinein, und als sie die Tür öffnete, saß ein alter Mann an einem Tische, schrieb emsig und eifrig. Die Frau bat um Herberge und wurde willig angenommen. Außer dem alten Mann war aber kein lebendes Wesen im ganzen Gemach, allein es rumorte heftig in allen Ecken, der Frau ward greulich und schauerlich, und sie fragte den Alten: „Wo bin ich denn eigentlich?"

Der Alte versetzte, daß er Heiling heiße, bald aber auch abreisen werde, „denn zwei Drittel meiner Zwerge sind schon fort und entflohen".

Diese sonderbare Antwort machte das Weib nur noch unruhiger, und sie wollte mehr fragen, allein er gebot ihr Stillschweigen und sagte nebenbei: „Wäret Ihr nicht gerade in dieser merkwürdigen Stunde gekommen, solltet Ihr nimmer Herberge gefunden haben."

Die furchtsam Frau kroch demütig in einen Winkel und schlief sanft, und wie sie den Morgen mitten unter dem Felsstein erwachte, glaubte sie geträumt zu haben, denn nirgends war ein Gebäude da zu ersehen. Froh und zufrieden, daß ihr in der gefährlichen Gegend kein Leid widerfahren sei, eilte sie nach ihrem Dorfe zurück, es war alles so verändert und seltsam. Im Dorf waren die Häuser neu und anders aufgebaut, die Leute, die ihr begegneten, kannte sie nicht und wurde auch nicht von ihnen erkannt.

Mit Mühe fand sie endlich die Hütte, wo sie sonst wohnte, und auch die war besser gebaut; nur dieselbe Eiche beschattete sie noch, welche einst ihr Großvater dahin gepflanzt hatte. Aber wie sie in die Stube treten wollte, ward sie von den unbekannten Bewohnern als eine Fremde von der Tür gewiesen und lief weinend und klagend im Dorfe umher. Die Leute hielten sie für wahnwitzig und führten sie vor die Obrigkeit, wo sie verhört und ihre Sache untersucht wurde; sieh da, es fand sich in den Gedenk- und Kirchenbüchern, daß grad vor hundert Jahren an ebendiesem Tag eine Frau ihres Namens, welche nach dem Forst in die Beeren gegangen, nicht wieder heimgekehrt sei und auch nicht mehr zu finden gewesen war.

Es war also deutlich erwiesen, daß sie volle hundert Jahr im Felsen geschlafen hatte und die Zeit über nicht älter geworden war. Sie lebte nun ihre übrigen Jahre ruhig und sorgenlos aus und wurde von der ganzen Gemeinde anständig verpflegt zum Lohn für die Zauberei, die sie hatte erdulden müssen.

31. c) Zusammenfassung

Für einen Menschen, der in das Reich der Zwerge gelangt, dauert eine Nacht so lange wie für die Menschen im Reich der Lebenden 100 Jahre. Daher kennen diese Memschen niemanden mehr, wenn sie aus dem Zwergenreich zurückkehren.

Eine neuere Variante dieses Motivs findet sich u.a. in der Sage über den Mönch von Heisterbach.

32. Der Zwerg von Lützen

32. a) Gebrüder Grimm: „Das Kellermännlein"

Im Jahr 1665 trug sich zu Lützen folgendes zu: In einem Haus lief ein klein Männlein aus dem Keller hervor und sprengte vor dem Haus Wasser aus einer Kelte oder goß sie aus. Lief darauf wieder stillschweigende nach dem Keller, aber die Magd, die zugegen war, fürchtete sich, fiel auf ihre Knie und betete einen Psalm. Da fiel das Männlein zugleich mit ihr nieder, betete so lange als die Magd. Bald darauf kam Feuersbrunst im Städtlein aus und wurden mehrere neuerbaute Häuser in Asche gelegt, selbes Haus aber blieb unverletzt übrig. Auch soll nach solchem Begebnis das Männchen noch einmal erschienen sein und gesprengt haben, allein es erfolgte an selbigem Orte nichts darauf.

32. b) Zusammenfassung

Manchmal schützen die Zwerge auch vor Feuersbrünsten, wenn man sie freundlich behandelt.

33.   Die Zwerge von Osenberg

33. a)   Gebrüder Grimm: „Die Osenberger Zwerge"

Als Winkelmann im Jahr 1653 aus unserm Hessenlande nach Oldenburg reiste und, über den Osenberg kommend, in dem Dorf Bümmerstedt von der Nacht übereilt wurde, erzählte ihm ein hundertjähriger Krugwirt, daß bei seines Großvaters Zeiten das Haus treffliche Nahrung gehabt, anjetzo wäre es aber schlecht. Wenn der Großvater gebrauet, wären Erdmännlein vom Osenberg gekommen, hätten das Bier ganz warm aus der Bütte abgeholt und mit einem Geld bezahlt, das zwar unbekannt, aber von gutem Silber gewesen.

Einsmal hätte ein altes Männlein im Sommer bei großer Wärme Bier holen wollen und vor Durst alsogleich getrunken, aber zu viel, daß es davon eingeschlafen. Hernach beim Aufwachen, wie es sah, daß es sich so verspätet hatte, hub das alte kleine Männlein an, bitterlich zu weinen: „Nun wird mich mein Großvater des langen Außenbleibens wegen schlagen."

In dieser Not lief es auf und davon, vergaß seinen Bierkrug mitzunehmen und kam seitdem nimmer wieder. Den hinterlassenen Krug hatte sein (des Wirtes) Vater und er selbst auf seine ausgesteuerte Tochter erhalten und, solang der Krug im Haus gewesen, die Wirtschaft vollauf Nahrung gehabt. Als er aber vor kurzem zerbrochen worden, wäre das Glück gleichsam mitzerbrochen und alles krebsgängig.

33. b)   Zusammenfassung

> Der Krug der Osenberger Zwerge brachte seinem Besitzer Fülle und Wohlstand.

34. Die Zwerge von Plesse

34. a) Gebrüder Grimm: „Das stille Volk zu Plesse"

Auf dem hessischen Bergschloß Plesse sind im Felsen mancherlei Quellen, Brunnen, Schluchten und Höhlen, wo der Sage nach Zwerge wohnen und hausen sollen, die man das stille Volk nennt. Sie sind schweigsam und guttätig, dienen den Menschen gern, die ihnen gefallen.

Geschieht ihnen ein Leid an, so lassen sie ihren Zorn doch nicht am Menschen aus, sondern rächen sich am Vieh, das sie plagen.

Eigentlich hat dies unterirdische Geschlecht keine Gemeinschaft mit den Menschen und treibt inwendig sein Wesen, da hat es Stuben und Gemächer voll Gold und Edelgestein. Steht ihm ja etwas oben auf dem Erdboden zu verrichten, so wird das Geschäft nicht am Tage, sondern bei der Nacht vorgenommen.

Dieses Bergvolk ist von Fleisch und Bein wie andere Menschen, zeugt Kinder und stirbt; allein es hat die Gabe, sich unsichtbar zu machen und durch Fels und Mauer ebenso leicht zu gehen als wir durch die Luft.

Zuweilen erscheinen sie den Menschen, führen sie mit in die Kluft und beschenken sie, wenn sie ihnen gefallen, mit kostbaren Sachen. Der Haupteingang ist beim tiefen Brunnen; das nah gelegene Wirtshaus heißt zum Rauschenwasser.

34. b) Zusammenfassung

Die Zwerge von Plesse können sich unsichtbar machen, durch Mauern gehen und durch die Luft wandeln. Der Haupteingang in ihr Reich ist ein Brunnen. Solch ein Brunnen-Eingang in die Unterwelt ist auch die Nornen-Quelle unter dem Weltenbaum Yggdrasil oder der Brunnen in dem Märchen „Frau Holle".

Die Zwerge helfen als Ahnengeister gerne den Menschen, aber wenn sie geärgert werden, rächen sie sich am Vieh.

35.   Der „Zwerg von Rallingen"

35. a)   Gebrüder Grimm: „Der einkehrende Zwerg"

Vom Dörflein Ralligen am Thuner See und von Schillingsdorf, einem durch Bergfall verschütteten Ort des Grindelwaldtales, vermutlich von andern Orten mehr, wird erzählt: Bei Sturm und Regen kam ein wandernder Zwerg durch das Dörflein, ging von Hütte zu Hütte und pochte regentriefend an die Türen der Leute, aber niemand erbarmte sich und wollte ihm öffnen, ja sie höhnten ihn noch aus dazu. Am Rand des Dorfes wohnten zwei fromme Arme, Mann und Frau, da schlich das Zwerglein müd und matt an seinem Stab einher, klopfte dreimal bescheidentlich ans Fensterchen, der alte Hirt tat ihm sogleich auf und bot gern und willig dem Gaste das wenige dar, was sein Haus vermochte. Die alte Frau trug Brot auf, Milch und Käs, ein paar Tropfen Milch schlurfte das Zwerglein und aß Brosamen von Brot und Käse.

„Ich bin's eben nicht gewohnt", sprach es, „so derbe Kost zu speisen, aber ich dank euch von Herzen und Gott lohn's; nun ich geruht habe, will ich meinen Fuß weitersetzen." – „Ei bewahre", rief die Frau, „in der Nacht in das Wetter hinaus, nehmt doch mit einem Bettlein vorlieb. – Aber das Zwerglein schüttelte und lächelte: „Droben auf der Fluh habe ich allerhand zu schaffen und darf nicht länger ausbleiben, morgen sollt Ihr mein schon gedenken." – Damit nahm's Abschied, und die Alten legten sich zur Ruhe.

Der anbrechende Tag aber weckte sie mit Unwetter und Sturm, Blitze fuhren am roten Himmel und Ströme Wassers ergossen sich. Da riß oben am Joch der Fluh ein gewaltiger Fels los und rollte zum Dorf herunter mitsamt Bäumen, Steinen und Erde. Menschen und Vieh, alles, was Atem hatte im Dorf, wurden begraben, schon war die Woge gedrungen bis an die Hütte der beiden Alten; zitternd und bebend traten sie vor ihre Türe hinaus. Da sahen sie mitten im Strom ein großes Felsenstück nahen, oben drauf hüpfte lustig das Zwerglein, als wenn es ritte, ruderte mit einem mächtigen Fichtenstamm, und der Fels staute das Wasser und wehrte es von der Hütte ab, daß sie unverletzt stand und die Hausleute außer Gefahr. Aber das Zwerglein schwoll immer größer und höher, ward zu einem ungeheuren Riesen und zerfloß in Luft, während jene auf gebogenen Knien beteten und Gott für ihre Errettung dankten.

35. b)   Zusammenfassung

> Ein Zwerg hilft denen, die ihmn helfen – und schützt die, die zu ihm freundlich sind, vor Steinschlag und Gerölllawinen, wobei er sich in einen Riesen verwandelt.

36. Die Zwerge von Rantzau

36. a) Gebrüder Grimm: „Die Ahnfrau von Rantzau"

In dem holsteinischen adligen Geschlecht der von Rantzau (in Barmstadt) *gehet die Sage: Einesmals sei die Großmutter des Hauses bei Nachtzeit von der Seite ihres Gemahls durch ein kleines Männlein, so ein Laternlein getragen, erweckt worden. Das Männlein führte sie aus dem Schloß in einen hohlen Berg zu einem kreißenden Weib. Selbiger legte sie auf Begehren die rechte Hand auf das Haupt, worauf das Weibchen alsbald genas. Der Führer aber führte die Ahnfrau wieder zurück ins Schloß und gab ihr ein Stück Gold zur Gabe mit dem Bedeuten, daraus dreierlei machen zu lassen: fünfzig Rechenpfennige, einen Hering und eine Spille, nach der Zahl ihrer dreien Kinder, zweier Söhne und einer Tochter; auch mit der Warnung, diese Sachen wohl zu verwahren, ansonst ihr Geschlecht in Abnahme fallen werde.*

Die neuvermählte Gräfin, welche aus einem dänischen Geschlecht abstammte, ruhte an ihres Gemahles Seite, als ein Rauschen geschah: die Bettvorhänge wurden aufgezogen, und sie sah ein wunderbar schönes Fräuchen, nur ellnbogengroß, mit einem Lichte vor ihr stehen.

Dieses Fräuchen hub an zu reden: „Fürchte Dich nicht, ich tue Dir kein Leid an, sondern bringe Dir Glück, wenn Du mir die Hilfe leistest, die mir not tut. Steh auf und folge mir, wohin ich Dich leiten werde, hüte Dich, etwas zu essen von dem, was Dir geboten wird, nimm auch kein ander Geschenk an außer dem, was ich Dir reichen will, und das kannst Du sicher behalten."

Hierauf ging die Gräfin mit, und der Weg führte unter die Erde. Sie kamen in ein Gemach, das flimmerte von Gold und Edelstein und war erfüllt mit lauter kleinen Männern und Weibern. Nicht lange, so erschien ihr König und führte die Gräfin an ein Bett, wo die Königin in Geburtsschmerzen lag, mit dem Ersuchen, ihr beizustehn. Die Gräfin benahm sich aufs beste, und die Königin wurde glücklich eines Söhnleins entbunden. Da entstand große Freude unter den Gästen, sie führten die Gräfin zu einem Tisch voll der köstlichsten Speisen und drangen in sie zu essen. Allein sie rührte nichts an, ebensowenig nahm sie von den Edelsteinen, die in goldnen Schalen standen. Endlich wurde sie von der ersten Führerin wieder fortgeführt und in ihr Bett zurückgebracht.

Da sprach das Bergfräuchen: „Du hast unserm Reich einen großen Dienst erwiesen, der soll Dir gelohnt werden. Hier hast Du drei hölzerne Stäbe, die leg unter dein Kopfkissen, und morgen früh werden sie in Gold verwandelt sein. Daraus laß machen: aus dem ersten einen Hering, aus dem zweiten Rechenpfennige, aus dem dritten eine Spindel und offenbare die ganze Geschichte niemanden auf der Welt, außer Deinem Gemahl. Ihr werdet zusammen drei Kinder zeugen, die die drei Zweige eures

Hauses sein werden. Wer den Hering bekommt, wird viel Kriegsglück haben, er und seine Nachkommen; wer die Pfennige, wird mit seinen Kindern hohe Staatsämter bekleiden; wer die Kunkel, wird mit zahlreicher Nachkommenschaft gesegnet sein. "

Nach diesen Worten entfernte sich die Bergfrau, die Gräfin schlief ein, und als sie aufwachte, erzählte sie ihrem Gemahl die Begebenheit wie einen Traum. Der Graf spottete sie aus, allein als sie unter das Kopfkissen griff, lagen da drei Goldstangen; beide erstaunten und verfuhren genau damit, wie ihnen geheißen war.

Die Weissagung traf völlig ein, und die verschiedenen Zweige des Hauses verwahrten sorgfältig die Schätze. Einige, die sie verloren, sind verloschen. Die vom Zweig der Pfennige erzählen: Einmal habe der König von Dänemark einem unter ihnen einen solchen Pfennig abgefordert, und in dem Augenblick, wie ihn der König empfangen, habe der, so ihn vorher getragen, in seinen Eingeweiden heftigen Schmerz gespürt.

Nach einer mündlichen Erzählung erhielt die Gräfin eine Schürze voll Späne, die sie in das Kamin wirft. Morgens, wo ihr das Ganze wie ein Traum vorkommt, schaut sie in das Kamin und sieht, daß es lauter Gold ist. In der folgenden Nacht kommt das Fräuchen wieder und sagt ihr, sie solle aus dem Gold dreierlei machen lassen: eine Spindel, einen Becher und ein Schwert. Wenn das Schwert schwarz werde, so sterbe einer in der Familie durch ein Schwert, und wenn es ganz verschwinde, so sei er von einem Bruder ermordet. Die Gräfin läßt die drei Stücke arbeiten. In der Folge wird das Schwert einmal schwarz und verschwindet dann ganz; es war ein Graf Rantzau ermordet worden und, wie sich hernach ergab, von seinem Bruder, der ihn nicht gekannt hatte.

36. b) Zusammenfassung

Die Zwerge von Rantzau sind Ahnengeister, die denen, die ihnen helfen, magische Gegenstände und Reichtum geben.

37. Die Zwergenfrau von Saalfeld

37. a) Gebrüder Grimm: „Das Moosweibchen"

Ein Bauer aus der Gegend von Saalfeld mit Namen Hans Krepel hatte ums Jahr 1635 Holz auf der Heide gehauen und zwar Nachmittags; da trat ein klein Moosweibchen herzu und sagte zu ihm: „Vater, wenn ihr hernach aufhöret und Feierabend macht, haut doch beim Umfällen des letzten Baums ja drei Creuze in den Stamm, es wird euch gut seyn." Nach diesen Worten ging es weg.

Der Bauer, ein grober und roher Kerl, dachte, zu was hilft mir die Quackelei und was kehr ich mich an ein solch Gespenste, unterließ also das Einhauen der drei Creuze und ging Abends nach Haus. Den folgenden Tag um die nämliche Zeit kehrte er wieder in den Wald, um weiter zu hauen; trat ihn wieder das Moosweibchen an und sprach: „Ach ihr Mann, was habt ihr gestern die drei Creuze nicht eingehauen? es sollte euch und mir geholfen haben, denn uns jagt der wilde Jäger Nachmittags und Nachts ohn Unterlaß und tödtet uns jämmerlich, haben auch anders keinen Frieden vor ihm, wenn wir uns nicht auf solche behauene Baumstämme setzen können, davon darf er uns nicht bringen, sondern wir sind sicher."

Der Bauer sprach: „Hoho, was sollten dabei die Creuze helfen; Dir zu Gefallen mach ich noch keine dahin."

Hierauf aber fiel das Moosweibchen den Bauer an und drückte ihn dergestalt, daß er, obgleich stark von Natur, krank und elend wurde. Seit der Zeit folgte er der empfangenen Lehre besser, unterließ das Creuzeinhauen niemals und es begegnete ihm nichts widerliches mehr.

37. b) Zusammenfassung

Die Zwerge rächen sich manchmal auch an Menschen, wenn sie von diesen beleidigt oder geärgert werden oder wenn sie ihnen nicht helfen.

38.   Die Zwerge von Selbitz

38. a)   Gebrüder Grimm: „Zwerge leihen Brot"

Der Pfarrer Hedler zu Selbitz und Marlsreuth erzählte im Jahr 1684 folgendes: Zwischen den zweien genannten Orten liegt im Wald eine Öffnung, die insgemein das Zwergenloch genannt wird, weil ehedessen und vor mehr als hundert Jahren daselbst Zwerge unter der Erde gewohnet, die von gewissen Einwohnern in Naila die notdürftige Nahrung zugetragen erhalten haben.

Albert Steffel, siebenzig Jahr alt und im Jahr 1680 gestorben, und Hans Kohmann, dreiundsechzig Jahr alt und 1679 gestorben, zwei ehrliche, glaubhafte Männer, haben etlichemal ausgesagt, Kohmanns Großvater habe einst auf seinem bei diesem Loch gelegenen Acker geackert und sein Weib ihm frischgebackenes Brot zum Frühstück aufs Feld gebracht und in ein Tüchlein gebunden am Rain hingelegt. Bald sei ein Zwergweiblein gegangen kommen und habe den Ackermann um sein Brot angesprochen: ihr Brot sei eben auch im Backofen, aber ihre hungrigen Kinder könnten nicht darauf warten, und sie wolle es ihnen mittags von dem ihrigen wiedererstatten.

Der Großvater habe eingewilligt, auf den Mittag sei sie wiedergekommen, habe ein sehr weißes Tüchlein gebreitet und darauf einen noch warmen Laib gelegt, neben vieler Danksagung und Bitte, er möge ohne Scheu des Brots essen, und das Tuch wolle sie schon wieder abholen. Das sei auch geschehen, dann habe sie zu ihm gesagt, es würden jetzt so viele Hammerwerke errichtet, daß sie, dadurch beunruhigt, wohl weichen und den geliebten Sitz verlassen müßte. Auch vertriebe sie das Schwören und große Fluchen der Leute, wie auch die Entheiligung des Sonntags, indem die Bauern vor der Kirche ihr Feld zu beschauen gingen, welches ganz sündlich wäre.

Vor kurzem haben sich an einem Sonntag mehrere Bauernknechte mit angezündeten Spänen in das Loch begeben, inwendig einen schon verfallenen, sehr niedrigen Gang gefunden; endlich einen weiten, fleißig in den Felsen gearbeiteten Platz, viereckig, höher als mannshoch, auf jeder Seite viel kleine Türlein. Darüber ist ihnen ein Grausen angekommen, und sind herausgegangen, ohne die Kämmerlein zu besehen.

38. b)   Zusammenfassung

Die Zwerge schätzen Freundlichkeit und ein ruhiges Leben – Grobheit und Lärm vertreibt sie.

39.   Der Zwerg von Thorgau

39. a)   Gebrüder Grimm: „Das Männlein auf dem Rücken"

Als im März 1669 nach Torgau hin ein Seiler seines Wegs gewandelt, hat er einen Knaben auf dem Felde angetroffen, der auf der Erde zum Spiel niedergesessen und ein Brett vor sich gehabt. Wie nun der Seiler solches im Überschreiten verrückt, hat das Knäblein gesprochen: „Warum stoßt Ihr mir mein Brett fort? Mein Vater wird's Euch danken!"

Der Seiler geht immer weiter, und nach hundert Schritten begegnet ihm ein klein Männlein, mit grauem Bart und ziemlichem Alter, von ihm begehrend, daß er es tragen möge, weil es zum Gehen ermüdet sei. Diese Anmaßung verlacht der Seiler, allein es springet auf seine Schultern, so daß er es ins nächste Dorf hocken muß. Nach zehn Tagen stirbt der Seiler. Als darüber sein Sohn kläglich jammert, kommt das kleine Bübchen zu ihm mit dem Bericht, er solle sich zufrieden geben, es sei dem Vater sehr wohl geschehen. Weiter wolle er ihn, benebenst der Mutter, bald nachholen, denn es würde in Meißen bald eine schlimme Zeit erfolgen.

39. b)   Zusammenfassung

Wenn die Zwerge gestört werden, rächen sie sich.

40. Die Zwerge von Köln

Auch in Köln gibt es die Vorstellung von hilfreichen Zwergen, die man jedoch nicht stören durfte.

1826 schrieb der Dichter Ernst Weyden über sie: *„Es mag noch nicht über fünfzig Jahre seyn, daß in Cöln die sogenannten Heinzelmännchen ihr abentheuerliches Wesen trieben. Kleine nackende Männchen waren es, die allerhand thaten, Brodbacken, waschen und dergleichen Hausarbeiten mehrere; so wurde erzählt; doch hatte sie Niemand gesehen."*

40. a) Der Name „Heinzelmännchen"

Der Name „Heinzelmännchen" bedeutet der „kleine Mann mit dem Namen Heinz", wobei „Heinz" einst sozusagen ein Allerweltsname gewesen ist – so wie man ja noch heute „Hinz und Kunz" für „jedermann" sagt. „Heinz/Hinz" ist eine Kurzform von „Heinrich".

Analog zu den „Heinzelmännchen" wurde in neuerer Zeit der Name „Mainzelmännchen" erschaffen.

40. b) Ernst Weyden: „Die Heinzelmännchen zu Köln"

Er hat ein inzwischen recht bekanntes Gedicht über sie verfaßt:

wie war zu köln es doch vordem
mit heinzelmännchen so bequem!
denn, war man faul, – man legte sich
hin auf die bank und pflegte sich, da kamen bei nacht,
eh' man`s gedacht,
die männlein und schwärmten
und klappten und lärmten
und rupften und zupften
und hüpften und trabten
und putzten und schabten,
und eh' ein faulpelz noch erwacht',
war all sein tagewerk bereits gemacht!

die zimmerleute streckten sich
hin auf die spän' und reckten sich.
indessen kam die geisterschar
und sah, was da zu zimmern war.
nahm meißel und beil
und die säg' in eil;
sie sägten und stachen
und hieben und brachen,
berappten und kappten,
visierten wie falken
und setzten die balken.
eh' sich's der zimmermann versah,
klapp, stand das ganze haus
schon fertig da!

beim bäckermeister war nicht not,
die heinzelmännchen backten brot.
die faulen burschen legten sich,
die heinzelmännchen regten sich;
und ächzten daher
mit den säcken schwer!
und kneteten tüchtig
und wogen es richtig
und hoben und schoben
und fegten und backten
und klopften und hackten.
die burschen schnarchten noch im chor:
da rückte schon das brot, das neue, vor!

beim fleischer ging es just so zu:
gesell und bursche lagen in ruh'.
indessen kamen die männlein her
und hackten das schwein die kreuz und die quer'.
das ging so geschwind wie die mühl' im wind!
die klappten mit beilen, die schnitzten an speilen,
die spülten, die wühlten und mengten und mischten
und stopften und wischten.
tat der gesell die augen auf,
wapp, hing die wurst da im ausverkauf!

beim schenken war es so: es trank
der küfer, bis er niedersank.
am hohlen faße schlief er ein,
die männlein sorgten um den wein
und schwefelten fein alle fässer ein
und rollten und hoben
 mit winden und kloben
und schwenkten und senkten
und gossen und pantschten
und mengten und manschten.
und eh' der küfer noch erwacht',
war schon der wein
geschönt und fein gemacht!

einst hatt' ein schneider große pein,
der staatsrock sollte fertig sein;
warf hin das zeug und legte sich
hin auf das ohr und pflegte sich.
da schlüpften sie frisch an den schneidertisch
und schnitten und rückten
und nähten und stickten
und fassten und passten
und strichen und guckten
und zupften und ruckten.
und eh' mein schneiderlein erwacht':
war bürgermeisters rock
bereits gemacht!

neugierig war des schneiders weib
und macht' sich diesen zeitvertreib:
streut erbsen hin die andre nacht.
die heinzelmännchen kommen sacht;
eins fährt nun aus, schlägt hin im haus,
die gleiten von stufen und plumsen in kufen,
die fallen mit schallen,
die lärmen und schreien
und vermaledeien!
sie springt hinunter auf den schall
mit licht: husch, husch, husch -
verschwinden all!

o weh, nun sind sie alle fort
und keines ist mehr hier am ort!
man kann nicht mehr wie sonst sich ruhn,
man muß nun alles selber tun!
ein jeder muß fein
selbst fleißig sein
und kratzen und schaben
und rennen und traben
und schniegeln und biegeln
und klopfen und hacken
und kochen und backen.
ach, daß es doch wie damals wär'!

doch kommt die schöne zeit
nicht wieder her!

40. c) Zusammenfassung

Die Eigenschaften der Heinzelmännchen stimmen mit dem Verhalten der Zwerge überein: Sie sind hilfsbereite Ahnengeister, die man jedoch nicht verärgern sollte.

41. Zusammenfassung: Zwerge sind hilfreiche Ahnen

Die Zwerge sind in erster Linie die hilfreichen Geister der verstorbenen Vorfahren. Daher prägt dieser Aspekt der Zwerge auch den Charakter und die Namen vieler Zwerge.

- „Nori" („Ahn");
- „Fundin" (Fundament, Gründer") – vermutlich der Urahn eines Sippe;
- „Nain" („Verwandter");
- „Niping" („Toter");
- „Reck" („Schläfer, Toter");
- „Nar" („Leiche");
- „Fafnir" („Gieriger") – er ist durch seine Drachengestalt als Ahn erkennbar.
- „Hornbori" („Hornträger") – Anspielung auf die Toten, die durch die Identifizierung mit dem für sie geopferten Herdentier (Stier, Hirsch, Ziegenbock, Hengst, Keiler) oft „gehörnt" waren;
- „Bruni" („Feuer") – Anspielung auf die Feuerbestattung;
- „Nidi" („der in der Unterwelt");
- „Duf" („Woge") – Anspielung auf die Wasserunterwelt;
- „Loni" („Bucht") – Anspielung auf die Wasserunterwelt;
- „Nali" („Nadel") – evtl. eine Anspielung auf die Nornen;
- „Nyi" („Neuer") – vermutlich eine Anspielung auf die Wiedergeburt;
- „Nyr" („Neuer") – vermutlich eine Anspielung auf die Wiedergeburt;
- „Frägr" („Ehrenhafter, Vertrauenswürdiger");
- „Hepti" („Helfer");
- „Haugspori" („Fußspur auf dem Hügelgrab") – Anspielung darauf, daß der Zwerg aus seinem Hügelgrab herauskommt und seinen Nachkommen hilft;
- „Fid" („Gefieder") – Anspielung auf den Seelenvogel.

Ca. ein Fünftel der namentlich bekannten Zwerge sind mehr oder weniger deutlich als hilfreiche Ahnen bezeichnet worden. Das ist nach den Alcis-Zwergen und den Zwergenkönigen (Tyr) die drittgrößte Gruppe.

Es fällt auf, daß viele südgermanische Zwergen-Ahnen als Gruppen ohne konkrete Namen auftreten. Dies kann jedoch an der Art der Überlieferung liegen, da bei den Südgermanen die Zwerge in Orts-Sagen und nicht in Helden-Sagen auftreten.
Die Zwerge haben sich jedoch auch im Süden trotz der frühen Christianisierung lange halten können, was zeigt, wie wichtig der Ahnenkult gewesen ist.
Als Vorgartenzwerge, Heinzelmännchen, Mainzelmännchen, Wichtel und schließ-

lich als Schlümpfe sind die Zwerge bis heute beliebt.

Die Ahnen werden nach ihrer Bestattung vom Jenseits aus zu Helfern für ihre Nachkommen – eben zu Zwergen.

IX   Handwerker-Zwerge

1.   Ann / Onn

1. a)   Der Name „Ann/Onn"

Sein Name könnte sich von der Präposition „ann" ableiten, die „gegen, anti" bedeutet. „Ann" wäre dann der „Gegner".

Der Name dieses Zwerges könnte jedoch auch eine Bildung zu dem Wort „an" für „ohne" sein. Dann hätte „Ann" die Bedeutung „der, dem es an etwas mangelt".

Da die Zwerge Namen mit erwünschten Qualitäten haben, wird wohl eher „Gegner" im Sinne von „Krieger" gemeint sein.

Schließlich wäre als Wurzel dieses Namens auch noch das Substantiv „önn" für „Arbeit, fleißige Tätigkeit" denkbar.

Der Zwergen-Name „Ann" wird mit dem Zwergen-Namen „Onn" identisch sein.

1. b)   Die Vision der Seherin

Dieser Zwerg wird als Nachkomme des Durin aufgeführt wird.

Da ward Modsognir der mächtigste
Dieser Zwerge und Durin nach ihm.
Noch manche machten sie menschengleich
Der Zwerge von Erde, wie Durin angab.

Nyi und Nidi, Nordri und Sudri,
Austri und Westri, Althiof, Dwalin,
Nar und Nain, Niping, Dain,
Bifur, Bafur, Bömbur, Nori;
***Ann** und Anarr, Ai, Miödwitnir.*

... ...

1. c) Zwergen-Heitis

In dieser Zwergen-Liste, deren Verfasser nicht bekannt ist, wird ein Zwerg mit dem Namen „Onn" aufgeführt, der vermutlich mit dem Zwerg Ann identisch sein wird, da auch der Zwerg „Annar" in dieser Liste „Onarr" geschrieben wird.

Althjofr, Austri,
Aurvangr und Dufr,
Ai, Andvari,
Onn *und Draupnir,*
Dori und Dagfinnr,
Dulinn und Onarr,
Alfr und Dellingr,
Oinn und Durnir.

1. d) Zusammenfassung

Der Name „Ann/Onn" dieses Erd-Zwerges aus der Sippe des Durin bedeutet entweder „Gegner, Krieger" oder „fleißiger Arbeiter".

2. Hannar

2. a) Der Name „Hannar"

Sein Name leitet sich möglicherweise von „hand, hann" für „Hand" ab und würde dann vermutlich „der mit den geschickten Händen" bedeuten, was sich dann auf die Fähigkeit der Zwerge, kunstvolle Gegenstände mit magischen Eigenschaften herzustellen, beziehen würde.

2. b) Die Vision der Seherin

Dieser Zwerg wird als Nachkomme des Durin aufgeführt wird:

Da ward Modsognir der mächtigste
Dieser Zwerge und Durin nach ihm.
Noch manche machten sie menschengleich
Der Zwerge von Erde, wie Durin angab.

... ...

Fili, Kili, Fundin, Nali,
Hepti, Wili, **Hannar** *und Swior,*
Billing, Bruni, Bild, Buri,
Frar, Hornbori, Frägr und Loni,
Aurwang, Jari, Eikinskjaldi.

2. c) Zusammenfassung

Der Name des Zwerges „Hannar" aus der Sippe des Durin bedeutet möglicherweise „der mit den geschickten Händen".

3. Siar

3. a)   Der Name „Siar"

Der Name „Siar" bedeutet „Funken, der von einem Stück glühendem Metall davon-fliegt". Siar scheint demnach wie der Zwerg Sindri („Funken") ein Schmied zu sein.

3. b)   Gylfis Vision

Dieser Zwerg wurde zu den Felsenzwergen gerechnet:

Und dieses, heißt es, sind die Namen dieser Zwerge:

Nyi und Nidi, Nordri und Sudri, Austri und Westri, Althiosr, Dwalin, Nar und Nain, Niping, Dain, Biwör, Bawör, Bömbör, Nori, Ori, Onar, Oin, Modwitnir, Wig und Gandalf, Windalf, Thorin, Fili, Kili, Fundin, Wali, Thror, Throin, Theck, Lit, Wit, Nyr, Nyrad, Reck, Radswid.

Und diese sind auch Zwerge und wohnen im Gestein wie jene in der Erde:

Draupnir, Dolgthwari, Hör, Hugstari, Hlediolf, Gloin, Dori, Ori, Duf, Andwari, Hepti, Fili, Har, **Siar***.*

3. c)   Zusammenfassung

„Siar" ist ein Felsen-Zwerg, der vermutlich ein Schmied sein wird. Sein Name bedeutet „Funken". Er ist möglicherweise mit „Sindri" identisch.

4. Skafid

4. a) Der Name „Skafid"

Dieser Name ist möglicherweise eine Bildung zu dem Verb „skafa" für „kratzen, die Fingernägel schneiden, rasieren, schleifen, polieren, glatt machen" und könnte sich auf das Schmiedehandwerk beziehen, in dem das Schleifen und Polieren zumindestens bei der Herstellung von Schmuckstücken u.ä. einen großen Teil der Arbeit ausmacht.

4. b) Die Vision der Seherin

Dieser Zwerg wird als Nachkomme des Zwerges Dwalin angesehen:

Zeit ist's, die Zwerge von Dwalins Zunft
Den Leuten zu leiten bis Lofar hinauf,
Die aus Gestein und Klüften strebten
Von Aurwangs Tiefen zum Erdenfeld.

Da war Draupnir und Dolgtrasir,
Har, Haugspori, Hläwang, Gloi,
*Skirwir, Wirwir, **Skafid**, Ai,*
Alf und Yngwi, Eikinskjaldi.

... ...

4. c) Gylfis Vision

Hier wird gesagt, daß Skafid einer der Zwerge ist, die in „Swarins Hügel", d.h. in „Tyrs Hügelgrab" wohnen:

*Aber folgende kamen von Swarins Hügel gen Aurwang auf Jöruwall, und von ihnen stammt Lofars Geschlecht. Dies sind ihre Namen: Skirfir, Wirfir, **Skafid**, Ai, Alf, Ingi, Eikinskialdi, Fal, Frosti, Fid, Ginnar.*

„Swarin" = „Antworter" = Tyrs Schwert

„Aurwang" = „Licht-Gefilde" = Alfheim-Jenseits des Göttervaters Tyr

„Jöruwall" = „Erdwall" = die Gebirge von Utgard

Der Zwerg „Skafid" gehört somit zum Gefolge des ehemaligen Göttervaters Tyr.

4. d) Zusammenfassung

Der Zwerg „Skafid", dessen Name „Schleifer" bedeutet, war ein Schmied und stammte aus der Sippe des Dwalin. Er gehört zum engeren Gefolge des Tyr, da er sich in dessen Hügelgrab befindet.

5.   Die Zwerge vom Kuttenberg

5. a)   Gebrüder Grimm: „Die Wichtlein"

Die Wichtlein oder Bergmännlein erscheinen gewöhnlich wie die Zwerge, nur etwa dreiviertel Elle groß. Sie haben die Gestalt eines alten Mannes mit einem langen Bart, sind bekleidet wie Bergleute mit einer weißen Hauptkappe am Hemd und einem Leder hinten, haben Laterne, Schlägel und Hammer. Sie tun den Arbeitern kein Leid, denn wenn sie bisweilen auch mit kleinen Steinen werfen, so fügen sie ihnen doch selten Schaden zu, es sei denn, daß sie mit Spotten und Fluchen erzürnt und scheltig gemacht werden.

Sie lassen sich vornehmlich in den Gängen sehen, welche Erz geben oder wo gute Hoffnung dazu ist. Daher erschrecken die Bergleute nicht vor ihnen, sondern halten es für eine gute Anzeige, wenn sie erscheinen, und sind desto fröhlicher und fleißiger.

Sie schweifen in den Gruben und Schachten herum und scheinen gar gewaltig zu arbeiten, aber in Wahrheit tun sie nichts. Bald ist's, als durchgrüben sie einen Gang oder eine Ader, bald, als faßten sie das Gegrabene in den Eimer, bald, als arbeiteten sie an der Rolle und wollten etwas hinaufziehen, aber sie necken nur die Bergleute damit und machen sie irre. Bisweilen rufen sie, wenn man hinkommt, ist niemand da.

Am Kuttenberg in Böhmen hat man sie oft in großer Anzahl aus den Gruben heraus- und hineinziehen gesehen. Wenn kein Bergknappe drunten, besonders wenn groß Unglück oder Schaden vorstand (sie klopfen dem Bergmann dreimal den Tod an), hat man die Wichtlein hören scharren, graben, stoßen, stampfen und andere Bergarbeiten mehr vorstellen. Bisweilen auch, nach gewisser Maße, wie die Schmiede auf dem Amboß pflegen, das Eisen umkehren und mit Hämmern schmieden.

Eben in diesem Bergwerke hörte man sie vielmals klopfen, hämmern und picken, als ob drei oder vier Schmiede etwas stießen; daher sie auch von den Böhmen Hausschmiedlein genannt wurden.

In Idria stellen ihnen die Bergleute täglich ein Töpflein mit Speise an einen besonderen Ort. Auch kaufen sie jährlich zu gewissen Zeiten ein rotes Röcklein, der Länge nach einem Knaben gerecht, und machen ihnen ein Geschenk damit.

Unterlassen sie es, so werden die Kleinen zornig und ungnädig.

5. b)   Zusammenfassung

> Die Zwerge von Kuttenberg sind zu Helfern der Bergleute umgedeutete Ahnen. Sie helfen, solange sie Speiseopfer erhalten, und sie gehen fort, wenn man sie verspottet.

6. Zwergen-Handwerker

Die beiden Pferdesöhne des Göttervaters Tyr haben von diesem das Schmiedehandwerk übernommen, was den Charakter der vier Zwerge Brokk, Sindri, Dwalin und Dulin geprägt hat.

Es sind aber auch einige Zwerge nach ihrer handwerklichen Tätigkeit benannt worden:

- „Ann" („fleißiger Arbeiter");
- „Hannar" („der mit den geschickten Händen");
- „Skafid" („Schleifer") – er gehört vermutlich zu den Schmieden;
- „Siar" („Funken") – auch er wird zu den Schmieden gehören.

Wenn man noch die vier Schmiede-Zwerge Brokk, Sindri, Dwalin und Durin sowie den Zwerg „Gloi" („Glut") hinzuzählt, kommt man auf etwa ein Zwölftel der Zwerge, die als Handwerker bezeichnet worden sind.

Die Zwerge sind geschickte Handwerker, insbesondere Schmiede. Der Ursprung dieses Motivs ist das Neuschmieden des Schwertes des Tyr in der Unterwelt durch seine beiden Pferdesöhne.

X Krieger-Zwerge

1. Dolgtrasir / Dolgthwari

1. a) Die Namen „Dolgthrasir" und „Dolgthwari"

Dieser Name setzt sich aus „dolgr" für „Feind, erbitterter Gegner" und aus „thrasir" zusammen, das sowohl die Bedeutung „Streben, Sehnen, Verlangen" als auch „Hindernis, Entgegnung" haben kann. „Dolgtrasir" wird vermutlich „erbitterter Gegner, der heftigen Widerstand leistet" oder „Gegner der Feinde" bedeuten.

Dieser Zwerg wird auch „Dolgthwari" genannt, was „Feind-Speer" bedeutet und somit dieselbe Grundbedeutung wie „Dolgtrasir" hat.

Dolgtrasir wird daher ein Krieger sein.

1. b) Die Vision der Seherin

Dieser Zwerg wird als Nachkomme des Zwerges Dwalin angesehen:

Zeit ist's, die Zwerge von Dwalins Zunft
Den Leuten zu leiten bis Lofar hinauf,
Die aus Gestein und Klüften strebten
Von Aurwangs Tiefen zum Erdenfeld.

*Da war Draupnir und **Dolgtrasir**,*
Har, Haugspori, Hläwang, Gloi,
Skirwir, Wirwir, Skafid, Ai,
Alf und Yngwi, Eikinskjaldi.

... ...

1. c)   Gylfis Vision

Hier wird gesagt, daß Dolgtrasir/Dolgthwari einer der Zwerge ist, die in den Felsen wohnen:

Und diese sind auch Zwerge und wohnen im Gestein wie jene in der Erde:

*Draupnir, **Dolgthwari**, Hör, Hugstari, Hlediolf, Gloin, Dori, Ori, Duf, Andwari, Hepti, Fili, Har, Siar.*

1. d)   Zusammenfassung

„Dolgtrasir" ist ein Felsen-Zwerg aus Dwalins Sippe, dessen Name vermutlich „erbitterter Gegner, der heftig Widerstand leistet" bedeutet.
Wahrscheinlich ist er mit „Dolgthwari" („Feind-Speer") identisch.

2. Dori

2. a) Der Name „Dori"

Der Name „Dori" bedeutet entweder „Zerstörer" im Sinne von „Krieger" oder „Narr", möglicherweise im Sinne von „Ekstatiker".

2. b) Gylfis Vision

Dieser Zwerg wird zu den Felsen-Zwergen gerechnet:

Und diese sind auch Zwerge und wohnen im Gestein wie jene in der Erde:

Draupnir, Dolgthwari, Hör, Hugstari, Hlediolf, Gloin, **Dori**, *Ori, Duf, Andwari, Hepti, Fili, Har, Siar.*

2. c) Zwergen-Namen

In dem Lied „Dwerga-Heiti", dessen Verfasser unbekannt ist, wird Dori ohne nähere Beschreibung aufgelistet:

Althiofr, Austri,
Aurwangr und Dufr,
Ai, Andvari,
Onn und Draupnir,
***Dori** und Dagfinnr,*
Dulinn und Onarr,
Alfr und Dellingr,
Oinn und Durnir.

2. d) Fiölswin-Lied

In diesem Lied erscheint Dori als einer der zwölf Erbauer der Dinge, die sich vor der Brüstung der Halle der Menglöd befinden.

Windkald (Tyr-Svipdag)*:*
„Sage mir, Fiölswinn, was ich Dich fragen will
Und zu wissen wünsche:
Wer hat gebildet, was vor der Brüstung ist
Unter den Asensöhnen?"

Fiölswin (Odin)*:*
„Uni und In, Bari und Ori,
Warr und Wegdrasil,
Dori *und Uri, Delling und Atward,*
Lidskialf und Loki."

Das, *„was vor der Brüstung ist"* wird wohl die Befestigungsanlage rings um das Heim der Menglöd sein, also die aus dem Fleisch des Urriesen Ymir-Mökkurkialfi erschaffene Erde/Unterwelt sowie der Menglöd-Wall sein.

Die angeführten Namen sind vermutlich unbekanntere Beinamen der Asen. Ihre Deutung ist z.T. recht unsicher. Teilweise handelt es sich jedoch auch um die Namen wichtiger Zwerge, die demnach an dem Bau mitgewirkt haben.

2. e) Tolkien

Dori ist einer der dreizehn Zwerge, die ihren Schatz zurückholen wollen, der ihnen von einem Drachen geraubt worden ist.

2. f) Zusammenfassung

„Dori" ist ein Felsen-Zwerg. Sein Name bedeutet „Zerstörer" („Krieger") oder „Narr". Er gehört zu den 12 Erbauern der Mauer rings um das Jenseits, d.h. um die Halle der Menglöd/Freya/Hel.

3. Heri

3. a)   Der Name „Heri"

Das Substantiv „heri" bedeutet zwar „männlicher Hase" (englisch: „hare"), aber der Name „Heri" könnte auch eine Bildung zu „her" für „Heer" sein und würde diesen Zwerg dann als Krieger bezeichnen.

3. b)   Die Vision der Seherin

Dieser Zwerg wird als Nachkomme des Zwerges Dwalin bezeichnet:

Zeit ist's, die Zwerge von Dwalins Zunft
Den Leuten zu leiten bis Lofar hinauf,
Die aus Gestein und Klüften strebten
Von Aurwangs Tiefen zum Erdenfeld.

... ...

Fialar und Frosti, Finnar und Ginnar,
Heri, *Höggstari, Hliodolf, Moin.*
So lange Menschen leben auf Erden,
Wird zu Lofar hinauf ihr Geschlecht geleitet.

3. c)   Zusammenfassung

Der Zwerg „Heri" stammt aus der Sippe des Dwalin. Sein Name bedeutet „Heer-Mann", d.h. „Krieger".

4.   Hliodolf / Hlediolf

4. a)   Der Name „Hliodolf / Hlediolf"

Dieser Name setzt sich aus „hlid" für „Tor" und aus „ulfr" für „Wolf" zusammen. Er bedeutet somit wahrscheinlich „Wachhund". Damit könnten sowohl Garm als auch Fenrir gemeint sein, die das Jenseitstor bewachen. Es ist natürlich auch ein einfacher Wächter denkbar. Der Name könnte auch eine Umschreibung für „Ulfhedinn" („Wolfshaut-Mann"), also für „Ekstase-Krieger" sein. Auf jeden Fall ist „Hlidolf" ein Krieger.

Sein Name wird auch „Hlediolf" geschrieben.

4. b)   Die Vision der Seherin

Dieser Zwerg wird als Nachkomme des Zwerges Dwalin angesehen.

Zeit ist's, die Zwerge von Dwalins Zunft
Den Leuten zu leiten bis Lofar hinauf,
Die aus Gestein und Klüften strebten
Von Aurwangs Tiefen zum Erdenfeld.

... ...

Fialar und Frosti, Finnar und Ginnar,
Heri, Höggstari, ***Hliodolf****, Moin.*
So lange Menschen leben auf Erden,
Wird zu Lofar hinauf ihr Geschlecht geleitet.

4. b)   Gylfis Vision

Hier wird gesagt, daß Hlidolf/Hledolf einer der Zwerge ist, die in den Felsen wohnen:

Und diese sind auch Zwerge und wohnen im Gestein wie jene in der Erde:

Draupnir, Dolgthwari, Hör, Hugstari, **Hlediolf***, Gloin, Dori, Ori, Duf, Andwari, Hepti, Fili, Har, Siar.*

4. c) Zusammenfassung

„Hliodolf/Hlediolf" bedeutet „Tor-Hund" und kennzeichnet diesen Felsen-Zwerg aus Dwalins Sippe als einen Krieger und Wächter.

5. Höggstari / Hugstari

5. a) Der Name „Höggstari / Hugstari"

Der Name „Höggstari", der auch „Hugstari" geschrieben wird, setzt sich aus dem Substantiv „högg" für „Schlag, Hieb" und dem Verb „stari" für „starren, blicken" zusammen.

Die genaue Bedeutung dieses „Schlag-Starrers" ist nicht ganz deutlich – vielleicht ist damit jemand gemeint, der mit aller Konzentration zuschlägt oder der beim Zuschlagen seinen Gegner anstarrt. Vielleicht ist auch ein Schlangen-Ahnengeist gemeint, da Schlangen ihre Beute anstarren und dann plötzlich zubeißen.

Es ist jedoch sehr deutlich, daß Höggstari ein kriegerischer Zwerg ist.

5. b) Die Vision der Seherin

Dieser Zwerg wird als Nachkomme des Zwerges Dwalin angesehen:

Zeit ist's, die Zwerge von Dwalins Zunft
Den Leuten zu leiten bis Lofar hinauf,
Die aus Gestein und Klüften strebten
Von Aurwangs Tiefen zum Erdenfeld.

... ...

Fialar und Frosti, Finnar und Ginnar,
*Heri, **Höggstari**, Hliodolf, Moin.*
So lange Menschen leben auf Erden,
Wird zu Lofar hinauf ihr Geschlecht geleitet.

5. c) Gylfis Vision

Hier wird gesagt, daß Höggstari/Hugstari einer der Zwerge ist, die in den Felsen wohnen:

297

Und diese sind auch Zwerge und wohnen im Gestein wie jene in der Erde:

Draupnir, Dolgthwari, Hör, **Hugstari**, *Hlediolf, Gloin, Dori, Ori, Duf, Andwari, Hepti, Fili, Har, Siar.*

5. d) Zusammenfassung

„Höggstari / Hugstari" ist ein Zwerg aus Dwalins Sippe. Sein Name bedeutet vermutlich „der beim konzentrierten Zuschlagen seinen Gegner anstarrt".

6.   Jari

6. a)   Der Name „Jari"

Der Name des in der Völsungen-Saga und auch in einigen anderen Sagas erwähnte russische König Jarisleif („Erbe des Jari") zeigt, daß „Jari" als Männername bekannt gewesen ist. „Jari" ist eine Kurzform von „Hjalmar". Dieser Name bedeutet „Ruhm-Helm" und bezieht sich möglicherweise auf Odins Goldhelm, der (wie die meisten goldenen Dinge, die Odin besitzt) einst einmal dem Tyr gehört haben wird.

Der Zwerg „Jari" oder „Hjalmar" könnte daher wie Alberich, Andvari und Alwis ein Tyr-Zwerg gewesen sein.

6. b)   Die Vision der Seherin

Dieser Zwerg wird als Nachkomme des Durin aufgeführt wird:

Da ward Modsognir der mächtigste
Dieser Zwerge und Durin nach ihm.
Noch manche machten sie menschengleich
Der Zwerge von Erde, wie Durin angab.

... ...

Fili, Kili, Fundin, Nali,
Hepti, Wili, Hannar und Swior,
Billing, Bruni, Bild, Buri,
Frar, Hornbori, Frägr und Loni,
*Aurwang, **Jari**, Eikinskjaldi.*

6. c)   Zusammenfassung

Der Zwerg „Jari" aus der Sippe der Durin könnte ein Tyr-Zwerg gewesen sein, da sein Name eine Kurzform von „Hjalmar" ist, was „Ruhm-Helm" bedeutet.

7. Ra(d)swid

7. a) Der Name „Ra(d)swid"

Der Name „Raswid" oder „Radswid" ist eine Variante von „Raskwid". Das erste der beiden Worte, aus denen dieser Name zusammengesetzt ist, ist das Adjektiv „ras" für „rasch, geschwind", das auch die Nebenbedeutungen „stark, gut, kühn" hat. Das zweite Wort ist das Substantiv „vidr" für „Baum", das eine beliebte Heiti für „Krieger" und „Mann" gewesen ist, da die beiden ersten Menschen Ask und Embla von den Göttern aus zwei Bäumen erschaffen worden sind.

Beide Worte zusammen ergeben somit die Bedeutung „starker Krieger".

7. b) Die Vision der Seherin

Dieser Zwerg wird als Nachkomme des Durin aufgeführt wird:

Da ward Modsognir der mächtigste
Dieser Zwerge und Durin nach ihm.
Noch manche machten sie menschengleich
Der Zwerge von Erde, wie Durin angab.

... ...

Weig, Gandalf, Windalf, Thrain,
Theck und Thorin, Thror, Witr und Litr,
Nar und Nyrad; nun sind diese Zwerge,
*Regin und **Raswid**, richtig aufgezählt.*

... ...

7. c) Gylfis Vision

Hier wird gesagt, daß Bivör einer der Zwerge ist, die in der Erde wohnen:

300

Und dieses, heißt es, sind die Namen dieser Zwerge:

Nyi und Nidi, Nordri und Sudri, Austri und Westri, Althiosr, Dwalin, Nar und Nain, Niping, Dain, Biwör, Bawör, Bömbör, Nori, Ori, Onar, Oin, Modwitnir, Wig und Gandalf, Windalf, Thorin, Fili, Kili, Fundin, Wali, Thror, Throin, Theck, Lit, Wit, Nyr, Nyrad, Reck, **Radswid***.*

Und diese sind auch Zwerge und wohnen im Gestein wie jene in der Erde:

Draupnir, Dolgthwari, Hör, Hugstari, Hlediolf, Gloin, Dori, Ori, Duf, Andwari, Hepti, Fili, Har, Siar.

7. d) Zusammenfassung

Der Erd-Name „Ra(d)swid" dieses Zwerges aus der Durin-Sippe bedeutet „Starker Krieger".

8.   Thror

8. a)   Der Name „Thror"

Dieser Zwerg, dessen Name „Starker" bedeutet, wird nur in einer der Zwergen-Listen genannt.

Thjodolfr von Hvini scheint ihn im Ynglingatal jedoch als einen Asen aufzufassen. Möglicherweise ist „Thror" einst ein Beiname des Tyr gewesen.

8. b)   Die Vision der Seherin

Da ward Modsognir der mächtigste
Dieser Zwerge und Durin nach ihm.
Noch manche machten sie menschengleich
Der Zwerge von Erde, wie Durin angab.

... ...

Weig, Gandalf, Windalf, Thrain,
*Theck und Thorin, **Thror**, Witr und Litr,*
Nar und Nyrad; nun sind diese Zwerge,
Regin und Raswid, richtig aufgezählt.

... ...

8. c)   Ynglingatal

26. König: Olaf   (50./51. Strophe)

Und der starke Familien-Zweig   /   des Thror
war in Norwegen gediehen.   /   In früheren Zeiten
beherrschte Olaf   /   einen großen Teil
der Westmar,   /   bis eine Fußkrankheit

das Leben / des Kriegers
an der Küste / von Westfold nahm.
Nun liegt der König / des Krieges begraben
in einem Hügelgrab / in Geirstadir.

8. d) Tolkien

In Tolkiens Werken ist Thror der „König unter dem Berge" im Erebor („einsamer Berg"). Er besaß einen der sieben Macht-Ringe der Zwerge. Er war der Sohn Dain I und der Vater des Thrain, der der Vater des Thorin war.

8. e) Zusammenfassung

Thror ist ein Zwerg oder ein Ase, über den nichts weiter als sein Name, der „Starker" bedeutet, bekannt ist.

Möglicherweise ist „Thror" einst ein Beiname des Tyr als Kriegsgott und Göttervater gewesen.

9. Weig

9. a) Der Name „Weig"

Das altnordische Substantiv „veig" hat die Bedeutungen „starkes Getränk", „Mark (im Knochen)" und „Stärke". Die germanische Wurzel dieses Wortes ist das Substantiv „weiga" für „Kampf". Der Zwerg „Weig" wird daher vermutlich „der Starke" sein.

9. b) Die Vision der Seherin

Dieser Zwerg wird als Nachkomme des Durin bezeichnet:

Da ward Modsognir der mächtigste
Dieser Zwerge und Durin nach ihm.
Noch manche machten sie menschengleich
Der Zwerge von Erde, wie Durin angab.

... ...

***Weig**, Gandalf, Windalf, Thrain,*
Theck und Thorin, Thror, Witr und Litr,
Nar und Nyrad; nun sind diese Zwerge,
Regin und Raswid, richtig aufgezählt.

... ...

9. c) Zusammenfassung

Der Zwerg „Weig" aus der Sippe des Durin ist seinem Namen nach zu urteilen vermutlich ein besonders starker Zwerg. Diese Qualität war natürlich für die Menschen, die diesen Ahn um Hilfe baten, sehr willkommen.

10. Wig

10. a) Der Name „Wig"

Der Name „Wig" leitet sich entweder von „vigg" für „Roß" oder von „vigr" für „Speer" ab. Das „Roß" wäre vermutlich eine Anspielung auf das bei der Bestattung geopferte Tier und der Speer ein Hinweis darauf, daß „Wig" ein Krieger ist.

10. b) Gylfis Vision

Dieser Zwerg wird als Erd-Zwerg angesehen:

Und dieses, heißt es, sind die Namen dieser Zwerge:

*Nyi und Nidi, Nordri und Sudri, Austri und Westri, Althiosr, Dwalin, Nar und Nain, Niping, Dain, Biwör, Bawör, Bömbör, Nori, Ori, Onar, Oin, Modwitnir, **Wig** und Gandalf, Windalf, Thorin, Fili, Kili, Fundin, Wali, Thror, Throin, Theck, Lit, Wit, Nyr, Nyrad, Reck, Radswid.*

Und diese sind auch Zwerge und wohnen im Gestein wie jene in der Erde:

Draupnir, Dolgthwari, Hör, Hugstari, Hlediolf, Gloin, Dori, Ori, Duf, Andwari, Hepti, Fili, Har, Siar.

10. c) Zusammenfassung

„Wig" ist ein Erd-Zwerg. Sein Name bedeutet „Roß" oder „Krieger".

11.   Wirwir / Wirfir

11. a)   Der Name „Wirwir / Wirfir"

Dieser Name ist ein Reim auf den Zwerg „Skirwir", was vermuten läßt, daß diese beiden zusammen die Pferde-Söhne des Göttervaters Tyr als Zwerge in der Unterwelt sind.

Der Name dieses Zwerges besteht aus der Verdoppelung des Substantives „vir(dar)" bzw. „fir(ar)" für „Mann". Dieser „Mann-Mann" oder „Mann der Männer" könnte ein besonders männlicher Mann", d.h. ein Krieger oder König sein. Vielleicht hat ein Skalde aber auch nur einen Namen gesucht, der sich auf „Skirwir" reimt.

11. b)   Die Vision der Seherin

Dieser Zwerg wird als Nachkomme des Zwerges Dwalin angesehen:

Zeit ist's, die Zwerge von Dwalins Zunft
Den Leuten zu leiten bis Lofar hinauf,
Die aus Gestein und Klüften strebten
Von Aurwangs Tiefen zum Erdenfeld.

Da war Draupnir und Dolgtrasir,
Har, Haugspori, Hläwang, Gloi,
*Skirwir, **Wirwir**, Skafid, Ai,*
Alf und Yngwi, Eikinskjaldi.

... ...

11. c)   Gylfis Vision

Hier wird gesagt, daß Wirfir einer der Zwerge ist, die in „Swarins Hügel", d.h. in „Tyrs Hügelgrab" wohnen:

Aber folgende kamen von Swarins Hügel gen Aurwang auf Jöruwall, und von ihnen stammt Lofars Geschlecht.

Dies sind ihre Namen: Skirfir, **Wirfir***, Skafid, Ai, Alf, Ingi, Eikinskialdi, Fal, Frosti, Fid, Ginnar.*

„Swarin" = „Antworter, Rächer" = Tyrs Schwert
„Aurwang" = „Licht-Gefilde" = das Alfheim-Jenseits des Göttervaters Tyr
„Jöruwall" = „Erdwall" = die Gebirge von Utgard
Der Zwerg „Wirfir" gehört somit zum Gefolge des ehemaligen Göttervaters Tyr.

11. c) Zusammenfassung

Der Name „Wirwir / Wirfir" bedeutet vermutlich „besonders männlicher Mann", d.h. „Krieger".
Dieser Zwerg gehört zur Sippe des Dwalin und zum engeren Gefolge des Tyr.

12. Krieger-Zwerge

Angesichts des Kampf-Ethos der Germanen verwundert es nicht, daß auch die Zwerge z.T. kriegerische Namen tragen.

- „Raswid" („starker Krieger");
- „Weig" („Starker");
- „Heri" („Heer-Mann");
- „Wig" („Roß, Krieger").
- „Höggstari" („der den Gegner beim Zuschlagen anstarrt");
- „Dolgthrasir" („erbitterter Gegner");
- „Dori" („Schädiger");
- „Jari" („Ruhm-Helm");
- „Hlidolf" („Tor-Hund" = „Wachhund" = „Wächter").

Diese 9 Zwerge umfassen ca. ein Zwölftel der Zwergennamen. Man könnte zu ihnen jedoch auch noch sechs weitere kriegerische Namen der Göttervater-Zwerge und der Pferdesohn-Zwerge hinzurechnen und käme dann auf ca. ein Siebtel der Zwerge.

> Die Zwerge waren genauso kriegerisch wie die Germanen – warum sollte ein Wikinger durch seinen Tod auch friedlich werden? Odins Walhalla ist schließlich vor allem der Versammlungssaal eines Kriegerbundes ...

XI Opfertier-Zwerge

1. Dalarr

1. a) Der Name „Dalarr"

Der Name dieses Zwerges bedeutet „der mit dem Geweih". Er wird von Snorri Sturluson in der Skaldskaparmal als Hirsch genannt. Snorri unterscheidet die beiden Namen „Dalarr" und „Dalr".

Da beide Namen jedoch dieselbe Bedeutung haben, wird es sich wohl nur um zwei Schreibweisen desselben Namens handeln.

Möglicherweise handelt es sich bei „Dalarr" um den Beinamen eines der Hirsch-Zwerge Modrödnir, Dain, Dwalin, Duneyr und Durathror oder auch um eine Gruppenbezeichnung dieser Zwerge.

1. b) Skaldskaparmal

In der Liste („Thulur") der Heitis für „Wolf, „Bär" und „Hirsch" erscheint die folgende Aufstellung:

Der Hirsch wird Modrödnir, Dalarr, Dalr, Dainn, Dvalinn, Duneyr und Durathror genannt.

1. c) Zusammenfassung

Die Hirsch-Umschreibung „Dalarr" bedeutet „der mit dem Geweih". Dalarr könnte einer der Hirsch-Zwerge oder eine allgemeine Bezeichnung der Mitglieder dieser Zwergengruppe sein.

2. Dalr

2. a) Der Name „Dalr"

Der Name dieses Zwerges bedeutet „der mit dem Geweih". Er wird von Snorri Sturluson in der Skaldskaparmal als Hirsch genannt. Snorri unterscheidet die beiden Namen „Dalarr" und „Dalr".

Da beide Name jedoch dieselbe Bedeutung haben, wird es sich wohl nur um zwei Schreibweisen desselben Namens handeln.

Möglicherweise handelt es sich bei „Dalr" um den Beinamen eines der Hirsch-Zwerge Modrödnir, Dain, Dwalin, Duneyr und Durathror oder auch um eine Gruppenbezeichnung dieser Zwerge.

2. b) Skaldskaparmal

In der Liste („Thulur") der Heitis für „Wolf, „Bär" und „Hirsch" erscheint die folgende Aufstellung:

Der Hirsch wird Modrödnir, Dalarr, Dalr, Dainn, Dvalinn, Duneyr und Durathror genannt.

2. c) Zusammenfassung

Die Hirsch-Umschreibung „Dalarr" bedeutet „der mit dem Geweih". Dalarr könnte einer der Hirsch-Zwerge oder eine allgemeine Bezeichnung der Mitglieder dieser Zwergengruppe sein.

3.   Kili

3. a)   Der Name „Kili"

Sein Name leitet sich vermutlich von dem Substantiv „keila" ab, das „Stoßzahn" bedeutet. Mit diesem Wort wurden auch mehrere Arten des Dorsches bezeichnet, da diese Fische wegen ihrer länglichen, schmalen, keilartigen Form einem Stoßzahn gleichen.

Vermutlich ist der Zwergenname „Stoßzahn" eine Analogie zu den Hirsch-Zwergen. Die Toten wurden mit dem ihnen bei der Bestattung geopferten Herdentier identifiziert, damit deren Zeugungskraft auf sie übertragen wurde, wodurch sie natürlich auch die Gestalt dieser Tiere erhielten – oder eben eine Mensch-Tier-Mischform wie z.B. ein Mensch mit einem Hirschgeweih oder mit Keiler-Stoßzähnen.

3. b)   Die Vision der Seherin

Dieser Zwerg wird als Nachkomme des Durin aufgeführt wird:

Da ward Modsognir der mächtigste
Dieser Zwerge und Durin nach ihm.
Noch manche machten sie menschengleich
Der Zwerge von Erde, wie Durin angab.

... ...

*Fili, **Kili**, Fundin, Nali,*
Hepti, Wili, Hannar und Swior,
Billing, Bruni, Bild, Buri,
Frar, Hornbori, Frägr und Loni,
Aurwang, Jari, Eikinskjaldi.

3. c)   Gylfis Vision

Hier wird gesagt, daß Kili einer der Zwerge ist, die in der Erde wohnen:

Und dieses, heißt es, sind die Namen dieser Zwerge:

Nyi und Nidi, Nordri und Sudri, Austri und Westri, Althiosr, Dwalin, Nar und Nain, Niping, Dain, Biwör, Bawör, Bömbör, Nori, Ori, Onar, Oin, Modwitnir, Wig und Gandalf, Windalf, Thorin, Fili, **Kili**, *Fundin, Wali, Thror, Throin, Theck, Lit, Wit, Nyr, Nyrad, Reck, Radswid.*

Und diese sind auch Zwerge und wohnen im Gestein wie jene in der Erde:

Draupnir, Dolgthwari, Hör, Hugstari, Hlediolf, Gloin, Dori, Ori, Duf, Andwari, Hepti, Fili, Har, Siar.

3. d) Tolkien

In der Novelle „Der Hobbit" sind Kili und sein Bruder Fili die jüngsten der dreizehn Zwerge, die zum Einsamen Berg wandern, um sich ihren Schatz zurückzuholen, der ihnen von einem Drachen geraubt worden ist.

3. e) Zusammenfassung

Der Erd-Zwerg „Kili" aus der Sippe des Durin ist nach dem Eber/Keiler, der für ihn bei seiner Bestattung geopfert worden ist, als „Stoßzahn" benannt worden.
Dieser Name entspricht von seiner Bildung her den „Hirsch-Zwergen" Dain, Dwalin, Duneyr und Durathror.

4. Modrödnir

4. a) Der Name „Modrödnir"

„Mod" hier die Bedeutung „laut/mutig". „Modrödnir" hieße somit vermutlich „laute Stimme". Dann wäre dieser Name eine Beschreibung des Röhrens der Hirsche in der Brunstzeit, das ja durchaus beeindruckend sein kann.

Der Hirsch-Name „Modrödnir" ähnelt sehr dem Namen des Rosses „Modnir" des Dwalin. Es wäre denkbar, daß das Pferd „Modnir" des Dwalin mit dem Hirsch „Modrödnir" identisch ist. Dies würde bedeuten, daß Dwalin, Modnir und Modrödnir letztlich identisch miteinander gewesen wären.

4. b) Skaldskaparmal

„Hirsche" konnten in der Skaldenkunst mit mehreren Namen umschrieben werden, zu denen auch die Namen der vier Hirsche unter dem Weltenbaum zählen:

Der Hirsch wird Modrödnir („mutige/laute Stimme"), *Dalarr* („Tal"), *Dalr* („Tal"), *Dain, Dvalinn, Duneyr und Durathror genannt.*

Da 1. die übrigen Hirsch-Namen auch als Namen von Zwergen bekannt sind, 2. die Zwerge Totengeister waren und 3. die Toten mit dem für sie geopferten Hirsch identifiziert wurden und dadurch deren Gestalt annahmen, kann man davon ausgehen, daß auch Modrödnir ein Zwerg gewesen ist.

4. c) Zusammenfassung

Der Hirsch-Name „Modrödnir" bedeutet „mutige Stimme" oder „laute Stimme" und bezieht sich vermutlich auf das Röhren der Hirsche.

Modrödnir wird wie die anderen namentlich genannten Hirsche ebenfalls ein Zwerg sein, der als Toter auf der Reise ins Jenseits und bei der Wiederzeugung die Gestalt eines Hirsches angenommen hat.

Der Name „Modnir" („Lauter, Mutiger") des Rosses des Hirsch-Zwerges Dwalin läßt vermuten, daß Modrödnir und Modnir zwei Namen desselben (Opfer-)Tieres (Hirsch/Pferd) sind und daß diese beiden wiederum mit Dwalin identisch sind.

313

5. Nach den Opfertieren benannte Zwerge

Für die Toten wurde ein Herdentier geopfert, wodurch die Toten zu Gehörnten wurden oder wie Kili („Stoßzahn") nach dem Hauer des Keilers benannt wurden.

Weitere Zwerge, deren Name oder deren Wesen durch die Symbolik geprägt worden ist, sind die vier „Hirsch-Zwerge" Dain, Dwalin, Duneyr und (Dura-)Thror sowie Hornbori („Hornträger"). Man kann auch noch die Himmelsträger-Zwerge hinzurechnen, da diese möglicherweise als „gehörnt" bezeichnet worden sind.

Somit sind ca. ein Zehntel der Namen bzw. des Charakter der Zwergen durch das für sie bei ihrer Bestattung geopferte Tier geprägt worden.

Ein großer Teil der Zwerge ist anhand ihrer Namen, der sich auf das für sie bei ihrer Bestattung geopferte Herdentier bezieht, als Ahnengeist erkennbar.

XII   Priester-Zwerge

1.   Bifur / Bivör

1. a)   Der Name „Bifur / Bivör"

Dieser Name bedeutet „Zitternder" oder „der sich bewegt". Das Zittern könnte sich evtl. auf die Ekstase eines Berserkers oder eines Schamanen beziehen, aber das ist recht unsicher.

„Bifur" wird auch „Bivör" geschrieben.

1. b)   Die Vision der Seherin

Dieser Zwerg wird als Nachkomme des Durin aufgeführt:

Da ward Modsognir der mächtigste
Dieser Zwerge und Durin nach ihm.
Noch manche machten sie menschengleich
Der Zwerge von Erde, wie Durin angab.

Nyi und Nidi, Nordri und Sudri,
Austri und Westri, Althiof, Dwalin,
Nar und Nain, Niping, Dain,
***Bifur**, Bafur, Bömbur, Nori;*
Ann und Anarr, Ai, Miödwitnir.

... ...

1. c)   Gylfis Vision

Hier wird gesagt, daß Bivör einer der Zwerge ist, die in der Erde wohnen:

315

Und dieses, heißt es, sind die Namen dieser Zwerge:

Nyi und Nidi, Nordri und Sudri, Austri und Westri, Althiosr, Dwalin, Nar und Nain, Niping, Dain, **Biwör**, *Bawör, Bömbör, Nori, Ori, Onar, Oin, Modwitnir, Wig und Gandalf, Windalf, Thorin, Fili, Kili, Fundin, Wali, Thror, Throin, Theck, Lit, Wit, Nyr, Nyrad, Reck, Radswid.*

Und diese sind auch Zwerge und wohnen im Gestein wie jene in der Erde:

Draupnir, Dolgthwari, Hör, Hugstari, Hlediolf, Gloin, Dori, Ori, Duf, Andwari, Hepti, Fili, Har, Siar.

1. d) Tolkien

Bifur ist einer der dreizehn Zwerge, die Bilbo Beutlin als Dieb anheuern, damit er für sie den Zwergenschatz raubt.

1. e) Zusammenfassung

Der Name des Erd-Zwerges „Bifur" aus der Sippe des Durin bedeutet „Zitternder", was sich möglicherweise auf eine Berserker- oder Schamanen-Ekstase bezieht.

2.   Bafur / Bavör

2. a)   Der Name „Bafur / Bavör"

Die Deutung dieses Namens ist sehr unsicher. Möglicherweise gehört er zu dem Spottnamen „bofi", der „Gauner, Schlingel, Galgenvogel" u.ä. bedeutet. Vielleicht ist dieser Name jedoch auch mit „Bifur" („Zitternder" im Sinne von „Ekstatiker") identisch.

Der Name „Bafur" wird auch „Bavör" geschrieben.

2. b)   Die Vision der Seherin

Dieser Zwerg wird als Nachkomme des Durin angesehen:

Da ward Modsognir der mächtigste
Dieser Zwerge und Durin nach ihm.
Noch manche machten sie menschengleich
Der Zwerge von Erde, wie Durin angab.

Nyi und Nidi, Nordri und Sudri,
Austri und Westri, Althiof, Dwalin,
Nar und Nain, Niping, Dain,
*Bifur, **Bafur**, Bömbur, Nori;*
Ann und Anarr, Ai, Miödwitnir.

... ...

2. c)   Gylfis Vision

In „Gylfis Vision", die aus „die Vision der Seherin" zitiert, wird gesagt, daß Bavör einer der Zwerge ist, die in der Erde wohnen:

Und dieses, heißt es, sind die Namen dieser Zwerge:

Nyi und Nidi, Nordri und Sudri, Austri und Westri, Althiosr, Dwalin, Nar und Nain,
*Niping, Dain, Biwör, **Bawör**, Bömbör, Nori, Ori, Onar, Oin, Modwitnir, Wig und*

317

Gandalf, Windalf, Thorin, Fili, Kili, Fundin, Wali, Thror, Throin, Theck, Lit, Wit, Nyr, Nyrad, Reck, Radswid.

Und diese sind auch Zwerge und wohnen im Gestein wie jene in der Erde:

Draupnir, Dolgthwari, Hör, Hugstari, Hlediolf, Gloin, Dori, Ori, Duf, Andwari, Hepti, Fili, Har, Siar.

2. d) Tolkien

Bifur ist einer der dreizehn Zwerge, die Bilbo Beutlin als Dieb anheuern, damit er für sie den Zwergenschatz raubt.

2. e) Zusammenfassung

Die Deutung des Namens dieses Erd-Zwerges aus der Durin-Sippe ist unsicher. Er könnte „Schlingel" bedeuten, aber auch mit „Bifur" („Zitternder, Ekstatiker") identisch sein.

Da sich die beiden Namen „Bifur" und „Bafur" stabreimen und sie in einer der Zwergennamen-Listen nebeneinanderstehen, könnten sei auch Namen der beiden Alcis-Zwerge gewesen sein.

3. Draupnir

3. a) Der Name „Draupnir"

„Draupnir" könnte wie der Riesenname „Hringi" („Ring") ursprünglich ein Beiname des Sonnengott-Göttervaters Tyr gewesen sein.

Er ist nach dem Ring „Draupnir" („Tröpfler") benannt worden, der die Sonne, die Jenseitsreise und daher auch die Wiedergeburt symbolisiert.

3. b) Die Vision der Seherin

Dieser Zwerg wird als Nachkomme des Zwerges Dwalin genannt:

Zeit ist's, die Zwerge von Dwalins Zunft
Den Leuten zu leiten bis Lofar hinauf,
Die aus Gestein und Klüften strebten
Von Aurwangs Tiefen zum Erdenfeld.

*Da war **Draupnir** und Dolgtrasir,*
Har, Haugspori, Hläwang, Gloi,
Skirwir, Wirwir, Skafid, Ai,
Alf und Yngwi, Eikinskjaldi.

... ...

3. c) Gylfis Vision

Hier wird gesagt, daß Draupnir einer der Zwerge ist, die in den Felsen wohnen:

Und diese sind auch Zwerge und wohnen im Gestein wie jene in der Erde:

***Draupnir**, Dolgthwari, Hör, Hugstari, Hlediolf, Gloin, Dori, Ori, Duf, Andwari, Hepti, Fili, Har, Siar.*

319

3. d) Zwergen-Namen

Althiofr, Austri,
Aurwangr und Dufr,
Ai, Andvari,
*Onn und **Draupnir**,*
Dori und Dagfinnr,
Dulinn und Onarr,
Alfr und Dellingr,
Oinn und Durnir.

3. e) Zusammenfassung

Dieser Felsen-Zwerg aus der Sippe des Dwalin ist nach dem Jenseitsreise-Ring „Draupnir" („Tröpfler") benannt worden.

Vermutlich ist er ursprünglich der ehemalige Sonnengott-Göttervater Tyr in der Unterwelt gewesen, da der goldene Ring die Sonne symbolisiert.

4. Frar

4. a) Der Name „Frar"

Sein Name bedeutet „Schneller, Leichtfüßiger". Da man einen solchen Namen würde eher bei den luftverbundenen Alfen als bei den erdgebundenen Zwergen vermuten würde, ist er möglicherweise einst ein Alfen-Name gewesen.

Der Thor-Priester Thialfi („Alfen-Diener" = „Priester der Toten in Alfheim") ist als „der schnellste Läufer" bekannt und auch der Priestergott Hönir wurde als „Schritt-gott" („Schritt-Meili") umschrieben. Sehr wahrscheinlich beziehen sich alle diese „Wanderer-Namen" auf die Jenseitsreise.

Der Zwergenname „Frar" könnte sich daher auch auf die Jenseitsreise beziehen und würde dann bedeuten, daß er schnell aus dem Jenseits zu seinen Nachkommen im Diesseits kommt, wenn er von ihnen gerufen wird.

4. b) Die Vision der Seherin

Dieser Zwerg wird als Nachkomme des Durin aufgeführt:

Da ward Modsognir der mächtigste
Dieser Zwerge und Durin nach ihm.
Noch manche machten sie menschengleich
Der Zwerge von Erde, wie Durin angab.
... ...
***Frar**, Hornbori, Frägr und Loni,*
... ...

4. c) Zusammenfassung

Der Zwerg „Frar" aus der Sippe des Durin ist als „Schneller, Leichtfüßiger" benannt worden, was sich möglicherweise darauf bezieht, daß er seinen Nachkommen schnell zu Hilfe eilt, wenn er von ihnen gerufen wird.

5.   Litr

5. a)   Der Name "Litr"

„Litr" bzw. „Lit" bedeutet „Farbe". Da die Zwerge generell nach positiven Eigenschaften benannt sind, könnte damit die gesunde Lebensfarbe gemeint sein, die in dem Lied „Die Vision der Seherin" Lodur (Loki) den ersten beiden Menschen gab:

„Da gingen drei aus dieser Versammlung, mächtige, milde Asen, und fanden am Ufer unmächtig Ask und Embla und ohne Bestimmung. Sie besaßen nicht Seele, und Sinn noch nicht, nicht Blut noch Bewegung, noch blühende Farbe. Seele gab Odin, Hönir gab Sinn, Blut gab Lodur (Loki) *und blühende Farbe."*

Die Deutung des Namens „Litr" als „gesunde Lebensfarbe" ist zwar eigentlich ein Widerspruch in sich, da die Zwerge die Totengeister sind, aber es wäre ja denkbar, daß dieser Zwerg seinen Nachkommen im Diesseits Gesundheit verleihen sollte.

Es wäre natürlich auch eine beschönigende Beschreibung der Totenblässe als „gesunde Lebensfarbe" denkbar – aber da die Germanen ihre Toten generell als „blauschwarz" bezeichneten, ist diese Deutung unwahrscheinlich.

5. b)   Die Vision der Seherin

Dieser Zwerg wird als Nachkomme des Durin aufgeführt wird:

Da ward Modsognir der mächtigste
Dieser Zwerge und Durin nach ihm.
Noch manche machten sie menschengleich
Der Zwerge von Erde, wie Durin angab.

... ...

Weig, Gandalf, Windalf, Thrain,
*Theck und Thorin, Thror, Witr und **Litr**,*
Nar und Nyrad; nun sind diese Zwerge,
Regin und Raswid, richtig aufgezählt.

... ...

5. c) Gylfis Vision

Hier wird gesagt, daß Litr einer der Zwerge ist, die in der Erde wohnen:

Und dieses, heißt es, sind die Namen dieser Zwerge:

*Nyi und Nidi, Nordri und Sudri, Austri und Westri, Althiosr, Dwalin, Nar und Nain, Niping, Dain, Biwör, Bawör, Bömbör, Nori, Ori, Onar, Oin, Modwitnir, Wig und Gandalf, Windalf, Thorin, Fili, Kili, Fundin, Wali, Thror, Throin, Theck, **Lit**, Wit, Nyr, Nyrad, Reck, Radswid.*

Und diese sind auch Zwerge und wohnen im Gestein wie jene in der Erde:

Draupnir, Dolgthwari, Hör, Hugstari, Hlediolf, Gloin, Dori, Ori, Duf, Andwari, Hepti, Fili, Har, Siar.

5. d) Gylfis Vision

Da wurde Baldurs Leiche hinaus auf das Schiff getragen und als sein Weib Nanna, Neps Tochter, das sah, da zersprang sie vor Jammer und starb. Da wurde sie auf den Scheiterhaufen gebracht und Feuer darunter gezündet, und Thor trat hinzu und weihte den Scheiterhaufen mit Miölnir, und vor seinen Füßen lief der Zwerg, der Lit hieß, und Thor stieß mit dem Fuß nach ihm und warf ihn ins Feuer, daß er ver-brannte.

Da der Zwerg Litr seinem Namen zufolge die Lebenskraft verkörpert, stirbt folglich die Lebenskraft in Baldurs Bestattungsfeuer zusammen mit dem Gott. Da Baldur auch mit dem Sommer assoziiert ist, ist Litr auch mit dem Sommer assoziiert.

Diese Symbolik schafft wiederum eine Verbindung von dem Zwerg Litr zu dem ehemaligen Göttervater Tyr, der am Ende des Sommers von Loki besiegt und in die Unterwelt eingesperrt wird, wodurch der Winter beginnt. In den alten, Tyr-zentrierten Mythen hat Loki im Herbst den Tyr getötet, d.h. in die Unterwelt verbannt, wodurch Tyr zu einem Zwerg wurde.

In den neuen, Odin-zentrierten Mythen tötet Thor den Tyr-Riesen – evtl. ist die Tötung des Litr durch Thor eine Kurzform dieser damals sehr beliebten Mythe.

Möglicherweise ist Litr auch eine Erinnerung an die Menschenopfer bei Bestat-tungen.

5. e)   Die Saga über An Bogenbieger

Dies ist eine der Isländer-Sagas, die ursprünglich von der norwegischen Insel Hrafnista („Rabennest") stammen.

Der Held An erhält in seiner Jugend von dem Zwerg Litr einen magischen Bogen und einige Pfeile, woraufhin er zu einem Bogenschützen wird.

Da die magischen Pfeile in den Rabennest-Sagas, zu denen diese Saga gehört, ursprünglich einem Finnenkönig, der eine Saga-Variante des Tyr ist, gehört haben, wird auch Litr ein Tyr-Zwerg sein.

5. f)   Der Riese Litr

Siehe auch den gleichnamigen Tyr-Riesen „Litr" in Band 6, den Riesen „Lutr" in Band 34 sowie den Band 16 über den Gott Loki-Lodur.

5. g)   Zusammenfassung

Der Erd-Zwerg „Litr" aus der Sippe des Durin ist nach seiner gesunden Lebensfarbe benannt worden.

Er könnte daher als ein Spender der Lebenskraft gewesen sein und bei Krankheiten um Hilfe angerufen worden sein – aber das ist unsicher.

Litr ist wahrscheinlich ursprünglich ein Tyr-Zwerg gewesen – Tyr wurde in den alten Mythen im Herbst von Loki getötet.

Das Töten des Zwerges Lit durch Thor bei der Bestattung des Baldur könnte ein Hinweis auf die in früher Zeit bei den Indogermanen üblichen Menschenopfer bei Fürsten-Bestattungen und zudem eine Kurzform des Tötens des Tyr-Riesen durch Thor sein.

6. Ori

6.) Der Name „Ori"

Der Name „Ori" bedeutet „der Verrückte" – möglicherweise im Sinne von „Priester-Ekstase" oder „Berserker-Ekstase".

6. b) Die Vision der Seherin

Ori ist einer der Felsen-Zwerge:

Und diese sind auch Zwerge und wohnen im Gestein wie jene in der Erde:

*Draupnir, Dolgthwari, Hör, Hugstari, Hlediolf, Gloin, Dori, **Ori**, Duf, Andwari, Hepti, Fili, Har, Siar.*

6. c) Fiölswin-Lied

In diesem Lied erscheint Ori als einer der zwölf Erbauer der „Dinge", die sich vor der Brüstung der Halle der Menglöd befinden.

Windkald (Tyr-Svipdag)*:*
„Sage mir, Fiölswinn, was ich Dich fragen will
Und zu wissen wünsche:
Wer hat gebildet, was vor der Brüstung ist
Unter den Asensöhnen?"

Fiölswin (Odin)*:*
„Uni und In, Bari und Ori,
Warr und Wegdrasil,
Dori und Uri, Delling und Atward,
Lidskialf und Loki."

Das, „*was vor der Brüstung ist*" wird die Befestigungsanlage rings um das Heim der Freya-Menglöd sein, also die aus dem Fleisch des Urriesen Ymir-Mökkurkialfi er-schaffene Erde/Unterwelt sowie der Menglöd-Wall. Die zwölf aufgezählten Asen werden in etwa dieselben wie die in anderen Aufzählungen von zwölf Asen in der Edda sein, zumal Loki wie auch sonst immer als Letzter erscheint. Diese zwölf Asen sind symbolisch die Gesamtheit der Asen.

Die angeführten Namen sind vermutlich unbekanntere Beinamen der Asen. Ihre Deutung ist z.T. recht unsicher. Teilweise handelt es sich jedoch auch um die Namen wichtiger Zwerge, die demnach an dem Bau mitgewirkt haben.

6. d) Tolkien

Im „Hobbit" ist Ori einer der dreizehn Zwerge, die zu dem Einsamen Berg wandern.

6. e) Zusammenfassung

> „Ori" ist ein Felsen-Zwerg. Er hat mitgeholfen, die Mauer rings um die Jenseits-Halle der Freya-Menglöd zu erreichten.
> Sein Name bedeutet „Verrücktheit, Ekstase".

7. Otr

7. b) Der Name „Otr"

Über Otr („Otter") wird nur in der Sigurd-Saga berichtet, in der er ein Mann ist, der sich in einen Otter verwandeln kann und von Loki getötet wird.

Da der Fluß, in dem Otr lebt, die Wasserunterwelt sein könnte, sein Vater Hreidmar zauberkundig ist, sein Bruder Fafnir sich in einen Drachen (Totengeist) verwandelt und sein zweiter Bruder Regin zudem manchmal als ein Zwerg beschrieben wird, ist es recht wahrscheinlich, daß auch Otr ein Zwerg ist – auch wenn dies nirgendwo explizit gesagt wird.

7. b) Skaldskaparmal

Die bekanntest Schilderung des Mordes des Otr durch Loki findet sich in dem Lehrbuch der Skaldenkunst:

Es wird erzählt, daß drei der Asen ausführen, die Welt kennenzulernen: Odin, Loki und Hönir. Sie kamen zu einem Fluß und gingen an ihm entlang bis zu einem Wasserfall, und bei dem Wasserfall war ein Otter, der hatte einen Lachs gefangen und aß ihn blinzelnd.

Da hob Loki einen Stein auf und warf nach dem Otter und traf ihn am Kopf. Da rühmte Loki seine Jagd, daß er mit einem Wurf Otter und Lachs erjagt habe.

Odin Loki und Hönir sind eine häufig auftretende Götterdreiheit, von der es eine ganze Reihe von Variationen gibt. Sie stellen die drei Stände dar.

Darauf nahmen sie den Lachs und den Otter mit sich. Sie kamen zu einem Gehöft und traten hinein, und der Bauer, der es bewohnte, hieß Hreidmar und war ein gewaltiger Mann und sehr zauberkundig. Da baten die Asen um Nachtherberge und sagten, sie hätten Mundvorrat bei sich, und zeigten dem Bauern ihre Beute.

Als aber Hreidmar den Otter sah, rief er seine Söhne Fafnir und Regin herbei und sagte, ihr Bruder Otr war erschlagen, und auch, wer es getan hätte. Da ging der Vater mit den Söhnen auf die Asen los, sie griffen und banden sie und sagten, der Otter wäre Hreidmars Sohn gewesen. Die Asen boten Lösegeld soviel als Hreidmar selbst verlangen würde, und das wurde zwischen ihnen vertragen und mit Eiden bekräftigt.

Der Hinweis, daß Hreidmar „gewaltig und zauberkundig" sei, spricht dafür, daß er ein Zwerg ist, da diese in der Regel die zauberkundigen Wesen sind. Da der Name von Hreidmars Sohn „Regin" darauf hinweist, daß auch Regins Vater Hreidmar ein König ist, wäre dieser somit ein Zwergenkönig. Er entspräche dann dem Schmied Wieland, der „Albenkönig" genannt wird. Beides Titel gehören zu dem Göttervater Tyr/Odin in der Unterwelt, den nur dieser ist der König im Jenseits.

Dies würde auch die Macht des Hreidmar erklären, durch die er die drei Asen binden und von ihnen Lösegeld verlangen kann. Diese Szene wird daher ursprünglich die Ankunft der Jenseitsreisenden (König bei der Krönung, Priester bei der Weihe, Toter bei der Bestattung) in der Unterwelt bei dem Göttervater sein sein.

Hreidmar und seine drei Söhne werden auf Tyr und seine drei Söhne zurückgehen. Dazu paßt auch, daß sie in dieser Saga alle vier getötet werden – so wie das in den umgedeuteten Tyr-Mythen seit dem Beginn der Herrschaft des Odin bei den Nordgermanen um da. 500 n.Chr. üblich gewesen ist.

Die Darstellung dieser Szene war in den Nachruf-Liedern, die die Skalden für die Könige dichten, sehr beliebt. Sie findet sich u.a. im Hakonarmal („Lied für König Hakon den Guten") und im Eiriksmal („Lied für König Eirik Blutaxt"). Eine ähnliche Szene fand sich auch bei der Bestattung des Sinfiötli durch Sigmund.

7. c)   Das andere Lied über Sigurd Fafnir-Töter

Die Schilderung in diesem Lied unterscheidet sich kaum von der in der Skaldskaparmal.

„In diesem Wasserfall war eine Menge Fische. Ein Zwerg, der Andwari hieß, war lange in dem Wasserfall in Hechtsgestalt und fing sich da Speise.

Otr hieß unser Bruder", sprach Regin, „der fuhr oft in den Wasserfall in Otters Gestalt. Da hatte er einst einen Lachs gefangen und saß am Flußrand und aß blinzelnd.

Loki warf ihn mit einem Stein zu Tode. Da dauchten sich die Asen sehr glücklich gewesen zu sein und zogen dem Otter den Balg ab

Denselben Abend suchten sie Herberge bei Hreidmar und zeigten ihm ihre Beute. Da griffen sie sie mit Händen und legten ihnen Lebenslösung auf: sie sollten den Otterbalg mit Gold füllen und außen mit rotem Golde bedecken."

7. d) Völsungen-Saga

Die Schilderung dieser Ereignisse in der Völsungen-Saga ist deutlich ausführlicher. Ob es sich dabei um alte Motive handelt oder um neuere Ausschmückungen einer alten Mythe, läßt sich nicht sicher sagen.

„Die Geschichte beginnt," sprach Regin: *„Hreidmar war meines Vaters Name – ein mächtiger Mann und ein wohlhabender. Sein erstgeborener Sohn wurde Fafnir genannt, sein zweiter Otter, und ich war der dritte und kleinste von allen sowohl an Kühnheit als auch vom Körperbau, aber ich war geschickt in der Arbeit mit Eisen und Silber und Gold, woraus ich Dinge erschaffen konnte, die schon recht ansehnlich waren.*

Mein Bruder Otter hatte eine andere Fertigkeit und er hatte auch eine andere Natur, denn er war ein großer Fischer und übertraf darin alle anderen Menschen, daß er am Tage das Aussehen eines Otters hatte und dann in dem Fluß lebte und brachte die Fische mit seinem Maul an das Ufer und brachte dann seine Beute unserem Vater – und das gefiel ihm gut. Die meiste Zeit verbrachte er in seiner Otter-Gestalt und danach kam er heim und aß alleine und schlief, denn das trockene Land bedeutete ihm nicht viel.

Aber Fafnir war bei weitem der stärkste und grimmigste von uns und wollte stets, daß alles nach seinem Willen geschah.

Nun," sprach Regin, *„gab es einen Zwerg, der Andvari genannt wurde, der immer in der Gestalt eines Hechtes in den Stromschnellen lebte, die Andvari-Stromschnellen genannt werden, und hatte dort genug Fleisch für sich selber, denn in dem Wasserfall lebten viele Fische.*

Nun ging Otter wie gewohnt in diese Stromschnellen und bracht Fische an Land und legte sie nebeneinander ans Ufer. Und so kam es, daß Odin, Loki und Hönir, als sie ihres Weges gingen, zu den Andvari-Stromschnellen kamen. Otter hatte gerade einen Lachs gefangen und gegessen und schlummerte nun am Ufer. Da nahm Loki einen Stein und warf ihn auf den Otter, so daß er ihn damit tötete. Die Götter waren mit ihrer Beute sehr zufrieden und begannen dem Otter das Fell abzuziehen.

Am Abend kamen sie zu Hreidmars Haus und zeigten ihm, was sie gefangen hatte, Da ergriff Hreidmar sie und legte ihnen solcherart Wergeld auf: Sie sollten das Otterfell mit Gold füllen und es mit rotem Gold bedecken. "

7. e) Das Kreuz von Maughold

Die Szene des Tötens und des Häutens des Otters durch Loki wird auf einem frühen

329

Kreuz auf der Isle of Man dargestellt.

Auf den ersten Kreuzen auf dieser Insel sind mehrfach Szenen aus der germanischen Mythologie und christliche Symbole kombiniert worden.

Loki tötet und Ottr und häutet ihn

Original

Original mit Nachzeichnung

Auf dem Kreuz auf der nächsten Seite ist links unten der hockende Loki zu sehen und vor ihm das ausgebreitete Otterfell.

Oben befindet sich ein nur noch ansatzweise rekonstruierbares, ungefähr kreisförmiges Flechtmuster, das stark verwittert ist und dessen rechte Kante fehlt, da dort ein Teil des Steines abgebrochen ist. Dieses Flechtmuster scheint eher dekorativ als figürlich zu sein – auf jeden Fall stellt es kein Tier, keinen Menschen und keine Pflanze dar. Über Loki Kopf befinden sich möglicherweise zwei „aufgefädelte" Ringe.

7. f) Hyndla-Lied

Es ist gut denkbar, aber unsicher, daß der „Ottar" aus dem Hyndla-Lied mit „Otr" identisch ist. „Ottar" hat sich in diesem Lied in einen Eber, der von Freya zu den Asen in Asgard geritten wird, verwandelt und er ist zugleich der Geliebte der Freya. Daher kann man ihn als den toten Ottar, der durch den für ihn geopferten Eber die Gestalt dieses Tieres erhalten hat, auffassen. In dieser Gestalt besitzt er auch die große Zeugungskraft des Ebers, durch die er seine Wiederzeugung zusammen mit Freya sicher vollziehen kann, sodaß er schließlich wiedergeboren wird und sicher Walhalla erreichen kann.

Wenn „Otr" und „Ottar" identisch sein sollten, würde sich das Hyndla-Lied an den Tod des Otr in der Völsungen-Saga anschließen. Otr ist im Hyndla-Lied zu dem Zwerg Otr im Jenseits geworden.

Im Hyndla-Lied könnte Ottar auch mit Odr/Odin, dem Mann der Freya, identisch sein – aber dies ist unsicher, da sich die Schreibweisen der beiden Namen doch deutlich unterschieden.

Die folgenden Verse sind nur ein Auszug aus dem Hyndla-Lied, in dem Ottar immer wieder erwähnt wird, aber nirgends handelnd auftritt.

Im Hyndla-Lied besucht Freya ihre Freundin Hyndla, die eine Riesin ist, um sie nach Walhalla zu holen. Die Szenerie ist schon teilweise von der Mythe in die Sage übertragen worden, wie das Verehren des Odin („Heervater") durch Freya und Hyndla oder das Motiv der Opfergabe der Freya an Thor deutlich zeigen. Auch Hermodr erscheint in diesem Lied nicht als ein Gott bzw. Odins-Sohn, sondern als ein irdischer König oder Held, der unter dem Schutz des Odin steht.

Freya:
„ Maid, erwache, erwache, meine Freundin,
meine Schwester Hyndla, in Deiner hohlen Höhle!
Die Dunkelheit bricht an und wir müssen reiten
nach Walhalla, um die heilige Halle aufzusuchen.

„Hyndla" bedeutet „Hündin". Ein Riesin in einer Höhle, die diesen Namen trägt und zudem die Freundin-Schwester der Freya ist, kann nur Hel sein. Auch in der Baldur-Mythe kommt Hel unter dem Hyrrokkin („Rußgeschwärzte") auf einem Wolf reitend (ihr Bruder Fenris), den sie mit einem Schlangen-Zaumzeug (Midgardschlange) lenkt, zu der Bestattung des toten Asen.

Führe aus Deinem Stall einen Deiner Wölfe hervor,
und laß ihn neben meinem Eber laufen;
denn langsam geht mein Eber auf den Wegen der Gefallenen
und ich möchte mein gutes Roß nicht erschöpfen."

Der „Weg der Gefallenen" ist der Weg der toten Krieger nach Walhalla.
Das „gute Roß" ist hier eine Heiti für Freyas Eber Hildiswini (Kampfschwein).

Hyndla:
„Du bittest mich mit Falschheit, Freya, zu kommen,
das sehe ich in dem Glanz Deiner Augen;
auf dem Weg der Gefallenen geht Dein Geliebter mit Dir:
Ottar der Junge, Innsteins Sohn."

Anscheinend hat Freya ihren Geliebten in einen Eber verwandelt und gibt diesen nun als ihr Reittier Hildiswini aus.

Es ist denkbar, daß Reiten auf dem Eber auch eine erotische Anspielung gewesen ist. Der Eber und die Bache waren Symbole der Zeugungskraft und der Fruchtbarkeit, die die Toten und anderen Jenseitsreisenden in der Unterwelt bei ihrer Wiederzeugung zusammen mit Freya brauchten. Aus dieser Funktion der Jenseitsgöttin-Geliebten bei der Wiederzeugung heraus ist Freya zur Liebesgöttin geworden.

Eine sexuelle Assoziation der damaligen germanischen Zuhörer dürfte bei dieser Kombination der Göttin Freya und der Verwandlung ihres Geliebten Ottar in einen Eber recht sicher gewesen sein – zumal im Bestattungsritual für den Jenseitsreisenden ein männliches Herdentier geopfert wurde und der Betreffende dann mit diesem Tier identifiziert wurde, indem man ihn in das Fell des Tieres einhüllte. Ottar als Eber befindet sich somit auch dieser Jenseitsreise-Symbolik zufolge gerade auf dem Weg zu den Göttern – auf dem „Weg der Gefallenen".

Freya:
„Mir scheint, Du hast wilde Träume, da Du sagst,
daß mein Geliebter bei mir auf dem Weg der Gefallenen sei:
da strahlt der Eber mit Borsten aus Gold,
Hildiswini, der von den geschickten Zwergen
Dain und Nabbi gefertigt worden ist."

Dain und Nabbi haben offenbar Hildiswini in derselben Weise angefertigt wie die Zwerge Sindri und Brock den Eber Gullinborsti von Freyas Bruder Freyr. Vielleicht reitet Freya auch den Eber Gullinborsti ihres Bruders und gibt ihn nur für ihr eigenes Tier aus.

Die Szene wechselt zwischen der vorigen und der folgenden Strophe. Freya und Hyndla sind in Walhalla angelangt und steigen nun von ihren „Rossen", d.h. von ihrem Eber bzw. ihrem Wolf ab.

Freya:
„Laß uns nun von unseren Sätteln steigen
und von den Vorfahren der beiden Helden sprechen,
von den Männern, die von den Göttern droben stammen,
von Ottar dem Jungen und Angantyr,
die um keltisches Metall gewettet haben.

Der Besitz, um den die beiden Könige wetten, wird als „valr" bezeichnet, das „welsch, keltisch, irisch" bedeutet. Da die beiden Könige Germanen sind, klingt dies sehr nach geraubten Goldschätzen.

Wir müssen auf die Schätze seines Vaters achten,
denn der Held ist noch sehr jung, der nun die Früchte seines Volkes besitzt.

Er hat für mich einen Tempel aus Steinen erbaut
und zu Glas sind die Steine geworden,
die oft von dem Blut von Tieren gerötet wurde –
Ottar vertraute stets in die Göttin.

Die Altarsteine sind durch das Blut der Opfertiere mit einer glänzenden Blutschicht bedeckt.
Die „Göttin" ist Freya selber, die diese Verse spricht.
Ottar hat mit Angantyr um einen großen Schatz gewettet und vertraut berechtigterweise darauf, daß Freya ihm helfen wird, diese Wette zu gewinnen, da er ihr einen Tempel erbaut hat und zudem ihr Geliebter ist.

Nun folgt eine ausführliche Aufzählung der Ahnen des Ottar sowie eine kurze Schilderung der Asen.

Freya:
„Bring nun meinem Eber das Erinnerungs-Bier
damit alle Worte, die Du gesprochen hast,
noch am dritten Morgen von jetzt an noch in Ottars Geist haften,
wenn ihre Sippen Ottar und Angantyr berichten."

Dieses „Erinnerungs-Bier" könnte der Met bzw. das Wasser des Mimir aus seiner

Quelle sein, da „Mimir" „Erinnerung" bedeutet. Auch der Trank bei der Bestattung wurde so genannt, was die Deutung des Ottar (Otr?) als eines Toten auf seiner Reise nach Walhalla bestätigen würde.

Hyndla:
„So sollst Du von dannen ziehen, denn gerne würde ich schlafen,
Von mir sollst Du wenig Gutes erhalten;
Meine Edle, hinaus in die Nacht wirst Du springen
so wie Heidrun zwischen den Böcken.

Heidrun ist die Ziege, die von den Blättern des Weltenbaumes frißt und die statt Milch den Asen den Göttermet gibt. Da dieser Ziegen-Met mit dem Wasser/Met aus Mimirs Quelle identisch ist, ist es wahrscheinlich, daß mit dem „Erinnerungs-Bier" der Göttermet gemeint ist.
Hyndla scheint nicht bereit zu sein, dem Ottar den Göttermet zu reichen, der, wie im Wegtam-Lied berichtet wird, bei Hel für Baldur bereitsteht. Hel scheint die Hüterin des Mets zu sein.

Zu Odr sollst Du rennen, der Dich immer geliebt hat,
und zu den vielen anderen, die schon unter Deine Schürze gekrochen sind;
Meine Edle, hinaus in die Nacht wirst Du springen
so wie Heidrun zwischen den Böcken. "

Freya:
„Die Riesin werde ich in Flammen aufsteigen lassen,
sodaß Du fortan nicht unverbrannt reisen wirst. "

Diese Flammen werden die Waberlohe sein, die das Diesseits vom Jenseits trennt. Dieses Motiv wird durch den Brandbestattungen entstanden sein. Aufgrund dieses Brauches heißt Hel-Hyndla auch „Hyrrokkin", d.h. „die Rußgeschwärzte".

Hyndla:
„Ich sehe Flammen lodern, die Erde steht in Flammen,
und jeder muß um seines Lebens willen geben, was verlangt wird,
also bring dem Ottar den Bier-Trank —
voller Gift für ein böses Schicksal! "

Freya:
„Deine bösen Worte sollen nichts schlimmes bewirken,
auch wenn Deine schlimmen Drohungen bitter sind;
einen vollen guten Trunk soll Ottar finden,
wenn ich die Hilfe aller Götter erlange."

Diese Stelle klingt ein wenig wie Hels Forderung an Hermodr, daß sie Baldur nur dann ins Diesseits zurückkehren läßt, wenn alle Wesen um ihn weinen – was Loki zu verhindern weiß.

7. g) Zusammenfassung

Das Wesen des „Otr" ist sowohl recht unscharf als auch vielfältig.

„Otr" bedeutet „Otter" und er kann auch die Gestalt eines Otters annehmen. Vermutlich bedeutet dies, das er sich in der Wasserunterwelt befindet und somit ein Zwerg ist.

Als einer von drei Söhnen des Hreidmar, der vermutlich Tyr im Jenseits ist, wird Otr auch ein Repräsentant eines der drei Stände sein: Der Jenseitsreisende Otr steht für die Priester und Heiler, der Zwergenschmied Regin für die Bauern und Handwerker, und der Drachen-Krieger Fafnir für die Fürsten und Krieger.

Auf seinem Weg in das Jenseits hat er die Gestalt des Ebers angenommen, der für ihn geopfert ist, damit Otr dessen Zeugungskraft erhält, die er für seine eigene Wiederzeugung mit der Göttin Freya braucht. Das Reiten der Freya auf Otr ist vermutlich eine Umdeutung der Vereinigung der Freyr mit Otr.

Da der Fischotter die Gestalt des Tyr in der Wasserunterwelt ist (siehe „Otter" in Band 44), ist der Zwerg „Otr" recht sicher der ehemalige Sonnengott-Göttervater Tyr im Jenseits.

8. Skirwir / Skirfir

8. b) Der Name „Skirwir / Skirfir"

Dieser Name setzt sich aus den beiden Substantiven „skira" für „reinigen, weihen, taufen" und evtl. „virdar" oder „firar", die beide „Mann" bedeuten, zusammen. Der Name ist vermutlich eine Umschreibung für „Priester".

8. b) Die Vision der Seherin

Dieser Zwerg wird als Nachkomme des Zwerges Dwalin bezeichnet:

Zeit ist's, die Zwerge von Dwalins Zunft
Den Leuten zu leiten bis Lofar hinauf,
Die aus Gestein und Klüften strebten
Von Aurwangs Tiefen zum Erdenfeld.

Da war Draupnir und Dolgtrasir,
Har, Haugspori, Hläwang, Gloi,
***Skirwir**, Wirwir, Skafid, Ai,*
Alf und Yngwi, Eikinskjaldi.

... ...

8. c) Gylfis Vision

Hier wird gesagt, daß Skirwir einer der Zwerge ist, die in „Swarins Hügel", d.h. in „Tyrs Hügelgrab" wohnen:

*Aber folgende kamen von Swarins Hügel gen Aurwang auf Jöruwall, und von ihnen stammt Lofars Geschlecht. Dies sind ihre Namen: **Skirfir**, Wirfir, Skafid, Ai, Alf, Ingi, Eikinskialdi, Fal, Frosti, Fid, Ginnar.*

„Swarin" = „Antworter, Rächer = Tyrs Schwert
„Aurwang" = „Licht-Gefilde" = Alfheim-Jenseits des Göttervaters Tyr
„Jöruwall" = „Erdwall" = die Gebirge von Utgard

336

Der Zwerg „Skirfir" gehört somit zum Gefolge des ehemaligen Göttervaters Tyr.

8. d) Zusammenfassung

„Skirwir/Skirfir" ist ein Zwerg aus der Sippe des Dwalin. Sein Name bedeutet „reiner Mann" und bezeichnet vermutlich einen Priester. Er gehört zum engeren Gefolge des Tyr.

Möglicherweise ist „Skirfir" zusammen mit „Wirwir" eine der vielen Varianten der Alcis-Zwerge gewesen.

9. Gandalf

9. a) Der Name „Gandalf"

Sein Name bedeutet „Rituallied-Alf", „Zaubergesang-Alf" oder „Zauber-Alf", d.h. „Zauberer". Dieser Zwerg gehört somit zu der Gruppe der „Priester-Zwerge".

9. b) Die Vision der Seherin

Dieser Zwerg wird als Nachkomme des Durin aufgeführt wird:

Da ward Modsognir der mächtigste
Dieser Zwerge und Durin nach ihm.
Noch manche machten sie menschengleich
Der Zwerge von Erde, wie Durin angab.

... ...

*Weig, **Gandalf**, Windalf, Thrain,*
Theck und Thorin, Thror, Witr und Litr,
Nar und Nyrad; nun sind diese Zwerge,
Regin und Raswid, richtig aufgezählt.

... ...

9. c) Gylfis Vision

Hier wird gesagt, daß Gandalf einer der Zwerge ist, die in der Erde wohnen:

Und dieses, heißt es, sind die Namen dieser Zwerge:

*Nyi und Nidi, Nordri und Sudri, Austri und Westri, Althiosr, Dwalin, Nar und Nain, Niping, Dain, Biwör, Bawör, Bömbör, Nori, Ori, Onar, Oin, Modwitnir, Wig und **Gandalf**, Windalf, Thorin, Fili, Kili, Fundin, Wali, Thror, Throin, Theck, Lit, Wit, Nyr, Nyrad, Reck, Radswid.*

Und diese sind auch Zwerge und wohnen im Gestein wie jene in der Erde:

Draupnir, Dolgthwari, Hör, Hugstari, Hlediolf, Gloin, Dori, Ori, Duf, Andwari, Hepti, Fili, Har, Siar.

9. d) Alte Nordland-Sagen

Nach König Gudrods („Gottes-Frieden") Fall, nahm König Alfgeirr („Alfen-Speer") die Vingul-Mark in Besitz und setzte seinen Sohn, der Gandalf („Zauber-Alf") genannt wurde, als Herrscher über sie ein.

Es fällt auf, daß alle drei Königsnamen auch Beinamen des ehemaligen Göttervaters Tyr sein könnten: „God" bedeutet „Gott" und wurde vor allem für Tyr verwendet (wie in z.B. in „Godmund"); „Alfgeir" erinnert an „Alberich" und Geirröd".

9. e) Saga über einige frühe Könige in Dänemark und Schweden

Als Sigurd Hring alt wurde, geschah es in einem Herbst, als er in seinem Reich in West-Gautland umherritt, um gemäß dem Gesetz des Landes über die Männer zu richten, daß seine Schwiegersöhne, die Söhne des Gandalf, zu ihm kamen und ihn um Unterstützung baten, damit sie gegen König Eystein zu Felde ziehen konnten, der das Land beherrschte, das damals Westmar genannt wurde und das nun Westfold genannt wird.

Sigurd Hring ist möglicherweise eine Saga-Variante des Tyr, da sowohl der Name „Sigurd" („dem die Norne Urd den Sieg versprochen hat") als auch der Beiname „Hring" („Sonnen-Ring") mit Tyr assoziiert gewesen sind.

Dadurch würde auch Sigurd Hrings Schwager Gandalf mit Tyr in Verbindung stehen.

9. f) Heimskringla

Olaf erhielt das Königreich von seinem Vater. Er war ein großer Krieger und ein fähiger Mann und außerdem war er sehr stattlich und sehr stark und groß von Wuchs.

Er besaß Westfold, denn König Alfgeir nahm die ganze Vingul-Mark für sich in Besitz und setzte sein Sohn (Gandalf) *als Herrscher darüber ein.*

9. g)   Norna-Gest

Ich kehrte zusammen mit Sigurd nach Norden zurück und war mit ihm in Däne-mark, und ich war bei ihm, als Sigurd Ring seine Schwiegersöhne, die Söhne des Gandalf, zu Gunnar und Högni, den Söhnen des Giuki sandte und von ihnen Tribut verlangte und ihnen mit einem Angriff drohte, falls sie sich weigern würden.

9. h)   Fornjotr und seine Verwandten

Alf der Alte herrschte *über Alfheim. Er war der Vater von Alfgeir, dem Vater des Gandalf, dem Vater der Alfhilda; Alfhilda war die Mutter des Ragnar Lodenhose, dem Vater des Sigurd Schlangenauge, dem Vater des Aslaug, der Mutter des Sigurd Hjarta, dem Vater der Ragnhild, der Mutter von König Harald Schönhaar.*

„König Alf der Alte" ist ein Tyr-Beiname: der Zwerg „Alberich" („Alfen-König") . Auch die vielen mit „Alf" gebildeten Namen sprechen dafür, daß König Alf der Alte Tyr ist, da die Alfen in Tyrs Sonnen-Jenseits leben.

Hier wird der Stammbaum des Königs Harald auf den ehemaligen Göttervater Tyr, der hier „Alf der Alte" genannt wird, zurückgeführt. König Alf ist der Großvater des Gandalf.

Gandalfs Enkel Ragnar Lodenhose ist wie Sigurd Drachentöter eine Saga-Variante des Tyr.

Ragnar ist wiederum der Ururgroßvater des Königs Harald.

Dessen Urgroßmutter Aslaug ist die Tochter des Sigurd Drachentöter, sodaß König Harald in gleich beide Saga-Varianten des Tyr (Ragnar und Sigurd) zu seinen Vorfahren zählen konnte.

Harald der Alte, Sohn des Valdar des Sanftmütigen Hroar-Sohn, heiratete die Tochter der Königin Hervor Heidreks-Tochter. Deren Sohn war Halfdan der Mutige, Vater des Ivar des Weithinherrschenden, Vater von Audar der Reichen. Sie heiratete Hraerek Ring-Werfer. Deren Sohn war Harald Kampfzahn. Später heiratete Audi König Radbard. Deren Sohn war Randver, Vater des Sigurd Hring, Vater des Ragnar Lodenhose, Vater des Sigurd (Drachentöter), *Vater der Aslaug, Mutter des Sigurd,*

Vater der Ragnhild, Mutter des Harald Haarschön, der der erste König von Norwegen gewesen ist.

König Heidrek („Licht-König") ist eine Saga-Variante des Tyr. Seine Tochter Hervor ist wie Aslaug eine Saga-Variante der Jenseitsgöttin und der Walküren.

Da dieser ganze Stammbaum voll von Saga-Varianten des Tyr ist, wird auch Gandalf ein ehemaliger Beiname des Tyr gewesen sein.

Der Stammbaum sieht graphisch dargestellt wie in der folgenden Übersicht aus. Die Saga-Varianten des Tyr und die beiden Saga-Varianten der Jenseitsgöttin und Walküren (Hervor und Aslaug) sind grau hinterlegt. Die Namen in Klammern sind aus anderen Texten entnommen worden.

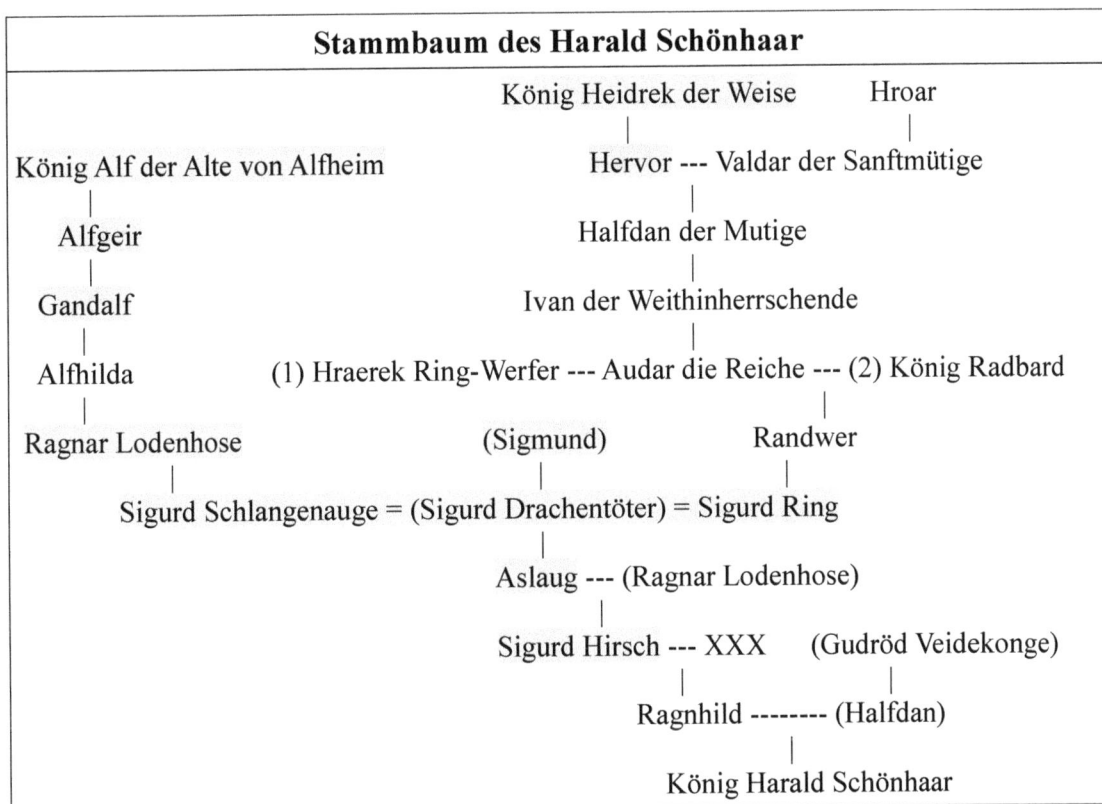

Stammbaum des Harald Schönhaar

```
                                 König Heidrek der Weise        Hroar
                                            |                     |
König Alf der Alte von Alfheim        Hervor --- Valdar der Sanftmütige
            |                               |
         Alfgeir                     Halfdan der Mutige
            |                               |
         Gandalf                    Ivan der Weithinherrschende
            |                               |
         Alfhilda        (1) Hraerek Ring-Werfer --- Audar die Reiche --- (2) König Radbard
            |                               |                                        |
  Ragnar Lodenhose            (Sigmund)                        Randwer
            |                       |                             |
   Sigurd Schlangenauge = (Sigurd Drachentöter) = Sigurd Ring
                                    |
                        Aslaug --- (Ragnar Lodenhose)
                                    |
                   Sigurd Hirsch --- XXX    (Gudröd Veidekonge)
                                 |                   |
                        Ragnhild -------- (Halfdan)
                                    |
                        König Harald Schönhaar
```

Sigurd Schlangenauge und Sigurd Ring sind als Vater der Aslaug mit Sigurd Drachentöter identisch, dessen Vater jedoch Sigmund ist, der der Urururenkel des Odin ist, der die Stelle des Tyr als Urahn der Könige von Tyr übernommen hat.

An dieser Stelle ist der Stammbaum nicht schlüssig, da Ragnar Lodenhose als Vater des Sigurd-Schlangenauge mit Randwer als Vater des Sigurd Ring und zudem auch noch mit Sigmund als Vater des der Sigurd Drachentöter identisch sein müßte. Auch

341

Alfhilda müßte dann dieselbe Frau wie Aslaug sein.

In der Ragnar-Saga ist Aslaug nicht Ragnars Enkelin, sondern seine Frau.

Dieser Stammbaum ist also nicht als historisch sicher anzusehen, sondern als eine Darstellung des Selbstverständnisses des Königs Harald Haarschön, der sich als Urururururenkel des Tyr (8 Generationen bis zu Alf dem Alten) und als dessen Urururururururenkel (9 Generationen bis zu Heidrek dem Weisen) angesehen hat.

9. i) Tolkien

In Tolkiens Werken ist der Zauberer Gandalf eine der wichtigsten Gestalten.

9. i) Zusammenfassung

Der Name des Zwerges „Gandalf" bedeutet „Zaubergesang-Ahn". Er gehört somit zu den „Priester-Zwergen".

Er wurde zu den Erdzwergen und zu der Sippe des Durin gerechnet.

Er ist recht sicher eine Saga-Variante des ehemaligen Göttervaters Tyr.

10. Priester-Zwerge

Ein großer Teil der Zwerge trägt Namen, die mit dem Wesen und der Tätigkeit von Priestern zu tun haben. Dies liegt vermutlich vor allem daran, daß sowohl die Priester als auch die Ahnen oft die Grenze zwischen Diesseits und Jenseits überqueren. Es ist allerdings auch ein Einfluß des Motivs des Göttervaters Tyr als Priester denkbar.

- „Bafur" („Ekstatiker") – Dieser Name entspricht in etwa „Odin"
- „Bifur" („Ekstatiker") – Dieser Name entspricht in etwa „Odin"
- „Ori" („Ekstase")
- „Gandalf" („Zaubergesang-Ahn")
- „Frar" („Schneller, Leichtfüßiger") – auch der Priestergott Hönir sowie der Priester-Halbgott Thialfi wird ähnlich beschrieben
- „Draupnir" („Tröpfler") – Odins Ring Draupnir ist ein Symbol der Sonne und der Wiedergeburt und somit auch der Jenseitsreise
- „Otr" („Otter") – Anspielung auf die Reise in die Wasserunterwelt
- „Litr" („gesunde Gesichtsfarbe") – evtl. eine Anspielung auf sein Spenden von Lebenskraft

Immerhin ca. ein Dreizehntel der Zwerge trägt Namen, die auch Priester-Namen sein könnten. Zu ihnen könnte man auch noch die beiden „Hymnen-Sänger" Lofar und Thjodrerir sowie den „reinen Mann" (= Priester) „Skirwir" rechnen, womit man dann auf ca. ein Zehntel der Zwergennamen käme.

Die Zwerge hatten eine ähnliche Funktion wie die Schamanen-Priester: Sie halfen den Menschen.

Und sie übten auch eine ähnliche Tätigkeit wie die Schamanen-Priester aus: Sie überquerten regelmäßig die Grenze zwischen Diesseits und Jenseits.

XIII Met-Zwerge

1. Miödwitnir / Modwitnir

1. a) Der Name „Miödwitnir / Modwitnir"

Dieser Name setzt sich aus den beiden altnordischen Substantiven „mjödr" für „Met" und „vit" für „Bewußtsein, Wahrnehmung, Verstand" sowie „Aufbewahrungsort" zusammen. Dies ermöglicht zwei Deutungen: „Met-Bewußtsein" und „Aufbewahrungsort für den Met". Mit dem Met ist hier möglicherweise noch die alte Vorstellung von dem Getränk, das die Wiedergeburt im Jenseits bewirkt, verbunden.

„Miödvitnir", der auch „Modwitnir" genannt wurde, ist somit ein Zwerg, der im Jenseits einen guten Vorrat an Met besitzt (oder besaß) und diesen für seine Wiedergeburt oder für einen veränderten Bewußtseinszustand benutzt hat.

Dieses spezielle Bewußtsein könnte dasselbe sein, das von den Indern bezüglich der Wirkung des rituellen Soma-Tranks beschrieben wird (siehe den Band 69 über den „Göttermet").

1. b) Die Vision der Seherin

Dieser Zwerg wird als Nachkomme des Durin angesehen:

Da ward Modsognir der mächtigste
Dieser Zwerge und Durin nach ihm.
Noch manche machten sie menschengleich
Der Zwerge von Erde, wie Durin angab.

Nyi und Nidi, Nordri und Sudri,
Austri und Westri, Althiof, Dwalin,
Nar und Nain, Niping, Dain,
Bifur, Bafur, Bömbur, Nori;
*Ann und Anarr, Ai, **Miödwitnir**.*

1. c) Gylfis Vision

Hier wird gesagt, daß Modwitnir einer der Zwerge ist, die in der Erde wohnen:

Und dieses, heißt es, sind die Namen dieser Zwerge:

*Nyi und Nidi, Nordri und Sudri, Austri und Westri, Althiosr, Dwalin, Nar und Nain, Niping, Dain, Biwör, Bawör, Bömbör, Nori, Ori, Onar, Oin, **Modwitnir**, Wig und Gandalf, Windalf, Thorin, Fili, Kili, Fundin, Wali, Thror, Throin, Theck, Lit, Wit, Nyr, Nyrad, Reck, Radswid.*

Und diese sind auch Zwerge und wohnen im Gestein wie jene in der Erde:

Draupnir, Dolgthwari, Hör, Hugstari, Hlediolf, Gloin, Dori, Ori, Duf, Andwari, Hepti, Fili, Har, Siar.

1. d) Zusammenfassung

Der Name des Erd-Zwerges „Miödwitnir/Modwitnir" („Met-Aufbewahrer" oder „Met-Bewußtsein") aus Durins Sippe bezieht sich auf den Met, den er aufbewahrt oder den er (vermutlich nach seiner Bestattung im Jenseits) getrunken hat und sich dadurch in einen veränderten Bewußtseinszustand gebracht hat.

2. Met-Zwerge

Lediglich der Name des Zwerges „Mödwitnir" („Met-Bewahrer") bezieht sich auf dem rituellen Met. Zu diesem Thema gehören allerdings auch Fialar und Galar hinzu, die den Skaldenmet gebraut haben.

> Der Ritual-Met spielte in der Mythologie und in der Namensgebung der Zwerge nur eine geringe Rolle.

XIV Wiederzeugungs-Zwerge

1. Der Zwerg von Aachen

1. a) Gebrüder Grimm: „Zwergberge"

Zu Aachen ist nicht weit von der Stadt ein Berg, dessen Bewohner zu ihren Hochzeiten von den Städtern Kessel, eherne Töpfe, Schüssel und Bratspieß entlehnen, hernachmals richtig wiederbringen.

Ähnliche Zwergberge stehen in der Gegend von Jena und in der Grafschaft Hohenstein.

1. b) Zusammenfassung

Die Zwerge sind offenbar eng mit den Hochzeiten verbunden – wahrscheinlich aufgrund der Wiederzeugungs-Vorstellungen.

2. Die Zwerge zu Glaß

2. a) Gebrüder Grimm: „Das Bergmännlein beim Tanz"

Es zeigten alte Leute mit Wahrhaftigkeit an, daß vor etlichen Jahren zu Glaß im Dorf, eine Stunde von dem Wunderberg und eine Stunde von der Stadt Salzburg, Hochzeit gehalten wurde, zu welcher gegen Abend ein Bergmännlein aus dem Wunderberge gekommen. Es ermahnte alle Gäste, in Ehren fröhlich und lustig zu sein, und verlangte, mittanzen zu dürfen; das ihm auch nicht verweigert wurde. Also machte es mit einer und der andern ehrbaren Jungfrau allzeit drei Tänze, und zwar mit besonderer Zierlichkeit, so daß die Hochzeitsgäst mit Verwunderung und Freude zuschauten.

Nach dem Tanz bedankte es sich und schenkte einem jeden der Brautleute drei Geldstücke von einer unbekannten Geldmünze, deren jedes man zu vier Kreuzer im Werte hielt, und ermahnte sie dabei, in Frieden und Eintracht zu hausen, christlich zu leben und bei einem frommen Wandel ihre Kinder zum Guten zu erziehen. Diese Münze sollten sie zu ihrem Geld legen und stets seiner gedenken, so würden sie selten in Not kommen; sie sollten aber dabei nicht hoffärtig werden, sondern mit ihrem Überfluß ihren Nachbarn helfen. Dieses Bergmännlein blieb bei ihnen bis zur Nachtzeit und nahm von jedermann Trank und Speis, die man ihm darreichte, aber nur etwas weniges. Alsdann bedankte es sich und begehrte einen Hochzeitsmann, der es über den Fluß Salzach gegen den Berg zu schiffen sollte. Bei der Hochzeit war ein Schiffmann, namens Johann Ständl, der machte sich eilfertig auf, und sie gingen miteinander zur Überfahrt. Während derselben begehrte der Schiffmann seinen Lohn: das Bergmännlein gab ihm in Demut drei Pfennige.

Diesen schlechten Lohn verschmähte der Fährmann sehr, aber das Männlein gab ihm zur Antwort, er sollte sich das nicht verdrießen lassen, sondern die drei Pfennige wohl behalten, so würde er an seiner Habschaft nicht Mangel leiden, wo er anders dem Übermut Einhalt tue. Zugleich gab es dem Fährmann ein kleines Steinlein mit den Worten: „Wenn Du dieses an den Hals hängst, so wirst Du in dem Wasser nicht zugrunde gehen können." Und dies bewährte sich noch in demselben Jahre. Zuletzt ermahnte es ihn zu einem frommen und demütigen Lebenswandel und ging schnell von dannen.

2. b) Zusammenfassung

Ein Zwerg sucht eine Hochzeit auf und gibt dort magische Münzen, die für Wohlstand sorgen, sowie einen magischen Stein, der ein Schutz vor Wasserunfällen ist.

348

3. Der Zwerg von Hohenstein

3. a) Gebrüder Grimm: „Die Zwerglöcher"

Am Harz in der Grafschaft Hohenstein, sodann zwischen Elbingerode und dem Rübenland findet man oben in den Felsenhöhlen an der Decke runde und andere Öffnungen, die der gemeine Mann Zwerglöcher nennt, wo die Zwerge vor alters vermittelst einer Leiter ein und aus gestiegen sein sollen.

Diese Zwerge erzeugten den Einwohnern zu Elbingerode alle Güte. Fiel eine Hochzeit in der Stadt vor, so gingen die Eltern oder Anverwandten der Verlobten nach solchen Höhlen und verlangten von den Zwergen messingne und kupferne Kessel, eherne Töpfe, zinnerne Schüsseln und Teller und ander nötiges Küchengeschirr mehr. Darauf traten sie ein wenig abwärts, und gleich hernach stellten die Zwerge die geforderten Sachen vor den Eingang der Höhle hin.

Die Leute nahmen sie sodann weg und mit nach Haus; wann aber die Hochzeit vorbei war, brachten sie alles wieder zur selben Stellen, setzten zur Dankbarkeit etwas Speise dabei.

3. b) Zusammenfassung

Auch im Harz sind die Zwerge mit den Hochzeiten verbunden gewesen. Bei diesen Gelegenheiten erhielten die Totengeister (Zwerge) Speiseopfer von den Menschen und schenkten ihnen dafür allerlei wertvolle Dinge, die die Menschen benötigten.

4. Die Zwerge von Rosenberg

4. a) Gebrüder Grimm: „Herrmann von Rosenberg"

Als Herrmann von Rosenberg sein Beilager hielt, erschienen die Nacht darauf viele Erdgeister, kaum zwei Spannen lang, hatten ihre Musik bei sich und suchten um Erlaubnis nach, die Hochzeit eines ihrer Brautpaare ebenfalls hier begehen zu dürfen; sie gaben sich für still und friedlich aus. Auf erhaltene Verwilligung begingen sie nun ihr Fest.

4. b) Zusammenfassung

Die Zwerge scheinen gerne in der Nähe der Menschen zu feiern – insbesondere Hochzeitsfeste. Möglicherweise ist dies eine Erinnerung an die Wiederzeugung.

5. Die Zwerge von Sion

5. a) Gebrüder Grimm: „Zwerge ausgetrieben"

Im Erzgebirge wurden die Zwerge durch Errichtung der Hämmer und Pochwerke vertrieben. Sie beklagten sich schwer darüber, äußerten jedoch, sie wollten wiederkommen, wenn die Hämmer abgingen.

Unter dem Berg Sion vor Quedlinburg ist vorzeiten ein Zwergenloch gewesen, und die Zwerge haben oft den Einwohnern zu ihren Hochzeiten viel Zinnwerk und dergleichen gern vorgeliehen.

5. b) Zusammenfassung

Auch im Erzgebirge wurden die Zwerge mit Hochzeiten assoziiert und auch dort schätzen sie ein ruhiges Leben.

6. Wiedergeburts-Zwerge

In fünf Geschichten werden die Zwerge mit der Hochzeit, d.h. vermutlich mit dem Wiedergeburts-Motiv assoziiert. Das entspricht den vier Zwergen Berling, Allfrigg, Grer und Dvalin, die sich mit Freya vereint haben.

Dies sind zusammen knapp ein Zehntel der Zwerge.

Die Zwerge sind im Jenseits von der Jenseitsgöttin wiedergeborene Tote.

XV   Ring-Zwerge

1.   Der Zwerg von Hoia

1. a)   Gebrüder Grimm: „Der Graf von Hoia"

Es ist einmal einem Grafen zu Hoia ein kleines Männlein in der Nacht erschienen, und wie sich der Graf entsetzte, hat es zu ihm gesagt, er sollte sich nicht erschrecken, es hätte ein Wort an ihm zu werben und zu bitten, er wolle ihm das nicht abschlagen. Der Graf antwortete, wenn es ihm und den Seinen unbeschwerlich wäre, so wollte er es gern tun.

Da sprach das Männlein: „Es wollen die folgende Nacht etliche zu Dir auf Dein Haus kommen und Ablager halten, denen wollest Du Küche und Saal so lange leihen und deinen Dienern gebieten, daß sie sich schlafen legen und keiner nach ihrem Tun und Treiben sehe, auch keiner darum wisse, ohne Du allein. Man wird sich dafür dankbarlich erzeigen, Du und Dein Geschlecht sollen's zu genießen haben, es soll auch im allergeringsten weder Dir noch den Deinen Leid geschehen."

Solches hat der Graf eingewilliget.

Also sind folgende Nacht, gleich als mit einem reisigen Zug, die Brücke hinauf ins Haus gezogen allesamt kleine Leute, wie man die Bergmännlein zu beschreiben pflegt. Sie haben in der Küche gekocht, zugehauen und aufgegeben, und hat sich nicht anders ansehen lassen, als wenn eine große Mahlzeit angerichtet würde. Darnach, fast gegen Morgen, wie sie wiederum scheiden wollen, ist das kleine Männlein abermal zum Grafen gekommen und hat ihm neben Danksagung gereicht ein Schwert, ein Salamanderlaken und einen güldenen Ring, in welchem ein roter Löwe oben eingemacht; mit Anzeigung, diese drei Stücke sollte er und seine Nachkömmlinge wohl verwahren, und solange sie dieselben beieinander hätten, würde es einig und wohl in der Grafschaft zustehen: sobald sie aber voneinander kommen würden, sollte es ein Zeichen sein, daß der Grafschaft nichts Gutes vorhanden wäre; und ist der rote Löwe auch allzeit darnach, wann einer vom Stamm sterben sollte, erblichen.

Es sind aber zu den Zeiten, da Graf Jobst und seine Brüder unmündig waren und Franz von Halle Statthalter im Land, die beiden Stücke, als das Schwert und Salamanderlaken, weggenommen, der Ring aber ist bei der Herrschaft geblieben bis an ihr Ende. Wohin er aber seit der Zeit gekommen, weiß man nicht.

1. b) Zusammenfassung

Die Zwerge von Hoia gaben den Menschen, die sie in ihrem Haus haben feiern lassen, drei Geschenke: ein Schwert, ein „Salamander-Laken" und einen Goldring, die gemeinsam für ein gutes Geschick der Burgherren sorgen würden.

2. Der Zwergenkönig von Scherfenberg

2. a) Gebrüder Grimm: „Der Scherfenberger und der Zwerg"

Mainhard, Graf von Tirol, der auf Befehl des Kaisers Rudolf von Habsburg Steier und Kärnten erobert hatte und zum Herzoge von Kärnten ernannt ward, lebte mit dem Grafen Ulrich von Heunburg in Fehde. Zu diesem schlug sich auch Wilhelm von Scherfenberg, treulos und undankbar gegen Mainhard. Hernach in dem Kampfe ward er vermißt, und Konrad von Aufenstein, der für Mainhard gestritten hatte, suchte ihn auf.

Sie fanden aber den Scherfenberger im Sande liegen von einem Speer durchstochen, und hatte er da sieben Wunden, doch nur eine Pein. Der Aufensteiner fragte ihn, ob er der Herr Wilhelm wäre.

„Ja, und seid Ihr's, der Aufensteiner, so stehet hernieder zu mir."

Da sprach der Scherfenberger mit krankem Munde: „Nehmt dieses Ringlein; derweil es in Eurer Gewalt ist, zerrinnt Euch Reichtum und weltliche Ehre nimmermehr."

Damit reichte er es ihm von der Hand. Indem kam auch Heinrich der Told geritten und hörte, daß es der Scherfenberger war, der da lag.

„So ist es der", sprach er, „welcher seine Treue an meinem Herrn gebrochen, das rächt nun Gott an ihm in dieser Stund."

Ein Knecht mußte den Todwunden auf ein Pferd legen, aber er starb darauf. Da machte der Told, daß man ihn wieder herablegte, wo er vorher gelegen war. Darnach ward der Scherfenberger beklagt von Männern und Weibern; mit dem Ring aber, den er dem Aufensteiner gegeben, war es auf folgende Weise zugegangen:

Eines Tages sah der Scherfenberger von seiner Burg auf dem Feld eine seltsame Augenweide. Auf vier langen vergüldeten Stangen trugen vier Zwerge einen Himmel von klarem und edlem Tuche. Darunter ritt ein Zwerg, eine goldene Krone auf dem Häuptlein, und in allen Gebärden als ein König. Sattel und Zaum des Pferdes war mit Gold beschlagen, Edelsteine lagen darin, und so war auch alles Gewand beschaffen. Der Scherfenberger stand und sah es an, endlich ritt er hin und nahm seinen Hut ab.

Der Zwerg gab ihm guten Morgen und sprach: „Wilhelm, Gott grüß Euch!"

„Woher kennt Ihr mich?" antwortete der Scherfenberger.

„Laß Dir nicht leid sein", sprach der Zwerg, „daß Du mir bekannt bist und ich Deinen Namen nenne; ich suche Deine Mannheit und Deine Treue, von der mir viel gesagt ist. Ein gewaltiger König ist mein Genosse um ein großes Land, darum führen wir Krieg, und er will mir's mit List angewinnen. Über sechs Wochen ist ein Kampf

zwischen uns gesprochen, mein Feind aber ist mir zu groß, da haben alle meine Freunde mir geraten, Dich zu gewinnen. Willst Du Dich des Kampfes unterwinden, so will ich Dich also stark machen, daß, ob er einen Riesen brächte, Dir's doch gelingen soll. Wisse, guter Held, ich bewahre Dich mit einem Gürtel, der Dir zwanzig Männer Stärke gibt."

Der Scherfenberger antwortete: „Weil Du mir so wohl traust und auf meine Mannheit Dich verläßt, so will ich zu Deinem Dienste sein; wie es auch mit mir gehen wird, es soll alles gewagt werden."

Der Zwerg sprach: „Fürchte Dich nicht, Herr Wilhelm, als wäre ich ungeheuer, nein, mir wohnt christlicher Glaube an die Dreifaltigkeit bei und daß Gott von einer Jungfrau menschlich geboren wurde."

Darüber ward der Scherfenberger froh und versprach, wo nicht Tod oder Krankheit ihn abhalte, daß er zu rechter Stunde kommen wollte.

„So kommt mit Roß, Rüstung und einem Knaben an diese Stätte hier, sagt aber niemanden etwas davon, auch Eurem Weibe nicht, sonst ist das Ding verloren."

Da beschwur der Scherfenberger alles.

„Sieh hin", sprach nun das Gezwerg, „dies Ringlein soll unserer Rede Zeuge sein; Du sollst es mit Freuden besitzen, denn lebst Du tausend Jahre, solang Du es hast, zerrinnet Dir Dein Gut nimmermehr. Darum sei hohen Mutes und halt deine Treue an mir."

Damit ging es über die Heide, und der Scherfenberger sah ihm nach, bis es in den Berg verschwand.

Als er nach Haus kam, war das Essen bereit, und jedermann fragte, wo er gewesen wäre, er aber sagte nichts, doch konnt er von Stund an nicht mehr so fröhlich gebaren wie sonst. Er ließ sein Roß besorgen, sein Panzerhemd bessern, schickte nach dem Beichtiger, tat heimlich lautere Beichte und nahm darnach mit Andacht des Herrn Leib. Die Frau suchte von dem Beichtiger die Wahrheit an den Sachen zu erfahren, aber der wies sie ernstlich ab. Da beschickte sie vier ihrer besten Freunde, die führten den Priester in eine Kammer, setzten ihm das Messer an den Hals und drohten ihm auf den Tod, bis er sagte, was er gehört hatte.

Als die Frau es nun erfahren, ließ sie die nächsten Freunde des Scherfenberger kommen, die mußten ihn heimlich nehmen und um seinen Vorsatz fragen. Als er aber nichts entdecken wollte, sagten sie ihm vor den Mund, daß sie alles wüßten, und als er es an ihren Reden sah, da bekannte er allererst die Wahrheit. Nun begannen sie seinen Vorsatz zu schwächen und baten ihn höchlich, daß er von der Fahrt ablasse. Er aber wollt seine Treue nicht brechen und sprach, wo er das tue, nehme er fürder an allem Gut ab. Sein Weib aber tröstete ihn und ließ nicht nach, bis sie ihn mit großer Bitte überredete, dazubleiben; doch war er unfroh.

Darauf über ein halbes Jahr ritt er eines Tages zu seiner Feste Landstrotz hinter den Seinigen zuallerletzt. Da kam der Zwerg neben zu ihm und sprach: „Wer Eure

Mannheit rühmt, der hat gelogen! Wie habt Ihr mich hintergangen und verraten! Ihr habt an mir verdient Gottes und guter Weiber Haß. Auch sollt Ihr wissen, daß Ihr in Zukunft sieglos seid, und wäre das gute Ringlein nicht, das ich Euch leider gegeben habe, Ihr müßtet mit Weib und Kind in Armut leben. "

Da griff der Zwerg ihm an die Hand und wollt's ihm abzucken, aber der Scherfenberger zog die Hand zurück und steckte sie in die Brust; dann ritt er von ihm über das Feld fort. Die vor ihm waren, die hatten alle nichts gesehen.

2. b) Zusammenfassung

Der zauberkundige Zwergenkönig von Scherfenberg besitzt einen magischen Ring, der seinem Besitzer stets Wohlstand bringt, sowie einen Gürtel, der seinem Träger die Kraft von 20 Männern verleiht.

3. Ring-Zwerge

Der Ring der Zwerge und Zwergenkönige ist der Sonnenring „Draupnir", der einst die Wiedergeburt des Sonnengott-Göttervaters Tyr symbolisiert hat.

Wenn man zu diesen drei Zwergen und Zwergenkönigen mit Ring noch die aus den Mythen und Sagas hinzuzählt (Elberich, Alberich, Andvari, Albewin, Jamtaland-Zwerg) kommt man auf acht Ring-Zwerge, d.h. auf ca. ein Zwölftel der Zwerge.

Auch der Sonnen-Ring („Draupnir"), der das Symbol der Wiedergeburt der Sonne und der Toten gewesen ist, spielte in der Mythologie und in der Namensgebung der Zwerge eine Rolle.

XII Tarnkappen-Zwerge

1. Tarnunc

1. a) Der Name „Tarnunc"

Der Name „Thernück" lautet im Originaltext „Tarnunc" und ist eine Bildung zu dem Adjektiv „tarni" für „heimlich". Dieser Name bezieht sich recht sicher auf die „Tarnkappe", die eigentlich ein „Tarn-Cape", also ein „Unsichtbarkeits-Umhang" ist und die dem Zwergenkönig Alberich gehört (Tyr).

1. b) Wolfdietrich-Lied

„Kämst Du fern ins zehnte Land, / und dräute Dir Gefahr,
So brauchst Du nur zu blasen, / das sag ich Dir fürwahr.
Denn so ist es bewendet / um dieses Hörnelein,
Ich komme Dir zu Hilfe / mit dreihundert Mannen mein."

Da sprach zu ihm Wolfdietrich: / „Kannst Du mir nicht sagen,
Von wem hast Du die Kostbarkeit? / Das möcht ich gerne fragen."
Da sprach das Gezwerge: / „Das tu ich Dir kund,
Ich will Dich des bescheiden / allhie zu dieser Stund.

Mein Vater hieß Thernück, / und war ein Gezwerg;
Ihm dienten der Genossen / zwölfhundert hier im Berg.
Von Gott hatt er drei Wünsche, / tugendreicher Degen,
Die wußt er nicht besser / denn also anzulegen:

Einen an die Linde, / den andern an das Horn,
Den dritten an die Büchse. / Nun heb ich an von vorn:
Meines Vaters ganzes Erbe, / die Burg und das Land,
Die biet ich Dir zu eigen, / edler Degen auserkannt."

1. c)   Zusammenfassung

Der Name des Zwergenkönigs „Thernück/Tyrnunc" („Tarnung") bezieht sich wahrscheinlich auf den Unsichtbarkeits-Umhang.

2.   Die Zwerge von Blankenburg

2. a)   Gebrüder Grimm: „Der Zug der Zwerge über den Berg"

Auch auf der Nordseite des Harzes wohnten einst viel tausend Zwerge oder Kröpel in den Felsklüften und den noch vorhandenen Zwerglöchern. Bei Seehausen, einem magdeburgischen Städtchen, zeigt man ebenfalls solche Kröpellöcher. Aber nur selten erschienen sie den Landesbewohnern in sichtbarer Gestalt, gewöhnlich wandelten sie, durch ihre Nebelkappen geschützt, ungesehen und ganz unbemerkt unter ihnen umher.

Manche dieser Zwerge waren gutartig und den Landesbewohnern unter gewissen Umständen sehr behilflich; bei Hochzeiten und Kindtaufen borgten sie mancherlei Tischgeräte aus den Höhlen der Zwerge. Nur durfte sie niemand zum Zorn reizen, sonst wurden sie tückisch und bösartig und taten dem, der sie beleidigte, allen möglichen Schaden an. In dem Tal zwischen Blankenburg und Quedlinburg bemerkte einmal ein Bäcker, daß ihm immer einige der gebackenen Brote fehlten, und doch war der Dieb nicht zu entdecken. Dieser beständig fortdauernde geheime Diebstahl machte, daß der Mann allmählich verarmte.

Endlich kam er auf den Verdacht, die Zwerge könnten an seinem Unheil schuld sein. Er schlug also mit einem Geflechte von schwanken Reisern so lange um sich her, bis er die Nebelkappen einiger Zwerge traf, die sich nun nicht mehr verbergen konnten. Es wurde Lärm. Man ertappte bald noch mehrere Zwerge auf Dieberreien und nötigte endlich den ganzen Überrest des Zwergvolks auszuwandern.

Um aber die Landeseinwohner einigermaßen für das Gestohlene zu entschädigen und zugleich die Zahl der Auswandernden überrechnen zu können, wurde auf dem jetzt sogenannten Kirchberg bei dem Dorfe Thale, wo sonst Wendhausen lag, ein groß Gefäß hingestellt, worin jeder Zwerg ein Stück Geld werfen mußte. Dieses Faß fand sich nach dem Abzuge der Zwerge ganz mit alten Münzen angefüllt. So groß war ihre Zahl. Das Zwergvolk zog über Warnstedt (unweit Quedlinburg) immer nach Morgen zu. Seit dieser Zeit sind die Zwerge aus der Gegend verschwunden.

Selten ließ sich seitdem hier und da ein einzelner sehen.

2.b) Zusammenfassung

Die Zwerge von Blankenburg im Harz besitzen Nebelkappen, durch sie unsichtbar machen.

3. Die Zwerge von Hohenstein

3. a) Gebrüder Grimm: „Der Abzug des Zwergvolks über die Brücke"

Die kleinen Höhlen in den Felsen, welche man auf der Südseite des Harzes, sonderlich in einigen Gegenden der Grafschaft Hohenstein findet und die größtenteils so niedrig sind, daß erwachsene Menschen nur hineinkriechen können, teils aber einen räumigen Aufenthaltsort für größere Gesellschaften darbieten, waren einst von Zwergen bewohnt und heißen nach ihnen noch jetzt Zwerglöcher.

Zwischen Walkenried und Neuhof in der Grafschaft Hohenstein hatten einst die Zwerge zwei Königreiche. Ein Bewohner jener Gegend merkte einmal, daß seine Feldfrüchte alle Nächte beraubt wurden, ohne daß er den Täter entdecken konnte. Endlich ging er auf den Rat einer weisen Frau bei einbrechender Nacht an seinem Erbsenfelde auf und ab und schlug mit einem dünnen Stabe über dasselbe in die bloße Luft hinein. Es dauerte nicht lange, so standen einige Zwerge leibhaftig vor ihm. Er hatte ihnen die unsichtbar machenden Nebelkappen abgeschlagen.

Zitternd fielen die Zwerge vor ihm nieder und bekannten, daß ihr Volk es sei, welches die Felder der Landesbewohner beraubte, wozu aber die äußerste Not sie zwänge. Die Nachricht von den eingefangenen Zwergen brachte die ganze Gegend in Bewegung. Das Zwergvolk sandte endlich Abgeordnete und bot Lösung für sich und die gefangenen Brüder und wollte dann auf immer das Land verlassen. Doch die Art des Abzuges erregte neuen Streit.

Die Landeseinwohner wollten die Zwerge nicht mit ihren gesammelten und versteckten Schätzen abziehen lassen, und das Zwergvolk wollte bei seinem Abzuge nicht gesehen sein. Endlich kam man dahin überein, daß die Zwerge über eine schmale Brücke bei Neuhof ziehen und daß jeder von ihnen in ein dorthin gestelltes Gefäß einen bestimmten Teil seines Vermögens als Abzugszoll werfen sollte, ohne daß einer der Landesbewohner zugegen wäre. Dies geschah. Doch einige Neugierige hatten sich unter die Brücke gesteckt, um den Zug der Zwerge wenigstens zu hören. Und so hörten sie denn viele Stunden lang das Getrappel der kleinen Menschen; es war ihnen, als wenn eine sehr große Herde Schafe über die Brücke ging.

Seit dieser letzten großen Auswanderung des Zwergvolks lassen sich nur selten einzelne Zwerge sehen. Doch zu den Zeiten der Elterväter stahlen zuweilen einige in den Berghöhlen zurückgebliebene aus den Häusern der Landesbewohner kleine, kaum geborene Kinder, die sie mit Wechselbälgen vertauschten.

3. b) Zusammenfassung

Die Zwerge von Hohenstein besaßen Nebelkappen, durch die sie unsichtbar wurden.

4. Tarnkappen-Zwerge

Zu diesen zwei Tarnkappen-Zwergen kommen noch die Tarnkappen der Zwergenkönige Alberich, Elberich, Laurin und der Zwerg aus dem Wolfdietrich-Lied sowie der Unsichtbarkeits-Stein des Zwerges aus Jamtaland hinzu.

Diese sieben Zwerge mit Tarnkappe machen ungefähr ein Fünfzehntel der Zwerge aus.

Die Tarnkappen sind eigentlich „Tarn-Capes", also Unsichtbarkeits-Umhänge. Da die Tarnkappe die Unsichtbarkeit der Seele, die nur hellsichtig wahrgenommen werden kann, symbolisiert, ist dieser Unsichtbarkeits-Umhang auch ein Besitz der Zwerge.

XVII   Hügelgrab-Zwerge

1.   Fili

1. a)   Der Name „Fili"

Für die Deutung dieses Namens gibt es viele Möglichkeiten. Er könnte von folgenden Worten hergeleitet worden sein:

- von dem Verb „feilast" für „zögern"; dann hätte „Fili" die Bedeutung „Zaghafter, Schüchterner" – was kein typischer Zwergenname und auch kein typischer germanischer Männername wäre;

- von dem Verb „fela" für „verbergen, verstecken, anvertrauen"; dann hätte „Fili" die Bedeutung „Verborgener", was sich möglicherweise auf den Aufenthalt des Zwergs in seinem Hügelgrab bezieht;

- von dem zusammengesetzten Substantiv „fe-lag" für „Gefährten, Partner, Eheleute, Gemeinschaft"; dann hätte „Fili" die Bedeutung „Freund, Gefährte", was bedeuten würde, daß dieser Zwerg entweder als eine Art Schutzgeist angesehen worden ist oder daß er zusammen mit einem zweiten Zwerg (Kili?) eine der vielen Varianten der beiden Pferde-Söhne des Göttervaters Tyr bildete – beides wäre möglich;

- von dem Substantiv „feldr" für „Umhang"; dann hätte „Fili" die Bedeutung „der einen Umhang trägt";

- von dem Substantiv „fell" für „steiler Felsen"; dann hätte „Fili" die Bedeutung „der in dem Felsen" in dem Sinne von „der in dem Hügelgrab" (die Hügelgräber wurden oft mit „Felsen" umschreiben);

Am wahrscheinlichsten werden von diesen fünf Möglichkeiten die Deutungen des Namens „Fili" als „Freund, Gefährte" oder als „der in seinem Hügelgrab Verborgene" sein. Da die zweite dieser beiden Möglichkeiten die wenigsten zusätzlichen Annahmen und Erklärungen benötigt, ist sie die vorsichtigste und daher sicherste Deutung des Namens „Fili".

1. b)   Die Vision der Seherin

Dieser Zwerg wird als Nachkomme des Durin angesehen:

Da ward Modsognir der mächtigste
Dieser Zwerge und Durin nach ihm.
Noch manche machten sie menschengleich
Der Zwerge von Erde, wie Durin angab.
   ... ...
Fili, *Kili, Fundin, Nali,*
   ... ...

1. c)   Gylfis Vision

Hier wird Fili einmal als Erd-Zwerge und einmal als Felsen-Zwerg aufgeführt:

Und dieses, heißt es, sind die Namen dieser Zwerge:
Nyi und Nidi, Nordri und Sudri, Austri und Westri, Althiosr, Dwalin, Nar und Nain,
Niping, Dain, Biwör, Bawör, Bömbör, Nori, Ori, Onar, Oin, Modwitnir, Wig und
Gandalf, Windalf, Thorin, **Fili**, *Kili, Fundin, Wali, Thror, Throin, Theck, Lit, Wit, Nyr,*
Nyrad, Reck, Radswid.

Und diese sind auch Zwerge und wohnen im Gestein wie jene in der Erde:
Draupnir, Dolgthwari, Hör, Hugstari, Hlediolf, Gloin, Dori, Ori, Duf, Andwari,
Hepti, **Fili**, *Har, Siar.*

1. d)   Tolkien

Fili und Kili sind die beiden jüngsten Zwerge in der Gruppe der dreizehn Zwerge
(plus Bilbo), die ihren Schatz von dem Drachen Smaug, der ihn geraubt hat,
zurückerobern wollen.

1. e)   Zusammenfassung

Der Zwerg „Fili" aus der Sippe des Durin ist vermutlich nach seinem „Wohnort"
als „der in seinem Hügelgrab Verborgene" benannt worden.

2. Hläwang

2. a) Der Name „Hläwang"

Der erste Teil des Namens „Hläwang" ist entweder das Substantiv „hlä" für „Lachen" oder das Adjektiv „hlär" für „warm". Der zweite Teil dieses Namens ist das Substantiv „wang" für „Feld, Bereich". Da „Feld des Lachens" als Männername nicht besonders plausibel klingt, wird wohl „Feld der Wärme" gemeint sein, das durchaus eine Umschreibung für das warme, sonnige Alfheim-Jenseits des Tyr (und nach dessen Sturz des Freyr) sein könnte.

„Hläwang" wäre dann eine Variante von „Aurwang" („Licht-Gefilde").

Es käme auch eine Deutung als beschönigende Umschreibung für „Bestattungs-Feuer" in Betracht, aber eine solche Interpretation ist doch eher unwahrscheinlich.

2. b) Die Vision der Seherin

Dieser Zwerg wird als Nachkomme des Zwerges Dwalin genannt:

Zeit ist's, die Zwerge von Dwalins Zunft
Den Leuten zu leiten bis Lofar hinauf,
Die aus Gestein und Klüften strebten
Von Aurwangs Tiefen zum Erdenfeld.

Da war Draupnir und Dolgtrasir,
*Har, Haugspori, **Hläwang**, Gloi,*
Skirwir, Wirwir, Skafid, Ai,
Alf und Yngwi, Eikinskjaldi.

... ...

2. c) Zusammenfassung

„Hläwang" ist einer der Zwerge mit einem Alf-Namen, da „Hläwang" „Wärme-Gefilde" bedeutet und sich vermutlich auf das sonnige Alfheim bezieht. Dieser Zwerg gehört zu Dwalins Sippe.

3. Der Zwerg von Dresden

3. a) Gebrüder Grimm: „Das Erdmännlein und der Schäferjunge"

Im Jahr 1664 hütete unfern Dresden ein Junge die Herde des Dorfs. Auf einmal sah er einen Stein neben sich, von mäßiger Größe, sich von selbst in die Höhe heben und etliche Sprünge tun. Verstaunt trat er näher zu und besah den Stein, endlich hob er ihn auf.

Und indem er ihn aufnahm, hüpfte ein jung Erdmännchen aus der Erde, stellte sich kurz hin vor den Schäferjungen und sprach: „Ich war dahin verbannt, Du hast mich erlöst, und ich will Dir dienen; gib mir Arbeit, daß ich etwas zu tun habe.«

Bestürzt antwortete der Junge: „Nun gut, Du sollst mir helfen Schafe hüten."

Das verrichtete das Männchen sorgsam, bis der Abend kam. Da fing es an und sagte: „Ich will mit Dir gehen, wo Du hingehst."

Der Junge versetzte aber sogleich: „In mein Haus kann ich Dich nicht gut mitnehmen, ich habe einen Stiefvater und andre Geschwister mehr, der Vater würde mich übel schlagen, wollte ich ihm noch jemand zubringen, der ihm das Haus kleiner machte."

„Ja, Du hast mich nun einmal angenommen", sprach der Geist, „willst Du mich selber nicht, mußt Du mir anderswo Herberg schaffen."

Da wies ihn der Junge ins Nachbars Haus, der keine Kinder hatte. Bei diesem kehrte nun das Erdmännchen richtig ein und konnte es der Nachbar nicht wieder loswerden.

3. b) Zusammenfassung

In dieser Sage ist die Hilfe des Zwerges für seine „Erlösung aus dem Stein", d.h. seine Befreiung aus dem Hügelgrab-Jenseits den Menschen beinahe lästig.

4. Der Zwerg aus dem Kyffhäuser

4. a) Gebrüder Grimm: „Der Zwerg und die Wunderblume"

Ein junger, armer Schäfer aus Sittendorf an der südlichen Seite des Harzes in der Goldenen Aue gelegen, trieb einst am Fuß des Kyffhäusers und stieg immer trauriger den Berg hinan. Auf der Höhe fand er eine wunderschöne Blume, dergleichen er noch nicht gesehen, pflückte und steckte sie an den Hut, seiner Braut ein Geschenk damit zu machen. Wie er so weiterging, fand er oben auf der alten Burg ein Gewölbe offenstehen, bloß der Eingang war etwas verschüttet. Er trat hinein, sah viel kleine glänzende Steine auf der Erde liegen und steckte seine Taschen ganz voll damit.

Nun wollte er wieder ins Freie, als eine dumpfe Stimme erscholl: „Vergiß das Beste nicht!"

Er wußte aber nicht, wie ihm geschah und wie er herauskam aus dem Gewölbe. Kaum sah er die Sonne und seine Herde wieder, schlug die Tür, die er vorhin gar nicht wahrgenommen, hinter ihm zu. Als der Schäfer nach seinem Hut faßte, war ihm die Blume abgefallen beim Stolpern.

Urplötzlich stand ein Zwerg vor ihm: „Wo hast Du die Wunderblume, welche Du fandest?"

„Verloren", sagte betrübt der Schäfer.

„Dir war sie bestimmt", sprach der Zwerg, „und sie ist mehr wert denn die ganze Rothenburg."

Wie der Schäfer zu Haus in seine Tasche griff, waren die glimmernden Steine lauter Goldstücke.

Die Blume ist verschwunden und wird von den Bergleuten bis auf heutigen Tag gesucht, in den Gewölben des Kyffhäusers nicht allein, sondern auch auf der Questenburg und selbst auf der Nordseite des Harzes, weil verborgene Schätze rucken.

4. b) Zusammenfassung

Der Berg der Zwerge läßt sich nur durch eine Wunderblume öffnen, sodaß man von den Schätzen in ihm etwas mitnehmen kann. Dieser Zwergberg mit den Schätzen in ihm geht auf das Hügelgrab mit den (goldenen) Grabbeigaben in der Grabkammer sowie dem Totengeist in ihr zurück.

5. Die Zwerge vom Untersberg

5. a) Gebrüder Grimm: „Der Untersberg"

Der Untersberg oder Wunderberg liegt eine kleine deutsche Meile von der Stadt Salzburg an dem grundlosen Moos, wo vorzeiten die Hauptstadt Helfenburg soll gestanden haben. Er ist im Innern ganz ausgehöhlt, mit Palästen, Kirchen, Klöstern, Gärten, Gold- und Silberquellen versehen. Kleine Männlein bewahren die Schätze und wanderten sonst oft um Mitternacht in die Stadt Salzburg, in der Domkirche daselbst Gottesdienst zu halten.

5. b) Zusammenfassung

Die Vorstellung von dem mit Schätzen gefüllten Zwergberg „Untersberg" geht auf die Hügelgräber und die Grabbeigaben in ihnen zurück.

6. Zwerge in Hügelgräbern

Es gibt zwar viele Stellen in den Mythen und Sagas der Germanen, in denen gesagt wird, daß die Zwerge in Hügelgräbern wohnen, aber lediglich die Zwerge „Fili" und „Fialar", deren Namen „der in seinem Hügelgrab verborgene" bedeutet, sind nach diesem „Wohnort" benannt worden.

Eine der deutlichsten Beschreibungen eines solchen Hügelgrabes ist die Mythe über Freya und die vier Zwerge, die ihr Brisingamen geschmiedet haben.

Die Unterscheidung der Zwerge in Erdzwerge und Steinzwerge bezieht sich vermutlich auf Erdbestattungen und auf Hügelgrab-Bestattungen (Grabkammer aus Felsen).

In den Sagen ist aus dem Zwerg in Berg oft ein „König im Berg" geworden. Ursprünglich ist dies der ehemalige Götterkönig Tyr gewesen, aber in den Sagen sind an seine Stelle reale König wie z.B. Friedrich Barbarossa getreten, der im Kyffhäuser sitzt.

Die Zwerge wohnen zwar in Hügelgräbern, aber sie wurden fast nie nach ihnen benannt.

XVIII   sonstige Zwerge

1   Bömbur / Bömbör

1. a)   Der Name „Bömbur /Bömbör"

Dieser Name ist eine Bildung zu dem germanischen Verb „bemb" für „anschwellen". „Bömbur" ist somit der „Dicke". Im Lateinischen lautet dieses Wort „bombax" und bezeichnet die „Baumwolle", die man zum Wattieren und Ausstopfen von Jacken, decken u.ä. benutzte, wodurch diese „anschwollen" und „dick" wurden.

Der Grund, warum dieser Zwerg „Bombur" genannt wurde, ist unklar – zumindestens ist kein mythologischer Grund ersichtlich.

Es wäre zwar die Assoziation zu einer aufgequollenen Wasserleiche in der Wasserunterwelt denkbar, aber diese Deutung ist sehr zweifelhaft.

Von der lateinischen Wurzel „pompatice" für „bombastisch, protzig, theatralisch" leitet sich der Männername „Bombastus" ab, der am ehesten durch Phillipus Theophrastus Aureolus Bombastus von Hohenheim bekannt ist, der auch „Paracelsus" genannt worden ist.

1. b)   Die Vision der Seherin

Dieser Zwerg wird als Nachkomme des Durin aufgeführt wird:

Da ward Modsognir der mächtigste
Dieser Zwerge und Durin nach ihm.
Noch manche machten sie menschengleich
Der Zwerge von Erde, wie Durin angab.

Nyi und Nidi, Nordri und Sudri,
Austri und Westri, Althiof, Dwalin,
Nar und Nain, Niping, Dain,
*Bifur, Bafur, **Bömbur**, Nori;*
Ann und Anarr, Ai, Miödwitnir.

... ...

1. c) Gylfis Vision

Hier wird gesagt, daß Bömbur einer der Zwerge ist, die in der Erde wohnen:

Und dieses, heißt es, sind die Namen dieser Zwerge:

*Nyi und Nidi, Nordri und Sudri, Austri und Westri, Althiosr, Dwalin, Nar und Nain, Niping, Dain, Biwör, Bawör, **Bömbör**, Nori, Ori, Onar, Oin, Modwitnir, Wig und Gandalf, Windalf, Thorin, Fili, Kili, Fundin, Wali, Thror, Throin, Theck, Lit, Wit, Nyr, Nyrad, Reck, Radswid.*

Und diese sind auch Zwerge und wohnen im Gestein wie jene in der Erde:

Draupnir, Dolgthwari, Hör, Hugstari, Hlediolf, Gloin, Dori, Ori, Duf, Andwari, Hepti, Fili, Har, Siar.

1. d) Tolkien

In der Gemeinschaft der Zwerge, die in der Novelle „Der Hobbit" zum Einsamen Berg wandern, ist Bombur ein dicker Zwerg.

1. e) Zusammenfassung

Der dicke Erd-Zwerg Bömbur („Angeschwollener") gehört zur Sippe des Durin.

2. Dufr

2. a) Der Name „Dufr"

Der Name dieses Zwerges bedeutet „Woge" und erinnert an die Ägirs-Tochter Dufa mit demselben Namen. Möglicherweise ist dieser Zwerg ein Bewohner der Wasserunterwelt der Ran.

2. b) Dwerga-Heiti

In dem Lied „Dwerga-Heiti" („Zwergen-Namen"), dessen Verfasser unbekannt ist, wird Dufr ohne nähere Beschreibung aufgelistet:

Althiofr, Austri,
*Aurwangr und **Dufr**,*
Ai, Andvari,
Onn und Draupnir,
Dori und Dagfinnr,
Dulinn und Onarr,
Alfr und Dellingr,
Oinn und Durnir.

2. c) Zusammenfassung

Der Name des Zwerges „Duf" bedeutet „Woge" und kennzeichnet ihn möglicherweise als einen Bewohner der Wasserunterwelt der Ran.

3. Buri

Dieser Zwerg ist eines der ersten Lebewesen in den Mythen der Germanen. Es ist allerdings nicht ganz sicher, ob der Zwerg Buri und dieses erste Wesen, das u.a. Odins Großvater ist, identisch miteinander sind. Vielleicht ist „Zwerg" hier auch noch im ursprünglichen Sinne als „Ahn, verstorbener Vorfahre" gemeint.

Buri wurde auch als ein Riese aufgefaßt, was letztlich jedoch kein Widerspruch zu der Auffassung als Zwerg ist, da die Riesen die Ahnen der Götter waren.

Die Mythen des Buri werden bei dem Riesen Buri in Band 34 beschrieben.

3. a) Der Name „Buri"

„Buri" bedeutet „Sohn".

3. b) Der Seherin Vision

Die Strophen, in denen „Buri" aufgeführt wird, lauten:

Da ward Modsognir der mächtigste
Dieser Zwerge und Durin nach ihm.
Noch manche machten sie menschengleich
Der Zwerge von Erde, wie Durin angab.
  ... ...
Billing, Bruni, Bild, **Buri***,*
  ... ...

3. c) Zusammenfassung

Der Name des Zwerges „Buri" bedeutet „Sohn". Er gehört zur Sippe des Durin.

XIX Zwergen-Frauen

Im allgemeinen erscheinen in den überlieferten Texten nur männliche Zwerge. Es werden jedoch auch Sippen und Vater-Sohn-Verhältnisse beschrieben, was vermuten läßt, daß es auch die dazugehörigen Frauen bzw. Mütter geben muß.

Es gibt nur sehr wenige Erwähnungen von Zwergenfrauen. In der Thjalar Jons Saga, in der Gibbons Saga und der jüngeren Bosi-Saga werden Zwerginnen erwähnt. Die einzige Zwergin, die namentlich genannt wird, ist Svama aus der Thjalar Jons Saga.

In diesen Texten werden die Zwerginnen im Singular „dyrgja" und im Plural „dyrgjur" genannt. Interessanterweise ist „dyrgja" ein recht altertümliches Wort – „dvergja" wäre die Femininform zu dem damals üblichen „dvergr" für „Zwerg" gewesen.

In den drei genannten Sagas wird jedoch kaum etwas über die Zwerginnen gesagt. In der Bosi-Saga und in der Gibbons-Saga erscheint lediglich ein Zwerg zusammen mit seiner Frau. In der Thjalar Jons Saga stellt der Zwerg immerhin seine Frau mit ihrem Namen vor: *Der Zwerg sprach: „Ich heiße Svammr und meine Frau heißt Svamma."*

In der Saga über Thorstein Viking-Sohn hat der Zwerg Sindri zwei Kinder – einen Sohn und eine Tochter. Diese betreffende Szene wurde in dem Kapitel über den Zwerg Sindri ausführlich dargestellt.

Die Zwergenfrauen scheinen für die Vorstellungen der Germanen über die Zwerge keine tragende Rolle gespielt zu haben.

Bei jeder Betrachtung der Zwerge ist es jedoch notwendig zu bedenken, daß es sich bei ihnen um Ahnen im Jenseits und nicht um ein Volk aus einem anderen Land handelt. Der Charakter der Zwerge wird daher von den Vorstellungen der Germanen über das Jenseits abhängen.

Es gibt ein zweites Motiv, in dem nur Männer auftreten: die Wiederzeugung im Jenseits. Diese Ergänzung der Wiedergeburt der Toten im Jenseits durch die Jenseitsgöttin ist offensichtlich männerspezifisch – Frauen können gebären, aber nicht zeugen. Damals gab es die naheliegende, aber falsche Vorstellung, daß der Mann bei der Zeugung das zukünftige Kind in die Frau „pflanzt" – so wie der Bauer das Korn in den Acker aussät.

Wenn die Zwerge eng an das Wiederzeugungs-Motiv gekoppelt sein sollten, wäre es logisch, daß es nur Zwerge, aber keine Zwerginnen gab. Die wenigen Erwähnungen von Zwerginnen, Zwergenkindern und auch von Zwergensippen wären dann nur eine sekundäre Analogiebildung zu den menschlichen Sippen und Familien. Diese sekundäre Anordnung in Großfamilien findet sich ja auch bei den Asen.

Wenn diese Erklärung der (fast) ausschließlich männlichen Gruppe der Zwerge zutreffen sollte, sollte es aber auch das Motiv der Wiederzeugung der Zwerge mit der Göttin geben. Dies findet sich in der Mythe über Freya und den Ursprung ihres Brisingamens wieder, in der sich die Göttin mit den vier Zwergen, die ihren Halsreif geschmiedet haben, in deren Hügelgrab vereint.

Die Zwerge sind folglich alle männlich, weil die Vorstellung über die Zwerge an das Wiederzeugungs-Motiv gekoppelt gewesen ist.

Es bleibt die Frage offen, wie die Frauen in das Jenseits gelangt sind, wenn sie sich nicht wiederzeugen und daher auch nicht von der Jenseitsgöttin wiedergeboren werden konnten – dazu schweigt die Überlieferung …

Ein weibliches Gegenstück zu den Zwergen sind die Walküren. Sie sind durch Vervielfältigung aus der Jenseitsgöttin entstanden – sie konnte schließlich nach der Wiederzeugung mit den Toten nicht mit all diesen Toten gleichzeitig schwanger sein, da es dafür viel zu viele Tote gab. Sie mußte sich also vervielfältigen können.

Da die Jenseitsgöttin die Toten als Seele, d.h. als Seelenvogel wiedergebar und dieser Seelenvogel bei den Indogermanen vor allem der Schwan bzw. die Gans ist, erhielt die Jenseitsgöttin als Seelenvogel-Mutter ebenfalls die Gestalt eines Schwanes. Daher können sich die Walküren in Schwäne verwandeln.

In Island gibt es heute auch den Frauennamen „Dyrgja", d.h. „Zwergin".

XX Zusammenfassung: Zwerge bei den Germanen

Da ca. 100 Zwergennamen bekannt sind, entsprechen die Anzahlen der Zwergen-Namen zu einem Motiv zugleich in etwa dem prozentualen Anteil dieses Motivs an den Namen.

Die Anzahl der nach einem Thema benannten Zwerge steht in Klammern hinter der Überschrift.

In den folgenden Listen finden sich ettliche Doppelzählungen, da einige Zwerge zu mehreren Kategorien gehören – so ist z.B. Dunneir ein Himmelsträger-Zwerg und auch ein Hirsch-Zwerg.

Der Tyr-Zwerg (40)

Der wichtigste aller Ahnen war der ehemalige Sonnengott-Göttervater Tyr selber. Er hat zwei Söhne, die zugleich die beiden Hengste sind, die seinen Streitwagen ziehen, drei Söhne, die die drei Stände repräsentieren, vier Söhne, die den Himmel tragen, sowie zwei Töchter, die ursprünglich seine Diesseits-Frau (Frigg) und seine Jenseits-Frau (Freya) gewesen sind.

Zu ihnen zählen 34 Zwerge: „Diurnir" („Tyr"), „Iwalt" („All-Herrscher"), „Alberich" (Alfen-König), „Elberich" („Alfen-König"), „Laurin" („Lorbeer-bekränzter" = „König"), „Comandian" („Befehlshaber"), „Ginnar" („Magie-Adler"), „Finnar" („Wander-Adler"), „Jamtaland-Zwerg", „Gloi" („Glut"), „Ai" („Urgroßvater"), „Svaf" („Schläfer"), „Niblung" („der aus der Unterwelt"), „Aurwang" („Licht-Land"), „Hreidmar" („berühmte Wohnstatt" = „Jenseitshalle"), „Billing" („Schwert"), „Billung" („Schwert"), „Bilunc" („Schwert"), „Bild" („Schwert"), „Andvari" („Antworter" = „Schwert, Rächer"), „Botewart" („Kampf-Krieger"), „Thorin" („Mutiger"), „Althiof" („All-Dieb"), „Lofar" („Hymnen-Sänger"), „Thjodrerir" („Erwecker des Volkes"), „Modsognir" („Begeisterter"), „Alwis" („All-Wissender"), „Buri" („Sohn") und „Eugel" („Auge") .

Zu diesen Zwergennamen kommen noch „Regin", „Thrain", „Dwalin", „Fialar", „Dain" und „Diurnir" hinzu, die wahrscheinlich ursprünglich Namen des Göttervaters gewesen sind.

Die beiden Pferdesöhne des Tyr (37)

Die beiden Pferdesöhne des Tyr, die im Jenseits zu Zwergen wurden, haben die Vorstellungen über die Zwerge sehr stark beeinflußt.

376

Es gab die folgenden Zwerg-Paare in den Mythen und Sagen der Germanen, zu denen noch einige namenlose Paare hinzukommen: Dain und Thrain, Fialar und Galar, Dwalin und Dulin, Dwalin und Durin, Finnar und Ginnar, Witr und Litr, Nyi und Nidi, Nar und Nain, Nar und Nyrad, Bifur und Bafur, Fili und Kili, Skirwir und Wirwir, Gandalf und Windalf, Anarr und Hannar, Nar und Frar, Hornbori und Haugspori, Aurwang und Hläwang, Nori und Ori, Dori und Ori sowie Oin und Gloin.

Die Zwerge, die am deutlichsten zu den beiden Pferdesöhnen gehören, sind: „Regin" („Herrscher"), „Thrain" („Kampf"), „Skirwir" („reiner Mann" = „Priester"), „Wirwir" („männlicher Mann"), „Dwalin" („Schläfer" = „Toter"), „Fialar" („der im Hügelgrab"), „Galar" („der am Jenseitsfluß"), „Dain" („Toter"), „Nabbi" („gesunde Gesichtsfarbe"), „Sindri" („Asche"), „Brokk" („Metallbrocken") sowie „Dulin" („Verborgener").

Von diesen Zwergennamen sind „Regin", „Thrain", „Dwalin", „Fialar", „Dain" und „Diurnir" wahrscheinlich ursprünglich Namen des Göttervaters selber gewesen.

Insgesamt gehören 37 Zwerge zu den Pferdezwillinge – dies sind 20 Paare (einige Zwerge treten in mehreren Paaren auf).

Ahnen (21)

Die Zwerge sind ursprünglich die Geister der verstorbenen Vorfahren im Jenseits gewesen. Vermutlich wurde anfangs auch die eigene Seele zu den „Zwergen" gerechnet.

Die Zwerge leben vor allem in den Hügelgräbern – schließlich sind sie die Geister der dort bestatteten Toten.

In den Mythen der Germanen werden sie aus dem Blut („Wasser"), den Knochen („Felsen") und dem Fleisch („Erde") des Urriesen Ymir erschaffen.

21 Zwerge sind prmär hilfsbereite Ahnen. Zu ihnen gehören: „Nori" („Ahn"), „Fundin" („Fundament, Gründer"), „Nain" („Verwandter"), „Niping" („Toter"), „Reck" („Schläfer, Toter"), „Nar" („Leiche"), „Fafnir" („Gieriger"), „Hornbori" („Hornträger"), „Bruni" (Feuer"), „Nidi" („der in der Unterwelt"), „Moin" („Dunkelheit"), „Duf" („Woge"), „Loni" („Bucht"), „Nali" („Nadel"), „Nyi" („Neuer"), „Nyr" („Neuer"), „Frägr" („Ehrenhafter, Vertrauenswürdiger"), „Hepti" („Helfer"), „Haugspori" („Fußspur auf dem Hügelgrab"), „Fid" („Gefieder") und „Bömbur" („Dicker").

Die vier Himmelsträger-Zwerge (12)

Diese vier Zwerge sind vermutlich durch eine Verdoppelung der beiden Pferdesöhne entstanden.

Die Namen der vier Himmelsträger				
Sonnen-stand	*vier Zwerge, die Ymirs Schädel tragen*	*vier Hirsche unter dem Weltenbaum*	*vier Zwerge, mit denen sich Freya vereint*	*Stier-Riesen-Söhne der Gefiun*
Morgen = (Wieder-) Geburt	Austri – Östlicher	Durathror – Schlummer-Kämpfer	Berling – Bären-Mann	Stier-Riese
Mittag = Leben, Stärke	Sudri – Südlicher	Dunneir – der über das Feuer geht	Alfrigg – Alfen-König	Stier-Riese
Abend = Tod	Westri – Westlicher	Dain – Gestorbener	Grer – Grauer	Stier-Riese
Nacht = Jenseits	Nordri – Nördlicher	Dwalin – Schlafender	Dvalin – Schläfer	Stier-Riese

Insgesamt gehören 12 Zwerge zu dieser Symbolik („Dwalin" erscheint zweimal, aber „Thror" kommt noch hinzu).

Priester-Zwerge (11)

11 Zwerge tragen „Priester-Namen". Die Ursache dafür wird die Jenseitsreise sein, die den Priestern (ins Jenseits zu den Ahnen und Göttern) und den Zwergen (ins Diesseits zu ihren Nachkommen) gemeinsam ist.

Diese Zwerge sind: „Bafur" („Ekstatiker"), „Bifur" („Ekstatiker"), „Ori" („Ekstase"), „Gandalf" („Zaubergesang-Ahn"), „Frar" („Schneller, Leichtfüßiger"), „Draupnir" („Tröpfler"), „Otr" („Otter"), „Litr" („gesunde Gesichtsfarbe"), Lofar („Hymnen-Sänger"), „Thjodrerir" („Menschen-Wecker") und „Skirwir" („reiner Mann".

Gehörnte Zwerge (10)

Insgesamt 10 Zwerge sind entweder nach dem für sie bei ihrer Bestattung geopferten Herdentier benannt oder sie haben auf eine andere Weise eine enge Verbindung zu diesem Opfertier: Kili („Stoßzahn"), Dain, Dwalin, Duneyr (Dura-)Thror, Hornbori („Hornträger") und die vier gehörnten Himmelsträger-Zwerge.

starke Zwerge (9)

Um effektiv ihren Nachkommen helfen zu können, mußten die Zwerge natürlich auch stark sein.

9 Zwerge sind starke Krieger: „Raswid" („starker Krieger"), „Weig" („Starker"), „Heri" („Heer-Mann"), „Wig" („Roß, Krieger"), „Höggstari" („der den Gegner beim Zuschlagen anstarrt"), „Dolgthrasir" („erbitterter Gegner"), „Dori" („Schädiger"), „Jari" („Ruhm-Helm") und „Hlidolf" („Tor-Hund" = „Wachhund" = „Wächter").

Götter im Jenseits (8)

Da „Zwerg" ganz allgemein „Geist im Jenseits" bedeutete, konnten nicht nur der Göttervater und seine beiden Pferdesöhne als Zwerge angesehen werden, sondern auch alle anderen Götter, in deren Mythen die Jenseitsreise eine wesentliche Rolle spielt oder die aus anderen Gründen mit dem Jenseits verbunden waren.

8 Zwerge sind zusätzlich zu Tyr und seinen beiden Pferdesöhnen solche „Götter im Jenseits": „Wili" („Wille" = Loki), „Har" („Hoher" = Odin), „Hör" („Hoher" = Odin), „Eikinskjaldi" („Eichenschild"), „Wali" („Toter"), „Frosti" („Frost"), „Annar" („der andere") und „Yngvi".

Alfen-Zwerge (5)

Der Unterschied zwischen Alfen und Zwergen bestand nur in der Art des Jenseits, in dem sie sich befanden: die Alfen in der goldenen Himmelshalle des Tyr im Süden und die Zwerge in der dunklen Unterwelthalle der Hel im Norden.

Daher wurden die Namen von 5 Zwergen mit „Alf" gebildet: „Alf", „Windalf" („Wind-Alf"), „Gandalf" („Zaubergesang-Alf"), „Hläwang" („warmes Gefilde") und „Alban" („Weißer, Alf").

Dazu kommt noch der Zwergenkönig-Name „Alberich/Elberich" („Alfen-König").

weise Zwerge (4)

Von den Ahnen erwartete man Rat und Hilfe. Die Zwerge werden daher auch als weise angesehen.

4 Zwerge sind weise: „Swior" („Weiser"), „Nyrad" („neuer Rat"), „Theck" (Seher, Weiser") und „Witr" („Wissender, Weiser").

Die Handwerker-Zwerge (4)

Das Motiv der beiden Pferdesöhne, die das Schwert des Tyr neuschmieden und die magischen Gegenstände der anderen Götter herstellen, hat dazu geführt, die Zwerge generell als gute Handwerker anzusehen.

4 Zwerge sind nach ihrem Geschick im Handwerk benannt worden: „Ann" („fleißiger Arbeiter"), „Hannar" („der mit den geschickten Händen") „Skafid" („Schleifer") und „Siar" („Funken").

Met-Zwerge (3)

Der Brauer des Skaldenmets ist ein Sonderfall der „Priester-Zwerge" und der „Pferdesöhne".

Dieses Motiv spielte bei der Namensgebung eines Zwerges bzw. sowie in den Mythen von zwei weiteren Zwergen eine Rolle: „Mödwitnir" („Met-Bewahrer"), Fialar und Galar. Somit wurden 3 Zwerge deutlich mit dem Ritual-Met assoziiert.

Zwerge im Hügelgrab (2)

Lediglich 2 Zwerge sind nach ihrem „Wohnort" in den Hügelgräbern benannt worden: „Fili" („der in dem Hügelgrab") und „Fialar" („der in dem Hügelgrab"). Das Motiv des Hügelgrabes („Fels", „Berg", „hohler Berg") ist in den Mythen und Sagas jedoch weit verbreitet.

Die Übersicht auf der nächsten Seite zeigt die relative Wichtigkeit dieser dreizehn Motive, die mit den Zwergen assoziiert worden sind.

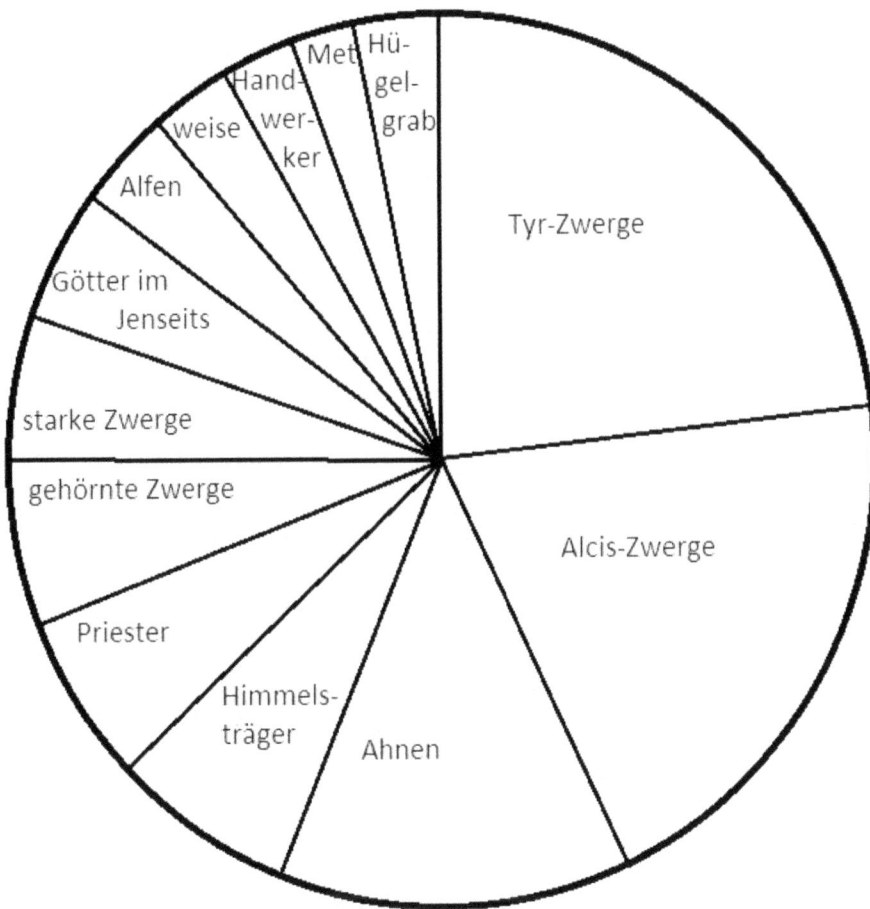

Die Zwerge sind vor allem Ahnen, wobei der ehemalige Sonnengott-Göttervater Tyr als König der Toten im Jenseits und seine beiden Alcis-Söhne die mit Abstand wichtigsten Zwerge sind.

Die folgende Übersicht zeigt, in welcher Weise sich die Vorstellungen über die Zwerge in etwa differenziert haben werden.

Die Differenzierung verläuft in der Übersicht von links nach rechts.

Ahnen	Ahnen	helfende Ahnen	weise Ahnen	weise Ahnen
				Priester-Ahnen
			starke Ahnen	
		Ahnen im Jenseits	Ahnen	Zwerge im Hügelgrab
				Zwerge in der Unterwelt
			Alfen	gehörnte Zwerge
				Alfen
	Göttervater	Göttervater	Göttervater	Göttervater
				Jenseits-Götter
			3 Söhne: Repräsentanten der 3 Stände	
		2 Pferdesöhne	2 Pferdesöhne	2 Pferdesöhne
				Schmiede, Handwerker
				Metbrauer
				Seher, Zauberer
			4 Himmelsträger	

XXI Zwerge bei den Indogermanen

1. Kelten

Die einzige deutliche indogermanische Parallele zu den germanischen Zwergen ist die Auffassung der Ahnen bei den Kelten als das „kleine Volk".

Sowohl die germanischen Zwerge („Ahnen") als auch die keltischen Ahnen werden in der nordgermanischen Überlieferung nirgendwo als „klein" bezeichnet, aber sie erscheinen in den späteren germanischen und auch in den späteren keltischen Vorstellungen stets als klein.

Der Grund dafür ist möglicherweise, daß diese Ahnen unsichtbar waren und sie sich als „kleine Wesen" leichter verstecken konnten. Wenn dies zutreffen sollte, wären die Kleinheit der Ahnen der Germanen und der Kelten eine der vielen rationalisierenden Erklärungen, die sich in der Entwicklung der Mythen zu finden.

Es wäre auch denkbar, daß sie aufgrund des Wiedergeburts-Motivs klein waren, weil sie nach der Wiedergeburt zunächst einmal „Kinder" waren. Die wiedergeborene Sonne ist in den Mythen vieler Völker dann, wenn der alte Sonnengott ein Stier und die Jenseitsgöttin eine Kuh ist, gleich nach seiner Wiedergeburt ein Kälbchen.

Der Umstand, daß es nur bei den Insel-Kelten und bei den Germanen die Vorstellung von Erdgeistern und Zwergen gegeben hat, läßt sich am einfachsten dadurch erklären, daß diese Vorstellung noch von den Menschen der Megalithkultur stammen könnte, die vor den Germanen und Kelten in Großbritannien und Westskandinavien gelebt haben.

2. Narten

Möglicherweise hat es auch bei den indogermanischen Narten im Kaukasus die Vorstellung von Zwergen gegeben, da in ihren Mythen ein „kleiner Jäger" auftritt, der den Held Chamiz in die Unterwelt einlädt, damit er dort die Tochter der Totengöttin Bzenta heiratet. Da dies jedoch die einzige Stelle ist, in der ein „kleines Wesen" erwähnt wird, ist die Annahme der Existenz von „kleinen Ahnen" bei den Narten sehr unsicher.

3. Finnen

Die Finnen gehören nicht zu den Indogermanen, aber die Germanen lebten seit ca. 1800 v.Chr. in ihrer Nachbarschaft und es gab einen regen Austausch zwischen ihnen, der auch dazu führte, daß sich ihre Mythen angeglichen haben. In der finnischen Mythologie gibt es viele Themen, die sehr stark an germanische Motive erinnern und entweder von dem Nachbarn übernommen worden oder Parallelbildungen sind.

Da sich die germanischen Themen zu einem sehr großen Teil auch bei den anderen indogermanischen Völkern finden, kann man mit einiger Wahrscheinlichkeit davon ausgehen, daß die grundlegenden Themen wie die Jenseitsreise, die sich sowohl bei den Germanen als auch bei den Finnen findet, Parallelbildungen aus einer gemeinsamen, vor-indogermanischen Wurzel sind.

Bei den spezielleren Themen muß im Einzelfall überprüft werden, ob das betreffende Thema auch von anderen indogermanischen Völkern bekannt ist – wenn dies wie bei der Unterwelt im Norden („Niflheim") der Fall ist, ist das Thema von den Germanen zu den Finnen gewandert; wenn dies nicht der Fall ist wie z.B. bei der magische Mühle („Sampo"), haben die Germanen das Thema wahrscheinlich von den Finnen übernommen.

Die Kalevala, aus der der folgende Text stammt, ist um 1849 von Elias Lönnrot verfaßt worden. Sie besteht zu ca. 85% aus traditionellen, z.T. leicht veränderten Texten der finnischen Sänger.

Kalevala 2, 1:

Nun erhob sich Wäinämöinen
Mit den Füßen zu der Fläche,
Auf zum meerumspülten Eiland,
Auf zur baumentblößten Strecke.

Weilte darauf manche Jahre,
Lebte immerwährend weiter
Auf dem wortberaubten Eiland,
Auf der baumentblößten Fläche.

Dachte nach und überlegte,
Hielt es lang' in seinem Haupte,
Wer das Land ihm wohl besäen,
Wer den Samen streuen sollte?

Pellerwoinen, Sohn der Fluren,
Sampsa ist's, der schlanke Knabe,
Der das Land ihm gut besäen,
Der den Samen streuen konnte.

Er besä't das Land gar fleißig,
Wie das Land, so auch die Sümpfe,
Wie der Haine lockern Boden,
So die festen stein'gen Flächen.

Tannen sät er auf die Berge,
Fichten sät er auf die Hügel,
Heidekraut gibt er der Heide,
Zarte Schößlinge den Tälern.

Birken pflanzt er in die Brüche,
Erlen in die lockre Erde,
Feuchtes Land bekommt der Faulbaum,
Weichen Boden auch die Weide,
Heil'gen Ort die Sperberbäume,
Wasserland die Wasserweide,
Schlechten Boden der Wachholder,
Stromesufer Eichenbäume.

Hier wird der Sperberbaum, der ein sehr naher Verwandter der Eberesche ist, „heilig" genannt, was der Stellung der Eberesche bei den Germanen entspricht.

Höher wuchsen schon die Bäume,
Schon erstanden junge Sprossen,
Fichten mit den Blütenwipfeln,
In die Breite wuchsen Föhren,
Birken stiegen in den Brüchen,
Erlen in der lockern Erde,
In dem feuchten Land der Faulbaum,
Schlechtgebettet der Wacholder,
Schöne Beeren am Wacholder,
Gute Frucht am Faulbeerbaume.
Wäinämöinen alt und wahrhaft
Macht sich auf um zuzuschauen,
Wie des Sampsa Saat geraten,

Wie die Arbeit Pellerwoinen's;
Sah die Bäume sich erheben,
Junge Sprossen munter wachsen,
Nur die Eiche will nicht keimen,
Wurzeln nicht der Baum des Höchsten.

Die Eiche scheint der Baum des Göttervaters zu sein.

Ließ die Böse in der Freiheit
Ihres eignen Glücks genießen,
Wartet annoch drei der Nächte,
Wartet eben soviel Tage,
Ging dann hin um zuzuschauen,
Als die Woche hingeschwunden;
Wachsen wollte nicht die Eiche,
Wurzeln nicht der Baum des Höchsten.

Schaute dann der Mädchen viere,
Ja gar fünf der Wasserbräute
Auf dem weichen Wiesenboden,
Auf dem feuchtbetauten Grase,
Auf der nebelreichen Spitze,
Auf des Eilands wald'gem Ende.
Harkten da, was sie gemähet,
Zogen alles dann in Schwaden.

Aus dem Meere stieg ein Riese,
Stieg ein starker Held nach oben,
Drückt die Gräser, daß sie brennen,
Sie sich lichterloh entflammen,
Bis in Asche sie zergehen,
Bis sie ganz und gar verglühen.

Dort nun stand der Aschenhaufen,
Dort die Masse trocknen Staubes,
Dahin tat ein Blatt voll Zärte,
Mit dem Blatt er eine Eichel,
Draus erwuchs die schöne Pflanze,
Stieg der schlanke Sproß voll Frische
Aus dem beerenreichen Boden,

Aus dem neugeharkten Lande.

Breitet aus die vielen Äste,
Bauschet sich mit seiner Krone,
Hebt den Wipfel bis zum Himmel,
Weit hinaus dehnt sie die Zweige,
Hält die Wolken auf im Laufe,
Läßt die Wölkchen selbst nicht ziehen,
Gönnt der Sonne nicht zu strahlen,
Gönnt dem Monde nicht zu leuchten.

Die Eiche ist hier der riesige Weltenbaum. Sie scheint hier jedoch feindlich gesonnen zu sein, da sie die Sonne am Scheinen hindert. Dies wird vermutlich ein relativ junges Motiv sein.

Wäinämöinen alt und wahrhaft
Dachte nach und überlegte:
Könnte man den Stamm doch stürzen,
Diesen schlanken Baum hier fällen!
Traurig ist der Menschen Leben,
Seltsam ist des Fisches Schwimmen,
Wenn ihm nicht die Sonne scheinet,
Nicht das liebe Mondlicht leuchtet.

Nirgends gab es einen Helden,
Nirgends einen solchen Riesen,
Der den Eichenstamm ihm fällte
Und der Eiche hundert Wipfel.

Wäinämöinen alt und wahrhaft
Sprach dann selber diese Worte:
„Mutter, die Du mich getragen,
Schöpfungstochter, die mich nährte!
Leihe mir des Wassers Kräfte,
(Viel der Kräfte sind im Wasser),
Diese Eiche umzustürzen,
Auszurotten ihre Bosheit,
Daß die Sonne wieder scheine,
Daß das liebe Mondlicht leuchte."

Stieg ein Mann da aus dem Meere,
Hob ein Held sich aus den Wogen,
Nicht gehört er zu den größten,
Keineswegs auch zu den kleinsten:
Lang gleich einem Männerdaumen,
Hoch wie eine Weiberspanne.

Kupfern war des Mannes Mütze,
Kupfern an dem Fuß die Stiefel,
Kupfern an der Hand die Handschuh,
Kupfern ihre bunten Streifen,
Kupfern war am Leib der Gürtel,
Kupfern war das Beil im Gürtel,
Daumenslänge hat der Beilschaft,
Seine Schneide Nagels Höhe.

Wäinämöinen alt und wahrhaft
Dachte nach und überlegte:
„Hat das Ausseh'n eines Mannes,
Hat das Wesen eines Helden,
Doch die Länge eines Daumens,
Kaum die Höh' des Rinderhufes."

Redet' darauf diese Worte,
Ließ sich selber also hören:
„Scheinest mir der Männer rechter,
Und der Helden jämmerlichster,
Besser kaum als ein Verstorbner,
Schöner kaum als ein Verkomm'ner."

Sprach der kleine Mann vom Meere,
Antwort gab der Held der Fluten:
„Bin gar wohl ein Mann, wenn einer
Von dem Heldenvolk im Wasser,
Komme um den Stamm zu fällen,
Um den Baum hier zu zertrümmern."

Wäinämöinen alt und wahrhaft
Redet selber diese Worte:
„Nimmer hast Du solche Kräfte,

Nimmer ist es Dir gegeben,
Diesen großen Stamm zu stürzen,
Diesen Wunderbaum zu fällen."

Konnte kaum noch dieses sagen,
Kaum den Blick auf ihn noch lenken,
Als der Mann sich rasch verwandelt
Und zu einem Riesen wurde,
Schleppt die Füße auf der Erde,
Mit dem Haupt hält er die Wolken,
Über's Knie reicht ihm der Bartschmuck,
An die Fersen seine Haare,
Klafterweit sind seine Augen,
Klafterbreit steh'n ihm die Beine,
Anderthalb der Klafter haben
Seine Knie' und zwei das Hüftbein.

Wetzte hin und her das Eisen,
Strich behend die ebne Schneide
Mit sechs harten Kieselsteinen
Und mit sieben Schleifstein-Enden.

Fängt dann hastig an zu schreiten,
Hebt behende seine Beine
Mit den überbreiten Hosen,
Die gar weit im Winde flattern,
Schwankt mit seinem ersten Schritte
Hin auf lockern Sandesboden,
Taumelt mit dem zweiten Schritte
Hin auf Land von dunkler Farbe,
Mit dem dritten Schritte endlich
Tritt er an der Eiche Wurzeln.

Haut den Baum mit seinem Beile,
Schlägt ihn mit der ebnen Schneide,
Einmal haut er, haut das zweite,
Schon zum dritten Male schlägt er,
Funken sprühen aus dem Beile,
Feuer fliehet aus der Eiche,
Will die Eiche niederwerfen,

Will den mächt'gen Baumstamm beugen.

Endlich bei dem dritten Male
Konnte er die Eiche fällen,
Brechen den gewalt'gen Baumstamm
Und die hundert Wipfeln senken;
Streckt der Eiche Stamm nach Osten,
Wirft die Wipfel hin nach Westen,
Schleuderte das Laub nach Süden,
Und die Äste nach dem Norden.

Die drei Axtschläge erinnern an die drei Wurzeln des Yggdrasil.

Wer dort einen Zweig genommen,
Der gewann sich ew'ge Wohlfahrt,
Wer den Wipfel an sich brachte,
Hatte ew'ge Zauberkunde,
Wer vom Laube 'was geschnitten,
Ward beständ'ger Wonne inne.
Was von Spänen ausgestreuet,
Was von Splittern fortgeflogen
Auf den klaren Meeresrücken,
Auf den flachen Wellenspiegel,
Ward vom Winde dort gewieget,
Von den Wellen dort beweget
Wie ein Boot im Wasserspiegel,
Wie ein Schiff in Meeresfluten.

Der Weltenbaum steckt offensichtlich voller Magie.

Nach dem Nordland trugen's Winde,
Nordlands schlankgewachsne Jungfrau
Spülte ihren weiten Kopfputz,
Spült' und klopfte ihre Kleider
Auf des Strandes Wassersteinen,
Auf des Landes langer Spitze.

Das Nordland der Finnen ist wie das Niflheim im Norden der Germanen die Unterwelt.

Sah die Späne in den Fluten,
Sammelt sie in ihren Ranzen,
Trägt im Ranzen sie nach Hause,
Nach dem Hof im langberiemten,
Daß der Zaub'rer daraus Pfeile,
Waffen sich der Schütze schaffe.

Als die Eiche nun gefället,
Als gebeugt der stolze Baumstamm,
Konnt' die Sonne wieder scheinen,
Konnt' das liebe Mondlicht leuchten,
Weit die Wolken sich verbreiten,
Wölben sich des Himmels Bogen
Auf der nebelreichen Spitze,
Auf des Eilands wald'gen Ufern.

Schön erhoben sich die Haine,
Ganz nach Wunsche wuchsen Wälder,
Baumesblätter, Erdenkräuter,
Vögel sangen in den Bäumen,
Lustig lärmten heitre Drosseln
Und der Kuckuck ließ sich hören.

Beeren wuchsen aus dem Boden,
Goldne Blumen auf den Fluren,
Kräuter mancher Art entstanden
Und Gewächse jeder Weise;
Nur die Gerste wollte noch nicht,
Nicht die schöne Saat gedeihen.

Wäinämöinen alt und wahrhaft
Gehet hin und überleget
An dem Strand des blauen Meeres,
An des mächt'gen Wassers Rande;
Fand daselbst der Körner sechse,
Sieben schöne Samenkörner
An dem Strand des großen Meeres,
In dem lockern, sand'gen Lande,
Barg sie in dem Marderfelle,
In des Sommereichhorns Beinhaut.

Ging den Boden zu besäen,
Ging den Samen auszustreuen
An den Rand des Kalewbrunnens
An den Saum des Osmofeldes.

Sieh, da lärmt vom Baum die Meise:
„Nicht gedeihet Osmo's Gerste,
Nicht der Hafer von Kalewa,
Wird der Boden nicht bereitet,
Wird die Waldung nicht gelichtet,
Nicht mit Feuer gut gesenget."

Wäinämöinen alt und wahrhaft
Ließ ein scharfes Beil sich machen,
Fing die Waldung an zu fällen
Und den Hain mit Kraft zu schwenden,
Fällte Bäume aller Weise,
Ließ nur eine Birke stehen
Als ein Ruheplatz den Vögeln,
Wo der Kuckuck rufen könnte.

Her vom Himmel kam ein Adler,
Kam geflogen durch die Lüfte,
Kam die Sache anzuschauen:
„Weshalb ward denn so gelassen
Diese Birke unbeschadet,
Nicht der schlanke Baum gefället?"

Wäinämöinen gab zur Antwort:
„Deshalb ward sie so gelassen,
Daß die Vögel auf ihr ruhten,
Daß des Himmels Aar hier säße."

Sprach der Aar, des Himmels Vogel:
„Gut gewiß ist Deine Sorge,
Daß die Birke Du gelassen,
Daß der schlanke Baum geblieben
Als ein Ruheplatz den Vögeln,
Daß ich selber hieselbst sitze."

Feuer schlug der Lüfte Vogel
Und verbreitet rasch die Flamme,
Bald versengt den Busch der Nordwind,
Nordost setzte ihn in Asche,
Brannte alle Bäume nieder,
Bis in Staub sie ganz zergingen.

Dieser „Feuervogel"-Adler ist vermutlich wie der Adler-Seelenvogel des Tyr auch die Sonne selber. Auch in der Kalevala sitzt der Adler auf einem „besonderen Baum".

Wäinämöinen alt und wahrhaft
Holt hervor der Körner sechse,
Holt die sieben Samenkörner
Aus dem Mardersack behende,
Aus der Haut des Sommereichhorns,
Aus dem Sommerfell des Iltis.

Ging sodann das Land besäen,
Ging den Samen auszustreuen,
Redet selber diese Worte:
„Werfe jetzo diesen Samen
Durch des Schöpfers Fingerspalten,
Mit der Hand des Machterfüllten
Hin auf dieses Land zu wachsen,
Aus dem Boden hier zu sprossen."

„Alte, die Du unten weilest,
Erdenmutter, Flurengöttin,
Bring' den Rasen nun zum Drängen,
Bring' die Erde Du zum Treiben;
Nimmer wird die Kraft der Erde,
Nimmer ihre Macht je fehlen,
Wenn die Geberinnen Gnade,
Huld der Schöpfung Töchter leihen."

„Steig, o Erde, auf vom Schlafe,
Von dem Schlummer, Land des Schöpfers,
Laß die Halme sich erheben,
Laß die Stengel auf sich richten
Tausend Ähren auferstehen,

Hundertfach sie sich verbreiten
Durch mein Ackern, durch mein Säen,
Da ich also mich bemühe!"
„Ukko, Du, o Gott dort oben,
Du, o Vater in dem Himmel,
Der Du in den Wolken waltest
Und die Wölklein alle lenkest!
Halte Rat, Du in der Wolke,
Guten Rat, Du in den Lüften,
Schick' aus Osten eine Wolke,
Laß aus Nordost sie erscheinen,
Sende andre her von Westen,
Schneller welche aus dem Süden,
Sende Regen von dem Himmel,
Laß die Wolken Honig träufeln,
Daß die Ähren sich erheben,
Daß die Saaten munter rauschen."

Ukko, er, der Gott dort oben,
Er, der Vater in dem Himmel,
Hielt nun Rat im Wolkenraume,
Guten Rat im Raum der Lüfte,
Schickt' von Osten eine Wolke,
Ließ in Nordwest eine steigen,
Sandte eine aus dem Westen,
Früher eine aus dem Süden,
Fügt die Säume an einander,
Stößt die Seiten rasch zusammen,
Sendet Regen von dem Himmel,
Tröpfelt Honig aus den Wolken,
Daß die Ähren sich erhoben,
Daß die Saaten munter rauschten;
Es erhoben sich die Halme,
Es erstanden farb'ge Ähren
Aus der Erde weichem Boden
Durch die Mühe Wäinämöinen's.

Es verging der Tage nächster,
Zwei, ja drei der Nächte schwanden;
Als die Woche abgelaufen,

Geht der alte Wäinämöinen
Hin zur Saat um nachzusehen,
Wie sein Ackern, wie sein Säen,
Wie die Arbeit wohl gediehen;
Sieh, es wuchs die Saat nach Wunsche,
Ähren gab es mit sechs Kanten,
Halme fand er mit drei Knoten.
Wäinämöinen alt und wahrhaft
Schaute um sich, wandt' die Blicke,
Sieh, da kam des Frühlings Kuckuck
Und erblickt' die schlanke Birke:
„Weshalb ward denn so gelassen
Unbeschadet diese Birke?"

Sprach der alte Wäinämöinen:
„Deshalb ist sie hier gelassen,
Diese Birke, daß sie wachse,
Dir ein Platz zum muntern Singen;
Rufe hier, o lieber Kuckuck,
Singe schön aus weicher Kehle,
Singe hell mit Silberstimme,
Singe klar mit Zinnesklange,
Rufe Morgens, rufe Abends,
Rufe um die Mittagsstunde,
Zum Gedeihen dieser Stätte,
Zu des Waldes besserm Wachstum,
Zu des Strandes größerm Reichtum,
Zu der Raine Kornesfülle."

3. Zusammenfassung

Zwerge sind nur von den Kelten und den Germanen bekannt sowie möglicherweise noch von den Narten im Kaukasus. Die Finnen haben das Zwergen-Motiv vermutlich von den Germanen übernommen.

XXII Zwerge bei anderen Völkern

1. Sibirien

In Ostsibirien gibt es die Vorstellung von „kleinen Ahnen", die bisweilen aus Holz geschnitzt werden.

2. Hawaii

Dasselbe Motiv gibt es auch in Hawaii, wobei sich diese hölzernen „Ahnen-Kinder" stilistisch nicht allzuviel von den sibirischen Zwergen unterscheiden – was allerdings auch an ihrer Herstellung aus relativ dünnen, kurzen Holzstämmen liegen kann.

3. Zusammenfassung

Zwerge sind außer von den Kelten und den Germanen sowie möglicherweise noch von den Narten im Kaukasus sowie sekundär von den Finnen nur noch aus Ostsibirien und aus Hawaii bekannt.

Bei einem großen Teil der „Ahnenstäbe" und der kleineren Totempfähle insbesondere in Asien, Amerika und Ozeanien läßt sich nicht genau sagen, ob man sich die Ahnen als normalgroß oder als klein vorgestellt hat (siehe auch mein Buch „Totempfähle").

Es ist denkbar, daß die „Ahnen-Kinder" ein Motiv sind, das so alt wie die Vorstellungen über die Wiedergeburt ist und daher bis mindestens in die späte Altsteinzeit (ca. 50.000 v.Chr.) zurückreicht, aber es ist genausogut möglich, daß sich dieses Motiv erst später unabhängig voneinander an mehreren Stellen gebildet hat – wobei eine dreifache Bildung in Westeuropa (und im Kaukasus), in Ostsibirien und auf Hawaii schon recht auffällig wäre.

XXIII   Biographie der Zwerge

Die Vorstellung von Ahnengeistern als Zwerge ist möglicherweise schon in der späten Altsteinzeit entstanden: Die gerade erst wiedergeborenen Ahnen sind zunächst einmal kleine Kinder gewesen.

Da sich diese Vorstellung bei den Indogermanen nur bei den Kelten und bei den Germanen findet sowie in einer recht jungen Mythen-Niederschrift auch bei den zu den Persern gehörenden Narten im Kaukasus, könnte es sein, daß die Kelten und Germanen das Zwergen-Motiv von den Menschen der Megalithkultur übernommen haben, die sie in der Bretagne in Großbritannien und in Skandinavien vorgefunden haben, als sie sich in diesen Bereiche niedergelassen haben. Allerdings gibt es keine direkten Nachweise dafür, daß sich die Menschen der Megalithkultur ihre im Jenseits wiedergeborenen Ahnen als Kinder vorgestellt haben.

Bei den Germanen sind die Zwerge so gut wie alle männlich – bei den Kelten ist dies nicht so eindeutig, da dort meistens generell von dem „kleinen Volk" die Rede ist.

Das Motiv der bärtigen, kleinen Zwerge findet sich nur bei den Germanen. Sie sind klein, weil sie nach ihrer Wiedergeburt zunächst noch Kinder sind, und sie sind bärtig, weil sie als Ahnengeister schon sehr alt sind.

Als Bild für die hilfreichen Ahnen hat sich das Zwergen-Motiv bis heute halten können, wobei es als Gartenzwerg verflacht, als Schlümpfe verniedlicht oder als Fantasy-Wesen meist heroisch umgedeutet worden ist.

XXIV   Das Aussehen der Zwerge

Über das Aussehen der Zwerge ist kaum etwas bekannt.

Die ersten bildlichen Darstellungen bei den Nordgermanen stammen von ca. 1100 n.Chr.: Sigurd tötet Regin – wobei Regin genausogroß wie Sigurd ist und anscheinend nicht als „kleiner Zwerg" aufgefaßt wurde.

Die erste nordgermanische Textstelle, an der ein Zwerg zumindestens indirekt als 'klein' bezeichnet wird, findet sich in der Saga über Norna-Gest, die um ca. 1300 n.Chr. niedergeschrieben worden ist: *„Zu derselben Zeit kam auch Regin Hreidmar-Sohn zu König Hjalprek. Er war der geschickteste der Männer, aber ein Zwerg von Größe, ein weiser Mann, aber ernst und geübt in der Magie."*

Die erste bildliche Darstellung eines Zwerges bei den Südgermanen stammt von 1400 n.Chr.: der Zwergenkönig Albewin auf Schloß Runkelstein. Dieser Zwergen-könig und die beiden ihn begleitenden Zwerge sehen aus wie kleine Menschen, aber haben ansonsten keine besonderen Merkmale.

In neuerer Zeit sind die Zwerge stets klein und haben einen Bart und eine Zipfel-mütze. Dieselbe Mütze, nur aus etwas steiferem Stoff tragen auch die kleinen Sta-tuetten des Freyr und des Thor aus Skandinavien und Island. Diese „Zwergen-Mütze" scheint somit ein altes Motiv zu sein.

Die Zwerge sind Schmiede, Handwerker, Krieger und Könige und werden daher auch die entsprechende Kleidung getragen haben.

Ihre Wohnung ist ein Berg oder ein Bergwerk, die ursprünglich die Grabkammer in einem Hügelgrab gewesen sind.

In den Liedern und Mythen wird das Aussehen der Zwerge nirgendwo näher beschrieben – vermutlich weil man sie sich wie ganz normale, aber kleine Menschen vorgestellt hat.

XXV   Hymne an die Zwerge

Die folgenden Verse sind kein traditionelles Lied, sondern eine Neudichtung, die die Betrachtungen über die Zwerge „auf germanische Weise" zusammenfassen soll.

Die Strophen können zur Vorbereitung auf Meditationen oder für Rituale verwendet werden, wofür sie jedoch dem eigenen Stil entsprechend umgeschrieben, gekürzt oder erweitert werden sollten – solche Verse sind nur dann wirkungsvoll, wenn sie mit der eigenen Ansicht und Absicht übereinstimmen.

1.   An die Zwerge

Ich stehe vor den hohen Hügeln,
hier an euren Gräbern;
Ich rufe meine alten Ahnen,
alle bitte ich zu kommen.

Das Utiseta-Feuer[1] flammt,
Funken stieben auf,
fliegen in der Nacht nach Norden:
Niflheim, öffne Deine Tore!

Schließt auf das Tor des Seelenweges[2],
schiebt den Felsen zur Seite,
gebt die Tür des Grabes frei,
Grüfte, öffnet euch!

> *Kommt meine Ahnen, kommt zu mir,*
> *kommt herbei, kommt aus euren Hügeln!*
> *Ich brauche Rat, ich brauche Hilfe,*
> *Ich will euch sehen, ich will euch sprechen!*

---

1   Utiseta = „Draußensitzen" = Totenbeschwörung am Hügelgrab (das Feuer ist kein traditioneller Bestandteil dieser Zeremonie)
2   Öndvegissula = „Seelenwegtor" = Jenseitstor = das Säulenpaar mit dem Querbalken oben auf ihnen, das am Tempeleingang und hinter dem Hochsitz des Fürsten steht und das in der Bestattungszeremonie benutzt wurde

Naht euch als Alfen, naht euch als Zwerge,
Naht euch als Trolle, naht euch als Geister –
welche Form ihr wollt, welchen Weg ihr wählt,
was ihr auch bringt – seid willkommen!

Hügelhaus-Bewohner, helft mir!
Heilt mich, laßt mich genesen!
Felsengrab-Fürsten, fördert mich!
Für eine gute Arbeit habe ich euch gerufen!

Niflheim-Kenner, nehmt meine Not!
Niemals soll Leid meine Sippe peinigen!
Höhlen-Behauser, bringt mir Heil!
Holt Liebe in mein Leben!

> *Kommt meine Ahnen, kommt zu mir,*
> *kommt herbei, kommt aus euren Hügeln!*
> *Ich brauche Rat, ich brauche Hilfe,*
> *Ich will euch sehen, ich will euch sprechen!*

Alcis-Zwerge, ihr edlen Schimmel,
ihr erhebt euch am Morgen am Himmel,
zieht den Wagen der Sonne zum Zenit empor,
zu euch rufe ich, bringt Weisheit für mich hervor!

Tyr, goldener Thrym[3], starker Thorn[4],
Thundr[5], gibt mir Kraft, lösche meinen Zorn!
Wecke das Feuer[6] in mir, Windkald[7],
führe mich durch den finstren Wald!

Austri, Sudri, Westri, Nordri, hört!
Beruhigt und heilt alles, was stört!
Laßt mein Leben in der rechten Weise fließen,
Himmelsträger – laßt mich mein Leben genießen!

---

3   Thrym = Beiname des Tyr
4   Thorn = Beiname des Tyr
5   Thundr = Beiname des Tyr
6   Feuer in mir = inneres Feuer = Kundalini
7   Windkald = Beiname des Tyr

XXVI Traumreise zu den Zwergen

Bei einer Traumreise ist man gleichzeitig im Wachbewußtsein und im Traumbe-
wußtsein – wie morgens, wenn man nachdem Aufwachen noch ein paar Sekunden
weiterträumt, oder wie tagsüber bei einem lebhaften Tagtraum.

*Ein tiefer Seufzer ... ich lasse los und komme ganz im Hier und Jetzt an ... und
richte meine Aufmerksamkeit nach innen ...*

*„Hallo ihr Zwerge – ich möchte euch besser kennenlernen. ... Könnt ihr mir sagen,
wie ich das am besten mache? Wie ich zu euch komme?“*

„Komm.“

„Und wie?“

„Komm einfach.“

„Hm – na, gut.“

...

*Hm ... es ist dunkel, ich bin unter der Erde, es ist ein bißchen kühl, ein bißchen
feucht, es ist schwarze Erde ... hm, sandiger Torf, würde ich sagen ... ... da gibt es
so etwas wie einen Gang ... der Boden ist ganz gerade und die Seiten links und rechts
sind wie ... sind in einem rechten Winkel ... also, wie in einem Haus ... es sind auch
ganz gerade Mauern ... die Decke ... weiß ich nicht genau ... es ist eine ... hm ...
also, eigentlich denke ich, es müßten ja Steine oder Balken sein ... ich kann's nicht
richtig wahrnehmen ...*

„Geh' weiter.“

„O.k.“

*Da ist eine Stelle matschig, da ist ein bißchen Wasser auf dem Boden ... der Gang
wendet sich ein bißchen nach links und dann wieder nach rechts ...*

„Geh' weiter.“

„O.k.“

*Jetzt mit den Füßen durch das Wasser ... ich merke, daß ich barfuß laufe ... hm,
naja, vielleicht, weil ich gerade barfuß spazieren gegangen bin ...*

„Denk nicht nach über diesen Kram – geh' weiter.“

„Hm ... na, gut.“

*Also, diese Stimme kommt von irgendwo vorne ... ich kann aber nicht sehen, von
wem ...*

... ...

Da ändert sich was ... Was ist das?

Tiefer Seufzer ...

Die Mauern sind wie ... geschichtete Steine ... es sind aber runde Steine – so wie man sie in großen Flüssen findet ... das sind große Steine ... eigentlich können die garnicht aufeinander halten – so wie die da liegen ... aber sie halten ... ...

Da ist so etwas wie ein Übergang, eine Sperre ... die ist nicht senkrecht vor mir, sondern ... die beginnt bei meinen Füßen und geht dann schräg nach oben von mir weg (so als ob ich in einen flachen Hügel eintreten würde und dessen Oberfläche die Sperre wäre).

...

So ... hm ... ja ... eine flach liegende Sperre ...
„Wo geht's weiter?"
„Geradeaus."
„Ah – o.k."
Ehm ... was ist das für 'ne Sperre?"
... ...
„Das ist der Eingang zum Hügelgrab."
...
„Was muß ich tun ... damit ich da weitergehen kann?"
...
„Leg' Deine Hand darauf."
...
„O.k. – ich lege meine Hand auf diese unsichtbare Sperre."
... ...
Und ich weiß auf einmal, was ich tun muß – ich sage: „Ich bin bereit."
...
„Dann komm'!"
...

Ich schlüpfe da durch oder falle da durch ... ich bin auf einmal nur noch Bewußtsein ohne Körper ... so wie wenn ich bei einer Heilung mit meinem Bewußtsein in jemand anderen hinüberwechsle ...

... ...
„Hm ..."
... ...
Der Gang geht weiter ...
„Hier ist ein Druck drinnen ... Was ist das für ein Druck?"
...
„Du bist im Jenseits."
„Und da gibt es diesen Druck?"
...
Keine Antwort ...
„Hm ... Druck, was bist Du?"
...

„Geh' weiter – Du wirst es noch verstehen."

...

„Gut."

...

Da ist eine Steinplatte – diesmal senkrecht. ... Das ist wohl der Eingang zur Grabkammer.

...

„Hm ... Felsplatte?"

...

„Ja?"

...

„Ich möchte gerne weitergehen – was muß ich tun?"

...

„Nun – was ist es?"

... ...

Ich spüre in den Felsen und in die Situation hinein, um die Antwort zu finden ...

...

Ich lege wieder meine ... ja, beide Hände auf diesen Felsen, diese Felsplatte ... Irgendwie sind das garnicht meine richtigen Hände – es ist ein bißchen wie ... hm ... wie meine vor mir schwebenden Handchakren ... das fühlt sich ein bißchen merkwürdig an ... ich lege sie gegen den Felsen ...
„Ich bin bereit."

...

Ich werde durch den Felsen gesogen ... dahinter ist es richtig schwarz ... es ist, als würde ich ... wie in Schwärze schweben ... ...
Seufzer ...
„Bin ich jetzt hier, wo die Zwerge sind?"

...

„Ja."

...

„Ich würde euch gerne sehen."

... ...

Es entsteht ein diffuses Licht ... wie man das auf Traumreisen manchmal hat ... also so wie ein Licht-Nebel, der alles erfüllt ... der keine Quelle hat, aber ... der bewirkt, daß man die Dinge ... schemenhaft sehen kann ...
Ich sehe in der Ecke links vorne ein hölzernes Gestell. Darauf liegt ein Gerippe ... mit Kleidung und ... Helm ... und da liegt ein Schwert ... ...
„Hm ... ich würde gerne euch Zwerge sehen."
„Dann dreh' Dich um."
Ich drehe mich um.

„Oh!"

... ...

Seufzer ...

... ...

Es ist seltsam, daß es so schwer zu erkennen ist, wieviele Zwerge da sind.

...

„Das ist nicht das Wesentliche."

„O.k."

Ich konzentriere mich auf einen der Zwerge – das ist schon besser. ... Wenn ich mich im Schneidersitz hinsetze, bin ich ungefähr so groß wie dieser Zwerg.

Er hat einen langen Bart ... ziemlich feste Kleidung ... wie für den Winter ... und er hat einen Helm ...

... ...

„Bist Du der Totengeist von diesem Mann, der da liegt?"

...

„Nein. ... Das ist jemand anderes."

...

„Warum bin ich gerade in diesem Hügelgrab?"

...

„Das tut nichts zur Sache. Das ist nicht von Bedeutung. ... Das war der einfachste Weg, der gerade da war."

...

„Darf ich fragen, wer Du bist?"

...

„Naïn."

...

„Also Naïn – das heißt jetzt wohl einfach 'Zwerg', oder?"

Er lacht ein bißchen und antwortet: „Genau – aber es klingt nach einem Eigennamen."

... ...

„Sehe ich das richtig, daß ihr die Totengeister seid?"

...

„Ja."

... ...

„Ich habe wie wortlos gehört, daß ihr noch mehr seid als nur das – stimmt das?"

„Wir waren am Anfang die Totengeister ... und das ist auch das, was wir im Wesentlichen noch sind ... aber Du hast ja schon selber gesehen in Deinem Buch ... daß Tyr im Jenseits und seine beiden Alcis-Söhne ... die Vorstellungen über die Zwerge ... sehr stark geprägt haben."

... ...

„Ja, das hab' ich gesehen. ... Heißt das, daß ihr Helfer der Menschen geworden seid ... aber garnicht mehr ... so ganz konkret ... ja ... der verstorbene Großvater von jemandem seid?"

...

„Das trifft zum Teil zu. ... Die ganzen Zwerge, die Namen haben ... und die zu bestimmten Burgen gehören und so ... die sind mehr als die persönlichen Ahnen."

...

„Seid ihr so etwas wie die guten Geister und Helfer ... eines Volkes oder einer Sippe oder eines Stammes?"

...

„So könnte man das nennen."

...

„Hm ... also so ... ... so wie die Seele eines Menschen sein Schutzgeist und sein Schutzengel ist ... so seid ihr sozusagen die Schutzgeister einer Sippe oder eines Stammes?"

...

„So ungefähr."

...

„Seid ihr eigentlich dasselbe wie die Pukis, wie die Landgeister?"
„Nein."

...

„Wo ist denn der Unterschied?"

... ...

„Die Landgeister sind vor allem mit dem Land verbunden. Die Zwerge sind mit den Sippen verbunden. ... ... Aber es stimmt natürlich, daß die Landgeister ... ihren Ursprung in den Ahnen haben ... die in der Erde begraben liegen. ... Aber zur Zeit der Germanen, also zur Zeit der historischen Überlieferung, so ab 700 n.Chr. ... da ist das klar unterschieden."

...

„Hm ... gibt es etwas in meinem Buch, was ich grundlegend verkehrt verstanden habe oder etwas, was Du noch ergänzen möchtest?"

... ...

„Die Zwerge haben mehr eigenen Willen als Du das dargestellt hast."

... ...

„Ja, das stimmt ... ich sehe die relativ passiv."

... ...

„Und ... was ist das, was ihr wollt?"

... ...

„Das Gedeihen unserer Nachkommen."

... ...

„Ist Walhalla ein neues Jenseitsbild? Gehört das zu Odin?"

...

„Das gab es auch vorher. Da waren es die Alfen bei Tyr. ... Aber der Charakter war etwas anders. Das waren nicht primär Krieger."

...

„Was passiert eigentlich mit den Frauen, wenn die ins Jenseits kommen?"

... ...

„Nun – die Seelen gehen genau dahin, wo wir sind. ... Da gibt es keinen Unterschied."

...

„Und die Wiederzeugung und die Wiedergeburt?"

...

„Das sind Bilder für die Ankunft im Jenseits. Das sind keine tatsächlichen Vorgänge im Jenseits."

...

„Aber das Tantra, das darauf beruht ... das funktioniert doch."

„Das funktioniert, weil es in den Menschen die innere Frau und den inneren Mann gibt ... nicht weil es die Wiederzeugung gibt."

„Das verstehe ich. ... Hm ... gibt es etwas, was Du mir sagen oder zeigen möchtest?"

...

„Komm' mit!"

...

„O.k."

...

Ich folge ihm ... da geht ein Gang ... leicht abwärts in die Erde ... ... Da ich keinen richtigen Körper habe, kann ich mich sozusagen auf Zwergengröße schrumpfen ... und ihnen folgen, also dem Naïn ... und den drei oder vier anderen Zwergen, die bei ihm sind ...

Da unten wird es heller ... wir kommen in einen großen ... Raum, das ist eine Höhle ... mit flachem Boden ... und gewölbter Decke (wie eine Halbkugel) ... in der Mitte ist ein ... Ist das ein Feuer? ... Ne, das ist einfach wie ein goldenes Licht, das da in der Mitte ist. ... Das strahlt wie ... wie so 'ne Sonne ... obwohl ich nur das Licht sehen kann – nicht die Kugel.

...

Ich gehe ein bißchen schneller, damit ich wieder neben Naïn komme.

... ...

Hier sind noch mehr Zwerge – die machen irgendwas, aber ich sehe nicht so recht, was ...

Sehr tiefer Seufzer ...

Als würden sie große, dicke Holzbretter bearbeiten oder ... Dinge tragen ...

... ...

Naïn geht zu einem Felsen, der da liegt ... und er nimmt einen goldenen Ring, der auf dem Felsen liegt und zeigt ihn mir.

... ...

Ich halte die Hand auf und er legt mir den Ring in meine Hand.

...

Hm ... ich habe ja schon magische Ringe hergestellt und ... ja, habe heftige Dinge damit erlebt – deshalb bin ich da jetzt ein bißchen vorsichtig. ... Ich spüre in diesen Ring hinein ...

... ...

Es ist Kraft da drinnen ... die Kraft ist sanft ... es ist Wärme und Leuchten ... es hat was von der Sonne ...

„Ist das Draupnir?"

„Ja, das ist Draupnir."

„Hm ... was geschieht eigentlich, wenn ich den anziehe, an meinen Finger stecke? Ist das ... o.k., wenn ich das versuche?"

... ...

Sehr tiefer Seufzer ...

...

Es kommt keine Antwort ... er wird irgendwie stumm ... oder er wird irgendwie ... steif oder versteinert ...

„Möchtest Du den Ring wiederhaben?"

...

Hm, ich halte ihm den Ring hin ... Hm ... das verstehe ich jetzt nicht – Naïn ist jetzt wie Stein ... die anderen, also die drei Zwerge bei ihm ... die stehen still da .. die anderen Zwerge hier unten bewegen sich ... ... Er hat seine Hand nicht ausgestreckt, nein ... ich lege ihm den Ring auf die Schulter ... ... Da bewegt er sich wieder und nimmt den Ring in die Hand.

...

„Was bedeutet dieser Ring? Ist dieser Ring ... ist das Dein Leben?"

... ...

Seufzer ...

...

„Kannst Du mir sagen, warum Du schweigst?"

... ...

Naïn: „Versuche es zu verstehen."

...

„Also: Du zeigst mir einen Ring ... es ist Draupnir ... er fühlt sich an wie Sonnenkraft, wie Herzchakra ... also wie ein leuchtends Herzchakra ... Wenn Du mir den

Ring gibst (dann wirst Du zu Stein) ... *dann muß der Ring ... das Symbol Deiner Seele sein ... und Du ... Du bist doch als Totengeist auch die Seele ... ... Bist Du dieser Ring?"*

„*Man könnte es so sagen.*"

...

„*Das heißt ... dieser Ring ... kann dann doch bloß Dir gehören.*"

...

„*So ist es.*"

...

„*Und Du reichst mir diesen Ring?*"

...

„*Damit Du ihn verstehst.*"

...

„*Hm ... also Draupnir ist die Seele im Jenseits ... so wie Tyr-Wieland der Sonnengott-Göttervater im Jenseits ist.*"

...

Tiefer Seufzer ...

...

Ich sehe da noch ein goldenes Schwert, also ein Schwert mit einem goldenem Griff (hinter dem Felsen, auf dem der Ring gelegen hat) ...

„*Ist das Tyrfing? Mistelzweig? Mistilteinn?*"

...

„*Laß es liegen – Du hast Dein eigenes Schwert.*"

„*Ja, das stimmt.*"

... ...

„*Ist das das Schwert der Sonne? ... Ist das in der Mitte Tyr???*"

„*Endlich fragst Du. ... Deshalb habe ich Dir den Ring und das Schwert gezeigt. Das ist der Ring des Tyr und das Schwert des Tyr.*"

„*Hier ist Tyr in der Unterwelt?*"

...

Sehr tiefer Seufzer ...

„*Bist Du Tyr als Zwerg?*"

Jetzt lächelt er ...

„*Habe ich deshalb vorhin oben als erstes gedacht, Du seist Alberich?*"

„*Ja, das hattest Du richtig vermutet. Du hättest es aussprechen können. Dann wäre es einfacher gewesen.*"

...

„*Hm, da habe ich gedacht, das sei meine Phantasie.*"

... ...

Hm, jetzt habe ich den Impuls, mitten in dieses goldene Licht zu gehen ... aber das kommt mir ... hm ... naja ... ein bißchen unpassend vor ...

... ...

„Was sagst Du zu diesem Impuls?"

...

„Mach es."

...

Das letzte mal, als ich in einer Höhle bei Zwergen gewesen bin, bin ich in das Feuer eines Zwergen-Zauberers getreten ... ich habe mich da rein gesetzt ... das hatte ja keine so guten Folgen ... Wie kann ich prüfen ... ob das o.k. ist, da hinein zu gehen?

„Meine Wölfin, was meinst Du?"

...

Hm ... sie schnuppert und scheint das o.k. zu finden – zumindestens ist sie völlig entspannt und legt sich hin ...

...

„Und Du, meine Seele?"

...

„Ist o.k."

...

Dann gehe ich mal hinein ...

... ...

Ich stehe jetzt in dem Licht, aber noch nicht ganz in der Mitte ...

...

Ein tiefes, entspannendes Gähnen ...

...

Und jetzt sehe ich in der Mitte etwas wie eine glühende Kugel ...

... ...

Ich fühle mich auf einmal wieder viel körperlicher ... Ich stehe da vor dieser Kugel ... Mein Körper ist kräftiger als normalerweise ... muskulöser ... ... Es hat etwas Kriegerischeres ... aber es ist nicht primär kriegerisch ... Es ist eine Mischung aus Sonne und Mars.

... ...

Tiefer Seufzer ...

...

Ich höre etwas sagen, daß meine Seele mit dieser Qualität verwandt ist ... ?

...

„Tyr, bist Du so ähnlich wie Osiris?"

...

„Ja. ... ... Was glaubst Du, warum es Dich so zu mir hinzieht? ... Die ganzen vielen Bücher, die Du gerade über die Germanen schreibst – das ist Deine Suche,

409

mich zu verstehen."

...

„Hm ... ja ... das stimmt ... ... Ja, ich versuche ... aus dem, was erhalten geblieben ist ... Deine Mythen zu rekonstruieren ... zu erfassen, wer Du bist." (Das ist wie meine Heimat wiederfinden wollen.)

...

Tiefer Seufzer ...

...

„Heißt das ... daß meine Seele ... nicht nur ein kleiner Teil von Osiris ist ... sondern genauso von Dir?"

...

„Osiris ist präziser ... aber es ist auch die Verwandtschaft zu mir da."

...

„Hm ... das war mir noch nicht klar. ... ... Ist das gut, wo ich jetzt hier (in dem goldenen Licht) *stehe?"*
„Ja, bleib' da stehen."

... ...

„Dieses Muskulöse, Kriegerische, was ich da gerade habe ... ist das etwas ... was Du mir gerade zeigen willst, also ... etwas, was ich in meinem Leben brauchen kann?"

...

„Du erforschst gerade den Wunschbaum, das Nebenchakra zwischen Herzchakra und Sonnengeflecht. ... Stell' Dich mal, wenn Du darüber nachdenkst, mit dieser Qualität dorthin – in Deinen Wunschbaum ... und schaue, wie sich das anfühlt."

...

„Ich glaube ... Ja, ich würde das gerne jetzt machen. Ist das o.k.?"

...

„Du kannst das machen. Das ist jetzt zwar ein ganz anderes Thema ..."
„O.k. ... ich mach' es."

...

Der Wunschbaum wird das erste mal heiß ... das hat das Chakra noch nie getan bei mir.

...

„Schau, welche Qualität das hat."
„Das ist die Eigenständigkeit und das Selbstwertgefühl, das ich gesucht habe."
„Da ist noch mehr."

... ...

Ein sehr tiefer Seufzer ...

... ...

„Ich glaube, das wird sich noch zeigen. ... Ich kehre lieber wieder hier zu Dir

zurück. ... Oh! Jetzt ist die Hitze im Wunschbaum wieder da. Die war eben verschwunden. ... Danke Tyr! Vielen Dank! ... Bist du eigentlich identisch mit Alberich?"

"Ja."

...

"Das heißt, der Zwerg Naïn, mit dem ich gesprochen habe – das bist Du, nur in einer anderen Gestalt?"

...

"Ja, genau so. So wie Du es in Deinem Buch auch geschrieben hast."

...

"Hm ... das hier ist sehr viel anschaulicher. ... ... Ich habe das Gefühl, hier gibt es noch etwas zu erleben für mich ... was sehr wertvoll ist. ... Jetzt, wo ich es sage ... sehe ich ... ja, ich setzte mich ... vor Dich, vor diese goldene, gold-rote, glühende Kugel in der Mitte von dem goldenen Licht, in dem ich bin ... ich setze mich ... in den halben Lotussitz ... ja, das paßt ... jetzt ist die Kugel dreimal so hoch wie ich ... ich schwebe in der Mitte davor ... und ich öffne mein Herzchakra ... für dieses Licht ... ...

"Da fehlt was, sagst Du? ... Zeigst Du es mir?"

...

Ich muß leise vor mich hin lachen ...
Da ist wie eine Hand, die mich aus der Kugel heraus an der Brust berührt ... und sofort spüre ich eine intensive Liebe ... die einfach da ist ... die bezieht sich auf nichts ... die ist einfach da ... ... die zieht mich in die Kugel hinein, oder ... sie öffnet mir den Weg in die Kugel ... ich bin jetzt drinnen ... ... hier ist einfach strahlende Liebe ... also leuchtende Liebe ... das ist die Sonnenqualität, die Herzchakra-Quali- tät ...
Ich muß leise vor mich hin lachen ...
Ich hab' wieder dieses Honigkuchenpferdgrinsen ... dieses breite, erfüllte Lächeln ... das die Buddha-Figuren haben ... und viele von den ägyptischen Götterstatuen ... nur ist das Grinsen noch breiter ...
Ich lache leise vor mich hin ...

... ...
Ich bin im Herzen der Erde ...

...

"Im Herzen der Sonne", sagt etwas zu mir ...

... ...
Ich bin jetzt ein Bißchen aus diesem Bild herausgerutscht, weil ich an Menschen gedacht habe, die mir lieb sind ... Jetzt bin ich aber zurückgekehrt ... Ich habe gemerkt, wenn ich nach der Quelle der Liebe spüre, also ... einfach diese Qualität spüre und nichts mit ihr tun will ... dann komme ich zurück in diese Kugel ... ... da

bin ich einfach da ... da muß ich nichts tun ... da brauch' ich nichts ... da bin ich einfach ... das ist dieser Zustand der Seele ... das ist Selbstliebe ... die, die das entstehen läßt, was man früher den Seelenfrieden nannte ...

„Danke Tyr! Danke, Alberich!"

...

Oh! Der Name 'Alberich' zieht mich ein bißchen nach draußen. ... 'Tyr' nicht. ... Und drinnen bleibe ich, wenn ich einfach nur diese leuchtende Liebe spüre. ... Da sind keine Namen. ... Diese Qualität kenne ich auch von Osiris. ...

Ein tiefes Durchatmen ...

Und ich muß wieder vor mich hinlachen ...

„Kannst Du in mir bleiben, Selbstliebe?"

„Ich bin immer da. Nur manchmal bin ich verborgen. Dann siehst Du mich nicht mehr. ... Aber Du kannst immer zu mir kommen."

...

„Gibt es für mich einen Weg zu Dir, der leicht ist?"

...

„Schau, was Dir gerade kommt – es ist nicht immer derselbe. ... Geh' zu Osiris oder zu Tyr oder hierher ... zu dieser Sonne in der Erde ... und es gibt noch viele andere Wege ..."

Ich lache leise vor mich in ...

„Danke!"

... ...

Noch ein tiefer, entspanender Seufzer ...

... ...

„Tyr?"

„Ja?"

„Es gibt da noch etwas, worüber ich mich manchmal gewundert habe – beim Meditieren komme ich oft in diesen Zustand der grundlosen Freude ... Da kann ich dann 'ne ganze Weile bleiben ... aber dann höre ich auch wieder auf oder es endet oder ich kann dann nicht mehr da drinnen bleiben; und das ist jetzt mit dem Zustand hier auch so ... Hm ... ist das so o.k. oder kann ich das anders machen? ... Hm ... Was meinst Du dazu?"

...

„Geh' so oft dahin, daß es Dir als Möglichkeit bewußt bleibt, daß es als Hintergrund da ist. ... Anfangs hast Du diese Freude ja nur ein, zwei Sekunden lang ausgehalten – inzwischen geht es doch schon viel länger."

„Ja, das stimmt. ... Stimmt das Bild, daß ich erst wie ein Gefäß entwickeln muß, in dem ich diese Freude oder diese Liebe halten kann?"

...

„Es ist ein Bild, aber Du kannst es benutzten. ... Es ist o.k. – das Bild."

...

„Vielen, vielen Dank! ... ... Sag, ist es sinnvoll, wenn ich den Weg zurückkehre oder kann ich von hier aus zurückkehren?"

...

„Geh' den Weg – das ist in diesem Fall besser."
„Gut. ... Wir bleiben verbunden, ja?"
„Das bleiben wir."
„Danke!"

...

Ich gehe raus aus der Kugel und raus aus dem Licht. ... Ich schaue nach Alberich ... und ich schaue ihn fragend an, weil ich nicht weiß, ob ich einfach alleine gehen soll oder ob er mitkommt. ... Aber er kommt mit – also Naïn-Alberich. ...
Ich gehe den Gang hoch in das Hügelgrab oben.

...

„Gibt es noch etwas, was Du mir sagen möchtest?"
... ...
„Es ist gut, was Du da machst ... und vertraue Dir! ... Vertraue Dir, daß Du in Deinem Leben die richtigen Dinge tust ... den richtigen Weg gehst ... auch wenn der ... ein bißchen eigenwillig ist ... Es ist schon richtig, was Du da machst."
Ein sehr tiefer Seufzer ...
„Danke, Alberich! Manchmal weiß ich nicht so genau, wo mich das hinführt."

...

„Es ist gut so."
„Danke."

...

„Bis dann!"
„Leb' wohl!"

...

Ich gehe durch den Gang. ... Ich merke, daß Alberich mir nachblickt. ... Jetzt komme ich an die Stelle, wo diese Sperre ist, dieser Eingang in das Hügelgrab – und ich kann leicht hindurchgehen ... hm ... Jetzt, wo ich hindurchgegangen bin, fühle ich mich wieder viel körperlicher – viel substantieller, soweit man das auf so einer Traumreise von sich sagen kann. ... Aber es ist ein deutlicher Unterschied.
Ein tiefer Seufzer ...
Jetzt bin ich da, wo ich angefangen hab.
Ein tiefes Gähnen ...
Und jetzt kehre ich zurück.
„Ho!"

413

XXVII Die heutige Bedeutung der Zwerge

Die heutige Bedeutung der Zwerge liegt vor allem darin, daß die Zwerge die verstorbenen Ahnen sind. Insbesondere durch Familienaufstellungen kann man erkennen, wie sehr man durch die Familiengeschichte und durch die Familientradition geprägt worden ist.

Durch solche Familienaufstellungen kann man die Prägung durch die eigene Sippe auach verändern, Blockaden auflösen und alte Wunden, die oft noch aus dem letzten Weltkrieg stammen, heilen.

Schließlich kann man in den eigenen Ahnen Rückhalt finden. Diese Möglichkeit ist bei der Christianisierung weitestgehend verdrängt worden, da die Suche nach Schutz und Halt und Rat und Unterstützung am Grab des eigenen Vaters, den man dabei vielleicht sogar noch aus dem Jenseits herbeirief (Utiseta, Totenbeschwörung), die größte Konkurrenz zu dem einen Gott Vater war, an den man sich aus christlicher Sicht bei allen Problemen wenden sollte.

Daher ist das Herbeirufen der Ahnen aus dem Jenseits, das einst die normalste Methode gewesen ist, um Hilfe zu erhalten, durch das Christentum so erfolgreich mit dem größten Nachdruck zu einer furchtbaren Handlung umgedeutet worden, sodaß den Menschen schließlich schon bei dem bloßen Gedanken an eine Totenbeschwörung die Haare zu Berge standen.

Wenn die Vorstellung über hilfreiche Zwerge ein wenig dabei helfen kann, die Angst vor den Toten (und vor dem Tod) aufzulösen, wäre das schon sehr viel wert …

Verzeichnis der Themen

(die Zahl ist die Nummer des Bandes, in dem sich das Thema findet)

1 47	540 47	Alius 32	Aur 55
2 47	700 47	Alraune 45	Aurboda 35
3 47	800 47	Alsvatr 5	Aurgelmir 5
4 47	900 47	Alswid 34	Aurgrimnir 5
5 47	1.200 47	Althiof 7	Aurnir 34
6 47	10.000 47	Alvor 35	Aurvandil 20
7 47	432.000 47	Alwis 7	Aurwang 7
8 47	1+8=9=8+1 47	Alwit 31	Aurwang 48
9 47	**Adler** 40	Ama 35	Austri 32
10 47	Adler auf dem	Amboß 67	Auzon => Kiste
11 47	Weltenbaum 41	Amgerdr 28	Axt 66
12 47	Adler bei der	Ampfer 45	**Bafur** 32
13 47	Einweihung 40	Andad 34	Bakrauf 35
14 47	Adlergestalt:	Andhrimnir 39	Baldrian 45
15 47	- des Franmar 40	Andvari 7	Baldur 9
16 47	- des Hraesvelgr 40	Angantyr 39	Bara 35
17 47	- des Odin 40	Angeyja 35	Bari 6
18 47	- des Thiazi 40	Angrboda 26	Bari 20
20 47	Adler-Traum der	Ann 32	Baugi 5
22 47	Kostbera 40	Annar 20	Bär 43
23 47	Aelrun 31	Arm-Wunde 63	Bärenfell 62
24 47	Affe 44	Arngrim 6	Barke 49
28 47	Agdai 39	Apfel 45	Bärlapp 45
30 47	Ägir 10	Asen 36	Basilikum 45
32 47	Agnar 39	Asgard 52	Beifuß 45
33 47	Ahnen 36	Ask 39	Beinvidr 34
36 47	Ai 32	Aslaug 31	Bekkhild 31
37 47	Aki 6	Asperan 34	Beleidigungs-
40 47	Aki 16	Astralreise 50	Wettstreit 73
41 47	Alban 32	Asvid 6	Beli 5
46 47	Alberich 7	Atem 64	Beowulf 39
48 47	Albewin 7	Atla 35	Bergdis 28
72 47	Alcis 12	Atli 37	Bergelmir 6
80 47	Alf 6	Atward 20	Bergriese 6
90 47	Alf 32	Auchoff 34	Berg-Zwerge 32
99 47	Alfarin 34	Aud 20	Berling 32
100 47	Alfen 36	Auerhahn 40	Bertha 28
120 47	Alfhild 31	Auge 63	Berserker 62
300 47	Alfrigg 32	Augenbraue 63	Bertram 45

Bertramsgarbe 45
Besen => Stab
besonderer Schrei 64
Bestattung 64
Bestla 35
Betonica 45
Beyla 39
Biber 44
Biene 40
Bifröst 49
Bifur 32
Bikki 16
Bil 29
Bild 7
Billing 5
Billing 7
Bilsenkraut 45
Birkhuhn 40
Biört 29
Björgolfr 6
Björgulfr 34
Blain 33
Blapthvari 34
Blasebalg 67
blau 46
Blau-Menschen 36
Blau-Riesen 36
blau-schwarz 46
Blick 63
Blid 29
Blidur 29
Blind 16
Blindheit 63
Blodughadda 35
Blutsbrüder 55
Bödhild 28
Bogen 66
Bömbur 32
Bölthorn 5
Borr 34
Botewart 7
Both 20

Bragi 19
Bragi-Riesin 35
Brak 16
Brana 35
Brandingi 5
braun 46
Brenner 39
Brezel-Ornament 64
Brimir 33
Brisingamen 60
Brokk 32
Brombeere 45
Brücke 49
Bruderkampf 55
Brüngerd 35
Brünhild 31
Bruni 5
Bruni 32
Brünne 66
Brunnen 49
Buri 34
Bryja 35
Bryla 34
Bryngerd 28
Buri (Zwerg) 32
Buseyra 35
Byggvir 39
Byleist 20
Bylgia 35
Comandion 7
Dag 48
Dagfinnr 32
Dain 32
Dalar 32
Dalr 32
Delling 20
Delling 48
Dellingr 32
Delphin 44
Dietwarta 29
Disen 36
Distel 45

Diurnir 7
Dofri 34
Dolgtrasir 32
Donnerrebe 45
Dori 32
Dorn => Schlafdorn 55
Drachen 41
Drachenblut => Drachen
Drachenschiff 55
Drasian 6
Draupnir (Zwerg) 32
dreifarbiger Stein 67
dreiköpfiger Riese 5
drei Riesinnen 35
drei wahre Worte 64
Drifa 35
dritter Bruder 55
Dröfn 35
Drossel 40
Drudgelmir 5
Duf 32
Dufa 35
Dufr 32
Dulin 32
Dumbr 6
Dunneir 32
Durathor 32
Durin 32
Durnir 32
Durnir 34
Düsterwald 49
Dwalin 32
Eber 42
Eberesche 45
Edda (vollständig) 77
Efeu 45
Egdir 5
Egil 39
Ei 40
Eibe 45

Eiche 53
Eicheln 45
Eichhörnchen 44
Eid 68
Eik 28
Eikinskjaldi 32
Eimer 67
Eimgeitir 35
Eimyria 35
Einäugigkeit 63
Einheer 34
Einweihung 50
Eir 29
Eir 31
Eis 52
Eisa 35
Eisen 55
Eisenkraut 45
Eisriesen 34
Eistla 35
Eisurfala 35
Eiymyria 35
Ekstase-Kieger 62
Elch 42
Eldhrimnir 57
Eldir 39
Eldr 34
Elefant 42
Elendshaut => Hel-Haut
Else 35
Erde 52
Embla 28
Embla 39
Ente 40
Erce 20
Erdbeben 55
Erste Ursache 55
Eschenholzkasten => Kiste 57
Esel 42
Estroval 39

Eugel 7
Eule 40
Eyrgjafa 35
Faden 55
Fafnir (Zwerg) 32
Fährmann 49
Fala 35
Falkenkleid:
- der Freya 40
- der Frigg 40
Falke 40
Fallar 32
Farbauti 6
Farn 45
Farseti 6
Faulheit =>
Feuersitzen 55
Feima 35
Fenchel 45
Fenja 28
Fenrir 6
Fenrir 43
Fernhypnose 64
Ferse 63
Fessel 66
Fessel-Zauber 64
Feuer 55
Feuersitzen 55
Feuerzauber 64
Fialar 32
Fid 32
Fieberkraut 45
Fili 32
Fimafeng 39
Fimbulwinter 55
Finger 63
Finnalf 5
Finnar 32
Finnmark-Riese 34
Fiölkald 34
Fiölmor 39
Fiölnir 20

Fiölvör 35
Fiörgyn 20
Fiörgyn 23
Fisch 44
Fjölverkr 34
Fjötra 29
Flachs 45
Flegda 35
Fleur-de-lys 55
Fleggr 34
Fliege 40
Fluch 68
Flügel des Wieland 40
Flügelschuhe 67
Flugschuhe des Loki 40
Fluß 49
Freya 22
frühe Skaldenlieder 78
Freyr 15
Fried 29
Friedenszauber 6
Fridr 29
Frigg 21
Folde 20
Fonn 34
Forat 35
Forelle 44
Fornjotr 6
Forseti 19
Frägr 32
Franmar 37
Frar 32
Freki 43
Frosti 32
Frosti 34
Fruchtbarkeit 64
Fuchs 43
Frauenhaarfarn 45
Frühling 54

Frühlingstagund-
nachtgleiche 54
Fulla 29
Fullas Haarreif 60
Fullafle 34
Fundin 32
Fuß 63
Fylgia 50
Fynir 6
Fynir 34
Galar 32
Galarr 34
Galdr 64
Gallapfel 45
Gandalf 32
Ganglati 34
Ganglot 6
Gangr 34
Gangr 33
Gans 40
Gänsefuß 45
Garm 43
Gautan 39
Gautrek-Saga =>
Snotra
Geban 20
Geburts-Orakel 64
Gefäße 57
Gefion 20
Gefion-Geliebter 6
Gefiun 20
Gefjon 20
Geist 50
Geier 40
Geirahöd 31
Geiravör 31
Geirdriful 31
Geirönul 31
Geirröd 5
Geirrota 31
Geirskögul 31
Geitir 6

Geitla 35
Geitir 35
gelb 46
Geliebter der Gefion 6
Gerber-Schaber 67
Gerdr 28
Geri 43
Gespenst 50
Gestaltwandel =>
Verwandlung
Gesang 68
Gestilja 35
Getreide 45
Gewöhnlicher
Flachbärlapp 45
Geysa 35
Gialar 32
Gift 70
Gifur 43
Gigas 6
Gilling 6
Gillings Frau 28
Ginnar 32
Ginnungagap 49
Gjalp 35
Glamr 34
Glatundshundr 43
Glaumar 34
Glaumarr 34
Glaumr 6
Glenr 48
Glitni 5
Glöd 35
Gloi 32
Glück 64
Glückstrank 70
Glumra 35
Glymra 35
Gna 29
Gneip 35
Gnepja 35

Goi 34
Gold 55
Goldalter 55
Goldemar 7
golden 46
Goldhelm 66
Goldhörner von
Gallehus 57
Göll 31
Golnir 5
Göndul 31
Gorr 34
Görsemi 29
Götter 36
Götterdämmerung 55
Götterkampf 55
Göttermet 69
Götter-Tiere 44
Gottesurteil 64
Gurgelbiß 55
Grab 49
Grani 6
grau 46
Grendel 5
Grendels Mutter 35
Greppur 34
Grer 32
Grid 28
Grid 35
Grim 5
Grim 39
Grima 35
Grimhild 31
Grimling 5
Grimnir 5
Grim Struppig-Wange 79
Grip 35
Gripir 34
Grissa 35
Groa 28
Grottintanna 35

Grotunagard 52
grün 46
Gryla 35
Gudr 31
Gudrun 31
Gudmund 5
Gullnir 5
Gullveig 29
Guma 35
Gundelrebe 45
Gunn 31
Gunnlöd 28
Gunnthinga 31
Gürtel 60
Gusir 6
Gygr 35
Gylfaginning 77
Gyllir 5
Gyllir 34
Gyma 20
Gymir 5
Haarband 60
Haare 63
Habicht 40
Hafle 34
Hafli 5
Hafthi 39
Hagen 16
Hahn 40
Hala 35
Halfdan 39
Halfdan Brana-
Ziehsohn 79
Halfdan Eisteinson 79
Hamdir 39
Hamingja 50
Hammer 66
Hand 63
Handschuhe 60
Hanf 45
Hannar 32
Hantel-Symbol 55

Har 32
Härä 35
Hardbeen 6
Hardgreip 35
Hardgreipir 34
Hardverkr 34
Harek Eisenkopf 6
Harfe 57
Harz 45
Hase 44
Hasel 45
Hastingi 34
Hati 5
Hati 43
Hattatal 77
Haudr 20
Haugspori 32
Haym 34
Hecht 44
Hedin 39
Hedin und Högni 79
Hefring 35
Heid 35
Heiddraupnir 5
Heide 49
Heidrek 39
Heidungi 6
Heilige Hochzeit =>
Wiederzeugung 55
Heiliger Hain =
Weltenbaum 52
Heilung 64
Heilziest 45
Heimdall 8
Heimir 39
Heinir 34
Heith 35
Heithdraupnir 5
Hel 26
Helblindi 20
Helgi 39
Helgi Thorisson 79

Hel-Haut 49
Helidi 27
Hellebarde 66
Helreginn 5
Helm 66
Hengikefta 35
Hengiköpt 6
Hengjankapta 35
Hepti 32
Herbst 54
Herbsttagundnacht-
gleiche 54
Herche 20
Herdentiere 42
Herdentierfell 42
Herfjötur 31
Hergrim Halbtroll 5
Hergunnur 35
Heri 32
Herja 31
Herkir 6
Herkja 35
Hermodr 37
Hertha 28
Hervor => Heidrek
Hervor und Heidrek
=> Heidrek
Herz 63
Hexe 58
Hianka 31
Hidde 34
Hild 31
Hildolf 5
Hildolf 20
Himingläva 35
Himmel 52
Himmelsrichtungs-
Mandala 54
Himmelsträger-
Zwerge 32
Hirsch 42
Hjaltrimul 31

418

Hjortrimul 31
Hjötra 28
Hjuki 29
Hläwang 32
Hlebard 6
Hleidr 35
Hler 10
Hlidolf 32
Hlif 29
Hlifthursa 29
Hlin 29
Hlodyn 20
Hlödyn 20
Hloi 34
Hlöll 31
Hlora 35
Hnoss 29
Hochsitz 57
Hochsitzsäulen 57
Hoddraupnir 5
Hoddrofnir 5
Hödur 19
Hofund 19
Höggstari 32
Högni 16
Högni 39
höhere Mächte 36
Holmgang =>
Zweikampf 55
Holunder 45
Homöopathie 64
Honig 40
Honigtau 45
Hönir 18
Horn 57
Horn (Riesin) 35
Hörn 29
Hörn 35
Horn-Neb 35
Hornbori 32
Hraesvelgr 6
Hrafnhild 35

Hraudnir 6
Hraudungr 5
Hrede 29
Hreidmar 7
Hremsa 35
Hrimgerdr 28
Hrimgerdr 35
Hrimgrimnir 34
Hrimnir 34
Hrim-Riesen 34
Hrimthurs 34
Hringi 5
Hringvölnir 5
Hripstodr 34
Hrist 31
Hrist 29
Hrisungr 6
Hroarr 5
Hrod 35
Hrodwitnir 5
Hrodwitnir 43
Hrökkvir 6
Hrönn 35
Hrossthjofr 34
Hrotti 5
Hruga 28
Hrungnir 5
Hrungnir-Herz 67
Hryggda 35
Hyria 35
Hrym 34
Hrund 31
Hügelgrab 49
Hugin 40
Huhn 40
Huldar 28
Hund 43
Hundalfr 6
Hunding 16
Hvalr 6
Hvedra 35
Hvedrungr 16

Hymir 6
Hymnen an die Götter
80
Hyndla 26
Hypnose 64
Hyrrokkin 26
Idi 34
Idun 25
Igel 44
Illugi Grid-Ziehsohn
79
Ilmr 29
Ima 35
Imd 35
Imgerdr 35
Imr 6
Imsigul 34
Imth 35
In 20
Ingibjörg 29
Ingibiörg 31
Intuition 64
Inzest 51
Irmin 20
Irpa 29
Istwas 20
Itrek 5
Itreksjod 5
Itreksjod 20
Ividja 35
Iwaldi 5
Iwalt 5
Iwiedie 29
Jari 32
Jamtaland-Zwerg 7
Jarngerdr 28
Jarnglumra 35
Jarnhauss 6
Jarnnef 34
Jarnsaxa 28
Jarnvidja 35
Jenseits 49

Jenseitsbarke 49
Jenseitsberge 49
Jenseitsbrücke 49
Jenseitsfährmann 49
Jenseitsfluß 49
Jenseitsgrenzen-
Landkarte 49
Jenseitshalle 49
Jenseitsinsel 49
Jenseitsleiter 49
Jenseitsmauer 49
Jenseitsreise 49
Jenseitstor 49
Jenseitstor-Gitter 49
Jenseitstor-Hund 49
Jenseitswächter 49
Jenseitswald 49
Jenseitswasser =>
Wasser 49
Jenseitsweg 49
Johanniskraut 45
Jokul 34
Jokul Eisenrücken 34
Jörd 23
Jomali 20
Jörmungandr 41
Jörmunrek 39
Jorunn 29
Jötunn 6
Jotunbjorn 6
Julnacht 54
Käfer 40
Kaldgrani 34
Kamille 45
Kampfmagie 64
Kannibalismus 55
Kara 31
Karabin 34
Kari 6
Katze 43
Kausalität 55
Keila 34

Keiler 42	**Lachanfall** 64	Luchs 43	Miötwitnir 32
Kenningar 75	Lachen 55	Lutr 34	Mjoll 34
Kerbel 45	Lachs 44	Lyngheid 35	Modgudr 29
Kessel 57	Landgeister 36	**Magni** 19	Modgudr 31
Keule 66	Lauch 45	Malseron 34	Modi 19
Kiebitz 40	Laufey 26	Mana 35	Modrädnir 32
Kili 32	Laurin 7	Managarm 43	Modsognir 7
Kisi 34	Laus 40	Mannus 20	Mögthrasir 6
Kiste 57	Leber 63	Mardalla 27	Moin 32
Kjallandi 6	Leib 63	Marder 43	Mökkurkjalfi 6
Kjallandi 35	Leidi 34	Margerdr 35	Molda 35
Klaufi 34	Leifi 6	Margerthur 35	Mona 20
Klee 45	Leifnir 6	Mangold 45	Mond 48
Kleima 35	Leikn 35	Mantel 67	Mondul 32
Knochen 67	Leimrute 66	Mantel der Nanna 67	Moosfrau von
Knoten 64	Leiter 49	Marnar 29	Saalfeld 32
Kobolde 36	Leirvör 35	Märzviole 45	Moosleute von
Kol der Bucklige 39	Leopard 43	Maske => Helm	Arntschgereute 32
Kolfrosta 28	Lerche 40	Maus 44	Mörn 35
Kolga 35	Lidskialf 20	Meer 49	Möwe 40
Kopf 63	Liebestrank 70	Meer der Zeit 55	Mühle 66
Kormoran 40	Liebeszauber 64	Meer-Menschen 36	Mundilfari 6
Korn 45	Lif 39	Mehlbeere 45	Munin 40
Körperteile 65	Lifthrasir 39	Mehltau 45	Munnharpa 35
Köttr 34	Litr 6	Meili 9	Münze 67
Kraftgütel => Gürtel	Litr 32	Meise 40	Muspel 6
Krähe 40	Ljod 29	Menglöd 22	Muspelheim =>
Kraka 31	Ljota 35	Menja 28	Feuer 52
Kranich 40	Lodin 6	Menschenopfer 64	Myrkrida 35
Kräuter 45	Lodinfingra 35	Messer 66	Myrkvid 49
Kreppvör 35	Lodur 16	Midgard 52	**Nabbi** 32
Kriegerin 62	Lofar 7	Midgardschlange 41	Nacktheit 60
Kreuzblume 45	Lofn 29	Midi 6	Nadel 55
Kreuzkraut 45	Lofnheid 35	Midjungr 34	Nägel 55
Krönung 64	Logi 34	Midwitnir 6	Naglfar 49
Kröte 44	Loki 16	Mimir 6	Nain 32
Kuckuck 40	Loni 32	Mist 31	Nali 32
Kuril 6	Lopthoena 28	Mistel 45	Namensgebung 64
Kult 55	Lori 35	Mistkäfer 40	Nanna 21
Kundalini 64	Loricus 6	Mittelpfeiler =>	Nauma (Hel) 35
Kwasir 20	Löwe 43	Yggdrasil	Nar 32
Kyrmir 6	Löwenmäulchen 45	Mittsommer 54	Narfi 6

Nari Loki-Sohn 19
Nati 6
Naudir 36
Nebel 64
Nefia 35
Nehalennia 29
Neri 30
Neris Schwester 30
Nerthus 28
Nepr 20
Nessel 45
Netz 67
Neuentstehung aus
den Knochen 55
neun Heimdall-
Mütter 35
neun Schwestern 35
Niblung 7
Niblung 39
Nicor 34
Nid 64
Nidi 32
Nidr 28
Nidud 16
Nieswurz 45
Niflheim => Eis 52
Niping 32
Nirdir 10
Niola 48
Njola 48
Njörd 10
Njörun 29
Nölvi 10
Norden 54
Nordosten 54
Nordri 32
Nordwesten 54
Nori 32
Nornen 30
Norr 34
Norr 48
Nott 48

Nyi 32
Nyr 32
Nyrad 32
Oddrun 31
Odin 13/14
Odr 20
Ofoti 5
Öflugbarda 35
Öflugbardi 6
Ogautan 39
Ogladnir 6
Ogn 35
Ohr 63
Oin 7
Olius 32
Ölwaldi 5
Omen 71
Onarr 48
Öndudr 6
Onn 32
Opfer 64
Orakel 71
Oregano 45
Ori 32
Örnir 6
Ortnit 34
Ösgrui 5
Öskrudr 34
Ostara 29
Osten 54
Otr 32
Otter 44
Otunfaxe 39
Penis 55
Perchta 28
persönliches Glück 64
Pfeil 66
Pferd 42
Pferdezwillinge 12
Pflug 67
Phol 9
Polygamie 55

Priester 60
Priesterin 58
Prolog (Edda) 77
Prophezeiung 71
Pukis 36
Rabe 40
Rad 67
Radgrid 31
Radvör 35
Ragnar Lodenhose 39
Ragnarök 55
Ran 27
Randalin 31
Randgnid 31
Randgrid 31
Rangbeinn 5
Rasereitrank 70
Raswid 32
Rätsel 76
Raud 34
Raugnir 34
Raum 6
Reck 32
Regenbogenbrücke
49
Regin 7
Reginleif 31
Reiher 40
Rentier 42
Riesen auf der West-
Insel 6
Riesen-Baumeister 6
Riesen von
Feldkirchen 34
Riesen von
Lichtenberg 35
Rifingalfa 35
Rifingöflu 35
Rigingöflu 35
Rind 42
Rindr 20
Ring 57

Ringkampf 55
Rist 31
Robbe 44
Rögnir 7
Rose 45
Röskva 37
rot 46
rota 31
Rotkehlchen 40
Rücken 63
Rud 35
Rudent 6
Rudi 34
Runa 35
Runen 72
Runenkästchen von
Auzon => Kiste
Runenstein 64
Runenstein von Ardre
64
Rußland-Riese 6
Rütze 35
Rygi 35
Saemdill 6
Saga 28
Sährimnir 42
Säkarsmuli 6
Salbei 45
Salfangr 6
Sam 34
Sämingr 39
Sanngrid 31
Sati 51
Säule => Weltenbaum
52
Saxnot 20
Sceaf 20
Schachtelhalm 45
Schädelschale 63
Schadenszauber 64
Schaf 42
Schafgarbe 45

Schaumkraut 45
Schierling 45
Schild 66
Schlafdorn 55
Schlangen 41
Schlangenauge 63
Schlangengrube 49
Schlangenzunge 63
Schleifstein =>
Wetzstein
Schmetterling 40
Schmied 4
Schmied 55
Schnecke 44
Schneeweiß-
Goldschöne 28
Schuh 63
Schutzgeist =>
Fylgja/Hamingja
Schutzzauber 64
Schwalbe 40
Schwan 40
Schwanenkleider der
Walküren 40
Schweden-Riese 6
Schwein 42
Schwert 66
Schwitzhütte 64
sechsköpfiger Riese 6
Seehund 44
Seekuh 44
Seelenvogel 40
Seelenvogel 50
Segen 68
Seher 60
Seherin 58
Seidelbast 45
Seidr 64
Sel 6
seltsamer dritter
Bruder 55
Sense 67

Siar 32
Sichel => Sense
sieben Schwestern 28
Siegfried 38
Sieglind 31
Siegstein 67
Sif 24
Sigdrifa 31
Sigurd 38
Sigi 39
Sigrlami 39
Sigrun 31
Sigyn 28
silbern 46
Simul 31
Sinmara 28
Sindri 32
Sinthgunt 29
Sivör 35
Sjuld 31
Skadi 20
Skafid 32
Skalden 61
Skaldatal 77
Skaldenlieder 78
Skaldinnen 61
Skalli 34
Skalmöld 31
Skadskaparmal 77
Skärir 5
Skeggiöld 31
Skidbladnir 49
Skimsli 5
Skirnir 37
Skirkjar 35
Skirwir 32
Skjalf 29
Skjalv 34
Skjellinefja 29
Skjöldr 39
Skögul 31
Sköll 43

Skorpion 40
Skrati 34
Skrymir 5
Skrimnir 5
Skuld 30
Slagfid 39
Sleggja 35
Snae 34
Snotra 29
Solbiart 5
Sohn der Freya 19
Sohn des Freyr 19
Solblindi 5
Sölfn 29
Sommer 54
Somr 5
Sonne 48
Sonnengöttin 48
Sonnenhymne 64
sonstige Magie 64
Sörli 39
Spatz 40
Specht 40
Speer 66
Sperber 40
sprechende Tiere 41
Sprichworte 74
Spindel 55
Spinnerin 55
Spiritus familiaris 36
Sprettingr 5
Stab 67
Starkad 6
Starkad 39
Stärketrank 70
Statue 57
Stein 64
Steine und Edelsteine
64
Steinigung 55
Stern 48
Sternbild 48

Sternbild 55
Stigandi 5
Storch 40
Storkvid 34
Stoverkr 34
Strahlen-Breitsame
45
Strudel 49
Struthan 34
Stumi 5
stumm 63
Süden 54
Südosten 54
Sudri 32
Südwesten 54
Surtur 6
Suttung 6
Svada 5
Svadi 5
Svaf 7
Svarangr 5
Svasudr 6
Svatr 6
Sveid 31
Sveipinfalda 35
Svidi 6
Svip 5
Svipul 31
Svivör 31
Swaf 20
Swanhild 31
Swanwit 31
Swawa 31
Swior 32
Swipdag 20
Syn 29
Syr 29
Tafl 57
Tal 52
Tamfana 29
Tarn-Kappe 67
Tarn-Umhang 67

Tasche 60
Tätowierungen 55
Tattoo 60
Tau 52
Taufe 64
Teer 45
Telemark-Riese 5
Telepathie 64
Teller 57
Tempel 56
Teufelsabbiß 45
Thagnar 31
Theck 32
Thialfi 37
Thiazi 5
Thing 73
Thiodwitnir 34
Thistilbardi 34
Thjodrerir 7
Thögn 31
Thökk 35
Thor 17
Thora 28
Thorgerdr Hölgabrudr 29
Thorin 7
Thorir 6
Thorn 5
Thorstein Haus-Macht 79
Thrain 32
Thrasir 6
Thrigeitir 5
Thrivaldi 5
Thröng 29
Thror 7
Thror 20
Thror 32
Thorri 34
Thrud 31
Thrudgelmir 5
Thrudr 29

Thrungva 29
Thrym 6
Thulur 77
Thundr 6
Thundr 29
Thurbiörd 35
Tiere 44
Tiere der Götter 44
Tierfelle 60
Tierfelle bei Hinrichtungen 67
Tor 49
Torfa 35
Tote wiederbeleben 64
Tragestange 67
Trana 35
Traum 71
Traumdeutung 71
Traumfrau 31
Trima 31
Trolle 36
Trona 35
Tuch 57
Tuisto 20
Tuisto 33
Turm 56
Tyr 3
Tyr-Riesen 5
Udr 35
Uffe 39
Ulfhedinn 62
Ulfrun 35
Ullr 11
Umhang => Mantel 60
Uni 20
Unn 35
Unsichtharkeit 64
Unsichtbarkeits-Stein 67
Urd 30

Uri 20
Utgard 52
Utgardloki 6
Ungeheur 41
Utiseta 50
Vagnhöftdi 34
Valbrandur 5
Vali Loki-Sohn 19
Valthögn 31
Vandil 5
Vandlir 5
Var 29
Vardrun 28
Vardrun 35
Vardruna 35
Vasad 6
Vatermord 55
Velle 5
Venus 48
Verbene 45
Verdandi 30
Vervielfältigung von Körperteilen 65
Vergessenheitstrank 70
Verirren auf der Hirschjagd 55
Verr 34
Verwandlung:
- einer Frau in einen Mann 65
- einer Frau in eine andere Frau 65
- eines Mannes in eine Frau 65
- in Adler 65
- in Bär 65
- in Drache 65
- in Eber 65
- in Falke 65
- in Fliege 65
- in Floh 65

- in Fuchs 65
- in Geier 65
- in Habicht 65
- in Hecht 65
- in Hirsch 65
- in Hund 65
- in Krähe 65
- in Lachs 65
- in Löwe 65
- in Mücke 65
- in Otter 65
- in Pferd 65
- in Rabe 65
- in Rind 65
- in Robbe 65
- in Schlange 65
- in Schwalbe 65
- in Schwan 65
- in Seekuh 65
- in Spinne 65
- in Tier 65
- in Vogel 65
- in Wal 65
- in Walroß 65
- in Widder 65
- in Wolf 65
- in Ziege 65
- in Ziegenbock 65
Vidblindi 5
Viddi 34
Vidgreipr 34
Vidgymir 5
vier Riesen-Ritter 34
vier Stier-Riesen 34
viertüriges Haus 52
Vifflöd 29
Vignir 34
Vikarr 6
Vilja 20
Vindr 34
Vingnir 6
Vingrip 34

Vipar 34
Vogel 40
Vogelsprache 64
Volkrast 7
Vör 29
Vörnir 34
Vulkan-Riese 34
Waage 64
Waberlohe 49
Wächter 49
Wafthrudnir 6
Wagen 67
Wagnhofde 6
Wal 44
Wälder =>
Weltenbaum 52
Wald-Riesin 35
Wali 19
Wali 32
Walküren 31
Walnuß 45
Walroß 44
Waltam 20
Wandteppich =>
Tempel
Wanen 36
Warkald 6
Warr 20
Wasser 52
We 20
Weberin 55
Wegdrasil 20
Wegerich 45
Wegetritt 45

Wegwarte 45
Weig 32
Weihung => Segen
Weinen 55
weiß 46
Weisheiten 74
Weisheitstrank 70
Weißstern 39
Weltenbaum 53
Weltesche 53
Wespe 40
Westen 54
Westri 32
Wetter 64
Wettlauf 55
Wetttrinken 55
Wetzstein 67
Wichte 36
Widar 19
Widfinnr 5
Wiedergeburt 51
Wiederholungen 55
Wiederzeugung 51
Wieland 4
Wiesel 43
Wig 32
Wigrid 55
Wili 20
Wili (Zwerg) 32
Wind (Magie) 64
Wind 52
Windalf 32
Windloni 6
Windswal 6

Winter 54
Winteranfang 54
Wirwir 32
Witr 32
Witwen-Selbstmord
51
Wolf 43
Wolfsfell 62
Wortschatz Magie 64
Wohlstandszauber 64
Wucherblume 45
Wurzel 45
Wyrd 30
Yggdrasil 53
Ymir 33
Ymis 33
Yngvi 32
Zahlen 47
Zähne 63
Zauberer 59
Zauberin 58
Zaubersprüche 68
Zeh 63
Ziegen 42
Zisa 29
Zunge 63
Zweikampf 73
zweiköpfige Riesen
34
zwei Zwerge 32
Zwerg auf dem
Felsen 32
Zwergberg zu Aachen
32

Zwerge 32
Zwerge:
- im Berg 32
- im Gebirge 32
- Kuttenberg 32
- Untersberg 32
- Blankenburg 32
- Bonikau 32
- Dardesheim 32
- Eilenburg 32
- Elbogen 32
- Glaß 32
- Hohenstein 32
- Heilingsfelsen 32
- Nünberg 32
- Osenberg 32
- Plesse 32
- Rosenberg 32
- Selbitz 32
- Sion 32
Zwerg:
- Gebirge 32
- Kyffhäuser 32
- Hohenstein 32
- Dresden 32
- Hoia 32
- Lützen 32
- Ralligen 32
- Rantzau 32
- Scherfenberg 32
- Thorgau 32
Zwillinge 55

Lightning Source UK Ltd.
Milton Keynes UK
UKHW030640200820
368545UK00012B/1589

9 783744 895491